包头市青山区年鉴

2020

包头市青山区年鉴编纂委员会　编

方志出版社

图书在版编目（CIP）数据

包头市青山区年鉴. 2020 / 包头市青山区年鉴编纂委员会编. -- 北京 : 方志出版社, 2020.12
ISBN 978-7-5144-4758-3

Ⅰ. ①包… Ⅱ. ①包… Ⅲ. ①区(城市)－包头－2020－年鉴 Ⅳ. ①Z522.64

中国版本图书馆CIP数据核字(2021)第004449号

包头市青山区年鉴（2020）

编　　者：包头市青山区年鉴编纂委员会
责任编辑：何明忠

出 版 者：方志出版社
地址 北京市朝阳区潘家园东里 9 号（国家方志馆4层）
邮编 100021
网址 http://www.zgfzcb.cn
发　　行：方志出版社图书经销中心
电话（010）67110500
经　　销：各地新华书店
印　　刷：包头市东山华彩彩色印务有限责任公司

开　　本：889×1194　1/16
印　　张：26
字　　数：635千字
版　　次：2020年12月第1版　2020年12月第1次印刷
印　　数：001～500册

ISBN 978-7-5144-4758-3　　定价：280.00元

包头市青山区年鉴编纂委员会

主　　任　白云喜

副 主 任　李培文

委　　员　李永刚　李固军　杨　杰　刘俊峰　韩润霞

　　　　　柴占东

《包头市青山区年鉴（2020）》编纂部

主　　编　李永刚

执行主编　杨　杰

副 主 编　印慧娟

编写人员　李盼盼　贾鹏飞　樊彩明　贺天宇　曹莹莹

　　　　　代艳玲　沈晓东

青山区地图
乌拉特前旗
固阳
阴
昆都仑水库
李玉沟
S211
水泉沟
红卜财沟
昆
都
仑
区
色气湾
二海壕
银匠窑
前口子
赵家店
王老大
G6
G7
G110
昆北街道
顶独龙贵
当铺
永和窑
阿尔丁大街街道
富强路街道
先锋道街道
幸福路街道
青山路街道
自由路街道
兴胜镇
四道沙河
科学路街道
昆都仑区
乌素图街道
友谊大街街道
昌福
赵家营子
万青路街道
青福镇
青山区
昆河镇
稀土路街道
九
包神铁路
包头
河

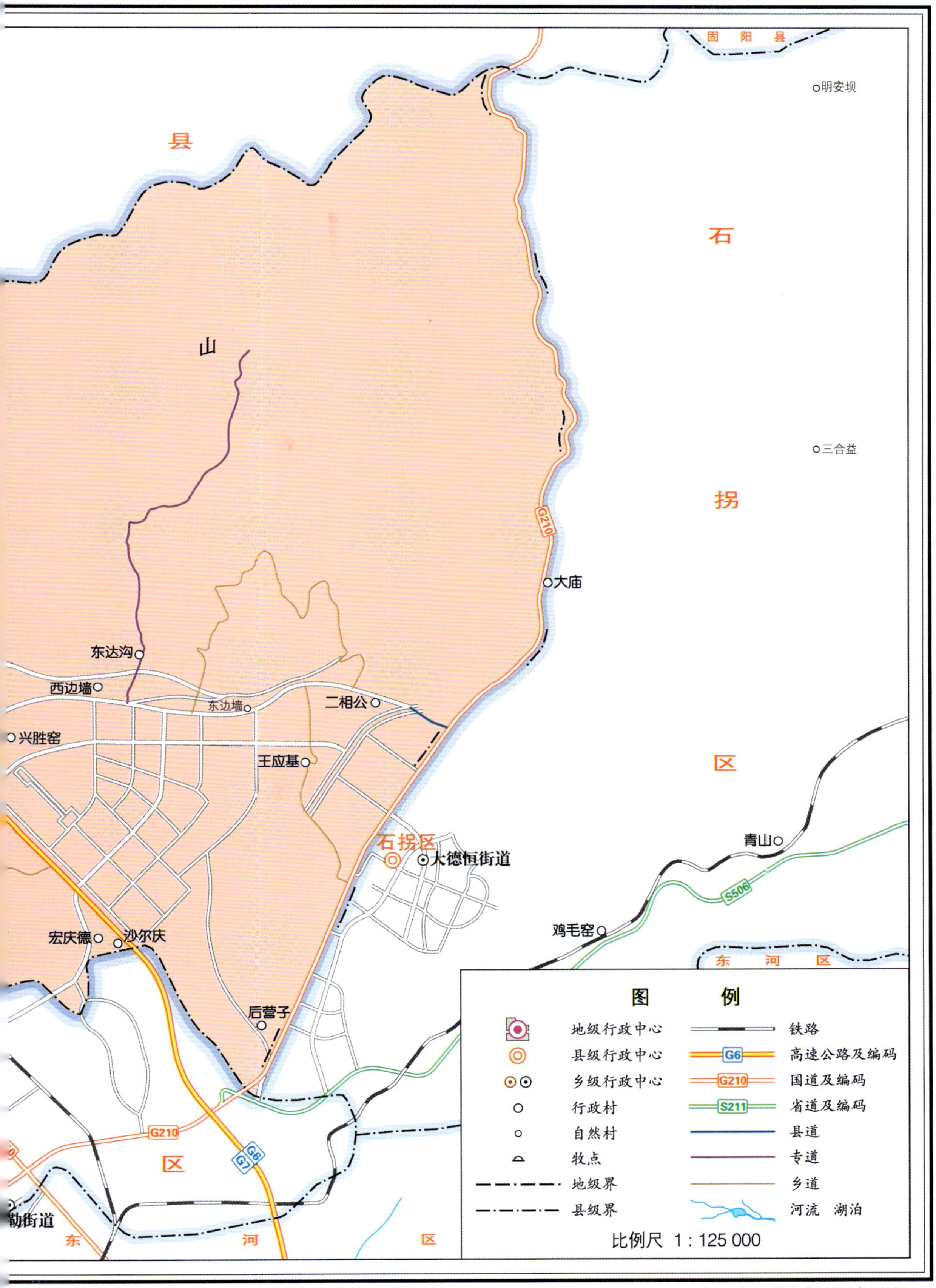

审图号：蒙S（2019）08号

数字青山

土地面积：279.84 平方千米

常住人口：52.35 万人

户籍人口：37.2 万人

三次产业结构：0.58∶34.62∶64.8

城区道路总长：316.21 千米

人均公园道路面积：18.3 平方米

人均公园绿地面积：19.99 平方米

空气质量达标天数：303 天

AAAA 级旅游景区总收入：378.7 万元

进出口总额：19449 万美元

一般公共预算收入：22.39 亿元

一般公共预算支出：25.62 亿元

人民币各项存款余额：1950.59 亿元

人民币各项贷款余额：1388.4 亿元

保险业务收入：48.87 亿元

争取各级各类科技资金：4030.5 万元

发明专利授权量：235 件

区属中小学：37 所

图书馆：1 个

图书馆分馆：14 个

文化馆分馆：16 个

医疗卫生机构：387 个

拥有医疗机构床位数：5003 张

体育场（馆）：401 个

职工年平均工资：81145 元

城镇居民人均可支配收入：53753 元

城镇居民人均消费性支出：38931 元

恩格尔系数：32%

居民消费价格总指数（CPI）：101.9%

城镇登记失业率：3.87%

万科中央公园

3月1日，“弘扬乌兰牧骑精神 到人民中间去”基层综合服务活动表彰会暨汇报演出活动现场 ◀

4月12日，2019年包头市义务植树活动在青山区大青山南坡福合当义务植树基地举行 ▶

5月15日，在包头市体育中心举办的“四方游泳杯”2019年全国男子水球冠军联赛·包头站比赛现场

5月19日，“祖国颂·青山情”2019年青山区全民健身系列活动暨青山区全民健身中心揭牌仪式在包头市体育中心举行

6月6日，“包头市文化、科技、卫生三下乡”集中活动暨2019年青山区东达山“茗盏雅集”艺术节活动现场

8月10日，北国小小说征文颁奖暨内蒙古小小说青山区创作基地揭牌仪式现场

6月16日，由乒乓球奥运冠军王楠（左起第七位）发起的“2019小球大爱公益计划　国球舍杯乒乓少年巡回赛｜包头站”启动仪式现场

8月18日，“2019包头首届国际马拉松赛”比赛现场

9月1日，“2019‘中体产业杯’国际男子网球挑战赛·包头站”单打、双打决赛颁奖现场

9月10日，青山区庆祝第35个教师节暨表彰大会现场

9月23日，青山区首届农民丰收节活动现场

9月26号，青山区庆祝中华人民共和国成立70周年“祖国颂·青山情”机关干部合唱比赛暨《我的美丽青山》音乐专辑首发仪式演出现场

10月5日，儿童芭蕾舞剧《草原英雄小姐妹》在包头大剧院首演现场

10月16日，首届内蒙古自治区旗县级媒体融合发展大会暨“壮丽70年 融媒青山行”大型采访活动现场

11月29日，青山区“尚家风家教美德 展主题教育家访成果”展演活动在包头大剧院举行

12月27日，“畅享时代旋律，拥抱美好生活”青山区老年大学教学成果展演暨教学工作表彰会召开

新年音乐会现场

包头市第十一届鹿城元宵文化节青山区街头民间文艺会演现场

图片提供单位：区属相关单位，驻区相关企业。图片提供人：王浩、白兆刚。

编辑说明

一、《包头市青山区年鉴(2020)》坚持以马克思列宁主义、毛泽东思想、邓小平理论、“三个代表”重要思想、科学发展观、习近平新时代中国特色社会主义思想为指导，坚持辩证唯物主义和历史唯物主义的立场、观点和方法，记载 2019 年度青山区行政区域内自然、政治、经济、文化和社会等领域发展情况，力求体现时代特征、地方特点、年度特色，为青山区的经济发展和社会进步服务。

二、《包头市青山区年鉴（2020）》是青山区综合性地方年鉴的第四部，记述时限为 2019 年 1 月 1 日至 2019 年 12 月 31 日(部分内容根据实际情况,时限略向前或向后延伸)，书中涉及其他年份的时间均标明年份。书中的“青山”“全区”“区”均代表青山区。书中涉及的专有名词、简缩语、外文名称等均在首次出现时括注，其后出现不再注释。书中涉及的政区、组织机构、会议、文件、地名等同一名称，首次出现用全称，其后用简称。

三、《包头市青山区年鉴（2020）》采用分类编辑法，由类目、分目、条目组成框架结构的主体部分，在少数分目中设有次分目。全书设青山区概况、中国共产党包头市青山区委员会、包头市青山区人民代表大会、包头市青山区人民政府、政协包头市青山区委员会、民主党派、人民团体、军事、法治、经济综述、综合经济管理与监督、城市建设与管理、环境保护与生态建设、工业、装备制造业、农牧林水、交通 邮电、商贸服务业、财税 金融、科技 教育、文化 体育 旅游、医疗卫生、社会服务与管理、街道和镇、统计资料共 25 个栏目，60 余万字。

四、《包头市青山区年鉴（2020）》主要数据和统计资料由青山区统计局提供，部分数据由各相关部门提供。由于统计口径等原因，相关部分的个别数据与统计资料不一致的，均以统计资料为准。

目 录

特 载

大事记

青山区概况

中国共产党包头市青山区委员会

包头市青山区人民代表大会

包头市青山区人民政府

政协包头市青山区委员会

民主党派

人民团体

军　事

法　治

经济综述

综合经济管理与监督

城市建设与管理

环境保护与生态建设

工　业

装备制造业

农牧林水

交通　邮电

商贸服务业

财税　金融

科技　教育

文化　体育　旅游

医疗卫生

社会服务与管理

街道和镇

统计资料

附　录

特　载

在青山区委十届六次全会暨全区经济工作会议上的讲话

这次会议的主要任务是，以习近平新时代中国特色社会主义思想为指导，深入学习贯彻中共十九大、十九届二中、三中全会精神和中央经济工作会议精神，认真落实自治区党委十届八次全会和市委十二届八次全会暨经济工作会议精神，报告区委常委会过去一年的工作，安排部署今年的各项工作。

一、区委常委会过去一年的主要工作

2018 年，是全区上下全面贯彻落实中共十九大精神的开局之年。一年来，面对依然严峻复杂的经济形势和前进道路上的各类矛盾问题，区委常委会坚持以习近平新时代中国特色社会主义思想为指导，牢固树立“四个意识”，坚定“四个自信”，坚决做到“两个维护”，认真贯彻落实中央、自治区和包头市的各项决策部署，坚持新思想引领新实践，新时代展现新作为，团结带领全区广大党员干部群众，扬长避短、趋利避害，干在实处、走在前列，圆满完成了全年各项目标任务，各项事业取得了新的进步。

（一）不断强化党委统筹领导，重点难点工作稳步推进、顺利完成

区委充分发挥总揽全局、协调各方的领导核心作用，认真履行把方向、管大局、作决策、保落实的职能，不断提升驾驭工作全局、科学研判形势、应对复杂问题的能力和水平。团结带领全区上下顺利完成迎接中央环保督察“回头看”、全国人大环保执法检查、财政部驻自治区专员办核查、审计署特派办检查、自治区第二巡视组巡视整改等重大专项任务。完成了自治区加快新旧动能转换、推动经济高质量发展现场会，全市重点项目观摩会、城市基层党建现场会、纪检监察系统“三务公开”现场会等重大活动承办任务，全方位展现了青山区的工作亮点和成果，进一步树立了地区良好形象。坚持防控结合、综合施策，超额完成政府债务年度化解任务，多措并举巩固脱贫成果，持续加强生态环境保护，三大攻坚战取得阶段性胜利。在全区扎实开展“作风建设年”活动，组织全区干部开展重点项目观摩、参观“信仰的力量”主题展等专题活动，增强宗旨意识、提振发展信心、激发工作干劲，进一步营造了干事创业的浓厚氛围。

（二）全力以赴抓发展，经济增长稳中向好、稳中提质

始终坚持发展第一要务，坚定不移贯彻新发展理念，加快新旧动能转换和产业转型升级，地区经济继续保持稳中有进、稳中向好的发展态势。全年实施投资亿元以上重点项目 75 个，竣工 30 个，完成投资 161.9 亿元。阿特斯太阳能铸锭、晶澳 3GW 拉晶铸锭、杉杉负极材料、旭宸太阳能热利用产业化和比亚迪动力电池等一批战略性新兴产业项目陆续建成投产，当年新增产值 20 亿元，为地区产业转型升级注入了新动能。装备园区被评为自治区唯一全国第三批绿色园区，青山区入选 2018 年全国工业百强区。现代服务业发展势头强劲，“六大商务区”辐射、带动、影响力持续提升。现代金融、国际会展、大剧院、万达、华联等推动全区服务业品质、业态、贡献稳步提升。微信支付、共享经济、网络经济已经开始带动各领域发生深刻变化。猪八戒网创新创业园区正式运营，传化交投公路港物流项目成为西北地区最大的零担货物集散中心。全区经济发展的质量和效益明显提高，预计地区生产总值同比增长 6.5% 左右，规模以上工业增加值增速达 11% 左右，社会消费品零售总额同比增长 6.5% 左右。财政总收入完成 42.8 亿元，同口径比上年增加 8.2 亿

元，同比增长 23.7%；一般公共预算收入完成 21 亿元，同口径比上年增加 2.8 亿元，同比增长 15.6%。

（三）坚持全面深化改革，重点领域改革取得新突破

深入推进“放管服”和商事制度改革，放宽准入条件，强化事中事后监管，全面推行“多证合一”登记、全程电子化和电子营业执照等 6 项改革任务，全区新增市场主体 6000 多户，新增注册资本 100.7 亿元。深化投融资体制改革，成功发行自治区首只棚户区项目收益债，首期发行5亿元。推进国有资产监管体制改革，规范运行管理机制，促进国有资产保值增值，国资公司资产总额达到 357 亿元。巩固提升社会治理体制改革成果，创新推行便民服务系统，自运行以来共解决基层和群众反映突出问题 4000 多个。探索推开业主委员会法人登记制度改革，被确定为自治区和包头市试点地区。研究制定党政机构改革方案和实施意见，明确改革的“路线图”和“时间表”，正在稳步推进实施。

（四）加快宜居城乡建设，城乡居住环境进一步优化

围绕建设高品质城区目标，大力推进“城市双修”，城乡管理继续向规范化、常态化、精细化迈进。始终保持监管执法的高压态势，坚决打击、整治私搭乱建、破窗开店和城市“六乱”等现象，城区环境面貌进一步改善。继续推进棚户区改造，超额完成全年棚改任务。全面加强物业管理，47 个无物业老旧小区全部实现准物业化管理。扎实推进中央环保督察反馈问题整改，果断处置和解决了一批影响群众生产生活的油烟噪声、“散乱污”企业等环境污染问题。大力开展生态环境保护“清零行动”，彻底取缔拆除了大青山自然保护区 11 户商砼企业和 3 家生产企业。持续推动大青山南坡生态综合治理，新增造林面积 340 公顷，完成危岩体整治 106.67 公顷，沿山生态环境明显改善。

（五）大力保障和改善民生，改革发展成果更多地惠及人民群众

持续加大民生投入力度，全年民生支出占到公共财政预算支出的八成以上。优先发展教育事业，义务教育、高中教育、学前教育、校外教育齐头并进、全面提升，中高考再创佳绩，松石学校“一校三基地”、新世纪民族第五幼儿园正式投入使用；整合松石学校、青少年发展中心、科技少年宫等教育资源，积极打造“科技 + 教育 + 文化 + 研学旅行”一体式校外教育基地，被评为自治区唯一校园足球突出贡献旗县区。千方百计扩大就业，实现新增就业 10000 多人，失业人员再就业 1800 多人。组织开展“兵工文化节”“社区合唱节”等群众性品牌文化活动百余场，极大地丰富了人民群众的精神文化生活。全面加强公共卫生应急处置能力建设，被评为“自治区卫生应急规范旗县(市、区)”。加快发展养老事业，新建 6 所社区日间照料中心和农村养老服务站。切实抓好弱势群体救助工作，为城乡生活困难群体发放各类救助补贴 2400 多万元，被民政部确定为“全国社会救助综合改革试点地区”。

（六）全面加强民主法治建设，社会大局和谐稳定

全力支持人大、政协围绕中心、服务大局履行职能，认真听取和采纳人大代表、政协委员的意见建议，积极为人大、政协发挥职能作用创造条件。在全市率先完成农村（社区）“两委”换届工作，按期换届率和一次选举成功率均达到 100%。加强党对群团工作的领导，创新群众工作体制机制和方式方法，正翔、九星商圈青年工作在全市形成示范引领，群团组织的凝聚力、吸引力、影响力不断增强。组织各民主党派、工商联、无党派人士和非公经济人士围绕全区重点工作开展调查研究，形成了一批质量高、有深度、接地气的调研成果。加强党对民族宗教工作的领导，深入开展民族团结进步示范单位创建、宗教场所“四进”等活动，

形成了民族团结、宗教和顺的良好局面。加强党对武装工作的领导，圆满完成征兵任务，征兵“五率”指标在全市排名第一。把依法依规解决信访突出问题作为根本遵循，坚持保护合法和打击非法并重，信访工作实现总量下降、存量递减、增量遏制，秩序持续好转。持续深化“平安青山”建设，重拳出击开展扫黑除恶专项斗争，共打掉涉恶团伙 26 个，侦破涉恶类案件 50 起，刑拘涉案人员 127 人。全区刑事案件发案率同比下降 20%，人民群众安全感明显提升。高度重视安全生产工作，强化隐患排查、专项治理和应急处置，全区安全生产形势平稳。

（七）牢牢把握党对意识形态工作的领导权、管理权、话语权，着力加强宣传思想工作

坚持把加强党的政治建设摆在首位，充分依托各党（工）委、党组中心组、区委党校、基层大讲堂、《书记推荐》、手机党校等阵地和刊物，组织开展“党课六进”“草原学习轻骑兵”等理论宣讲活动，形成强大主流舆论场。深入学习宣传习近平新时代中国特色社会主义思想、中共十九大精神和习近平总书记参加全国人大十三届一次会议内蒙古代表团审议时的重要讲话精神，自觉用党的创新理论武装头脑、指导实践、推动工作。充分发挥“青山人•青山事”“青山•新传播”等各类媒体的作用，坚持不懈唱响主旋律、传播正能量、弘扬真善美。坚持把社会主义核心价值观融入社会生活各领域，扎实推进精神文明创建和未成年人思想道德建设，顺利通过全国文明城市测评实地检查。认真落实意识形态工作责任制，进一步强化意识形态阵地管理和舆情管控，及时介入处置各类突发事件，全年未发生大的负面舆情。

（八）认真履行抓党建政治责任，党的建设各项工作再上新水平

区委切实扛起管党治党政治责任，全面加强党的领导和党的建设。各级党组织把抓好党建作为最大政绩，坚持夯实党建基础，不断推进党建创新，形成了全区上下齐心协力抓党建的浓厚氛围。认真落实城市基层党建示范市创建任务，在地区党建联席会的基础上，采取集团化、项目化、阵地化、一体化新模式，进一步提升全区党建工作整体水平。加强农村基层党建工作，加快后进村的转化升级。全面推行“两新”党组织“评星定级”和“2341”楼宇党建服务新模式，非公企业和社会组织党建工作得到有力加强。积极探索创新离退休干部党组织设置方式，成立了青山区离退休干部党工委。创新开展“全链条”党员教育管理，被自治区党建制度改革专项小组评为“自治区党建制度改革先进试点”，相关创新做法在中组部《党建研究内参》全文报道。园区被自治区党委组织部命名为全区党建工作示范园区；政协党组作为自治区唯一旗县区代表，参加全国政协系统党的建设工作座谈会。深入开展基层巡察工作，完成 4 轮、31 家区属部门和单位党组织的巡察工作任务。坚持把纪律规矩挺在前面，集中整治形式主义、官僚主义、违反八项规定等问题 28 件，给予党纪政纪处分 21 人，全区各级领导、干部的规矩意识、纪律意识、政治意识、责任意识明显增强。

一年来，区委常委会高度重视自身建设，认真贯彻地方党委工作条例，不断提高政治站位、强化政治担当，始终坚持党对一切工作的领导，坚持民主集中制，严肃党内政治生活，充分发挥了地区领导核心作用。坚定不移贯彻落实全面从严治党要求，带头遵规守纪，带头转变作风，带头狠抓落实，区委常委班子把握全局、科学决策、防范风险、化解矛盾的能力和水平进一步增强。

过去一年工作成果的取得，是习近平新时代中国特色社会主义思想科学指导的结果，是自治区党委、包头市委正确领导的结果，是区几大班子团结协作、苦干实干的结果，是辖区企业、单位和各有关方面大力支持、密切配合的结果，更是全区各级干部、广大群众奋力作为、顽强拼搏的结果。在此，我代表区委常委会，

向所有关心、支持、参与、推动青山区发展的同志们、朋友们，表示衷心的感谢并致以崇高的敬意！

在看到成绩的同时，我们也清醒地认识到，工作中还存在一些不足，发展中面临新的挑战。一是经济形势依然严峻复杂，经济下行压力仍然较大，部分企业生存经营十分困难，项目储备不足，投资对经济的拉动作用减弱，消费增长支撑力不足。二是结构调整阵痛凸显，产业转型升级任重道远，新的增长点没有系统形成，传统产业包袱沉重、缺乏核心竞争力、抗风险能力差，新兴产业资源依赖性强、产业链纵向连接不紧密、附加值低，新旧动能接续不畅。三是营商环境还需进一步优化，项目建设各类手续办理程序多、审批时间长，企业发展融资难、融资贵等问题依然突出。四是受政策、体制、历史等多种因素影响，财政收支矛盾更加突出，防范化解政府债务风险和保障刚性支出任务更加艰巨。五是公共服务、民生建设力度还需进一步加大，人民群众关心的教育、养老、健康、就业、环境等方面还有不少短板，民主、法治、公平、正义、安全等方面的要求日益增长。六是一些党员干部的大局意识、担当意识、创业激情、本领能力还不适应新时代新要求，形式主义、官僚主义现象禁而未绝，不敢为、不愿为、不善为等问题依然存在，等等。对于这些问题，我们必须高度重视，在今后的工作中认真加以解决。

二、牢牢把握高质量发展要求，统筹做好2019年各项工作

2019年，是中华人民共和国成立70周年，是全面建成小康社会的关键之年，做好今年的各项工作意义重大。我们必须科学研判形势，坚持实事求是、一切从实际出发，既要充分考虑到面临的困难和挑战，树牢底线思维，努力趋利避害；又要切实把握好发展机遇，提振发展信心，争取最好结果。毋庸讳言，当下青山区经济发展同宏观形势一样，确实面临很多困难、很大挑战，我们决不能掉以轻心、不能任其自然，要抓住主要矛盾，有针对性地研究解决存在的矛盾和问题。长期看、综合看，青山区经济发展稳中向好、稳中提质的趋势没有变，并且会长期保持，影响持续健康发展的结构性问题正在逐步得到解决，支撑高质量发展的条件正在不断改善，积极因素正在不断积累。从外在因素来看：中央经济工作会议要求紧扣重要战略机遇新内涵，安排部署了2019年的七大工作任务，其中把推动制造业高质量发展列为第一条。自治区印发了新兴产业高质量发展实施方案（2018—2020年），其中重点支持发展现代装备制造业、新材料等产业，并配套印发了若干支持政策和三年滚动项目计划表，这与青山区的支柱产业发展高度契合，为我们推动装备制造业做大做强，争取资金和项目，创造了更加有利的条件。特别是去年以来，我市密集制定出台了园区、非公、科技、人才等“十条”鼓励性政策措施，只要我们把这些政策充分运用好、落实好，必将成为推动青山区新一轮发展的动能和引擎。从内在因素来看：青山区的产业门类涵盖了从基础工业到中高端制造的完整产业体系，现代装备制造等产业都具有独特优势，发展潜力和空间巨大。特别是，近年来成功引进和实施了一批战略性新兴产业和现代服务业项目，为持续发展新产业、培育新动能，推动经济高质量发展奠定了坚实的基础。只要我们一以贯之地坚持推进经过实践证明、符合青山区发展实际的一系列战略举措，始终高度重视发展实体经济和民营经济，始终高度重视营造良好的营商环境和干事创业环境，始终高度重视调动好、发挥好各级干部干事创业的积极性和企业家投资兴业的积极性，增进各方共识、凝聚强大合力，就一定能够战胜前进道路上的各种艰难险阻，就一定能够踏平坎坷，迎来更加辉煌灿烂的明天。

总之，越是在困难的时候越要有战略定力、越要有工作韧劲，既要把困难和问题考虑得充分一点，更要看到我们自身的优势条件和有利因素。不畏浮云遮望眼，咬定发展不放松。不因阵痛而犹豫，不因艰难而退缩。要一张蓝图绘到底，秉承干在实处、走在前列的优良作风，以舍我其谁的勇气、不避艰险的胆魄、敢为人先的担当，奋力推动经济社会发展不断迈上新台阶。

做好2019年的经济工作，要以习近平新时代中国特色社会主义思想为指导，认真贯彻中共十九大、十九届二中、三中全会及中央经济工作会议精神，全面落实自治区党委十届八次全会和市委十二届八次全会暨经济工作会议精神，坚持稳中求进工作总基调，以新发展理念为引领，以高质量发展为目标，以供给侧结构性改革为主线，以加快产业转型升级、推进新旧动能转换为重点，统筹抓好稳增长、促改革、调结构、惠民生、防风险各项工作，抓重点、补短板、强弱项，保持经济持续健康发展和社会大局和谐稳定，为全面建成小康社会收官打下决定性基础，以优异成绩庆祝中华人民共和国成立70周年。

主要预期目标是：地区生产总值增长6.5%左右，社会消费品零售总额增长7%左右，一般公共预算收入增长6%左右。

为实现今年的目标任务，要重点抓好以下十个方面的工作：

（一）紧紧围绕高质量发展目标，在推动地区经济转型升级和动能转换上取得新突破

要始终把装备制造业作为全区发展的重中之重，坚持发挥优势与补齐短板并重、调优存量和做优增量并举，推动装备制造产业做大做优做强。一要加快推动产业转型升级。要遵循市场规律，促进优胜劣汰，继续加大对低质项目和“僵尸”企业的清理腾退力度，为先进产能腾出发展空间。要转作风、到企业，千方百计帮助企业解决具体困难和问题。要加强企业和项目管理，坚持质量为王，以亩均贡献论英雄，进一步提升土地节约集约利用水平。二要加快推动新动能成长。要持续培育、壮大新兴产业集群，围绕发展先进制造、智能制造，不断提升产业层次和发展水平。要切实转变发展方式，推动装备制造产业由成本要素投入和产能扩张向技术突破和品牌建设转变，提升企业核心竞争力。要促进产品升级换代，引导企业在新产品开发、工艺升级、技术改造等方面综合发力，稳步提升先进产能占比。三要加快推动高质量发展。要深入挖掘和拓展企地和“两化”融合发展空间，加强与驻区大企业的沟通联系和战略合作，以中国兵器集团、核工业集团等央企为依托，以创建国家示范区、实施“智能制造三年行动计划”等为抓手，以策划、引进和实施带动性强的战略性项目为重点，持续深化务实合作，持续提升产业发展质量。四要增强园区综合承载力和竞争力。加快推动园区公共服务中心大楼尽快投入使用，统筹谋划好金融、财会、研发、孵化等配套服务。要发挥好园区在项目引进、产业培育、企业服务等方面的主阵地、主力军作用，打造过硬队伍，提升专业化水平。要加快引导企业开展科技创新，调动各级各类创新资源要素向园区集中，培育园区的拳头产品和核心技术。

（二）牢牢把握现代服务业发展方向，大力提升地区服务业发展水平

要主动顺应城区建设新变化、产业变革新趋势和消费升级新需求，大力培育和发展新产业、新模式、新业态，促进服务革新和内涵提升。一要抓好规划布局。依托110国道改造和新都市区建设带来的发展机遇，统筹谋划好“两域一线”（赵家店、银匠窑、二海壕及周边区域，奥林匹克公园“两馆一中心”、二〇二周边区域，110国道沿线）及周边布局。要全面抓好赵家店、青山客运站及周边区域开发建设，按照城区副中心的规划布局开展工作，确保城美景靓、不留遗憾。要抓好万科城市综合体、通

港建材城市场改造、“两馆一中心”周边区域改造，主动融入新都市区，打造新型商住综合体和休闲健身新中心。要高度重视 110 国道沿线的服务业布局，着眼长远、超前谋划，打造新的增长点。二要抓好巩固提升。要继续巩固和提升“多组团发展、多业态经营、多品牌集聚”的良好格局，进一步提升“六大商务区”的发展规模、层次和水平。要深度挖掘、合理利用恒源银座、九星 e 世界、沃尔玛时代财富广场、正翔湾文创中心等资源，鼓励和支持运营企业加快项目引进、业态调整和档次提升。三要抓好拓展延伸。大力发展现代物流产业，进一步完善传化交投公路港物流项目建设，打通 G6 高速青山出口，推动“人流、物流、资金流、信息流”汇聚融合、加速发展。要大力发展现代金融产业，落实好引进平安银行包头分行等金融机构相关事宜，持续壮大金融产业规模。要积极搭建平台，鼓励金融机构加强产品创新，支持实体经济和中小企业的发展。要培育发展好猪八戒网创新创业园区，按照“一园一街”发展构思，积极打造自治区一流双创园区。四要引导消费升级。要发展线上线下经营，鼓励和支持本土企业通过建立网上商城、寻求与电商平台合作等方式，加快改变单一的经营模式，采用线上线下推广扩大客户群和朋友圈。要发展“互联网 +”产业，强化互联网思维、利用互联网优势，积极探索互联网 + 会展、+ 文化、+ 旅游等产业发展，推动青山区服务业提质增效。要不断扩大和普及移动支付在生活消费、民生保障、政务服务等领域的创新应用，提升各领域服务的便利化和信息化水平。

（三）迎难而上增投资上项目，不断增强地区发展后劲

从当前区内外发展形势和青山区实际情况看，招商引资规模和固定资产投资回落、储备和新开工项目数量减少，已经成为影响和制约青山区发展的主要因素，我们必须增强忧患意识、危机意识，要以百折不挠的韧劲，努力破解投资下滑和项目接续问题。重点要打好几张牌：一要打好“特色牌”。青山区最大的特色是装备制造业、最响亮的名片也是装备制造业，国家、自治区、包头市都提出大力发展现代装备制造产业，我们要抓住机遇、主动出击，力争 2019 年再引进一批立园、立区的当家项目。二要打好“精准牌”。围绕青山区产业定位和发展方向，重点在抓壮大产业集群类项目，抓主导产业链条关键节点项目，抓产业体系协作配套项目上强化项目引进，增加有效投资。三要打好“合力牌”。要发挥好各级干部、招商部门的积极性，组建专门队伍、列出走访重点，一一推动落实。要发挥本地企业和驻外商会作用，通过以商招商、平台招商，增强工作实效性。要加强与市直经济部门的日常沟通联系，捕捉信息、借梯上楼，发现、引进大项目、好项目。四要打好“借力牌”。用足用好国家、自治区和我市支持重点产业和促进新兴产业发展各项政策，抓执行、抓落实，让政策叠加效应转化为发展效应，努力推动招商引资工作实现新突破。五要打好“服务牌”。2019 年青山区拟实施投资亿元以上重点项目 70 个，总投资 446 亿元，当年计划投资 104 亿元。要重点保障和服务好项目实施的各环节、各阶段任务，确保所有项目能够及时完成各项手续办理、按时开工建设、如期建成投产。

（四）深化重点领域改革，努力激发经济社会发展活力

要坚持问题导向，把改革重点放到解决具体问题上，全力破除经济社会发展体制、机制性障碍。一要持续深化放管服改革。要立足区级职能，最大限度地简化办事流程，压缩办理时限，实施网上网下办理，着力解决好程序繁杂、手续烦琐、效率低下的问题。二要加快推进混合所有制改革。要鼓励和支持驻区国有企业大力发展混合所有制经济，为驻区大企业注入新的活力。要积极探索区属国有企业改革和运营模式创新，不断提升实体化运营水平，促

进国有企业持续健康发展，国有资产保值增值。三要圆满完成党政机构改革任务。要全面贯彻落实上级关于机构改革的部署要求，按照先立后破、不立不破和先转隶、后“三定”的原则，有组织、有纪律、有步骤、保质保量完成好改革任务。四要扎实推进专项改革。要不断巩固和提升青山区“精街道、强社区、促服务”社会治理体制改革成果，优化社工人才队伍，营造留住人才、培养人才、使用人才的政策环境。要持续深化物业管理、养老服务、镇村“三务公开”以及监察职能向基层延伸、党员教育“全链条”管理模式等特色改革，确保不断取得新成效。

（五）进一步优化营商环境，大力发展民营经济

市场竞争大浪淘沙，每一个能在市场经济中生存和发展下来的企业都是地区经济的重要组成，每一个参与经济建设和为社会服务的企业家都是我们的重要资源和宝贵财富。要把优化营商环境作为高质量发展的基础性、全局性、先导性工作来抓，全力营造扶持企业、服务企业、亲近企业的良好环境。一要认真落实各类扶持政策。要全面落实好国家更大规模减税和更明显降费政策，以及自治区促进民营经济高质量发展二十六条、包头市支持非公有制经济健康发展十条等政策措施，确保上级各类专项支持都能及时到位。要妥善解决涉企政策落实不到位、招商引资承诺不兑现等问题，严肃整治损害企业利益等行为，切实为民营企业助力护航。二要不断优化营商服务软环境。要落实重点项目建设“全程代办”制度，为项目业主提供咨询、指导、协调、代办等全程帮办服务。区级领导要带头深入企业了解生产运营情况，及时帮助研究、协调解决困难和问题，全力营造亲商、安商、富商的发展环境。三要积极构建“亲”“清”新型政商关系。要把支持民营企业发展作为一项重要任务，落实好区级领导干部与党外代表人士联谊交友等制度，大力营造尊重企业家、关心企业家、爱护企业家的浓厚氛围。要强化企业家老大意识，政府机关甘当店小二，对企业少干预、多服务，少限制、多支持。要大力弘扬优秀企业家精神，保障企业合法经营，保护企业家人身和财产安全，切实营造企业家健康成长的良好环境。

（六）坚决打好“三大攻坚战”，为全面建成小康社会奠定坚实基础

三大攻坚战是全面建成小康社会、实现高质量发展必须跨越的重大关口。中央、自治区党委和市委明确要求，要按照已定方案，针对突出问题，打好重点战役。一要有效防范化解金融风险。要保持清醒理性的认识，既要高度重视、积极化解，又不能过分夸大、急于求成。要系统梳理、统筹兼顾，既要化解旧债，又要控制新债；既要化解隐性债务，又要解决刚性兑付。要积极稳妥化解，既要严防隐性债务外溢，又要严防处置风险。要按照新的要求和口径，科学优化化债方案，认真落实化债措施，做实预算安排、争取资金、处置资产等各项化债举措，积极争取自治区奖励资金。二要加大污染防治力度。要以全国第二次污染源普查为契机，对不符合产业政策，没有相关手续，污染物排放不达标的“散乱污”企业进行综合整治，全面实施生态环保问题清零行动。要提高高污染燃料禁燃区建设水平，重点做好赵家营子村上下水和集中供热一体化改造工程，对城边村开展电、天然气、太阳能和集中供热等多种清洁能源互补供热，最大限度禁止原煤散烧。加强建筑工地、道路交通和物料堆放场所的扬尘管理，全面提升青山区的空气质量。要严查环境安全隐患，强化危险废物的跟踪管理，确保生态环境安全。三要扎实推进精准脱贫攻坚。要压实区、镇、村三级书记抓扶贫的工作责任，巩固工作成果，强化动态识别监管，确保不出现贫困户漏报和帮扶不及时的问题。要把发展产业作为农民脱贫致富的主要途径和长久之策，加快带头人队伍建设，密切利益联结机制，

重点加快村集体经济发展。要依托装备园区及传化物流、大青山南坡绿化等重点项目工程，加大转移就业力度。要不断健全完善大病救助、教育救助等兜底保障体系，夯实“三保障”基础。要进一步加大“志智双扶”力度，帮助部分困难群众克服“等靠要”思想，激发内生动力，坚决打好打赢精准脱贫攻坚战。

（七）大力实施乡村振兴战略，推动产业发展取得新突破

要按照青山区加快城乡一体化发展的总体思路，在不断加强农村生态、人居环境和社会治理的基础上，结合青山区各村分布和资源禀赋特点，大力发展农村特色产业。一要统筹推进、分类突破。要牢牢把握“产业兴旺、生态宜居、乡风文明、治理有效、生活富裕”的总要求，统筹谋划农村各项工作，促进农业全面升级、农村全面进步。要依据各村的多样性、差异性，因村制宜、分类指导、精准施策，扶持发展特色产业。二要学习借鉴、完善提升。要学习借鉴先进地区农村发展的好经验、好做法，积极探索符合青山区农村实际的发展模式。要依托城区周边、园区周边、大青山沿线等地缘、资源优势，推进城乡资源合理配置，按照“宜工则工、宜农则农、宜游则游”的思路，加快形成工农互促、城乡互补、全面融合、共同繁荣的新型工农城乡关系。三要扶优扶强、示范带动。要积极培育和扶持一批辐射带动能力强、成长性好、经济效益好的龙头企业、品牌项目，以点带面、典型引路，带动各村产业发展、农民致富。要持续推进大青山南坡绿化工程，扶持好特色农业产业项目和文化旅游项目，发展农村特色产业、振兴乡村经济。四要常态管理、优化环境。要持续改善农村人居环境，突出抓好垃圾污水处理、厕所革命和村容村貌巩固提升，确保实现农村人居环境整治三年行动目标。

（八）进一步提升城区建管水平，全力打造全民共享的高品质城区

要坚持建管并重，全力推动城市管理向高质量迈进。一要整合工作队伍。要结合机构改革，推进执法、住建、市场等部门的工作和人员实现融入、融通、融合，发挥好“大城管”“大住建”“大市场”“大兵团”作战优势，推进好职能融合和工作水平提升。深入推进城区环境治理、功能完善、景观节点打造等各项工作，实施长效化、常态化、网格化、精细化管理，提升群众满意度。二要提升服务水平。要坚持问题导向，重点实施道路及管网改造工程，解决部分路段雨季内涝问题。持续推进老旧小区综合治理和物业管理提档升级工作，让广大居民群众住得更舒心。继续抓好棚改工作，提升青山区整体住房品质。完成好“三供一业”移交，提升管理服务水平。三要打造优美环境。要牢固树立精品意识，狠抓重点区域、重点领域、重点环节整治，让城区更整洁、更有序、更宜居。要持续推进重点路段绿化改造、公园广场、小区庭院提档升级，让城市“绿肺”更好惠及人民群众。要认真落实河湖长制，加强对各类河道的管护。

（九）切实保障和改善民生，不断提升群众获得感、幸福感和满意度

要牢固树立以人民为中心的发展理念，着力解决群众最关心、最直接、最现实的利益问题。一要始终坚持教育优先发展战略。要深入实施教育质量提升三年行动计划，不断扩大优质教育资源覆盖面，推动全区教育向优质均衡迈进。要持之以恒抓好校长队伍、教师队伍建设，培养地区教育事业持续健康发展的生力军。要深化教育教学改革，创新体制机制，破解发展难题，全面提升教育教学质量。二要加快发展文体事业。要大力弘扬乌兰牧骑精神，深入实施文化惠民工程。要深度挖掘和充分利用优质文化资源，广泛开展群众性精神文明活动。要不断完善公共文化服务体系，建好用好区级融媒体等平台。三要扎实开展健康城区创建工作。要持续深化医疗卫生体制改革，加快推进医联体建设，让群众就近享受优质医疗服务。

要深入开展爱国卫生和全民健身等活动，努力提升全区人民的卫生与健康水平。要加强食品药品安全监管，更好地保障群众舌尖上的安全。四要健全完善社会保障体系。要着力促进就业创业，分类精准做好高校毕业生、退役军人安置、农民工等群体就业工作。要加快构建覆盖全体城乡居民的社会保障体系，提升基本养老和医疗保险受益面。要不断强化民生兜底保障，统筹抓好城乡低保、社会救助、抚恤优待等工作。

（十）全面加强民主法治建设，不断巩固团结和谐的社会局面

要长期保护好、巩固好、发展好青山区民主团结、和谐安定、风清气正、干事创业的良好局面。要坚持党的领导、人民当家做主、依法治国有机统一，支持人大及其常委会依法履职，有效行使监督权、决定权、任免权，注重发挥人大代表作用。要支持政协及其常委会围绕团结和民主两大主题，有效开展政治协商、民主监督、参政议政，调动政协委员参政议政、建言献策的积极性。结合机构改革，优化人大、政协内设机构设置，加强履职能力建设。要加强党对统一战线工作的领导，充分尊重和团结各民主党派、工商联和无党派人士，党外知识分子、非公经济以及社会各阶层人士，共同参与全区经济社会各项建设事业。要贯彻落实好党的民族宗教政策，促进各方面团结进步和稳定发展。要注重发挥工会、共青团、妇联、残联、红十字会等群团组织广泛联系群众的优势和作用，创新工作体制机制和方式方法，增强政治性、先进性、群众性，增强吸引力、影响力、凝聚力。要强化法治思维，大力推进依法治区。要持续深化司法领域改革，支持人民法院、人民检察院依法独立公正行使审判权和检察权。要深入推进“七五”普法工作，推动全社会形成良好的法治氛围和法治习惯。全力抓好信访维稳工作，依法解决好新福地、宝鑫广场等历史遗留问题。严格落实安全生产责任制，严密防范和坚决打击各类违法犯罪活动。要保持扫黑除恶强大攻势，坚持扫黑、除恶、治乱、打伞、问责并举，不断净化社会环境。

三、全面贯彻落实新时代党的建设总要求，推动党建工作不断迈上新水平

要坚持和加强党的全面领导，坚持党要管党、全面从严治党，统筹推进党的各项建设，全面提升党的建设质量和水平。

一要切实增强推进党的政治建设的自觉性和坚定性。要始终把党的政治建设摆在首位，不断增强“四个意识”，坚定“四个自信”，坚决做到“两个维护”，自觉在思想上政治上行动上同以习近平为核心的党中央保持高度一致。要坚持区委带头，进一步严肃党内政治生活，严格执行“三会一课”、组织生活、谈心谈话等制度，切实增强党内政治生活的政治性、时代性、原则性、战斗性。要全面提升政治领导本领，不断增强各级党组织的政治领导力、思想引领力、群众组织力和社会号召力，把党的各级基层组织建设成为宣传党的主张，贯彻落实党的路线方针政策和各项工作任务的坚强战斗堡垒。

二要全面提升宣传思想工作的针对性和实效性。要深学笃用习近平新时代中国特色社会主义思想，教育引导广大党员干部悟原理、守初心、见行动，切实把理论学习成果转化为推动工作、促进发展的强大动力。要紧紧围绕庆祝中华人民共和国成立70周年开展各类宣传文化活动，切实营造浓厚氛围、凝聚奋进力量。要积极探索理论学习的新形式、新途径，充分运用好“青山人•青山事”“青山•新传播”等新媒体，以及基层大讲堂、《书记推荐》、手机党校等阵地和刊物，筑牢广大党员干部的思想政治基础。要坚持以人民为中心的工作导向，坚持重心下移，做好基层基础保障工作。要加快青山区融媒体中心的建设步伐，更好地唱响主旋律、壮大正能量。要牢牢掌握意识形态工作的领导权、管理权、话语权，加强舆情管控引导，加强阵地管理，严防各类风险，坚决防止出现

大的网络意识形态事件和舆论漩涡。

三要充分激发基层党组织的内生动力和工作活力。要紧扣中心任务谋划推进基层党建工作，切实找准开展活动、发挥作用的切入点和着力点，通过抓党建形成共促发展的强大凝聚力和战斗力。要持续推进城市基层党建工作，运行好“区域集团化”模式，充分调动和激发各级各类党组织的优势资源和内生动力，推动区域内各领域党组织互联互动、互融互通。要深入推进“书记工程”，通过基层选拔、社会选优、组织选派等方式，建设一支党性强、能力强、服务强的基层党组织带头人队伍。要紧紧围绕服务群众需求开展基层党建活动，通过实施一些“小项目”“微实事”，实现服务群众的精细化和专业化。要进一步加强离退休干部党组织建设，在基层治理中发挥其独特的政治优势、经验优势和威望优势。

四要继续保持干部队伍的良好精神状态。要始终坚持“干在实处、走在前列”的总要求，谨记“思考、行动、创造”，以苦干实干的工作作风、积极向上的精神状态、持之以恒的工作劲头，不折不扣地推动各项决策部署落地生根、开花结果。要坚持一切从实际出发，深入一线、深入基层、深入群众，摸实情、出实招、办实事、求实效，把每一项工作、每一项任务都落到实处。全区上下一定要有事不避难的勇气和担当，不回避矛盾、不回避问题，敢打硬仗、敢啃“硬骨头”，做到不解决问题不撒手、不达到目的不收兵，确保各项工作掷地有声、扎实有效。

五要全力巩固风清气正的政治生态和干事创业的良好环境。要始终保持惩治腐败高压态势，坚持无禁区、全覆盖、零容忍，坚持重遏制、强高压、长震慑。要深化运用监督执纪“四种形态”，坚持惩前毖后、治病救人，坚持抓早抓小、防微杜渐，发现苗头性、倾向性问题及时批评教育，让咬耳扯袖、红脸出汗成为常态。要鲜明正确导向，坚持“三个区分开来”为敢于负责的干部负责。要加强纪律教育，让广大党员干部习惯在监督和制约的环境下工作生活。要持续加大整治群众身边腐败问题力度，严肃查处吃拿卡要、优亲厚友、虚报冒领、侵吞挪用等腐败和作风问题。要结合开展扫黑除恶专项斗争，深挖黑恶势力背后的“保护伞”，发现一起、查处一起，一查到底、绝不姑息。要开展好监察职能向基层延伸试点工作，各街镇监察机构要切实发挥好职能作用，加大执纪监督力度，着力提升基层治理效能，真正打通监督“最后一公里”。

政府工作报告
——在青山区第十六届人民代表大会第二次会议上

青山区人民政府区长　胡　荣

（2019年2月16日）

一、2018 年工作回顾

过去一年，我们高举习近平新时代中国特色社会主义思想伟大旗帜，深入贯彻落实国家、自治区、包头市各项决策部署，在上级党委、政府和区委坚强有力的领导下，在区人大、区政协的监督支持下，团结全区广大干部群众，紧扣打造“两基地”、建设“三城区”战略目标，精准施策，真抓实干，经济发展稳中向好，社会事业全面进步。

（一）做优产业、做强实体，经济发展向高质量迈进，地区综合实力得到稳步提升

一年来，我们坚持供给结构与需求结构有效匹配，消费升级和有效投资良性互动，全面推进企地融合，大力发展非公经济，地区产业结构更加优化，整体实力持续上升。

一是经济运行实现稳中提质。全年实施亿元以上重点项目 75 个，年底竣工 30 个，完成投资 165.7 亿元，实现年初计划的 102.9%。认真落实招商引资“市长旗县区长工程”，成功引进杉杉负极材料、万科城市综合体等一批项目。加大对非公经济和民营企业的扶持力度，累计帮助企业享受电价优惠、争取扶持资金、战略性新兴产业发展资金、创业创新服务券等共计 8438.7 万元，为 12 户中小企业申请助保金贷款 6050 万元。永盛成、新时代信托等 8 家企业入选自治区民企百强，小尾羊被认定为中国驰名商标。全区市场主体达 3.4 万户，注册资本突破千亿元，从业人员达到 24.6 万人，拥有商标 4312 件，商标注册量全市第一，非公经济增加值占地区生产总值比重达到 58%。地区经济运行的质量和效益进一步提升，全年地区生产总值同比增长 7.3%；社会消费品零售总额同比增长 6.4%；一般公共预算收入同比增长 15.6%；城镇常住居民人均可支配收入同比增长 6.9%。

二是装备制造业升级取得较大进展。出台企地融合实施方案，推动企地共荣、共享、共赢发展。驻区大企业生产经营持续回暖，全区 54 户规模以上工业企业增加值增速达到 12.1%，盈利企业利润总额同比增长 43.4%，青山区入选 2018 年全国工业百强区。“三新一高”战略性新兴产业加速崛起，阿特斯二期多晶厂房主体完工，杉杉负极材料厂房及配套设施当年全部建成，铁建重工盾构机制造项目具备生产条件，晶澳 3GW 拉晶铸锭项目竣工投产。军民共建发展深入推进，北方北斗项目正式运营，北奔第三代军车项目小批量生产、首台新能源重卡样车下线，北方嘉瑞高强度聚乙烯材料项目订单稳步增长，全区有 8 家企业被认定为包头市首批军民共建科技示范企业。通过企业用地效益普查、项目用地置换、经营合作共享厂房等途径，促使企业不断提升土地“亩均”效益。完成 10 户低效用地企业的清退置换工作，盘活提升低效用地 26.13 公顷，收回闲置用地 73.33 公顷。园区被评为自治区唯一的全国第三批绿色园区，并正式进入《中国开发区审核公告目录》。

三是服务业提档有了全新突破。“六大商务区”辐射、带动作用凸显。九星 e 世界、正翔湾文创中心等一批新型商业综合体投入运营。万达、沃尔玛、九星三大商务区零售额实现 92.3 亿元，同比增长 10.2%。成功引进金谷银行，全区金融保险机构增至 55 家，对地区税收

贡献率达到 26.4%。包头大剧院举办各类演出 201 场，包头国际会展中心相继荣获两项全国专业类奖项。包头市体育中心成功举办国际女子网球巡回赛，东达山艺术家创作基地面塑艺术节影响不断扩大，赵长城文化广场、花圪台露营区等项目实现当年建设、竣工和运营。包头传化交投公路港项目快递园、公路港板块投入运营，成为西北地区最大的零担货物集散中心。全区共享经济、电商平台等新业态、新模式呈现良好发展势头。

（二）精准施策、靶向发力，三大攻坚战取得阶段胜利，地区发展基础得到有力夯实

一年来，我们始终把坚决打好“三大攻坚战”作为政治责任和首要任务，聚焦聚神聚势，尽心尽力尽责，举全区之力积极有效应对，圆满完成了年度工作任务、初战告捷。

一是防范化解重大风险攻坚战取得决定进展。努力通过债转股、审价核减、整合专项资金等有效措施，化解存量债务。“十个全覆盖”工程债务全部化解完毕，超额完成政府年度化债任务。严防新增债务，将财政可承受能力作为项目立项的前置条件，政府工程类投资额较上年缩减 39.3%，政府投资的 3 个亿元以上项目全部为民生工程。坚决防范金融风险，严厉打击民间借贷、非法集资等违法违规金融活动，有效维护了地区良好金融秩序。

二是精准脱贫攻坚战取得显著成效。建立扶贫对象动态识别机制，实现月动态监管、半年一识别，防止相对困难人口因病、因灾、因学致贫。加强兜底保障，设立扶贫专项资金，出台扶贫资金救助和农村困难户大病救助等多项办法，为农村特困供养人员、低保对象等发放补贴 288.8 万元。依托园区企业集聚、生态工程实施和重点农村产业项目投产等有利条件，共转移就业村民 300 多人，流转农民土地 666.67 公顷，稳步助力农民增收致富。

三是污染防治攻坚战取得突出成果。彻底清理取缔了大青山国家级自然保护区内 11 家商砼企业和 3 家生产企业。圆满完成第二次全国污染源普查清查建库工作。创新生态修复模式，以政府奖补为引导、社会资本投入为主体，累计整治矿坑和危岩体 108.07 公顷。全年新增造林面积 340 公顷，栽植各类苗木 56.6 万株，辖区内大青山南坡实验区地块全部绿化，总面积达 3400 公顷。全面开展高污染禁燃区建设，整合各类投资 2.4 亿元，高标准推进“煤改气”“煤改电”、集中供热和洁净型煤替代工程。全面推行区、镇两级“河长制”“湖长制”，有序实施二电厂脱硫废水系统处理和一机、北重雨污分流管网改造工程，3 户大企业工业废水实现零排放。全力开展中央环保督察“回头看”反馈问题和黑臭水体整治工作，果断处置了一批困扰群众的环境污染问题，及时出台了油烟噪声、违法排污、废弃砂坑、固体废物等专项整治方案，防污治污工作深入持久开展。

（三）蹄疾步稳、攻坚克难，改革创新工作深入开展，地区整体活力得到有效激发

一年来，我们坚持把改革创新作为转型升级的总抓手，破除体制机制障碍，挖掘自身潜力优势，集聚创新发展要素，改革的广度、深度、力度日益增强，创新的动力、活力、红利逐步显现。

一是持续加大重点领域改革攻坚力度。“放管服”改革不断深化，108 项政务服务事项实现网上办理，全市首家“园企驿家”一站式服务平台投入运营，哈达社区作为全市基层政务服务改革试点，实现政务服务事项马上办、网上办、一次办、就近办。商事登记制度改革成效显著，发出自治区首份“无纸全程电子化”营业执照、全市首张“无介质电子营业执照”。“双随机、一公开”稳步实施，协同监管联合惩戒的社会信用监管机制逐步形成。综合行政执法改革圆满完成，多头执法、交叉执法等问题得到有效解决。9 家国有企业“三供一业”分离移交工作有序推进，90 个小区改造方案正在深化设计。农村集体产权制度改革试点工作高效

完成，国有林场改革工作顺利实施，教育、医疗、投融资等其他各领域改革也深入开展，取得了良好成效。

二是深入推进城区社会管理创新发展。探索开展街镇社区治理执法下沉工作，街镇统筹、部门联动，有效破解小区执法瓶颈。社区治理信息化平台功能不断优化，新增采集内容 31 项，便民服务系统上报问题 4551 条，办结率达 98.7%。开展县级领导包片推进物业提档升级工作，全年完成提档升级小区 46 个，准物业签约入驻小区 47 个。在自治区范围内率先探索推进业主委员会法人登记工作，社区“五位一体”基层协商民主模式入编《中国城市社区治理蓝皮书（2018）》十大案例。相继建成自治区首家社区应急响应志愿服务站和“三社联动”示范基地。

三是稳步提升创新驱动能力。产学研合作领域不断拓展，一机、北奔等大企业与一批知名高校加强在新材料关键技术等领域的研发合作，为地区高质量发展提供了科技支撑。自主创新能力不断提升，北重集团“360 项目”获得“中国工业大奖表彰奖”，二〇二厂获批“自治区核燃料元件企业重点实验室”，北方工程机械等 15 家企业被认定为 2018 年国家高新技术企业，五二研究所等 5 家机构被认定为自治区第一批科技服务示范机构。新增自治区科技型中小企业 8 家，“专精特新”中小企业数量占到全市的 40%。蒙牛（包头）公司被认定为国家级绿色工厂。

（四）统筹推进、协同发展，美丽青山建设成果丰硕，地区人居环境得到不断优化

一年来，我们逐步优化城市功能，着力推动乡村发展，持续推进城乡一体化、精细化、常态化管理，城乡发展的平衡性、协调性和可持续性不断增强。

一是城区品质不断提升。大力推进“城市双修”，完成道路铺装及便道硬化 6.9 万平方米，更换井圈井盖、雨篦 882 套，敖根道地上停车场建设和青山跨道路维修等 6 项工程顺利完工。实施了道路新植补植、社区绿化美化等工程，栽植乔木 1.1 万株、地被 22 万平方米，全区范围内实现了“300 米见绿、500 米见园”。搭配出让二〇二西门外和原向阳农贸市场地块，成功解决了搁置 10 年的遗留问题。奥体公园 3 号、奥林和院、富华公馆等一批优质地产项目快速推进，城区人居环境得到进一步改善。

二是乡村振兴深入实施。按照“东进、北扩、中升级”的发展思路，加快城区北部副中心规划布局，制定了乡村振兴战略实施意见，完成了赵家店地区控制性详细规划，启动了乡村建设规划编制工作，顺利完成了农村土地确权和农村产权交易服务站建设任务。加快北部区路网体系建设，北绕城公路、青大线改扩建、110 国道拓宽拆迁工作全部完成，G6 高速青山互通工程即将完工，国家一级公路枢纽青山客运站主体完工、开始装修。“青山青美”自治区级田园综合体成功获批，东达山艺术家创作基地、贺威金花葵种植园等 16 个重点农村产业项目影响力和带动力不断增强。

三是城乡管理同步推进。深入推进城区精细化管理和城乡环境综合整治，始终保持监管执法高压态势，加强多部门联合执法，清理占道经营、“六乱”、流动摊点，拆除国有土地私搭乱建 61942 平方米。认真落实全国集中开展“大棚房”专项清理整治要求，拆除农村违法建筑、“大棚房”等 57901 平方米，坚决遏制农地非农化。新建铭峰佳苑压缩式垃圾转运站，新增道路清扫保洁面积 1.2 万平方米。制定了农村人居环境整治三年行动方案，城乡公共服务、环卫管理、社会治理实现一体化。

（五）保障民生、维护民利，群众生活质量持续改善，地区保障水平得到全面提高

一年来，我们始终把人民对美好生活的向往作为奋斗目标，紧紧围绕群众所需所盼、所急所忧，着力保基本、兜底线、促公平，持续办好惠民利民实事，群众获得感不断增强。

一是教育文化事业提质增效。全力推动教育优质均衡发展。联盟办学、名校办分校、集团化办学成效显著;民幼第五分园、松石学校“一校三基地”投入使用,学前教育、校外教育规模扩大。招聘充实年轻教师 254 名,师资结构更加优化;管办评分离效果明显,青山区作为全市唯一代表,顺利通过了教育部中小学校责任督学挂牌督导创新区建设实地核查。文化事业繁荣发展。率先在自治区成立街镇文联组织,建成文化馆分馆 4 个、综合文化服务中心 6 个,核雕、白氏传统针刺法入选第六批自治区级“非遗”名录。大力弘扬“乌兰牧骑精神”,组建了“草原综合服务轻骑兵”工作队,将演出送到基层。《包头军工城访谈录》出版发行,全国首部民族童话芭蕾舞剧《草原英雄小姐妹》正式创编、排练。

二是就业创业工作稳步推进。“青山劳务市场”服务平台启动运营,城镇新增就业 10597 人,农牧民转移就业 4007 人。全年为就业困难人员发放各类补贴 5433 万元;发放创业担保贷款 1.1 亿元,扶持创业 1042 户、带动就业 8782 人。累计建成自治区级、市级创业园区、孵化基地 16 家,位居全市首位。猪八戒网蒙西总部园区启动运营,并入选市级标准化创业园和自治区级服务业集聚区名单。轻工职业技术学院电子商务创业园、鹿客电子商务创业园分别荣获自治区创新创业优秀组织奖、自治区优秀创业服务机构奖。

三是社会保障力度持续加大。全年民生支出占到公共财政预算支出的八成以上,累计发放各类救助补贴 2400 多万元,被民政部确定为社会救助综合改革试点地区。精准实施百户残疾人家庭无障碍改造工程,启用自治区首家肢体残疾人康复基地。新建 1 所养老院和 6 所基层养老服务站,在自治区范围内首创“老少乐园”养老模式,46 项综合家庭服务实现共享。提前完成 1000 户棚改任务,试点改造老旧小区严重老化电线。全年办理恒荣景秀、当代菁英国际等遗留产权 15 个、移交不动产登记 22 个,惠及家庭 3.7 万户。新建、升级改造完成青禾、望隆、锦林 3 个农贸市场。不折不扣落实好农民工“一金三制”工作制度,保障农民工工资支付,构建和谐劳动关系综合试验区建设工作深入开展。

四是健康青山体系日益完善。深化医改重点工作,加强分级诊疗,家庭医生签约覆盖率达到 55%,城乡居民电子健康档案建档率达到 84.8%。启动实施“个十百千”工程,实现医疗、养老、预防、康复有效衔接。不断完善疾病预防控制体系,全方位提升全区公共卫生应急处置能力,获评“自治区卫生应急规范区”。深入推进健康促进区创建,全民健康素养水平大幅提升。圆满完成国家卫生城市复审,为全市实现国家卫生城市“三连冠”做出突出贡献。

五是社会整体环境安定有序。大力推行安全生产网格化分级监管工作,深入开展安全生产大检查,整改安全隐患 3517 处,有效遏制重大安全生产事故发生。率先在全市聘任食品安全志愿者,“你点我检”阳光检测惠民工程正式启动。5 家规范化基层法律服务所建成投用,“七五”普法中期验收顺利通过。社会矛盾预防化解力度不断加大,信访批次同比下降 10.2%,及时受理率和按期办结率均达 100%。扫黑除恶专项斗争全面开展,共侦破各类涉恶案件 46 起,打击处理涉恶犯罪嫌疑人 183 人,有力震慑了黑恶势力犯罪,禁毒大收戒战果创历史新高,实现了“发案少、破案增、打击强、秩序好、重特大恶性案件零发案”目标。

同时,党的民族和宗教政策得到全面落实,经济建设和国防后备力量建设协调发展。温馨家园、少数民族服务中心、儿童之家等投入使用,第四次全国经济普查顺利推进,全区馆藏档案数字化率达到 75%,《包头市青山区志(1991—2010 年)》荣获自治区哲学社会科学优秀成果奖,顺利通过全国文明城市测评实地考察,文明城市创建工作实现常态化。全区各项社会事业都取得了新成绩，迈上了新台阶。

一年来，我们坚持党的领导，着力加强政府党组建设，深入开展“作风建设年”活动，严格执行廉洁从政各项规定，认真履行意识形态工作责任制。始终坚持依法行政，重新修订政府工作规则，完善了政府（党组）“三重一大”集体决策工作制度。自觉主动接受人大法律监督、政协民主监督及社会舆论监督，高质量办理市区两级人大代表建议、政协委员提案 280 件，办复率 100%。加强审计监督，启动自然资源资产离任审计试点工作，开展审计及审计调查 81 项，节约资金 3.8 亿元。牢固树立过紧日子思想，“三公”经费同比下降 40.7%。健全完善应急值守制度，规范处置突发公共事件流程。大力推进政务公开和信息化建设，10 大类 5911 项区本级行政权责清单修订公布；蒙古文政务网站上线运行，政务 OA 协同办公平台正式启用，政府工作效能进一步提高。

2018 年，外部环境严峻复杂，“三大攻坚战”任务艰巨，我们面临的经济下行压力、结构调整阵痛、动能转换困难相互交织，所遇到的困难和挑战比想象的要多。可喜的是，经过全区上下的艰辛努力，青山区经济运行保持了稳中向好的总体势头，民生社会发展、城乡生态建设有了长足进步，多项工作继续走在全市乃至自治区前列，取得了明显好于预期的喜人业绩。成绩来之不易，是国家、自治区、包头市方针政策科学引领、正确指导的结果；是区委坚强领导，四大班子凝心聚力、共谋发展的结果；是上级部门和社会各界人士鼎力支持、热情参与的结果；更是广大干部职工和各族群众苦干实干、奋勇拼搏的结果。

在肯定成绩的同时，我们也清醒地认识到，发展不平衡不充分的问题仍然存在，主要是：产业结构调整任重道远，新体系尚未完全建立，新动能还没挑起大梁；财政收支矛盾更加凸显，化债压力不断加剧，防风险工作不容忽视；一些企业生产经营困难，营商环境还需继续优化，“放管服”改革还需深入推进；优质公共服务供给与群众期盼还有差距，还存在一些短板；部分干部职工服务意识、法治意识和环境意识不强，思想观念还不适应高质量发展要求，等等。对此，我们将坚持问题导向，采取有效措施，认真加以解决。

二、2019 年工作安排

2019 年是中华人民共和国成立 70 周年，是全面建成小康社会、实现第一个百年奋斗目标的关键之年。根据区委十届六次全会暨全区经济工作会议精神，2019 年政府工作的基本思路是：以习近平新时代中国特色社会主义思想为指导，认真贯彻中共十九大，十九届二中、十九届三中全会及中央经济工作会议精神，全面落实自治区党委十届八次全会和市委十二届八次全会暨经济工作会议精神，坚持稳中求进工作总基调，以新发展理念为引领，以高质量发展为目标，以供给侧结构性改革为主线，以加快产业转型升级、推进新旧动能转换为重点，统筹抓好稳增长、促改革、调结构、惠民生、防风险各项工作，抓重点、补短板、强弱项，保持经济持续健康发展和社会大局和谐稳定，为全面建成小康社会收官打下决定性基础，以优异成绩庆祝中华人民共和国成立 70 周年。

2019 年发展的主要预期目标是：地区生产总值增长 6.5% 左右，固定资产投资增长 10% 以上，社会消费品零售总额增长 7% 左右，一般公共预算收入增长 6% 左右，城镇常住居民人均可支配收入增长 7% 左右。城镇登记失业率控制在 3.9% 以内。全面完成包头市下达的节能减排约束性指标。

做好今年及下一阶段工作，我们要认真贯彻习近平总书记对内蒙古重要讲话重要指示批示精神，坚定不移落实好上级党委、政府的各项决策部署。要紧扣重要战略机遇期的新内涵，不折不扣执行好“巩固、增强、提升、畅通”八字方针，始终坚持发展第一要务不动摇、全面深化改革不动摇、以人民为中心不动摇、维护安定团结不动摇、全面振兴壮大实体经济不动摇，坚定必胜信心、汇聚强大合力，因地制宜干在实处，克难攻坚走在前列。

（一）聚焦新旧动能转换、产业转型升级，全面增强装备制造业整体实力

坚定不移发展装备制造业，着力调优存量、做优增量，加快建设战略性新兴产业集群，构筑主导产业特色鲜明、配套体系成熟完善、未来发展优势突出的装备制造业体系。

一要以信息化助力传统产业加快改造升级。推动传统制造加快“两化融合”“互联网 +”技术改造，向“制造 + 服务”转型。大力推广一机、北重传统机床数字化改造等模式，开展智能生产线、智能车间、智能工厂建设。依托云计算中心、万佳信息公司、猪八戒网三大云服务商，持续推进“万户企业登云”计划，谋划建设集研发、展示、孵化、生产于一体的共享工厂。积极推进万佳信息公司区域协同制造示范基地建设，着力打造“三平台两中心”。大力支持企业发展绿色工程、绿色产品、绿色供应链。

二要持续发展壮大战略性新兴产业。加快推动“三新一高”战略性新兴产业集群发展，确保阿特斯二期 1GW 单晶、比亚迪动力电池、杉杉负极材料等项目上半年竣工投产，推动晶澳 3GW 拉晶铸锭、北方嘉瑞高强度聚乙烯材料等项目达产增效。发挥北奔重汽龙头作用，积极引进培育相关配套企业，提升本地化配套率。

三要全面提升园区综合管理服务水平。出台支持装备制造产业高质量发展的十条政策，设立专项扶持资金，健全完善管理服务办法。建立入园企业“亩均”综合效益评价机制，积极推动低效用地盘活再利用。大力实施智慧园区建设，确保年底前完成骨干网络、机房等基础设施和综合监测平台建设，为园区快速发展提供信息化支撑平台和高效服务。积极申报园区配售电改革试点，推动宏庆德 110KV 变电站建设，为重点用电企业提供有力保障，切实降低企业用电成本。持续推进园区升级工作，力争早日获批国家级经济技术开发区。

（二）聚焦优化空间布局、丰富服务业态，全面提升现代服务业层次水平

坚持服务业兴区，进一步强化中心城区现代服务业发展的主要地位和集聚辐射效应，发展一批各具特色的现代服务业集聚区，着力把优势做大、特色做强。

一要做强生产性服务业，助推地区产业加快升级。培育壮大现代金融和现代物流。推动一机集团加快筹建金融租赁公司，大力引进各类金融机构入驻，加速开发满足企业发展的金融产品，提升金融支持实体经济发展的能力和效率。推动包头传化交投公路港、北方风驰物流园区进一步提升信息化和全链条服务水平。加快发展信息服务业。结合“智慧青山”建设，加快打造数据资源、视频资源共享平台，推动智慧医疗、教育、文化等多种新型消费成长。支持中兵物流、同利家电等本土电商企业优化经营模式、增强体验式服务能力，实现线上线下融合互动。大力发展节能环保、商务咨询等生产性服务业，满足产业升级需求。

二要做精生活性服务业，满足群众多元化消费需求。加快“六大商务区”提档升级。完善壮大娜琳商贸核心区，开工建设“巷里”商贸中心。推动正翔金融商务区三期、奥特莱斯品牌折扣城二期加快建设。扶持包头农商银行、新时代信托等总部金融企业做大规模。开工建设万科包头印象城，填补城区东部大型高端商业综合体空白。依托惠德老年公寓、青少年发展中心、瑞洁物业等龙头引领作用，推进健康养老、教育培训、家政服务品牌化、职业化、规模化发展。出台支持楼宇经济和总部经济发展的相关政策，积极培育文化创意、数字出版等新兴业态。

三要做优文旅休闲产业，培育现代服务业新增长点。充分发挥地区深厚的工业文明优势，推动建设包头纺织博物馆，依托北方兵器城、

兵工文化主题公园、一机展厅，打造以兵工文化为核心的工业旅游线路。依托包头国际会展中心、包头大剧院，形成会展全产业链条和大剧院全网营销，确保全年举办展会 70 场以上、演出 200 场以上。依托市体育中心、市奥林匹克公园，大力发展赛事服务和健身休闲产业。支持花圪台露营区等加强运营管理，开发特色民宿、农家餐饮、山水乐园等项目，打造都市休闲品牌。

（三）聚焦重大项目建设、民营经济发展，全面推进改革创新工作深入开展

坚持以重大项目实施推动经济社会发展提档升级，以深化体制机制改革、优化营商环境激发市场活力，助力民营企业加快发展，提高地区核心竞争力。

一要全力以赴抓好重大项目建设。认真谋划和实施项目。全年实施亿元以上重点项目 70 个，当年计划完成投资 104.2 亿元。战略性新兴产业项目达到 16 个，占工业项目的 53%。全面落实项目包扶责任机制，重点解决项目审批、手续、资金等方面的问题，切实保障项目的开工率、投资率和手续办结率，确保亿元以上重点项目年内竣工 20 个以上。加大招商引资力度。细化实化重点产业链图，加强对产业政策、产业导向的分析研判，有针对性引进产业链上的关键企业、核心技术以及上下游配套项目。

二要多措并举支持民营企业发展。围绕“抓大、扶小、扭亏、育新、延链”大力扶持民营经济发展，坚定民营企业发展信心。认真落实国家、自治区、包头市支持民营经济发展的各项措施，支持民营龙头企业做大做强，创建商标品牌，打造“百年老店”。积极为中小微企业争取助保金贷款，提升授信额度。大力向金融机构推荐信誉好、效益好的优质民营企业，引导金融机构加大对民营企业的融资支持力度，解决企业融资难融资贵问题。全面推进“非公十条”“人才十条”等各项惠企政策落地见效，下力气降低企业用人、用能、物流、税费等方面的成本，切实增强企业获得感。认真落实“弘扬企业家精神十条”，依法保护企业家合法权益。牢固树立营商环境就是竞争力理念，把支持和服务企业发展作为重要任务，营造尊商重商安商大环境，构建亲清新型政商关系。

三要坚定不移深化重点领域改革。按时限高质量完成机构改革任务，科学统筹、合理确定、理顺厘清政府各部门职责关系，推动政府各项工作高效运转。大力推进国有公司改革，完善新工创业、住建公司、城投公司等的管理架构，不断推进国有公司实体化运营，实现竞争力和经济效益双提升。继续深化“放管服”改革，全面实施证照分离改革，优化“双随机、一公开”监管模式。持续优化市民大厅“一微一网两平台”建设，提升网上办事覆盖面，破除服务企业和群众的“难点、堵点、烦点”，实现“一网、一门、一次”改革目标。进一步深化社区治理体制改革，以群众所需所盼为重点，推动管理服务重心全面下沉，加大基层人、权、物、事倾斜力度，增强信息化工作能力，全力提升社区精细化管理和专业化服务水平。

四要持之以恒推进创新驱动战略实施。设立专项奖补资金，积极引导优势企业建设工程技术中心、工业设计中心，加强研发投入和先进技术应用。支持北重申建国家级重点实验室、北奔申建国家级车辆检测基地，着力新增一批高新技术企业、科技型中小企业、科技小巨人企业和科技示范企业。促进企业与科研院所、高校合作，推动驻区科研院所加强技术研发、成果转化和产业孵化能力。鼓励高端装备及新材料相关企业加快自主创新和科技成果转化，支持首台（套）重大技术装备、新材料首批（次）产品应用及推广。

（四）聚焦补齐短板、夯实基础，全面打好打赢三大攻坚战

坚持以“三大攻坚战”为抓手，坚定不移抓重点、补短板、强弱项，推动经济更稳健、更均衡、更可持续发展，筑牢地区持续健康发

展的坚实基础。

一要坚决打赢防范化解重大风险攻坚战，筑牢高质量发展基础。抓好开源增收，切实加大税源培植力度，依法推进综合治税，确保应收尽收。抓好节流减支，严格预算执行，完善投资评审、专项资金核查等监督机制，依法依规推进财政资金统筹使用，避免各领域资金使用“碎片化”和“低效化”，集中财力用于急需的重点领域和关键支出，提高资金使用效益。有效盘活存量资金，进一步加大资金争取力度，切实增加地区可用财力。打好化债“组合拳”，严防债务增量，健全债务风险评估和预警机制。通过合理使用地方政府债券、处置低效资产、增加国有资产经营性收益等方式，有序稳妥化解存量债务，防范系统性金融风险。

二要坚决打赢精准脱贫攻坚战，筑牢全面小康基础。聚焦特殊困难和相对困难人口，强化动态识别工作，确保村不漏户、户不漏人。完善兜底保障，统筹落实社会保障、大病救助、教育资助、临时帮扶等各项扶持政策，防止因病、因学致贫。凝聚脱贫合力，坚持以机关定点扶贫为引领，充分调动工商企业、金融机构、非营利组织等社会各界广泛参与扶贫。注重外部帮扶与激发内生动力有机结合，通过“志智双扶”增强困难群体自主创业意识和致富能力。强化产业扶贫，充分发挥龙头企业、合作社、重点项目和村集体经济带动作用，加快实施农业嘉年华、特色小镇等一批农村休闲观光旅游产业项目，让农民稳定增收、逐步致富。

三要坚决打赢污染防治攻坚战，筑牢生态改善基础。高标准推进高污染禁燃区建设，大力推广清洁能源和洁净型煤替代，持续提升“煤改气”工程管网入户率和使用率，继续加快色气湾新村“煤改电”工程进度，探索多种模式解决赵家营村使用燃煤锅炉取暖问题。持续提升水环境质量，执行最严格水资源管理制度，有效遏制地下水超采现象。认真落实“河长制”“湖长制”，确保东达沟河道治理等工程汛期前全部完工。全力推行“山长制”管理模式，持续开展大青山南坡生态修复治理，强化林业资源管护，巩固大青山造林绿化和生态修复成果。加大环保执法力度，继续做好第二次全国污染源普查工作，推动一机集团渣山治理，集中开展违法排污企业专项整治，坚决取缔“散乱污”企业和小作坊，严厉打击环境违法行为，让青山区天更蓝、山更绿、水更净、空气更清新、环境更宜人。

（五）聚焦城市双修、乡村振兴，全面推进城乡协调发展

以打造全民共享的高品质城区和实现乡村振兴为目标，持续推进城乡一体化发展，不断提高城乡管理的精细化、人性化、常态化水平，使城乡既充满生机活力，又协调有序发展。

一要以人为本、立足实际，持续提升城市品质。积极推进蒙牛路雨水管线治理，以及康乐西街和赵家店规划路建设等工程，加快推进驻区大企业市政设施移交。按照“一路一色、一园一景”的建设思路，全力做好辖区道路、公园、广场、社区的绿化、亮化、美化工作，进一步提升城市绿化养护的精细化水平。加快对驻区国有企业“三供一业”移交小区进行改造，改善 7.4 万户职工的居住环境。开工建设万科中央公园和精品社区，同时积极引进有实力的品牌地产企业，对乌审道 3 号街坊、公忽洞等棚改腾空地块进行开发，以满足群众对高品质居住的需求。

二要因地制宜、科学规划，全面推进乡村振兴。深入实施乡村振兴战略，高标准完成两镇乡村建设规划编制工作，试点开展村级土地利用综合规划编制工作。加快推进 110 国道、北绕城公路、青大线、“四好农村公路”的建设，确保 G6 高速青山互通、青山客运站投入使用，打通制约乡村发展的路网瓶颈。以特色小镇和美丽乡村建设为依托，全力打造“青山青美”田园综合体。大力培育乡村共享经济、创意农业，促进农村产业融合发展，推动农业全面升

级、促进农村全面进步、助力农民全面发展。

三要提高效率、强化整治，统筹强化城乡管理。加强“城市双修”，综合推进排水防涝、污水处理、破损道路修复等基础工程。全面落实农村人居环境整治三年行动方案，抓好村容村貌整治、生活垃圾和污水处理等工作。启用两镇 6 座压缩式垃圾转运站，实现农村垃圾压缩式清运全覆盖。扎实推进城乡厕所建设管理工作，积极推开沿街底店厕所开放和农村户厕建设。稳步实施垃圾分类，采取政府购买服务方式，引进有资质、有实力的环卫企业参与环境卫生常态化作业。继续加强对占道经营、私搭乱建、城市“六乱”等的管控治理。全面实施住宅小区物业管理提档升级工程，实现从“有人管”到“管得好”转变。

（六）聚焦民生冷暖、社会热点，全面增进人民群众幸福感

坚持把增进民生福祉作为推进高质量发展的根本目的，始终把人民对美好生活的向往作为奋斗目标，坚定不移补齐民生短板、促进社会公平正义，全心全意为群众办实事、谋幸福。

一要着力提供更充分、更公平的社会保障。注重以创业带动就业，力争全年发放创业担保贷款 1 亿元以上，实现城乡新增就业 1 万人以上，扶持创业 1500 户、带动就业 1 万余人。以猪八戒网蒙西总部园区为依托，加快“双创”主题街区建设，充分发挥创业园区、孵化基地辐射带动和吸引聚集效应，推动创业创新工作取得新突破。全力做好社会救助综合改革试点地区建设工作，不断完善肢体残疾人康复中心服务功能，稳步提升残疾人基本福利水平。推进医养康融合工程，延伸养老服务进社区、进家庭。加快建设老年综合养护院二期，推动惠德建立养老机构服务规范化样本，启用二〇二医院养护中心，构建“五位一体”新型养老服务模式。探索引进知名品牌养老机构连锁运营日间照料中心，建立 10 个“老少乐园”，实现社区养老全覆盖。

二要着力提供更优质、更均衡的公共服务。全面落实教育提升三年行动计划，全力推进教育内涵式发展，深入谋划全区教育改革工作。推进企办幼儿园剥离移交，提高地区普惠性幼儿园比例。提升科技少年宫、青少年发展中心、中小学生综合实践基地运营管理水平，打造自治区优质校外教育品牌。加强校外培训机构综合治理，建立规范有序发展的长效机制。深化医疗卫生体制改革，加快公立医院医联体建设。深化健康城市建设，推动全民健身和全民健康深度融合，力争顺利通过自治区级健康促进区评估验收。新建“4+4+4”文化服务设施，完成少儿图书馆及残障人士服务中心建设。积极申报乌素图历史文化街区。认真谋划组织庆祝中华人民共和国成立 70 周年系列文艺活动，全面展示青山区改革发展成就。

三要着力提供更稳定、更安全的社会环境。充分发挥应急管理职能整合优势，强化应急处置快速反应和部门联动机制，坚决遏制重特大事故发生。落实食品安全“四个最严”要求，加强农畜产品监管和动物疫情防控。深入推进“七五”普法，夯实“法治青山”基础。强化信访源头治理，引导群众依法合理表达诉求。深入推进扫黑除恶、禁毒收戒等专项斗争，始终保持对黑恶乱、盗抢骗、黄赌毒等各类违法犯罪行为的严打高压态势。强化网格员、物业公司和公安楼栋长等的联动机制，构建共建共治共享社会治理新格局。同时，要扎实做好第四次全国经济普查，稳步推进民族团结进步和宗教工作，支持国防和军队改革发展建设，统筹做好档案、志史、关心下一代、红十字、妇女儿童等工作。

（七）聚焦依法执政，廉洁从政，全面建设人民满意政府

我们要始终坚持党的领导，以创新发展的理念、敢于担当的精神、务实高效的作风，行使好人民赋予的权力，完成好人民托付的重任，忠诚履职、勤勉尽责。

一要提高政治站位。坚持讲政治，树牢“四个意识”，坚定“四个自信”，做到“两个维护”。始终在思想上政治上行动上同以习近平为核心的党中央保持高度一致，确保全区各项工作始终沿着正确方向前行。牢牢把握意识形态工作主动权。严格执行新形势下党内政治生活若干准则，增强政治生活的政治性、时代性、原则性、战斗性，营造风清气正的良好政治生态。二要推进依法行政。自觉接受区人大的法律监督和工作监督，主动接受区政协的民主监督，高质量办理建议提案。广泛听取各民主党派、工商联、无党派人士和人民团体意见，自觉接受司法监督、审计监督、群众监督和舆论监督。大力开展自治区法治政府建设示范区创建工作，用法治思维和方式破解发展难题和困难。全面实行政务公开制度和权责清单、市场准入负面清单、涉企收费清单等制度，以制度刚性约束权力任性。严格执行“三重一大”制度，确保政府决策民主科学、公开透明。三要崇尚实干担当。面对复杂形势和严峻挑战，始终坚持问题导向、树立底线思维、增强斗争精神，不断提高风险化解能力。坚持到基层一线走访调研、在现场前沿解决问题，挑得起重担子，啃得下“硬骨头”。强化目标管理考核，加强对重点工作、重大项目的督查督办力度，全面整治庸政怠政，以上率下、统筹兼顾做好各项工作。四要坚守廉政底线。严格落实党风廉政建设“一岗双责”，坚持把纪律和规矩挺在前面，驰而不息整治“四风”，严格执行公务消费和公务接待制度，严控“三公”经费支出，盯紧严管扶贫、教育、养老等关系人民群众切身利益的民生领域公共资金，不断把政府系统的党风廉政建设和反腐败斗争推向深入。

各位代表！关山初度尘未洗，策马扬鞭再奋蹄。让我们更加紧密地团结在以习近平为核心的党中央周围，更加扎实地把党中央的各项决策部署落到实处，在自治区、包头市和区委的坚强领导下，勠力同心、奋勇争先，为建设亮丽内蒙古、共圆伟大中国梦贡献青山力量！用人民满意的成绩迎接中华人民共和国成立70周年！

【名词解释】

1. 打造“两基地”、建设“三城区”：即打造全国中西部地区先进装备制造业基地、自治区创业创新（孵化）基地，建设全国智慧城区、包头现代商务核心城区和全民共享的高品质城区。

2. “三新一高”：新材料、新能源、新技术，高端装备制造。

3. “六大商务区”：沃尔玛商务区、万达广场商务区、现代金融商务区、九星数码商务区、国际会展商务区、奥特莱斯商务区。

4. “河长制”“湖长制”：河长制，即由各级党政主要负责人担任“河长”，负责组织领导相应河湖的管理和保护工作。“湖长制”，即由湖泊最高层级的湖长担任第一责任人，对湖泊的管理保护负总责，其他各级湖长对湖泊在本辖区内的管理保护负直接责任，按职责分工组织实施湖泊管理保护工作。

5. “无纸全程电子化”：企业登记全程电子化是指各类型企业的设立、变更、注销、备案等各个业务环节均可通过互联网办理。在此基础上，有条件的地区还可开展全程无纸化，让企业注册足不出户，完成从企业核名到材料提交、办理执照的全部过程，并拿到电子版的营业执照。

6. “无介质电子营业执照”：是指以国家市场监管总局为全国统一信任源点，载有市场主体登记信息的法律电子证件，由各级登记机关依据国家有关法律法规、按照统一标准规范核发，与纸质营业执照具有同等法律效力，具备企业身份认证、信息展示、电子营业执照文件留存、电子签名等功能。

7. “双随机、一公开”：随机抽取检查对象，随机选派执法检查人员，及时公布查处结果。

8. “三供一业”分离移交：是指国企（含企业和科研院所）将家属区供水、供电、供热（供气）和物业管理职能从国企剥离，转由社会专业单位实施管理。

9.“五位一体”基层协商民主模式：由社区党委牵头，社区居委会、居民党支部、业主委员会、社区自管物业服务中心“五位一体”的基层治理或民主协商。

10.“三社联动”：以社区建设、社会组织培育和社会人才队伍建设为“三大着力点”，通过三者之间的联动，尝试形成社区、社会组织和专业社工之间资源共享、优势互补、相互促进的良好局面。

11.“一校三基地”：“一校”即松石学校，“三基地”即足球训练基地、社会实践基地、教师培训基地。

12.“一金三制”：“一金”即农民工工资保证金，“三制”即农民工实名制、农民工工资分账管理制、农民工工资银行代付制。

13.“个十百千”工程：打造一个以糖尿病健康管理为主的慢性病防控示范区和疾病远程会诊中心平台，打造十家社区卫生服务中心医养结合服务、卫生健康管理示范试点，为百名空巢、孤寡老人，“三无”“五保”人员送医疗、送健康，为千名计划生育特殊人群、低保人员送健康管理服务。

14.“万户企业登云”计划：为促进制造企业利用互联网、大数据、云计算等新一代信息技术手段推动创新发展的能力，提高企业在新常态下的发展动能和竞争力，促进工业经济转型升级，自治区特制定制造业“万户企业登云”三年行动计划。

15.“三平台两中心”：“三平台”即网络协同制造云平台、区域工业互联网平台、军民共建服务平台；“两中心”即智能制造创新中心、军民共建创新中心。

16.“一网、一门、一次”：一网通办、只进一扇门、最多跑一次。

17.“一微一网两平台”：“一微”即青山区市民大厅微信公众平台、“一网”即全市政务服务审批网、“两平台”即行政审批平台和网上办事平台。

18.“四好农村公路”：管好、建好、护好、运营好农村公路。

19.“五位一体”新型养老服务模式：集医疗、护理、养老、康复、护理职业教育于一体的新型养老服务模式。

20.“4+4+4”文化服务设施：4 个文化馆分馆、4 个图书馆分馆和 4 个综合文化服务中心。

大事记

1 月

4 日 包头市青少年发展中心获批内蒙古自治区第二批科普示范基地。

11 日 北奔重型汽车集团有限公司（以下简称北奔重汽）通过“国家企业技术中心”认定。

是日 2018 年内蒙古足球盛典在呼和浩特市举行，青山区获评“突出贡献旗县区奖”（内蒙古自治区唯一）、“优秀试点县”、“校园足球竞赛成绩优秀旗县区”。

是日 中共青山区委办公室（以下简称区委办公室）、青山区人民政府办公室（以下简称区人民政府办公室）印发《青山区机构改革实施意见》。全区党政机构设置如下：中共青山区委员会（以下简称青山区委）设置纪检监察机关 1 个（组建区监察委员会，同区纪律检查委员会合署办公，实行一套工作机构、两个机关名称，不再保留区监察局）。计入机构限额的工作机关 9 个（设在相关部门的区委议事协调机构的办事机构不计入机构限额）：区委办公室，挂区档案局牌子，区档案馆调整为区委直属事业单位；区委组织部，挂直属机关工作委员会、非公有制经济组织和社会组织党工委、区公务员局牌子；区委宣传部，挂区精神文明建设委员会办公室、对外宣传领导小组办公室（区政府新闻办公室）、区新闻出版版权局牌子；区委统一战线工作部，挂区宗教事务局、区政府侨务办公室牌子；区委政法委员会；区委机构编制委员会办公室，挂区事业单位登记管理局牌子；区委巡察工作领导小组办公室；区委老干部局；组建区委保密机要局，挂保密委员会办公室、区国家保密局、区国家密码管理局牌子，不再保留单设的区委机要局、区国家保密局。不再设立区社会治安综合治理委员会及其办公室、区维护稳定工作领导小组及其办公室、区委防范和处理邪教问题领导小组及其办公室。青山区人民政府（以下简称区人民政府）设置工作部门 24 个：区人民政府办公室；组建区发展和改革委员会，挂区粮食和物资储备局牌子，不再保留区发展和改革局；区教育局；组建区工信和科技局，不再保留区经济科技和信息化局；组建区民族事务委员会，挂蒙古语文工作委员会牌子，不再保留区民族宗教事务局；区民政局；重新组建区司法局；区财政局；区人力资源和社会保障局；组建区住房和城乡建设局，挂区人民防空办公室牌子，不再保留区住房保障和房屋管理局、区城乡建设局；组建区农牧局，挂区水务局、区扶贫开发办公室、区交通运输局牌子，不再保留区农牧林水局；区商务局；组建区文体旅游广电局，不再保留区文体广电旅游局；组建区卫生健康委员会，挂区蒙中医药管理局、区爱国卫生运动委员会办公室牌子，不再保留区卫生和计划生育局；组建退役军人事务局；组建区应急管理局，不再保留区安全生产监督管理局；区审计局；重新组建区市场监督管理局，挂区知识产权局牌子；区统计局；区金融工作办公室，挂区国有资产监督管理委员会牌子；组建区医疗保障局；区信访局；组建区政务服务局，区政务服务中心调整为区政务服务局所属事业单位；重新组建区城市管理综合执法局，不再保留区环境卫生管理局。

15 日 《中国红十字报》刊登 2018 年度捐赠人表彰名单，区人民政府获得中国红十字奉献奖章。

16 日 根据《关于李恒等同志任免职的通知》（包党干字〔2019〕12 号）文件，决定李恒提名任青山区政协副主席；刘雨平提名免去青山区政协副主席职务。

17 日 中国共产党青山区第十届委员会第六次全体会议暨全区经济工作会议在青山区党政大楼（以下简称区党政大楼）召开。出席会议的区委委员 28 人。会议全面总结回顾 2018 年全区经济、社会等重点领域中取得的成就，分析困难和优势，安排部署 2019 年目标任务和主要工作。

是日 包头市首张以网络平台为经营地址的个体电商营业执照由青山区市民大厅发出。

20日 包头市首批人才公寓完成配租。此次配租的90套房源全部为银海新城人才公寓，位于青山区银海路以东、青福镇银海新村内，有效解决了包头市引进高层次和紧缺急需人才的过渡性住房需求。

24日 青山区首个新时代文明实践站在兴胜镇东达沟村揭牌成立。旨在以习近平新时代中国特色社会主义思想为指导，充分发挥理论转换平台作用，更好地满足村民群众日益增长的精神文化需求。

25日 包头市首家专门调处小微企业间民商事纠纷的公益性组织——青山区民营小微企业矛盾纠纷人民调解委员会暨律师调解工作站在内蒙古承达律师事务所挂牌成立。

27日 中国兵器北重集团北方股份公司自主研制的国内首台110吨NTE120AT无人驾驶电动轮矿车成功下线。该车为无人驾驶技术首次应用于国产矿用车上，系国内同行业首创，标志着中国成为继美国、日本后第三家涉足矿用车无人驾驶技术的国家。车辆载重110吨，采用车辆线控技术，可在矿山现场流畅、精准、平稳地完成倒车入位、精准停靠、自动倾卸、轨迹运行、自主避障等各个环节。

是月 包头市鹿客电子商务创业园被自治区人社厅认定为“自治区级示范性创业园孵化基地”。

是月 第三十四届内蒙古自治区青少年科技创新大赛在呼和浩特市举行。包头市青少年发展中心获得青少年科技实践活动比赛一等奖。

是月 全国中小学生篮球联赛（CEBA）在天津市举行。青山区光荣道小学派出校女篮U12、校男篮U10和U12三支队伍参赛。其中，女篮获得U12组别冠军；男篮获得U10组别冠军，U12组别亚军。

2月

15—17日 政协青山区第九届委员会第二次会议在青山宾馆召开，会议应到委员175名，实到153名，符合法定人数。会议通过区政协九届二次会议提案审查情况的报告和会议决议，选举李恒为政协青山区第九届委员会副主席。

16—18日 青山区第十六届人民代表大会第二次会议在区党政大楼召开，会议应到代表197名，实到代表183名，符合法定人数。会议表决通过青山区人民政府工作报告决议；青山区2018年国民经济和社会发展计划执行情况与2019年国民经济和社会发展计划决议；青山区2018年财政预算执行情况与2019年财政预算决议；青山区人大常委会工作报告决议；青山区人民法院工作报告决议；青山区人民检察院工作报告决议。

18日 青山区青山路街道都兰社区被评为全国“最佳志愿服务社区”。

22日 青山区新时代文明实践在行动——“乐动经典•绽放童年”庆祝中华人民共和国成立70周年主题音乐会在包头大剧院演出。

23日 青山区被评为“自治区健康促进旗（县区）”。

是日 首届金龟子国际儿童艺术节在国家体育馆鸟巢举办。包头市青少年发展中心中青未来少儿语言艺术团选送的《你好，草原之都》《有一首歌》《中国话》3个节目作为全国优秀节目参加该艺术节开幕式晚会。中青未来少儿语言艺术团获得“优秀团队”称号。

3月

1日 2019年“内蒙古青少年校园足球日”公益活动暨周末联赛启动仪式青山区分会场在青少年校园足球训练基地举行。

16 日　“清华大学 2018 年生源中学”牌匾揭牌仪式在内蒙古北方重工业集团有限公司第三中学举行。内蒙古北方重工业集团有限公司第三中学成为清华大学 2018 年生源中学。

17 日　按照青山区委机构改革总体安排部署，青山区住房和城乡建设局、医疗保障局、政务服务局、退役军人事务局、农牧局 5 个区级机构改革新组建部门集中挂牌。

22 日　63 路公交线路正式运营，青山区与石拐区实现公交相连。

是月　内蒙古北方重工业集团有限公司（以下简称北重集团）特钢事业部 101 车间铸锭作业班组被评为“全国质量信得过班组”。

是月　青山区自由路街道欧鹿社区被国家减灾委员会等四部委（局）评为 2018 年度“全国综合减灾示范社区”。

是月　“大幅林”（包头市大幅林饮食服务有限公司）被内蒙古自治区商务厅认定为第四批“内蒙古老字号”品牌。

是月　北奔重汽 3 个项目获得内蒙古自治区科技进步奖。其中，基于北斗导航的车辆智能安全管理服务平台开发项目获得二等奖，北奔 V3ET 中高端物流牵引车开发项目、北奔新型城市渣土车开发项目获得三等奖。

4月

12 日　2019 年包头市义务植树活动在青山区大青山南坡福合当义务植树基地举行。全市近 2 万人共同栽种包括油松、樟子松、山桃等各类苗木近 8.5 万株，为大青山再增绿色。

17 日　根据《关于刘小平等同志任免职等通知》文件，决定李海亮任青山区委委员、常委、政法委书记；李文杰任青山区委常委、办公室主任（试用期一年）；李国宏提名任青山区人民政府副区长，免去青山区委常委、政法委书记职务。

是日　区人民政府、包头装备制造产业园区管委会与中国移动通信集团内蒙古有限公司包头分公司签署“智慧园区”战略合作三方协议。签约项目主要包括“专用通信网络、经济大数据库、工业智能化服务”三部分内容，对促进青山区乃至包头市工业经济高质量发展具有重要实践和推动作用。

18 日　“青山书苑”揭牌仪式在区党政大楼举行。“青山书苑”是青山区为推动学习型党组织、学习型机关建设，推动全民阅读活动向纵深开展，联合新华书店“七进”工程打造的创新学习载体，有藏书 3000 余册，总价值 17 万余元。

23 日　青山区统一战线“同心大讲堂”启动仪式暨第一期主题讲座在区党政大楼举办。“同心大讲堂”是青山区统一战线充分发挥人才荟萃、智力密集等优势，进一步创优创特、出新出彩的创新实践，定位为青山区统一战线共同承办、合力打造的开放式、互动式共享交流平台，党外人士提高政治素质和参政议政能力的学习培训品牌。

26 日　内蒙古自治区首个旗县区级党群服务中心——青山区党群服务中心、新时代文明实践中心揭牌启动及首批党性教育现场教学基地授匾仪式在青山区委党校举行。

30 日　根据《关于李国宏同志任职的通知》（青人字〔2019〕第 10 号）文件，决定任命李国宏为青山区人民政府副区长职务。

是月　青山区足球代表队在 2018—2019 学年包头市“市长杯”青少年校园足球四级联赛中取得好成绩。其中，包头市第四中学、内蒙古北方重工业集团有限公司第一中学分别获得高中男子组冠军、初中男子组冠军，内蒙古第一机械集团有限公司第一中学、包头市青山区哈达道小学分别获得高中女子组亚军、小学男子组亚军。

是月　区人民政府与包头迎缤网络商贸科技有限公司签署协议，智能零售先驱“缤果盒子”落户青山区。“缤果盒子”项目将推动青山区“互联网 +”实体新业态发展，打造便民服务体系，在方便群众应急购物、引领消费升级等方面起到积极作用。

是月 内蒙古自治区教育厅和体育局公布《关于公布2018年内蒙古自治区青少年校园篮球、排球、田径特色学校名单的通知》，青山区12所学校榜上有名。其中，包头市青山区富强路小学、内蒙古北方重工业集团有限公司第一中学、包头市第五十二中学、内蒙古第一机械制造（集团）有限公司第一中学、中国核工业集团公司二〇二厂中学5所学校被评为2018年内蒙古自治区“青少年校园篮球特色学校”；包头市青山区富强路小学、内蒙古一机集团基础教育中心第三子弟小学、内蒙古第一机械制造（集团）有限公司第二中学3所学校被评为2018年内蒙古自治区“青少年校园排球特色学校”；内蒙古北方重工业集团有限公司第四小学、包头市青山区文学道小学、包头市第五中学、包头市第四十五中学、包头市第四中学5所学校被评为2018年内蒙古自治区“青少年校园田径特色学校”。

是月 以6名内蒙古第一机械制造（集团）有限公司第二中学学生为主力班底的包头市博亿联合竞技足球俱乐部在全国第二届青年运动会室内五人制足球社会俱乐部男子14～15岁组比赛中获得银牌，是内蒙古自治区足球史上第一枚全国运动会奖牌。

是月 “《七彩语文》”杯第八届小学语文教师素养大赛在南京举办。作为内蒙古自治区唯一选手、由内蒙古自治区教育厅教研室选送的内蒙古一机集团基础教育中心第三子弟小学教师杨美云获得一等奖。

5月

13日 市人民政府、区人民政府与无锡上机数控股份有限公司签署单晶硅拉晶生产项目合作协议。该项目位于包头装备制造产业园区，主要投资5吉瓦生产规模单晶拉晶及开方相关配套设施。

15日 “四方游泳杯”2019年全国男子水球冠军联赛·包头站在包头市体育中心游泳馆举行，是内蒙古自治区承接的首个国家级水球比赛。

16日 区人民政府与中国工商银行包头分行签订全面战略合作协议。

19日 “祖国颂·青山情”2019年青山区全民健身系列活动暨青山区全民健身中心揭牌仪式在包头市体育中心举办。

24日 包头市首家公共安全实训中心——青山区先锋道街道公共安全实训中心在哈达社区揭牌并正式投入运营。

是月 第三届世界智能大会在天津市举办。内蒙古自治区唯一入选企业——一机集团全资子公司包头市万佳信息工程有限公司的“基于内蒙古网络协同制造云平台工业互联网App应用解决方案”获得2018年工业互联网App优秀解决方案奖。

是月 “菁英杯”2019年内蒙古自治区青少年足球联赛暨足球锦标赛（U17～18女子组）在赤峰市宁城县举行。内蒙古第一机械制造（集团）有限公司第一中学女足队代表包头市夺得冠军。

6月

6—9日 “包头市文化、科技、卫生三下乡”集中活动暨2019年青山区东达山“茗盏雅集”艺术节在青山区兴胜镇东达沟村东达沟艺术区举办。此届艺术节以“让文化艺术走进百姓生活”为主题，吸引6万余名群众参与活动。

11日 青山区被内蒙古自治区体育局命名为“内蒙古自治区全民健身示范区”，是包头市唯一获此殊荣的旗县区。

13日 无锡上机弘元新材料（包头）5吉瓦单晶项目在包头装备制造产业园区开工

建设。

是日 包头医学院第二附属医院消化内科作为内蒙古自治区唯一免检单位获得首批“中国消化内镜中心认证示范单位”称号。

14日 青山区万青路街道春光四区“五位一体”民主协商社区自管物业管理模式项目获得“中国城市治理创新奖”入围奖，是内蒙古自治区唯一获此奖项的项目。

16日 “2019 小球大爱公益计划 国球舍杯乒乓少年巡回赛丨包头站”启动仪式在包头市体育中心举行。仪式后，王楠到“小球大爱乒乓球体魄教育基地”落地包头市 3 所学校之一的内蒙古一机集团基础教育中心第四子弟小学教授正规乒乓球正反手挥拍动作。

18日 由包头市、鄂尔多斯市、巴彦淖尔市、乌海市四地报社共同推出的“八百里黄河行”全媒体采访活动包头段启动仪式在包头市市民广场举行。

25日 一机集团下属北方创业公司被人社部、中国机械工业联合会授予“2018 年度全国机械工业先进集体”称号。

7月

3日 包头市首个上线的县级融媒体中心——青山区融媒体中心在包头市青少年发展中心举行挂牌仪式。

12—16日 为期5天的第三届中国·包头进出口商品博览会在包头国际会展管理中心举办。本届展会总展出面积约 1 万平方米，参展企业 300 多家，共设展位约 200 个，有来自蒙古国、巴基斯坦、日本、韩国等国家的各类优质外向型企业，为市民带来众多高质量与高性价比的进口工艺商品、工艺美术精品、家庭用品、美食特产等各类丰富多彩的国外名优产品，共接待市民 2.1 万人次，实现成交额 1726.4 万元。

19日 包头晶澳太阳能晶硅 3 吉瓦拉晶铸锭项目二期正式开工建设。该项目是包头晶澳太阳能晶硅 3 吉瓦拉晶铸锭项目达产后的二期规划，项目主要生产太阳能光伏单晶硅棒，建成后具备年产 2.5 吉瓦太阳能光伏单晶硅棒的生产能力。

21日 区人民政府与中电光谷联合控股有限公司举行合作项目签约仪式。双方重点围绕数字信息、智能制造、产业运营、产业基金等方面开展深入合作，在包头装备制造产业园区致力打造新的产业集群，逐步实现互利共赢、共同发展的合作目标。

25日 中华人民共和国第十四届冬季运动会火炬传递包头站启动仪式在市民广场举行。

26—28日 第六届包头牛羊肉产业大会暨绿色农畜产品博览会在包头国际会展管理中心举办。展会现场销售牛羊肉、机械设备及绿色农畜产品 480 万元，签订合作协议订单金额达 33 亿元。

是月 第七届中国童声合唱节在广州肇庆市举办，包头市科技少年宫童声合唱团获得金奖。

是月 2018—2019 年全国啦啦操联赛总决赛在浙江省东阳市举办，内蒙古北方重工业集团有限公司第三中学啦啦操队获得公开少年甲组爵士冠军、公开少年甲组自由舞蹈冠军。

是月 第十七届全国中小学信息技术创新与实践大赛（NOC）在山东淄博市举行，包头市第四中学科技代表队 3D 智能创作获得全国一等奖，并获得 NOC 创新奖；机器人越野、机器人格斗、无人机协同竞技项目获得全国二等奖；FEG 智能车、机器人越野项目获得全国三等奖。

8月

5日 青山区应急管理局与上海金汇通用航空股份有限公司签订直升机应急救援战略合作协议。此次签约，对于进一步提升青山区森林草原防火、防汛抗旱、重特大事故应急救援能力，带动城市消防救援，更好地应对处置各行业领域发生的突发事件，提升各类重特大事故快速响应、应急处置和救援服务能力，建立危重伤员抢救绿色生命通道，填补地区空中应急救援模式的空白，有力保障人民群众生命财产安全等具有重要意义。

8 日　青山区政务服务局获得“全国政府采购百强县（市、区）突出贡献单位”称号，是包头市唯一获奖的政府集采机构。

26 日—9 月 1 日　2019 年“中体产业杯”国际男子网球挑战赛·包头站在包头市体育中心网球馆举行。该赛事由中国网球协会主办，包头市体育局、青山区人民政府、包头市中体盛奥场馆管理有限公司承办。赛事吸引了来自中国、美国、韩国、日本、加拿大等 10 多个国家及地区的百余名职业球员参赛。

28 日　在全面质量管理推进暨中国质量协会成立 40 周年纪念大会上，一机集团获得“全面质量管理推进 40 周年杰出推进单位”称号。

是月　内蒙古一机集团基础教育中心第二子弟小学学生林品墨代表内蒙古自治区参加“我为祖国点赞”全国演讲总决赛获得一等奖。青山区连续 3 年蝉联此项比赛全国一等奖。

是月　教育部网站公布全国青少年校园冰雪运动特色学校和北京 2022 年冬奥会和冬残奥会奥林匹克教育示范学校名单。青山区光荣道小学被评为北京 2022 年冬奥会和冬残奥会奥林匹克教育示范学校，是包头市唯一获评的学校。

9 月

3 日　青山区新增 3 家自治区级企业研究开发中心，分别为一机集团的“特种车辆热管理系统”研究开发中心、“特种车辆空气净化系统”研究开发中心、“地面无人平台”研究开发中心。

20 日　内蒙古稀土新能源汽车产业联盟成立大会在青山宾馆举行。会上，北重集团向包钢集团交付了首台北奔重卡 8×4 换电自卸车，标志着稀土新能源汽车联盟首个合作项目成功实施。

22 日　2019 年包头市首批企业新型学徒制培训班暨北重集团新型学徒培训在北重高级技工学校开班，旨在达到入企即入校，跟着“大国工匠”学习的目的。此次开班的新型学徒制培训班是内蒙古自治区首家，将作为试点在内蒙古自治区推广。

24 日　青山区首家口腔健康指导中心在内蒙古一机医院口腔科挂牌成立。

10 月

15 日　由包头大剧院与中央芭蕾舞团中芭艺蕾共同打造的中国首部儿童芭蕾舞剧《草原英雄小姐妹》在包头大剧院首演。首演仪式上，包头大剧院与 12 家演出单位签署巡回演出协议。

是日　青山区“不忘初心、牢记使命”主题教育活动暨兵工题材广播剧《筑梦军工》发布仪式在包头大剧院举行。该广播剧是近年来包头市创作的首部兵工题材广播剧。

16—18 日　首届内蒙古自治区旗县级媒体融合发展大会暨“壮丽 70 年　融媒青山行”大型采访活动在青山区举办。

20 日　中核北方核燃料元件有限公司〔（二〇二厂）以下简称中核北方〕高温气冷堆试验厂房开工建设。

21 日　一机集团与徐工集团工程机械公司签署合资合作协议，旨在共同研发、制造和销售推土机和其他系列产品。

29 日　青山区物业管理纠纷联调中心成立，是包头市成立的首家物业纠纷调解组织，具体负责处理物业管理纠纷及调解日常工作。

11月

14 日　包头市物业纠纷诉调对接中心在青山区人民法院房产物业巡回法庭揭牌。该中心是由包头市中级人民法院与包头市住房和建设局、包头市司法局共同发起，由包头市中级人民法院在青山区人民法院房产物业法庭基础上设立，集诉前调解、诉调对接、专业审判于一体的诉讼服务平台，是全面推进物业纠纷多元化解决机制建设的重要举措。

19 日　包头市首家应急安全管理信息服务企业——西北淼盾应急安全云服务中心暨内蒙古淼盾讯飞科技有限公司落户青山区，在包头市工商联大厦举行揭牌仪式。该公司将搭建智慧消防安全管理平台、应急救援管理平台、物联网监管平台等软件支撑平台，着力于城市应急管理平台与智慧消防云平台的开发与应用，通过人防与技术的有机结合，实现事前预警、提前防范，提升安全管理水平。

是日　区政协召开专家智库成立大会暨优化营商环境专题协商会议。区政协首批专家智库受聘专家 25 名。

是月　一机集团北创公司自主研制的 KW10 型漏斗车和 GS68 型浓硫酸罐车分别获得第二十三届全国发明展览会•“一带一路”暨金砖国家技能发展与技术创新大赛金奖、银奖。

是月　一机集团获“中国机电装备现代制造服务领军企业”称号。

是月　包头医学院第二附属医院眼科获得由全国干眼康复学组颁发的全国区域级干眼中心认证，是内蒙古自治区唯一获得的干眼中心。

12月

2 日　包头市首个工会服务事项入驻青山区市民大厅。

18 日　北方医院管理交接暨国药北方（内蒙古）医疗健康产业有限公司正式成立。标志着北方医院正式加入国药集团，成为国药医疗在内蒙古地区集团化发展医疗健康产业的先锋队。

是日　包头市第一个县级国家调查队——国家统计局青山调查队在包头装备制造产业园区揭牌成立。

是月　一机集团通过《企业知识产权管理规范》和《装备承制单位知识产权管理要求》两个标准体系的认证，成为全国首家通过知识产权管理体系国标认证的企业。

是月　市人民政府下发《关于公布第六批市级非物质文化遗产项目名录和市级非物质文化遗产扩展代表性项目名录的通知》，青山区传统技艺类“传统粮食醋手工酿造技艺”“传统‘老浆凉糕’制作技艺”“大福林包子制作技艺”“古法卤肉制作技艺”“清真便三元‘八大碗’蒸锅制作技艺”，传统体育类“白氏形意拳”共 6 个项目名列其中。青山区已有包头市级“非遗”项目 11 项。

（印慧娟 整理）

青山区概况

【地理位置】

青山区位于内蒙古自治区西部、包头市中部、大青山南麓及土默川平原西北部，地理坐标为北纬 40° 37′ 0″ ～ 40° 48′ 5″，东经 109° 49′ 50″ ～ 110° 5′ 30″ 。东南与九原区相邻，南与稀土开发区接壤，西与昆都仑区相连，北与固阳县毗邻，东北与石拐区为邻。

【自然环境】

青山区属北温带大陆性季风气候，四季分明而不均匀，冬春受西伯利亚寒流控制，夏秋受东南季风影响；大抵春暖迟、夏热短、秋凉早、冬寒长，风多雨少，日照时间较长，昼夜温差较大，气候干燥多风，水面蒸发量较大。2019 年，青山区年平均气温偏低，平均气温 7.7 摄氏度，比多年平均气温低 0.1 摄氏度，比 2018 年低 0.3 摄氏度；初霜日出现在 10 月 25 日，比多年平均日期推迟 27 天；年降水量正常，降水量 290.1 毫米，比多年平均降水量少 14.8 毫米，比 2018 年少 74.5 毫米，年内日最大降水量为 37.3 毫米，出现在 8 月 19 日。年日照时数偏多，日照时数 3067.3 小时，比多年平均日照时数多 188.3 小时，比 2018 年同期多 343.6 小时。主要天气气候事件有大风、沙尘、寒潮、暴雨、洪涝、冰雹、干旱和霜冻等。

【建置沿革】

青山区在中华人民共和国成立之前，没有整体单独设置过县（旗、区）及以上行政建置。考察有关史迹、史料得知，在中国历史上，历朝历代，这里一直是中华民族生存发展之地，是汉族和北方游牧民族或交替聚居，或友好来往，相互交融，并肩携手发展之地。

中华人民共和国成立后，内蒙古自治区于 1954 年废除旗县并存、蒙汉分治制度。今青山区境蒙古族也划属包头市管辖。1953 年，内蒙古一、二机厂在区境选址、定点。1954 年，全区陆续开始大规模建设。1955 年，中共包头市委、包头市人民政府根据工业建设需要组建新市区（包括今青山区、昆都仑区）工作组，成立新市区办事处。1956 年 8 月，包头市人民委员会决定撤销新市区办事处，分别成立以内蒙古一机厂、二机厂厂区和住宅区为主的青山区和以包钢厂区和住宅区为主的昆都仑区。在其未完成选举以前，先成立包头市人民委员会青山区办事处、包头市人民委员会昆都仑区办事处。同年 8 月 18 日，新市区办事处正式结束，青山区办事处正式成立，办公处设在公忽洞村。11 月，青山区人民代表大会召开，选举产生青山区领导班子，县级青山区人民委员会（后相继改称青山区革命委员会、人民政府）正式成立，隶属于包头市。办公处设于文化路与呼得木林大街交会处西北角。2005 年 1 月，青山区人民政府办公处迁至建设路 189 号。截至 2019 年 12 月，其隶属关系未发生变化。

【行政区划】

青山区建区以来，行政区划曾数次变更。截至 2019 年年底，青山区与相邻区县边界为：

2019 年青山区行政区划情况表

表 1

街道、镇	面积（平方千米）	所辖社区、村
富强路街道（辖 6 个社区）	4.12	富源社区 富达社区 富润社区 富饶社区 丰产社区 锦林社区
幸福路街道（辖 4 个社区）	2.14	阳光社区 繁荣社区 幸福社区 赛音社区

续表1

街道、镇	面积（平方千米）	所辖社区、村
自由路街道（辖7个社区）	2.82	光明社区 学院社区 互助社区 文昌社区 民主社区 欧鹿社区 光辉社区
万青路街道（辖8个社区）	11	振华社区 青云社区 新型社区 春光社区 育才社区 五一社区 草原社区 富南社区
科学路街道（辖8个社区）	3.11	康乐社区 迎宾一社区 迎宾二社区 纺织社区 雅园社区 望园社区 迎春社区 正翔社区
先锋道街道（辖4个社区）	5.95	北嘉社区 光荣社区 青园社区 哈达社区
青山路街道（辖7个社区）	6.26	自一社区 青五社区 民一社区 朝阳社区 都兰社区 六合成社区 北新社区
乌素图街道（辖3个社区）	16.04	长征社区 利民社区 建华社区
青福镇（辖7个社区、6个行政村）	42.85	保利社区 青东社区 万郡社区 赛汗社区 青北社区 银海社区 铭峰社区 昌福村 赵家营村 赵家店村 银匠窑村 二海壕村 色气湾村

续表1

街道、镇	面积（平方千米）	所辖社区、村
兴胜镇 （辖2个社区、 15个行政村）	185.55	松石社区 中城社区 四道沙河村 永和窑子村 王应基村 羊山窑村 顶独龙贵村 后营子村 王老大村 宏庆德村 西边墙村 沙尔庆村 兴胜窑村 东达沟村 当铺村 笸箩铺村 二相公村

区域东从原九原区与固阳县界线与包固公路分界点起，沿包固公路向南至后营子村南界止；南从包固公路与后营子村南界交会点起，向西沿后营子村南界、三道沙河村北界、三道沙河（青山区与九原区原界）向南至建设路，沿建设路向西经友谊大街至民族东路止；西沿民族东路向北，经甲尔坝、新城、前口子、边墙壕村东界至原九原区与固阳县界线止；北以原九原区与固阳县界线为界。全区面积约280平方千米。

截至2019年年底，青山区辖8个街道、2个镇、56个社区居委会和21个行政村。

【人口　民族】

2019年，青山区有户籍人口37.2万人、13.1万户。其中，男性18.3万人，女性18.9万人，男女比例为97∶100。出生落户人口2995人，死亡注销人口1053人，省外迁入人口1049人，迁出省外人口2096人，人口自然增长率为5.14‰。流动暂住寄住人口（市外及市内旗县流入）16.9万人。

青山区居住着汉族、蒙古族、回族、满族等43个民族。其中，汉族340224人，少数民族31628人。蒙古族有16929人；千人以上少数民族有回族5884人，满族7598人；百人以上少数民族有朝鲜族248人，达斡尔族351人；不足百人少数民族共有618人。

【区域经济】

2019年，青山区实现地区生产总值同比增长7%。其中，第一产业同比增长0.4%，第二产业同比增长9%，第三产业同比增长5.9%。人均生产总值104994元；城镇500万元以上固定资产投资同比增长3.5%；社会消费品零售总额完成275.88亿元；一般公共预算收入完成22.39亿元，同比增长6.9%；城镇居民人均可支配收入实现53753元，同北增长6.2%。

【农业】

2019年，青山区有耕地面积3066.67公顷。其中，水地600公顷，旱地2466.67公顷。农作物播种总面积220公顷，总产量0.36万吨。其中，玉米播种面积200公顷，产量0.3万吨；马铃薯播种面积6.67公顷，产量0.02万吨；蔬菜播种面积13.33公顷，产量0.04万吨。建成温室1290栋，占地面积166.67公顷。农业机械总动力2097千瓦。其中，柴油发动机动力2005千瓦，电动机动力92千瓦。拖拉机保有量113台。其中，大中型32台，小型81台。

【畜牧业】

2019年，青山区有鸡养殖小区2个，肉羊集中育肥区2个，奶牛养殖小区1个；有屠宰企业4家，动物诊疗机构18家，兽药经营企业2家。截至2019年年底，羊存栏7.22万只，牛存栏0.15万头，鸡存栏37.3万羽。产出羊肉1060吨，牛肉80吨，鸡肉690.2吨，猪肉773吨，牛奶5880.7吨，鸡蛋4720吨。2019年全年免疫羊13.45万只，牛0.45万头，鸡78.31万羽，免疫密度率达100%。

【林业】

2019年，青山区投入0.8亿元，完成大青山南坡绿化生态修复工程300公顷，完成矿坑危岩体治理覆绿面积28.67公顷。栽植樟子松、油松、山桃、山杏、国槐、云杉、金叶榆、丁香、榆叶梅、黄刺玫、李子、果树等苗木。

【工业】

2019年，青山区规模以上工业增加值增速达到13.9%，比包头市高2.7个百分点，位居包头市市五区第一。全区31个亿元以上工业重点项目全部开复工，完成投资43.49亿元，完成年计划投资的124.6%。青山区加快传统产业转型升级，着力解决资源闲置和效益不高问题，清理土地厂房闲置企业15个，盘活低效低端用地68.47公顷。一机集团与徐州工程机械集团有限公司、广东海乔专用汽车发展有限公司实现合资合作，包头市塞北机械设备股份有限公司与中国兵器装备集团重庆大江信达车辆股份有限公司完成车辆混改，中核北方与原子高科股份有限公司签署同位素医药配送中心项目合作协议。北重集团上榜国家制造业单项冠军示范企业名单，一机集团、中核北方的4个项目被内蒙古自治区认定为重大技术装备首台套和关键零部件首批次，17户企业进入内蒙古自治区“专精特新”培育库。青山区连续两年入选“中国工业百强区”。战略性新兴产业集群效应初显，阿特斯、晶澳、上机弘元、杉杉负极材料等光伏晶硅材料和新能源产业类项目投产达效，新增产值50亿元。双马动力精密加工、阿尔法石墨烯对位芳纶等项目试生产。包头装备制造产业园区入选第三批国家应急产业示范基地，被评为国家产业转型升级示范园区。在“2019年工业互联网创新发展工程——工业互联网平台试验测试体系建设项目”国内公开招标项目中，一机集团、北重集团、北奔重汽等联合体中标特定区域工业互联网平台试验测试环境建设项目，项目总投资16928万元。内蒙古自治区“万户企业登云”行动计划实施后，青山累计实现应用“登云”企业864户。

【园区建设】

包头装备制造产业园区（以下简称园区）是按照内蒙古自治区、包头市两级党委和政府发展装备制造业的战略部署，于2006年起步建设的新型特色产业园区。园区总规划面积45平方千米。截至2019年年底，已入驻项目197个，总投资575亿元，其中180个项目已建成投产。经过多年发展，园区已形成重车装备、新能源装备、应急装备、综采装备、机电装备、工程机械装备六大传统优势特色产业。在巩固和壮大优势特色产业的同时，全面推动传统装备制造业升级换代、动能转换和新动能成长，初步形成新材料、新能源、新技术、高端装备制造四大战略性新兴产业基地。园区先后被命名为“国家包头装备制造高新技术产业化基地”“国家新型工业化产业示范基地”“国家绿色园区”。2019年，被工业和信息化部、国家发展和改革委员会、科技部命名为“国家应急产业示范基地”，被国家发展和改革委员会、科技部、工业和信息化部、自然资源部、国家开发银行命名为“国家产业转型升级示范园区”，连续4年获得内蒙古自治区沿黄沿线经济带优秀园区称号。2019年，园区工业总产值实现580.76亿元，同比增长5.36%，累计缴纳税收15.37亿元。

【大数据产业】

2019年，盈立多信息化平台项目进展顺利。该项目位于青山区青山路8号包头云计算中心4层，由内蒙古垣源信息技术股份有限公司投资4亿元建设。该平台可为商贸企业，快消品生产加工等领域的企业提供大数据分析及供应链金融等服务。4 月，盈立多 2.0 版本进行公测推广。12 月，使用盈立多信息化平台门店达到 1430 家。

城市应急管理云平台起步发展。该平台由内蒙古淼盾讯飞科技有限公司投资 6000 万元建设。该平台以“互联网 +”监管工作方式，整合地震、救援力量、救援资源、道路信息、实时视频等信息，实现科学化、精准化救援指挥，可为政府掌握辖区安全动态提供保障。12 月，684 家企业数据录入该平台。

【城乡建设】

2019 年，青山区绿地面积 2265.99 公顷，绿化覆盖面积 2328.69 公顷，绿地率达 40.42%，绿化覆盖率达 41.55%。公园绿地面积 1071.74 公顷，人均公园绿地面积 19.99 平方米，拥有独具特色的公园 10 个、广场 19 个、游园景点 26 个。青山区统筹推进城市双修和精细化管理，实施康乐西街道路建设等 7 项市政基础设施工程，完成驻区国有企业“三供一业”首期 150 多万平方米的维修改造，惠及居民 3.7 万户。青山中央公园项目一期投入使用，迎宾农贸市场完成升级改造，5000 平方米的二〇二便民市场建成运营。推动通港建材城、赵家店地区等腾空地块实现出让开发，累计为近 2.7 万户居民解决住宅产权遗留问题、办理不动产首次登记，涉及房屋面积 325 万平方米。规范道路分级和精细化管理，严管严控重点路段，集中力量整治市容“六乱”现象。拆除私搭乱建、违法建设 6.2 万平方米，试点开展居民小区生活垃圾分类收集。全区道路机扫率达到 69%，高于包头市 6 个百分点。编制《青山区乡村振兴战略规划》，完成基本农田划定和农用地分等定级，第三次全国国土调查工作取得阶段性成果。推进农村人居环境整治，改造户厕 200 座，新增水冲公厕 21 座，启用垃圾转运站 6 座，农村生活垃圾集中收集清运实现全覆盖。

【环境保护】

2019 年，青山区统筹推进污染防治和生态修复，投资 1.6 亿元，完成赵家营村供热及给排水管网改造，实施四道沙河村集中供热改造和色气湾村煤改电清洁取暖工程，全区洁净型煤替代实现全覆盖。京津风沙源治理二期，东达沟河道治理，一机集团公司、北重集团公司雨污分流提标和北方联合电力有限责任公司包头第二热电厂脱硫废水系统处理改造等工程全面完成，工业废水实现达标排放。完成第二次全国污染源普查，中央环保督察回头看问题整改和内蒙古自治区生态环保督察各项工作。持续推进大青山南坡生态修复，新增林地 300 公顷，栽植苗木 60 万株，治理危岩体 28.67 公顷、矿山 12 处，新建蓄水池 22 座，蓄水量达 7 万立方米。大青山南坡绿色廊道初见成效，建成运行森林防火智能监管系统，有效预防林地火灾发生。

【交通】

2019 年，青山区城区道路长度 316.21 千米，道路面积 637.51 万平方米，排水管道长度 407.64 千米，路灯 11630 基。农村公路长度 95.96 千米。其中，县道 1 条，长度 15.48 千米；乡道 22 条，长度 64.74 千米；村道 12 条，长度 8.39 千米；国有林场道路 1 条，长度 7.35 千米。

【招商引资】

青山区围绕“三高一新”企业开展招商引资，成果显著。2019 年，共外出招商 30 批次，走访企业 60 余家，参加各类展会 16 个，接待到访洽谈企业 21 批次。签约落地项目 18 个，其中亿元以上项目 5 个。投资 3.5 亿元的风力发电齿轮箱产能提升项目厂房维修、技术改造中；投资 25 亿元的万科中央 5 号项目、投资 40 亿元的万科中央公园项目和投资 4.2 亿元的碧桂园凤凰天域项目均完成土地摘牌，开始办理手续和基础设施施工；投资 30 亿元的弘元上机项目当年签约当年投产；投资 5000 万元的年产 200 套风电叶片扩建项目厂房改造中，部分设备已进场；投资 6000 万元的淼盾讯飞科技填补内蒙古自治区在智能消防领域空白；包头北方嘉瑞防务科技有限公司和内蒙古科技大学合作的技改项目探索服务业项目企地融合新模式；缤果盒子 24 小时无人自动售卖店项目建成一个并投入使用。2019 年全年参加包头市发展改革委员会主办的重点项目推介会 4 次，全方位、多角度宣传青山区人文环境和招商引资政策，广泛搜集信息，对接企业。

【商贸服务业】

2019 年，青山区社会消费品零售总额完成 275.88 亿元；引进国内（区外）资金 33.26 亿元；进出口总额完成 19449 万美元，其中自营进出口完成 6133 万美元。万达、沃尔玛、九星数码商务区零售额达到 100.7 亿元，同比增长 9.1%。金融商务区税收收入近 10 亿元。会展中心举办展会 70 场，交易额近 14 亿元。包头大剧院演出 211 场，营业收入实现 1555.2 万元。新兴服务业态更加多元，9 家重点电商企业交易额达到 2.4 亿元。全区物流企业超过 600 家。包头传化交投公路港日均货运吞吐量达到 3000 吨以上，快递园全年收寄投递快件超过 1 亿件。全区商务楼宇面积达到 98.5 万平方米，入驻企业 2400 余户，涵盖金融保险、教育培训、文化创意、贸易流通、服务咨询等行业。

【旅游业】

截至 2019 年年底，青山区有国际国内旅行社 35 家。其中，国际旅行社 10 家，国内旅行社 25 家。全区限额以上住宿餐饮企业 43 户。其中，五星级酒店 1 家，四星级酒店 2 家，三星级酒店 2 家，二星级酒店 1 家，乡村接待点 1 家。有旅游景区 2 个：AAAA 级旅游景区北方兵器城和 AA 级旅游景区包头轻工职业技术学院。其中，北方兵器城全年接待游客 22.55 万人次，实现旅游收入 378.7 万元。2019 年，东达山“茗盏雅集”艺术节在东达山艺术区举办；“奥特莱斯·花圪台风铃牡丹芍药文化节”“世界百万蝴蝶·冰淇淋嘉年华”“健康中国·你我同行——美丽青山健康行”等活动在花圪台露营区举办。

【财政收支】

2019 年，青山区一般公共预算收入完成 22.39 亿元，同比增加 1.44 亿元，增长 6.87%。其中，增值税 7.51 亿元，企业所得税 1.57 亿元，个人所得税 0.66 亿元，三大共享税种占一般公共预算收入 43.5%，同比减少 0.49 亿元，下降 5.3%。青山区财政一般公共预算支出完成 25.62 亿元，同比增加 4.75 亿元，增长 22.76%。政府性基金预算支出完成 0.62 亿元，同比减少 0.5 亿元，下降 44.64%。

【金融　保险】

2019 年，青山区金融机构各项存款余额（不包括外币）1950.59 亿元，同比下降 9.3%；城乡居民储蓄存款余额 1169.02 亿元，同比增长 13%。各项贷款余额（不包括外币）1388.4 亿元，同比下降 0.7%。保险机构保险业务收入 48.87 亿元，同比增长 28.3%。其中，财产保险业务收入 8.21 亿元，同比增长 6.8%；人寿保险业务收入 40.66 亿元，同比增长 33.8%。保险机构保险业务支出 8.58 亿元，同比增长 7%。其中，财产保险业务支出 4.06 亿元，同比增长 6.5%；人寿保险业务支出 4.52 亿元，同比增长 7.4%。

【科技】

2019 年，青山区共为 38 家企业、69 个项目争取各级各类科技资金 4030.5 万元。青山区进一步推进高新技术、战略性新兴产业发展，紧抓创新平台建设，进一步优化科技创新生态环境。一机集团“特种车辆热管理系统”研究开发中心等 3 个研究开发中心被认定为内蒙古自治区企业研究中心，青山区各级各类企业研发平台累计达到 57 家。组织推荐淘商众创空间、包头市鹿客电商众创空间开展国家级众创空间备案工作，有效提升两家众创空间的专业服务能力和规范化经营。积极培育创新型企业群体，全年组织开展3批高新技术企业推荐认定工作，北重集团等10家企业被认定为高新技术企业。组织科技型中小企业、重点培育企业开展相关培训，内蒙古一机集团神鹿焊业有限公司等6家企业入库2019年度内蒙古自治区科技型中小企业。截至2019年年底，青山区累计拥有高新技术企业39家，科技型中小企业11家。

【教育】

2019年，青山区有区属中小学37所。其中，小学20所，初级中学8所，普通高中5所，完全中学1所，九年一贯制学校2所，十二年一贯制学校1所。有少年宫、青少年发展中心、特教学校各1所。共有教职工4266人，中小学生52882人。其中，小学在校生29577人，初中在校生13731人，高中在校生9509人，特教学校在校生65人。青山区共有各级各类幼儿园71所。其中，青山区教育部门办7所，企业办6所，市妇联办1所，公建民营9所，普惠性民办35所，非普惠性民办13所。共有教职工1991人，在园幼儿12474人。学前教育三年幼儿毛入园率为95.7%。先后获得全国第六届中小学艺术展演活动优秀组织奖、全国“新时代好少年”主题教育读书活动“我为祖国点赞”先进集体等荣誉。

【文化】

2019年，青山区有综合文化服务中心70个，文化馆分馆16个，图书馆分馆14个，影院6个，书店39个，KTV65个，网吧48个，游戏厅5个。组织开展庆祝新中国成立70周年文化活动500多场。全国首部原创儿童芭蕾舞剧《草原英雄小姐妹》成功首演，原创广播剧《筑梦军工》实现包头广播在国家台首播，《包头军工城访谈录》获得包头市第九届“五个一工程奖”，乌素图街区被评为内蒙古自治区级历史文化街区。

【医疗卫生】

2019年，青山区有医疗卫生机构387个。其中，医院23个，社区卫生服务中心(站)40个，卫生院（室）61个，门诊部46个，诊所、卫生所207个，医务室3个，急救中心（站）1个，妇幼保健院(所)2个，疾病预防控制中心2个，卫生监督所2个。实有床位5003张，卫生技术人员6630人。其中，执业医师2375人，助理医师124人，技师265人，注册护士3157人，药剂人员327人，其他卫生技术人员382人。青山区加强家庭医生团队建设，积极开展线上家庭医生签约服务。截至2019年年底，青山区常住居民家庭医生签约率41.38%，重点人群签约率84.7%，线上签约194461人。全区各医疗卫生机构共建立城乡居民电子健康档案约45.28万份，建档率达87.1%。区属43家医疗单位全部纳入三级医院医疗集团建设，城市卫生长效管理考核连续7年排名包头市第一。累计打造健康主题公园等“健康细胞”94个，获得“自治区健康促进区”称号。

【体育】

2019年，青山区有各类体育场(馆)401个。其中，篮球房馆4个，乒乓球房馆、武术房馆、网球房馆共3个，健身房馆23个，棋牌房馆14个，羽毛球房馆5个、综合房馆20个，台球房馆14个，田径场3个，小运动场33个，学校足球场36个，室内网球场馆2个，室外网球场52片，篮球场96片，排球场32片，室外门球场6片，体育馆2个，游泳馆6个，排球房馆2个，室外门球场4片，室外5人制足球场20个，羽毛球场22片，体育场2个。另有户外健身路径227套。体育场地完好率和开放率达到100%。在第十六届全国“武术之乡”武术比赛中，青山区武术代表队参赛选手获得2金5银7铜的好成绩。2019年，举办全民健身体育活动100多场，市体育中心接待群众13万人次，成为包头市唯一荣获“自治区全民健身示范区”的旗县区。

【社区治理】

2019年，青山区继续深化社区治理改革，整合街镇执法力量，优化“一口式”服务系统，将医保低保、临时救助等63项审批和服务事项下放到社区，居民实现就近办事，全年共办理业务1.84万件。推进业委会法人登记30家，解决自管小区物业难题。培育打造社区治理专项改革试点10个，推动社区民主协商治理创新。其中，5篇民主协商案例入选内蒙古自治区民政厅《基层民主协商典型案例选编》，3篇民主协商典型案例在民政部《社区》杂志刊载推广。成立包头市首个街道级“三社”（社区、社会组织、社会工作）协同创新中心和区级物业纠纷联调中心。万青路街道“五位一体”民主协商社区自管物业管理模式入围“中国城市治理创新奖（2018—2019）”，是内蒙古自治区唯一入围的社区治理创新经验项目。“三社联动”基地社工人才输出结对帮扶国贫县项目入围国家“三区”计划。自由路街道民生实事项目人大代表会商制试点工作取得实效，青山路街道“银发e点通”社区教育被评为内蒙古自治区民政厅终身学习品牌项目。

【社会保障】

2019年，青山区城镇养老、医疗保险缴纳人数分别增长20%和7%，退休人员养老金实现“十五连涨”，统筹支付医保报销费用4252万元。推进全国社会救助综合改革试点区建设，发放各类救助补贴5800多万元。加大清理拖欠农民工工资力度，为1962名劳动者挽回经济损失2700万元。肢体残疾人康复中心建成使用，区人民政府被授予“中国红十字奉献奖章”。在包头市率先建成退役军人服务保障体系和家庭教育指导服务中心，群团组织阵地作用持续增强。

【人民生活】

2019年，青山区坚持民生投入优先保障，全年民生支出占到公共财政预算支出的八成以上。就业创业持续扩大，发放创业担保贷款9021万元、就业困难人员补贴4568万元、人才住房补贴315万元，城镇新增就业11708人、失业人员再就业4123人、农牧民转移就业4013人，城镇登记失业率为3.87%，全区“零就业”家庭实现动态清零。“双创”主题街区建设已初见规模，20家创业园、孵化基地入驻商户2300多户，带动就业7700多人。实施医养康融合工程，新建老少乐园、社区日间照料中心和农村养老服务站26所，区属二级综合医疗机构与养老机构全部实现医养签约。

（有关单位供稿　印慧娟整理）

中国共产党包头市青山区委员会

重要会议

1 月 17 日，中共青山区第十届委员会第六次全体会议暨全区经济工作会议在区党政大楼召开。会议的主要任务是：以习近平新时代中国特色社会主义思想为指导，深入学习贯彻中共十九大、十九届二中、十九届三中全会精神和中央经济工作会议精神，认真落实自治区党委十届八次全会和市委十二届八次全会暨经济工作会议精神，报告区委常委会过去一年的工作，安排部署当年的各项工作。会议立足地区实际，综合形势分析，提出了做好 2019 年经济工作的思路：要以习近平新时代中国特色社会主义思想为指导，认真贯彻中共十九大、十九届二中、十九届三中全会及中央经济工作会议精神，全面落实自治区党委十届八次全会和市委十二届八次全会暨经济工作会议精神，坚持稳中求进工作总基调，以新发展理念为引领，以高质量发展为目标，以供给侧结构性改革为主线，以加快产业转型升级、推进新旧动能转换为重点，统筹抓好稳增长、促改革、调结构、惠民生、防风险各项工作，抓重点、补短板、强弱项，保持经济持续健康发展和社会大局和谐稳定，为全面建成小康社会收官打下决定性基础，以优异成绩庆祝中华人民共和国成立 70 周年。

2 月 20 日，中共青山区第十届纪律检查委员会第四次全体会议在区党政大楼召开。会议的主要任务是：以习近平新时代中国特色社会主义思想为指导，深入学习贯彻中共十九大、十九届二中、十九届三中全会和中央、内蒙古自治区、包头市三级纪委全会精神，总结 2018 年党风廉政建设和反腐败工作，研究部署 2019 年青山区全面从严治党各项工作。

3 月 20 日，青山区 2019 年组织、宣传、统战、政法、信访工作会议在区党政大楼召开。会议的主要任务是：以习近平新时代中国特色社会主义思想为指导，深入学习贯彻中央、内蒙古自治区、包头市三级的相关会议精神，总结 2018 年全区组织、宣传、统战、政法、信访工作，安排部署 2019 年的重点工作，动员全区各级党组织和广大党员干部，不忘初心、牢记使命，全力推动组织、宣传、统战、政法、信访各项工作迈上新台阶、再上新水平。

4 月 2 日，市委巡察督查组督查青山区落实中央脱贫攻坚专项巡视整改工作对接会在区党政大楼召开。市委巡察督查组就青山区落实中央脱贫攻坚专项巡视反馈的重点问题整改工作专项督查进行了说明。

4 月 23 日，青山区喜迎中华人民共和国成立 70 周年暨庆祝“五一”国际劳动节表彰大会在区党政大楼召开。会议的主要任务是：大力弘扬劳模精神、劳动精神，在全区营造劳动最光荣、劳动最崇高、劳动最伟大、劳动最美丽的浓厚氛围，为地区经济社会发展汇聚强大正能量。

4 月 29 日，第一届“四方论坛”暨青山区城市基层党建工作峰会在包头市青少年发展中心一楼小剧场举行。会议的主要任务是：以“城市基层党建引领社会综合治理”为主题，通过交流座谈、汇报分析等多种形式，相互学习、相互借鉴，取长补短、共同提升，不断推动青山区城市基层党建工作再上新台阶。

5 月 17 日，青山区 2019 年扫黑除恶专项斗争领导小组第二次会议在区党政大楼召开。会议的主要任务是：传达学习中央、自治区和包头市扫黑除恶专项斗争有关会议精神，总结前一阶段扫黑除恶专项斗争工作开展情况，安排部署下一阶段工作任务。

5 月 23 日，市委联动巡察区委中央脱贫攻坚专项巡视有关整改工作情况反馈会在区党政大楼召开。市委巡察工作领导小组反馈了对青山区的专项巡察情况。

7 月 3 日，区委全面依法治区委员会第一次会议在区党政大楼召开。会议传达学习了习近平在中央全面依法治国委员会第一、第二次会议上的重要讲话精神，以及李纪恒在自治区全面依法治区第一次会议上的讲话、张院忠在包头市全面依法治市第一次会议上的讲话精神；会议审议通过“两规则一细则”和区委全面依法治区委员会协调小组成员名单。

7 月 26 日，全区安全生产工作会在区党政大楼召开。

9 月 10 日，青山区庆祝第三十五个教师节暨表彰大会在包头大剧院召开。会议的主要任务是：坚持以习近平新时代中国特色社会主义思想为指导，全面贯彻中共十九大和十九届四中全会精神，落实中共中央、国务院《关于全面深化新时代教师队伍建设改革的意见》，以“弘扬高尚师德，潜心立德树人”为主题，本着“勤俭节约、隆重、简朴”的原则，创造性地开展形式多样的宣传、表彰、慰问等活动，充分展示青山区教育事业取得的丰硕成果，激励广大教师继续为青山区教育事业又好又快发展、为早日实现从教育大区向教育强区的蝶变不懈奋斗，做出新的更大的贡献。

9 月 19 日，全区“不忘初心、牢记使命”主题教育工作会议在区党政大楼召开。会议的主要任务是：深入学习贯彻习近平关于“不忘初心、牢记使命”主题教育系列重要指示精神，全面落实中共中央、自治区党委和市委关于开展第二批主题教育的部署要求，对全区主题教育工作进行安排部署。

11 月 1 日，区四大班子主要负责人、区委各常委主题教育调研成果交流座谈会在区委常委会议室召开，市委主题教育第二指导组组长及成员出席会议。

11 月 14 日，区委常委班子对照党章党规找差距专题会议在区委常委会议室召开，市委主题教育第二指导组组长及联络员出席会议。

11 月 21 日，区委议军会暨国防动员委员会会议在区党政大楼召开。会议的主要任务是：深入学习贯彻习近平强军思想，专题研究和贯彻落实上级关于国防和后备力量建设的一系列方针和指示要求，全面加强党管武装各项工作。

12 月 12 日，全区警示教育大会在区党政大楼召开。会上通报并剖析了当年青山区纪检监察机关查处的 3 起涉黑涉恶案件、2 起国有企业公职人员严重违纪违法案件，以及近年来易发、多发的吸毒、赌博和违反工作纪律等 3 类典型案例。会议要求持续推进全面从严治党、加强党风廉政建设。

12 月 19 日，2019 年区直属党（工）委、党组书记抓基层党建工作述职评议会暨区域集团党工委轮值单位交接仪式在区党政大楼举行。会议听取各街道、镇党（工）委书记抓基层党建工作情况的述职，并对全区各级党组织及党（工）委书记履行管党治党责任，进一步加强党建工作做出安排部署。

重要决策

2019 年，中共青山区委共召开常委会会议 28 次，做出以下决策部署。（见表 2）

2019 年中共包头市青山区委常委会会议重要决策部署一览表

表 2

会议名称	会议日期	决策内容
区委十届七十九次常委会会议	1月8日	研究区委十届五次全会有关事宜，区委十届六次全会暨全区经济工作会议方案，区委十届六次全会第一次全体会议上的讲话
区委十届八十次常委会会议	1月8日	专题研究区“两会”有关事宜
区委十届八十一次常委会会议	1月9日	专题听取区委十届五次全会分组讨论情况的汇报

续表2

会议名称	会议日期	决策内容
区委十届八十二次常委会会议	1月15日	研究干部人事有关事宜
区委十届八十三次常委会会议	1月25日	传达学习中共中央政治局民主生活会精神；传达学习自治区关于“大棚房”问题清理整治工作有关会议精神；传达学习市委办公厅《关于开展清理和规范校园文化环境专项行动的通知》和市“扫黄打非”办《清理规范社会文化环境和文化经营秩序专项方案的通知》文件精神；传达学习包头市军分区党委全会精神。研究《青山区建设新时代文明实践中心（所、站）试点工作实施方案（试行）》《关于提高村干部报酬标准的意见》
区委十届八十四次常委会会议	2月12日	研究干部人事有关事宜，研究《关于区十六届人大代表、区九届政协委员调整的建议》《关于在政协会期间成立临时党组组成人员的建议名单》《政协青山区第九届委员会第二次会议选举办法（草案）》《青山区政协副主席候选人建议名单》《政协青山区第九届委员会第二次会议总监票人、监票人建议人选》，研究关于 2019 年财政收支预算安排有关事宜，听取青山区 2019 年景观绿化和市政设施工程 PPP 项目情况汇报，传达上三级纪委全会精神，研究召开区纪委全会有关事宜，听取关于坦克路及两侧治理工作进展情况汇报，听取关于 2019 年重点项目情况汇报
区委十届八十五次常委会会议	2月26日	研究《青山区关于中央第八巡视组对内蒙古自治区开展脱贫攻坚专项巡视反馈意见的整改方案》
区委十届八十六次常委会会议	3月10日	研究干部人事有关事宜，研究关于成立区发展和改革委员会等党组、撤销区发展和改革局等党组的意见
区委十届八十七次常委会会议	3月19日	传达学习习近平在参加十三届全国人大二次会议内蒙古代表团审议时的重要讲话精神和自治区党委常委会会议精神，习近平在中共中央政治局第 13 次集体学习和中央党校（国家行政学院）中青年干部培训班开班仪式上的重要讲话精神，以及《中国共产党重大事项请示报告条例》。研究 2019 年组织、宣传、统战、政法、信访工作会议有关事宜以及《关于组建区委议事协调机构的意见》《关于落实意识形态工作责任制网格化管理办法》《青山区委 2019 年巡察工作计划》《十届区委第六轮巡察工作方案》《青山区扫黑除恶专项斗争专项巡察工作方案》《中共青山区委员会 2019 年工作要点》
区委十届八十八次常委会会议	4月4日	传达学习习近平关于四川省凉山火灾的重要批示精神和李纪恒、布小林批示精神，以及全区森林草原防灭火工作暨维护社会安全稳定工作会议精神，安排部署青山区贯彻落实工作，研究《青山区庆祝建国 70 周年文化活动方案》《青山区融媒体中心建设方案》
区委十届八十九次常委会会议	4月14日	会议专题研究拟提任为副县级领导干部考察人选
区委十届九十次常委会会议	5月11日	研究《关于匹配第二批党群服务中心建设经费的意见》《关于李纪恒点评包头市、张院忠点评青山区 2018 年基层党建问题的整改方案》《 2018 年青山区科级领导班子和领导干部年度综合考核评价初步意见》《青山区公开选拔团区委书记人选的意见》
区委十届九十一次常委会会议	5月22日	研究干部人事有关事宜

续表2

会议名称	会议日期	决策内容
区委十届九十二次常委会会议	5月28日	研究《青山区防范化解重大风险整改方案》《青山区防范化解重大风险工作预案》《＜中共包头市委员会关于贯彻落实习近平参加十三届全国人大二次会议内蒙古代表团审议时的重要讲话精神的实施意见＞重点工作青山区任务责任分工方案》
区委十届九十三次常委会会议	6月3日	会议专题研究了拟提任为副县级领导干部考察人选
区委十届九十四次常委会会议	7月18日	研究《关于撤销原包头市环保局青山分局党组的意见》《2019 年度科级领导班子和领导干部综合考评指标》
区委十届九十五次常委会会议	8月2日	传达学习习近平考察内蒙古重要讲话精神，传达学习习近平在深化党和国家机构改革总结会议上的重要讲话精神，习近平在中央和国家机关党的建设工作会议上的重要讲话精神，《中国共产党宣传工作条例》，以及自治区信访矛盾攻坚暨国庆信访保障工作会议精神和自治区党委办公厅关于印发《党组讨论和决定党员处分事项工作程序细则（试行）》的通知精神。研究《青山区公务员职务与职级并行制度实施方案》《青山区 2019 年度引进高层次人才确定人选及岗位分配的意见》《市委选派教育系统挂职干部岗位安排的意见》
区委十届九十六次常委会会议	8月9日	传达学习 7 月 30 日中央政治局会议精神，习近平在中央政治局第十五次集体学习时的重要讲话精神；听取上半年经济运行情况汇报，安排部署下半年工作；听取上半年全面从严治党情况汇报，安排部署下半年工作；听取上半年党的建设情况汇报，安排部署下半年工作；听取上半年意识形态领域及网络舆情工作情况汇报，安排部署下半年工作；听取中央扫黑除恶第十五督导组督导反馈意见整改工作进展情况汇报；听取上半年安全生产工作情况汇报，安排部署下半年工作；研究青山区第十三次民族团结进步暨学习使用蒙古语文表彰大会事宜；研究《关于成立青山区委“不忘初心、牢记使命”主题教育领导小组和工作机构的意见》
区委十届九十七次常委会会议	9月2日	研究《青山区关于中央扫黑除恶专项斗争督导反馈问题的整改方案》
区委十届九十八次常委会会议	9月5日	传达学习《中共中央办公厅关于贵州省认真贯彻习近平重要指示批示精神深入开展领导干部利用茅台酒谋取私利问题专项整治情况的通报》；传达学习《自治区党委、自治区政府和内蒙古军区关于加强新时代基层人民武装部建设的意见》；传达学习《市委政法委关于转发自治区党委政法委＜关于全力做好涉稳重点人员管控工作的紧急通知＞的通知》；研究《青山区庆祝第 35 个教师节活动方案》《青山区教育系统先进集体和先进个人名单》；研究《青山区委网络安全和信息化委员会关于青山区党委、党组、党工委网络安全工作责任制分工方案》；研究区教育系统党工委人事有关事宜
区委十届九十九次常委会会议	9月16日	研究《青山区委关于开展“不忘初心、牢记使命”主题教育实施方案》《青山区青福镇赵家店村党支部整顿提升工作方案》
区委十届一百〇一次常委会会议	10月17日	专题研究了拟提任为正科级领导干部考察人选
区委十届一百〇二次常委会会议	10月25日	研究干部人事有关事宜。研究《关于全面推行民生实事项目人大代表票决制（会商制）工作的实施方案》《青山区人民政府向区人大常委会报告国有资产管理情况的制度》
区委十届一百〇三次常委会会议	11月14日	传达学习中共十九届四中全会精神；传达学习《中共中央关于新时代加强和改进人民政协工作的意见》；传达学习王沪宁在“不忘初心、牢记使命”主题教育第一批总结暨第二批部署会议上的讲话精神。研究《关于深化包头市青山区纪委监委派驻机构改革的实施意见》《关于建立青山区整治形式主义官僚主义为基层减负专项工作机制的方案》，以及青山区公务员（参公人员）职级套转工作意见

续表2

会议名称	会议日期	决策内容
区委十届一百〇四次常委会会议	12月16日	传达学习12月6日中央政治局会议精神和中央经济工作会议精神；传达学习杨晓渡在专项整治漠视侵害群众利益问题工作推进会上的讲话精神；传达学习《中国共产党机构编制工作条例》精神。研究《关于深化镇和街道改革推进基层整合审批服务执法力量的改革方案》《青山区2019年度科级领导班子和领导干部综合考核评价办法》。研究团区委挂职副书记有关事宜
区委十届一百〇五次常委会会议	12月18日	传达学习《中国共产党党校（行政学院）工作条例》，听取2019年党校工作汇报；研究《青山区公务员职务与职级并行晋升意见》《青山区军转干部职级套转名册》；研究《关于包头市第十五届人民代表大会代表及第十三届政协委员调整建议》和《青山区第十六届人民代表大会代表及常务委员会委员的调整建议》；听取人大、政府、政协、法院、检察院党组工作汇报；听取群团（总工会、团委、妇联、残联、红十字会、文联、工商联、科协）工作汇报
区委十届一百〇六次常委会会议	12月24日	研究干部人事有关事宜
区委十届一百〇七次常委会会议	12月31日	研究干部人事有关事宜；研究《青山区关于深化交通运输、农牧业、文化市场、生态环境保护、市场监管五个领域综合行政执法改革的实施意见》；听取2019年食品药品安全工作情况汇报

综合管理

【概况】

中共包头市青山区委员会办公室（以下简称区委办公室）成立于1956年12月，是青山区委的综合办事机构，机构规格为正科级，为青山区委工作运转和决策服务提供最直接的服务和保障，居承上启下、协调左右的中枢位置，承担着服务领导、服务基层、服务群众的重要职责。2019年，青山区实施机构改革，按照中共青山区委办公室、青山区人民政府办公室《关于印发〈青山区机构改革实施意见〉的通知》（青党办发〔2019〕3号）文件要求，区委办公室挂区档案局牌子。2019年，区委办公室有干部职工28人。内设综合股、事务股、秘书一股、秘书二股、区委督查室、信息股、改革股7个股室。有所属事业单位2个，分别为相当于副科级事业单位青山区党史工作办公室和相当于股级事业单位政策和改革研究中心。3月底，区国家保密局和区委机要局合并成立区委保密机要局，是青山区委工作机关，机构规格为正科级，归口区委办公室管理，内设综合办公室、业务室。

【保密工作】

2019年，青山区委组成保密检查专项小组，重点对20余家部门和单位的保密制度、定密规范、涉密人员、涉密环境、文件管理、计算机使用、网络平台、载体销毁8个方面进行了保密专项检查。组织全区各部门、各单位签订了《保密责任书》《保密承诺书》。及时对3个办公室设在保密机要局的领导小组进行了调整。印发了《关于规范涉密载体印制和销毁管理工作的通知》，明确涉密载体印制和销毁专人管理、专人负责，进一步规范了全区涉密载体印制和销毁工作流程。组织开展了保密法宣传月活动，在短信平台、多个微信公众号播发保密警示信息10余期，编印、发放《保密常识须知》折页及相关书籍2000余份（册），通过摆放展板、张贴挂图、悬挂横幅、观看影片等方式，推动保密宣传教育入深入细、入心入脑。作为自治区整治形式主义为基层减负监测样本旗县区，每月对上三级收文情况进行监测统计，共签收、呈传各类文件1600余份。

【信息调研】

2019年，紧紧围绕全区重点工作和重要决策部署以及改革发展稳定中的大事要事、社会关注的热点难点，为各级党委科学决策提供强有力的信息服务支撑。共编发《每日动态》227期、《青山信息（区内）》28期、《书记推荐》6期、《信息调研情况通报》12期，新改版刊物《区四大班子领导公务活动》4期、《工作交流》5期、《决策参阅》2期；向上级党委信息调研部门共报送信息1199条，其中自治区党委采用信息26条、市委采用信息197条。

【文稿服务】

2019年，紧紧围绕全区重点工作、中心工作，充分发挥以文辅政参谋助手的作用。加强日常资料积累，提高知识储备水平，强化与区属各职能部门之间的联系，及时掌握全区各方面工作情况，为撰写高质量综合文稿积累素材，力求做到“写领导之所想、为领导之所谋”，起草完成各类综合文稿200多篇、150多万字。

【督查工作】

2019年，深入贯彻中央、自治区和包头市关于解决形式主义突出问题为基层减负的精神要求，制发了《关于解决形式主义突出问题为基层减负的十条具体措施》。对督查检查考核工作进行了全面清理规范，实现工作“合N为一”。将50个部门单位申报的56项督查检查考核事项核减至25项，较2018年精简了71%，形成2019年督查检查考核的全年年度计划清单。建立了督查检查考核事项的报备审批制度，按照“增一减一”原则，杜绝了随意下基层督查乱象。建立完善了全区72家部门和单位共110名党委督查员组成的“青山督查工作群”。接受上级督查检查考核中央层面16次，自治区级40次，市级120次。办理各级领导批示指示80余件。办理网民留言176件，其中自治区、市级共71件，本级网民留言105件，回复率和满意率均为100%。制发《督查通知》《督查快报》《督查专报》等100余件。

【公文制发】

2019年，严格按照中央“八项规定”的有关要求，进一步规范发文程序，控制发文数量，提高公文质量，提升发文效用，确保政令畅通。共规范、制发区委文件24件，区委办文件62件，报告36件，便签文件71件。规范性文件备案审查，共向市委办公室进行规范性文件报备48次。

【改革工作】

2019年，按照包头市全面深化改革工作要点，进一步细化完善了青山区全面深化改革重点任务及分工方案，确定了113项具体改革任务，其中先行先试的特色改革工作有22项。组织筹备了8次全面深化改革委员会议，召开了12次全面深化改革协调推进会议，围绕社区应急响应机制建设、党建“241”工作体系、“三社联动”社会管理机制、社区精细化管理等重点改革事项开展自主督查、联合督查15次。除5项改革任务需等待顶层设计外，其余均已完成年度目标，取得改革成果98件，形成改革经验类材料20篇，其中完善林业生态建设机制、率先开展金融检察等5篇改革信息被市委改革刊物采用刊发、予以推广。

（刘志强　霍林峰　供稿）

纪检监察

【概况】

中共包头市青山区纪律检查委员会（以下简称区纪委）成立于1979年，是青山区委工作机关，机构规格为正科级。青山区监察委员会（以下简称区监委）成立于2017年11月，与区纪委合署办公。负责全区党的纪律检查工作和对全区所有行使公权力的公职人员进行监察、调查职务违法和职务犯罪，开展党风廉政建设和反腐败工作，包括调查处理全区党员违反党章及其他党纪党规的案件，调查处理全区所有行使公权力的公职人员违反国家政策、法律、法规以及党纪党规行为，受理对党员、监察对象的检举、控告和申诉。2019 年，核定行政编制 39 名，工勤编制 2 名。内设办公室、组织部（干部监督室）、宣传部、党风政风监督室、信访室、案件监督管理室、第一纪检监察室、第二纪检监察室、第三纪检监察室、第四纪检监察室、案件审理室 11 个科室。有所属相当于股级事业单位包头市青山区纪检监察信息中心。2019 年 5 月，包头市青山区纪检监察信息中心更名为包头市青山区纪委监委信息网络技术中心，核定事业编制 11 名。

2019 年，青山区各级纪检监察组织坚持以习近平新时代中国特色社会主义思想为指导，深入贯彻中共十九大和十九届二中、三中、四中全会精神，忠诚履行党章和宪法赋予的职责，持之以恒正风肃纪，青山区纪检监察工作取得新成效。2019 年自治区党风廉政建设和反腐败工作民意调查结果显示，青山区群众满意率为 97.03%，位列包头市第三位、自治区 103 个旗县区第十五位。扎实开展“不忘初心、牢记使命”主题教育，坚决践行“两个维护”，加强政治监督；深入整治群众身边腐败和作风问题，深化扶贫领域专项治理，深挖彻查涉黑涉恶腐败和“保护伞”，坚决查处民生领域侵害群众利益问题；认真开展“持续净化良好政治生态年”活动，深入整治形式主义、官僚主义和“四官”问题，坚决打好净化基层政治生态四个“组合拳”；完成十届区委第六轮、第七轮巡察，扎实做好巡察“后半篇文章”，实现被巡察单位前置整改；强化日常监督精准监督，贯通运用“四种形态”，及时发现和查纠问题；不断深化纪检监察体制改革，推动监察职能向基层延伸；扎实开展“高质量办案年”活动，深化标本兼治、以案促改，全面提升监督执纪执法保障水平；深入开展全员培训，强化自我管控，全面提升纪检监察干部政治素质和业务水平。

【重要会议】

2019 年 2 月 20 日，中国共产党包头市青山区第十届纪律检查委员会第四次全体会议召开。出席会议的有区纪委委员 13 人，列席 447 人。全会以习近平新时代中国特色社会主义思想为指导，深入学习贯彻中共十九大和十九届二中、三中全会精神，全面贯彻落实十九届中央纪委三次全会、自治区纪委十届五次全会和市纪委十二届四次全会精神，总结回顾 2018 年全区纪检监察工作，研究部署 2019 年主要任务，审议通过郝杰代表区纪委常委会所做的《奋进新时代、展现新作为，全面推动纪检监察工作高质量发展》工作报告。

2019 年 12 月 12 日，青山区委副书记、区长胡荣主持召开区委中心组（扩大）学习会暨全区警示教育大会，区委中心组成员及全区副科级以上干部共 500 余人参加了会议。会上，区委常委、纪委书记、监委主任郝杰深刻剖析近年来青山区纪检监察机关查处的一些违纪违法典型案例，以身边人、身边事教育和引导广大党员干部知敬畏、存戒惧、守底线，进一步筑牢广大党员干部廉洁从政思想防线，提高拒腐防变能力，着力营造风清气正、海晏河清的政治生态，为全区高质量发展提供坚强纪律保障。

【制度建设】

青山区出台《青山区监察委员会与青山区人民检察院、青山区人民法院案件查办提前介入工作制度（试行）》等 5 项制度，强化纪检监察机关与政法机关的协作配合。制定区纪委、监委“两文书一办法”规范性文书模板，对审查调查各个程序和环节进行全面规范。制订《青山区纪委监委派驻机构工作管理办法（试行）》等 6 个制度，完善派驻机构考核细则和街镇纪检工作考核细则，建立月检查、季汇报、年考核工作机制，全面加强对下级纪检监察组织的业务指导和日常监督。编印《青山区纪检监察工作制度汇编》，涵盖《青山区纪委监委“三重一大”集体决策工作制度》《收支控制管理制度》等综合类制度24个，《青山区监委留置场所管理办法》《青山区纪委监委派驻机构工作管理办法》等业务类制度13个，着力构建组织有序、权责清晰、规范高效的工作运转体系。

【强化“两个责任”落实】

实施“清单＋台账＋督导”管理模式，建立监督责任台账和点射式督导机制，制定监督检查、审查调查、政治巡察三个方面16项政治监督任务清单，梳理形成96项政治监督重点台账目录，督促区委制定党组织、“一把手”、分管领导责任清单43项。压紧压实“两个责任”，印发《2019年青山区落实党风廉政建设“两个责任”暨推进惩防体系建设责任制责任书》，以党风廉政建设责任制年度考核为抓手，加强对各部门单位贯彻执行党的路线方针政策和决议情况的监督检查。着力提升同级监督质效，严把“定制＋要求＋落实”三道程序，向区委10名班子成员发出包含30项提醒事项和4项工作要求的《廉政提醒函》。进一步严明党的政治纪律和政治规矩，对63家部门单位2019年“不忘初心、牢记使命”专题民主生活会情况进行了全程监督。加强对区委选人用人的监督，出具党风廉政意见75次1780人。强化监督管理基础保障，为全区500余名科级干部及2500余名党员干部、公职人员建立了廉政档案。

【违纪违法案件查处】

2019年，青山区纪委监委共立案113件，处分76人。其中，党纪处分61人（党内警告32人，党内严重警告9人，留党察看1人，开除党籍19人），政务处分23人（警告处分5人，降级5人，记过2人，开除11人），有8人受双重处分。完成留置任务6人次，移送检察机关14人，收缴涉案款2300余万元。

【宣传教育】

2019年，举办廉政春联进万家、廉政烟标主题展、廉政书画作品展、廉政故事我来讲、廉政消夏文化节5个廉政文化主题活动，制作6部廉政动漫视频和廉政教育微电影，开展全区警示教育大会1次，各类警示教育活动51次，剖析典型案例75件次，录制忏悔录2部。积极打造廉政文化厅（廊、墙），在干群互动的过程中，教育引导广大党员干部承载信义、廉洁奉公，大力营造风清气正的良好政治生态。深刻剖析典型案例，用身边人、身边事教育身边人，增强广大党员领导干部的纪律意识、规矩意识。

积极宣传青山区党风廉政建设工作进度和亮点工作，全年在各类媒体刊发稿件708篇。其中，中央级媒体采用157篇，自治区级媒体采用156篇。

【专项治理】

形式主义、官僚主义及“四官”问题专项整治工作。印发《青山区集中开展形式主义、官僚主义及“四官”问题专项整治工作方案》，聚焦25项重点整治内容，深入整治形式主义、官僚主义突出问题。截至年底，全区各部门单位共查摆问题665个、制定整改措施699项、制定相关制度222个；区纪委监委受理形式主义、官僚主义及“四官”问题线索90件，立案38件，党纪政务处分24人，移送司法机关1人。

扫黑除恶“打伞破网”攻坚战工作。启动扫黑除恶第二轮领导包片包案工作，认真抓好中央扫黑除恶督导整改，共受理扫黑除恶相关问题线索183件，立案54件，党纪政务处分14人，组织处理1人，移送司法机关6人，收缴违纪款623.51万元。

扶贫领域腐败和作风问题专项治理工作。开展扶贫领域资金专项检查，发现问题8个，受理问题线索17件，立案1件，党纪处分1人，组织处理2人。按照《关于中央第八巡视组对我区开展脱贫攻坚专项巡视反馈意见的整改方案》和市委、区委关于巡视反馈意见整改的相关要求，针对脱贫攻坚反馈意见中提出的 9 个方面问题，制定整改措施 25 条，已全部整改完毕。

查处民生领域侵害群众利益问题工作。对社保、民政、教育、文体、卫生 5 个领域，2015 年以来民生资金管理使用情况进行检查，进一步规范和完善民生领域资金管理使用与监督机制。受理民生领域腐败问题线索 121 件，立案 42 件，给予党纪政务处分 27 人，移送司法机关 1 人。

“大棚房”问题专项整治监督执纪工作。配合区委排查“大棚房”1282 栋，其中违规改变用途“大棚房”50 栋，年底已全部拆除，并对国土资源分局、农牧林水局、兴胜镇、王老大村 4 家单位相关人员进行了诫勉谈话。2019 年以来，受理“大棚房”问题线索 1 件，组织处理 14 人。

人防系统腐败问题专项工作。督促区人防办建立“三清单、两台账”，对团结大街干道、科学路干道、光荣道干道、进步道干道等人防工程进行了监督检查，对部分学校、酒店内部防空洞口管理方面存在 6 个方面的问题全部进行了整改。

违建别墅问题清查整治专项工作。初步摸排出色气湾村个人建房、色气湾村史展览馆、银匠窑军事小镇、正大生态共享农庄、顶独龙贵村个人建房、亚欧体育度假村运动员接待公寓 6 处疑似违建别墅，经专项整治领导小组核实认定，青福镇色气湾村 1 处个人建房属违建别墅，已于 10 月 13 日进行了拆除。同时，青山区以违建别墅问题专项整治为契机，对奥林匹克公园内 6 栋不属于本次整治范围内违章建筑进行了清理整治，于 11 月 6 日拆除 4 栋，拆除面积 1678.68 平方米；没收 2 栋。

【落实中央“八项规定”精神】

2019 年，严厉查处无视中央“八项规定”精神顶风违纪问题和隐形变异的“四风”问题。对辖区 70 多家区属单位、40 多家基层站所开展 16 轮明察暗访 现场纠正问题 40 个，对违反劳动纪律和工作纪律 33 人进行通报曝光，下达《监督检查问题整改通知书》25 份。受理违反中央“八项规定”相关问题线索 29 件，立案 6 件，给予党纪政务处分 5 人，组织处理 1 人，通报典型案例 1 起 5 人，持续释放越往后执纪越严的强烈信号。

【监督执纪“四种形态”运用情况】

2019 年，运用“四种形态”处置问题线索 292 人（次），同比增长 24.8%。其中，第一种形态 211 人（次），占 72.3%；第二种形态 49 人（次），占 16.7%；第三种形态 18 人（次），占 6.2%；第四种形态 14 人（次），占 4.8%。

【净化基层政治生态】

2019 年，深入推进“三务”公开提档升级，出台青山区“三务”公开工作标准和工作流程，率先实行领导班子成员包案工作，严肃查处不公开、假公开、公开不到位等问题，受理相关问题线索 30 件，立案 1 人，党纪政务处分 1 人，组织处理 4 人。主动聚焦基层矛盾化解，出台《信访举报办理情况反馈回访制度》，深入 21 个村了解“三务”公开、村监会运行、扫黑除恶等情况，对征地拆迁补偿、村干部贪污侵占等 15 个信访矛盾问题进行大排查，实地为农户解决困难和问题。区纪委监委干部下访 113 批次 292 人次，接待反映人 175 次，排查信访问题 34 件，解决 26 件。坚决惩治群众身边腐败和作风问题，立案查处乡科级以下干部 71 人。稳步开展“清风干部”评选工作，在区卫计、教育、综合执法、市场监督、司法行政 5 个民生领域评定出“清风干部”1329 名、“清风干部标兵”10 名、“清风示范岗”6 个；组织召开清风事迹宣讲报告会，拍摄《清风徐来，阳光正好》“清风干部”宣传片，营造激浊扬清、干事创业的良好氛围。

【“持续净化良好政治生态年”活动】

2019 年，成立由区委书记、区长任组长的“持续净化良好政治生态年”活动领导小组，组织召开青山区“持续净化良好政治生态年”活动和形式主义、官僚主义及“四官”问题专项整治工作推进会，印发《青山区“持续净化良好政治生态年”活动任务分工方案》，实行进展情况月报告制度。由两办督查室、纪委监委党风政风监督室组成专项工作督导小组，深入16家部门单位监督指导工作，确保“持续净化良好政治生态年”活动提质增效。开展学习教育活动568次、查摆问题385条、制定整改措施489条；制发活动简报5期，刊发宣传信息65篇次。

【自身建设】

2019年，认真开展“不忘初心、牢记使命”主题教育，立足纪检监察机关职责定位，把主题教育同落实中共十九届四中全会、上三级纪委全会部署结合起来，以思想武装头脑、指导实践、推动工作。开展各类学习教育18次，组织主题教学理论知识测试3次，领导班子成员集中研讨3次，讲党课6人次；副科级以上领导干部下基层调研35人次，撰写调研报告13篇，梳理发现问题41个；纪委监委机关、班子成员、普通党员共查摆问题161条，制定整改措施184项，已完成157项。全面强化纪检监察机关自身建设，制定《青山区纪委监委部室副职人选选任办法》，通过“五推荐两评价一票决”方式，选拔9人担任部室副职。加强学习教育，开通“一把手讲堂”“业务骨干课堂”，组织各类培训21批次；坚持以案代训，参与上级纪委监委轮训调训及专案工作49人次、业务培训23人次。强化干部监督工作，对纪委监委机关内部工作纪律监督检查15次、通报批评11人次、提醒谈话7人次，开展任前廉政谈话23人次；强化警示教育，严防“灯下黑”。2019年，纪检监察干部监督室共处置问题线索8件，立案1件，党纪处分1人，诫勉谈话1人。

【派驻纪检监察组】

2019年，扎实开展派驻机构改革，制定印发《关于深化包头市青山区纪委监委派驻机构改革的实施意见》，将派驻纪检监察机构由7个调整为8个，将区属19家国企纳入派驻监督范围。集中开展派驻机构“破零”行动，7个派驻纪检监察组处置问题线索53件，立案17件，党纪政务处分10人，全部破除零立案。

【监察职能向基层延伸】

2019年，青山区10个街镇监察办公室全部挂牌，实现了对基层行使公权力人员监察全覆盖。配备监察办公室主任10名、副主任9名、专职监察员8名，聘请监察联络员90名、特约监察员8名。加大案件查办力度，处置问题线索137件，立案13件，党纪政务处分10人，所有街镇均破除零立案。

【大数据建设与应用】

2019年，完成信访接待大厅建设，在区本级和青福镇建成远程接访系统，实现市、区、镇三级同时、同步、异地远程接待来访群众。初步建成区纪委监委数据分析监督中心，通过对金融、通信、房产等各种维度数据信息的全面分析，切实提升审查调查工作质效。

【大案要案】

2019年，青山区纪委监委戮力攻坚、多角度依法取证、综合运用多种调查措施，成功破获国企高管段某某严重违纪违法犯罪案、国企工作人员屈某严重违纪违法犯罪案、“村霸”刘某某严重违纪违法犯罪案、张某某等5人行受贿窝案等重大违纪违法犯罪案件，在侦办职务犯罪类、扫黑除恶类案件方面取得重大突破，严明了党纪国法，净化了基层政治生态。

【追逃防逃工作】

2019年5月18日，成功将出逃太平洋塞班岛近半年的李某劝返回国、接受审查调查。

【解除最后一例政纪处分】

2019年3月14日，经青山区监察委员会第35次会议研究，青山区监察委员会解除监察体制改革前青山区监察局所做出的最后一例政纪处分。至此，“政务处分”全面替代“政纪处分”，“政纪处分”成为过去时。

（王蓉 供稿）

巡察工作

【概况】

青山区委巡察工作领导小组（以下简称领导小组）成立于2017年3月。负责青山区巡查监督工作。领导小组成员包括：区委常委、纪委书记、监察委员会主任（任组长），区委常委、区委组织部部长（任副组长），区纪委副书记、监察委员会副主任，区委组织部副部长，区委巡察办主任。领导小组设青山区委巡察工作领导小组办公室（以下简称区委巡察办）是青山区委职能部门，机构规格为正科级。和区委第一、第二、第三巡察组。2019年，核定行政编制19名，核定领导职数9名（4正、5副）。内设秘书室、综合室、督查室和数据管理室。

【巡察工作开展情况】

2019年，区委巡察办共开展十届区委第六轮、第七轮共计2轮次巡察工作，青山区扫黑除恶专项斗争专项巡察工作和十届区委第五轮巡察整改情况验收和督查工作，对20家单位（部门）党组织进行了巡察监督，对18家已巡察单位（部门）党组织巡察整改情况进行了验收和督查，十届区委第五轮巡察的10家单位（部门）党组织巡察整改验收情况评定结果为“好”2家，“良好”5家，“合格”3家。巡察“发现问题、形成震慑”作用凸显，进一步巩固了青山区风清气正的政治生态。

青山区十届区委第六轮巡察工作动员部署会现场（领导小组　供图）

【巡察信息化平台建设】

2019年4月，在包头市范围内率先正式运行“青山巡察·数据管理中心”，设有档案存储、整理、查阅、办公4大功能区域，配有专兼职数据录入员4名。建立《数字化档案管理工作制度》等8项制度，充分运用以巡察数据为核心，巡视巡察档案管理系统、巡视巡察数据管理系统、监督执纪问责信息系统为基础的大数据应用平台，开展巡察数据汇总、比对、分析，并计划逐步投入使用数据分析系统、整改监督系统。现已完成700卷4380件电子档案资料的录入和纸质档案资料的整理归档，推动青山区巡察信息化建设实现质的飞跃。

（刘兆峰　供稿）

组织工作

【概况】

中共包头市青山区委员会组织部（以下简称区委组织部）成立于1956年，是青山区委职能部门，机构规格为正科级。负责青山区基层组织建设、干部队伍建设和人才队伍建设等工作。2019年，青山区实施机构改革，按照中共青山区委办公室、青山区人民政府办公室《关于印发〈青山区机构改革实施意见〉的通知》（青党办发〔2019〕3号）文件要求，区委组织部挂直属机关工作委员会、非公有制经济组织和社会组织党工委、区公务员局牌子。2019年，核定行政编制12名，工勤编制1名。内设办公室、组织室、干部室、党员教育管理室、公务员管理室5个股室。有所属相当于副科级事业单位2个，分别为参照公务员法管理事业单位青山区党员电教信息中心，核定参照公务员法管理事业编制2名；青山区人才工作中心，核定事业编制12名。

2019年，区委组织部以习近平新时代中国特色社会主义思想为指导，全面践行新时代党的建设总要求和党的组织路线，树牢“四个意识”、坚定“四个自信”、坚决做到“两个维护”，坚持和加强党的全面领导，坚持党要管党、全面从严治党，坚持稳中求进总基调，深入开展“不忘初心、牢记使命”主题教育，抓紧抓实组织体系建设、干部队伍建设、人才队伍建设和组织部门自身建设，以高质量组织工作助力各项事业“提档升级、争创一流”。

【党的基层组织建设】

2019年，围绕健全党的组织体系、发挥党的组织功能、培养党员组织观念，综合谋划、精准施策，推动党的基层组织建设再上新台阶。组织建设水平逐步强化。协调推动县级领导对全区49个社区、21个村、138家“两新组织”、60余家事业单位、5家国有企业五大领域党组织进行全面摸排，按时完成软弱涣散和相对后进党组织转化提升工作。选拔13名优秀干部到社区任职，调整补齐12名社区党委书记，补齐配强7名村干部，在全区21个村全部派驻“第一书记”。阵地建设水平全面提升。制定党群服务中心建设标准、管理使用评估办法，确保阵地建好用活。建成街道社区党群服务中心40个，农村党群服务中心3个。区域联动水平有效加速。4月，举办了首届“四方论坛”暨城市基层党建工作峰会，全区280余名各级各类党组织负责人参与论坛。结合机构改革调整“双报到”共建单位，调动56个机关党组织、6000余名党员参与其中。扎实推进执法局、市场监督管理局等7个职能部门共35名街镇管片工作负责人到街镇“交叉任职”。不断修订完善“三项清单”制度，2019年集中组织培训4次，现场督导多次，全年累计收集资源清单515份、需求清单510份，配对实施项目367个，组织区级对接会2次，实施完成区级项目37个。农村党建基础进一步夯实。常态化开展“两委”干部“两联审”工作，发出联审函50余份，召开联审会议5次；严格落实扫黑除恶专项斗争安排部署，移交线索2条，报送材料50余份。积极争取上级资金200万元，实施村集体经济项目22个，收入总额1538.28万元。“两新”组织党建有效扩展。指导39个“两新”党组织完成换届工作，开展全区“两新”党组织基本情况摸底核查工作，重新调整区“两新”党工委委员单位和工作职责，对5个设置不规范的党组织进行调整，选派2名党建观察员、3名“专职党工”指导推动“两新”组织党建工作落细落实。创新管理服务机制，联合市监、民政、教育、卫健等部门，督导小尾羊公司、兴业集团等4家内蒙古百强民营企业将党建工作写入依托装备制造园区试点经验，制定《青山区关于开展关心关爱党员“五个一”行动的实施方案》，不断提升基层党组织的凝聚力和向心力。强化机关党建，指导完成64个机关党组织换届工作，先后举办了2期党务工作者培训班，1期发展党员固定培养人培训班。2019年下拨3万元党建经费对机关党建工作突出的区人社局、统计局、卫健委进行奖补，区卫健委利用该笔奖补资金建设打造了全市首家行业党建展厅。

【党员教育管理】

2019年，区委组织部坚持把政治标准放在首位，全面加强培训、政审、考察、公示、审议等环节的过程监督，确保发展党员工作每道程序、每个环节记录准确、事实清楚。对档案审核中发现的部分档案资料缺失，入党申请书、思想汇报内容不符合时间逻辑、照抄照搬等问题的发展对象，按问题轻重程度分别给予推迟发展、取消发展资格、约谈有关责任人的处理。全年共发展党员178名，推迟发展3名、取消发展资格4名。全面推行党员分类管理，对机关、社区、农村党员实行“十二分制”管理，从加强党的政治建设、思想建设、组织建设、作风建设、纪律建设等方面进行积分评定，提高积分管理的可操作性，完善各领域党员教育管理考评体系。对流动党员、年老体弱党员实行跟踪关爱管理，全区共建立流动党员党支部21个，关怀帮扶党支部17个。结合中国共产党建立98周年和中华人民共和国建立70周年，从全区各行各业、各条战线中选树优秀典型，集中表彰了59名优秀共产党员、59名优秀党务工作者和50个先进基层党组织，并向全区1639名“光荣在党50年”老党员送去专属纪念品。深入推广“党建•爱心公益汇”项目，各级党组织累计到线下基地开展主题党日活动230余场，通过线上“党建公益”APP，累计捐赠爱心物资9800余份，帮助困难党员群众实现“微心愿”7700多个，通过“微众筹”项目共筹得善款16.1万元，累计帮助困难党员群众17人。在全区发起“腾讯99公益日，助力青山区脱贫攻坚”募捐活动，5370人次参加活动，共筹集善款30余万元用于帮扶青山区1000名低保边缘困难人群。

【“不忘初心、牢记使命”主题教育】

2019年，成立主题教育领导小组，总体筹划、统筹调度；抽调精干力量组成4个工作组、3个指导组，对各单位党委（党组）进行督促指导200余次。制定了具有青山特色的《“不忘初心、牢记使命”主题教育实施方案》《全区“不忘初心、牢记使命”主题教育工作安排》等指导性文件，对各项工作内容进行细化。通过举办为期5天的封闭学习班、11次专题讲座、9次集中学习研讨，抓实县级领导学习教育；采取在职党员日常学、流动党员线上学、老弱病残等特殊党员上门送学等多种学习教育形式，确保不同类型党员全覆盖、有质量地参与主题教育。区级层面召开区委常委、机关、街镇、教育4个层面的调研成果交流会，全区各部门单位召开调研成果交流会59次，形成调研报告287份。组织各级班子和党员干部在调查研究、“开门纳谏”的基础上，建立问题清单和整改台账，通过周督查、月调度，实时跟进整改情况。全面认领包头市13个专项整治任务，瞄准靶向开展整改，组织牵头常委部门制订专项整治方案，细化工作任务，挂图作战、压茬推进。统筹开好专题民主生活会、专题组织生活会和民主评议党员大会。通过会前审核、会中指导、会后督查，确保会议主题不偏、重心不变，使红脸出汗、咬耳扯袖成为常态。

【公务员管理工作】

全面加强基层公务员队伍建设，为全区经济社会发展提供有力的组织保证和人才支撑。研究制定了《青山区公务员职务与职级并行制度实施方案》《青山区职级职数设置方案》，明确职务职级并行的总体要求、基本原则、实施范围、审批权限、晋升程序及晋升后管理权限等内容。制定了青山区《公务员职务与职级并行晋升意见》，明确晋升流程、推进举措和时间节点，完成597人的套转工作和26人的首次晋升工作。继续做好考核评级工作，优化公务员激励机制，严格按照规定比例和要求，完成了2018年度行政机关公务员、参照管理单位工作人员、党群系统事业单位人员考核工作，其中党群系统机关及其事业单位共20个，参加考核393人。其中，优秀63人，占比16.03%；称职（合格）327人，占比83.21%；未定等次3人，占比0.76%。不断完善公务员信息库建设，公务员局挂牌后，从人社局接收全区公务员及参公人员档案622卷，同步建立《青山区一般公务员及参公人员信息名册》，涵盖职级晋升情况、列编情况、年度考核情况、受处分情况等21项基本信息；组织开展了全区科级干部档案审核及关键材料补充工作，已完成300余本人事档案的材料补充及装订工作。

【人才队伍建设】

2019年，区委组织部牢固树立人才引领发展理念，积极落实党管人才原则，优化环境，深化改革，改进服务，切实提升人才工作水平。联合区政协组织开展全区人才工作专项调研，全面了解各人才单位工作开展情况；召开人才工作会议，研究部署高端人才引进等人才相关重点工作，区委组织部与区人社局、教育局分别牵头组织开展三批高层次人才引进工作，分别引进19名高端人才充实党政人才队伍，引进

126 名高端人才充实各领域专业技术人才队伍，引进 59 名中小学教师充实教育系统人才队伍；开展“草原英才”申报工作，申报“草原英才”个人 1 名；按照市委组织部人才资源统计工作要求，开展专题培训班，积极部署落实人才资源统计工作，按时完成人才信息录入工作；组织全区各人才单位结合各领域工作实际，积极开展“专家服务基层”活动。

【干部队伍建设】

从严规范干部选任，提升干部队伍战斗力。严格执行《党政领导干部选拔任用工作条例》《党委（党组）讨论决定干部任免事项守则》等政策法规，全面落实干部选任全程纪实制度，从严规范分析研判和动议、民主推荐、考察、讨论决定、任职等环节工作，牢固树立实绩导向，注重从棚户区改造、脱贫攻坚等急难险重任务中，从街镇、社区等基层一线中，从党的建设、经济建设等重点岗位中提拔任用有担当、有作为、有斗争精神的干部。提交区委常委会研究任免干部 5 批 215 人次，其中提拔科级领导干部 58 人。扎实推进干部素质提升，强化干部综合素养。制定《科级干部教育培训学时制登记考核办法》，以脱产培训和网络培训为手段，灵活采取集中培训和分领域培训相结合、党的理论培训与党建业务培训相结合、“请进来”讲授与“走出去”考察相结合的方式，重点突出政治训练、专业提升和党性锻炼，不断丰富和拓展全区干部教育培训的内涵与外延。组织自治区“双休日大讲堂”9 期，累计培训科级干部 500 余人次；举办科级干部高级研修班、年轻干部党性教育培训班等各类培训班 4 期，共培训干部 400 余名。稳步推进考评改革，激发干事创业热情。修订 2019 年度考核办法，突出业绩考核导向，采取绩效考评和年终考评相结合，定性考评和定量考评相结合的方式考评班子和干部，提升年度考核工作科学化水平。印发 2018 年度考评结果通报，并按照考核排名顺序，分系统确定 27 名副科级干部进入党政部门正职后备干部库进行跟踪培养。有序开展领导干部经济责任审计，对 5 名干部进行了任中审计。从严规范领导干部出入境管理，梳理登记备案干部 752 名，梳理个人有效证照 266 本，印发出入境审批工作流程图，举办 1 期出入境管理工作专题培训班，对全区 9 家机关、事业单位进行随机抽查，就存在问题对单位主要领导进行约谈。分领域、分层级开展“科级领导班子和领导干部队伍建设情况专项调研”，通过民主测评、深入谈话，了解成绩、发现问题，为区委选干部、配班子提供合理化建议。加强年轻干部培养力度，注重在实践中锤炼年轻干部，共选派和接收 4 名年轻干部到市直部门、街镇交流挂职；选派 4 名教育系统干部到全市重点高中交流挂职；接收 4 名税务系统干部到青山区挂职；选派 4 名科级干部参与兴胜镇棚户区征拆项目；选派 15 名科级干部参与区委第六、第七轮巡察。

（王玺林 石文慧 供稿）

宣传工作

【概况】

中共包头市青山区委员会宣传部（以下简称区委宣传部）成立于 1956 年，是青山区委职能部门，机构规格为正科级。负责青山区宣传思想文化工作。2019 年，青山区实施机构改革，按照中共青山区委办公室、青山区人民政府办公室《关于印发〈青山区机构改革实施意见〉的通知》（青党办发〔2019〕3 号）文件要求，区委宣传部加挂中共包头市青山区委员会对外宣传领导小组办公室牌子，加挂包头市青山区人民政府新闻办公室、包头市青山区新闻出版版权局牌子，将原区文体广电旅游局的新闻出版、电影管理职责划入区委宣传部，网络安全和信息化委员会办公室设在宣传部，保留包头市青山区精神文明建设委员会办公室牌子。按照《关于成立包头市青山区融媒体中心的批复》（青机编发〔2019〕41 号），明确将包头市青山区互联网信息办公室机构规格由副科级调整为股级。按照《关于对中共青山区委宣传部所属事业单位更名的通知》（青机编办发〔2019〕19 号）要求，包头市青山区互联网信息办公室更名为包头市青山区互联网舆情信息中心。2019 年，核定行政编制 7 名，核定科级领导职数4名(1正,3副)。内设办公室、文明办、宣传室、新闻出版和文化改革室 4 个股室。有所属事业单位 2 个，分别为相当于副科级事业单位青山区委讲师团，核定事业编制 3 名；相当于股级事业单位包头市青山区互联网舆情信息中心，核定事业编制 4 名。

2019 年，青山区宣传思想文化工作以习近平新时代中国特色社会主义思想为指导，全面贯彻中共十九大和十九届二中、三中全会精神，深入贯彻落实习近平关于宣传思想工作的重要思想、上三级宣传思想（文化）工作会议和区委十届六次全委会暨经济工作会议精神，紧紧围绕学习宣传贯彻习近平新时代中国特色社会主义思想这个首要任务，紧紧围绕庆祝中华人民共和国成立 70 周年这条主线，始终牢记践行举旗帜、聚民心、育新人、兴文化、展形象的使命任务，坚持围绕中心、服务大局，坚持统一思想、凝心聚力，坚持贴近实际、贴近生活、贴近群众，高昂主旋律、弘扬正能量，努力为全区经济社会各项事业发展提供坚强思想保障和强大精神力量。

2019 年，区委宣传部获评包头市学习型党组织示范单位、包头市“学习强国”优秀组织单位、包头市第九届精神文明建设“五个一工程”、第十一届文艺振兴组织工作奖；青山区驻楼单位共享式“学习讲堂”获评包头市示范“学习讲堂”；区互联网舆情信息中心获评包头市网评工作优秀集体。

【意识形态工作责任制】

落实好意识形态工作责任制。提请区委常委会专题研究部署意识形态工作，并将其列入全面深化改革重点任务；包片督导工作组深入全区各部门、单位协助指导开展意识形态工作；全面推行“181”工作法的同时，出台意识形态网格化管理办法，确保各级党（工）委、党组既明白意识形态工作“抓什么”，也能将工作“抓在手上”；参加区委巡察办巡察区属单位 50 家，将意识形态工作纳入目标考核管理、执纪监督检查当中，确保工作有效落实。维护好网络意识形态安全。认真落实网络意识形态工作责任制，推动开展各类专项整治行动 30 余次，及时、准确上报舆情摘报、反馈 29 期，全年未发生舆情事件；打造“猪八戒网”作为青山区互联网企业党建工作示范基地，引导互联网企业开展线上线下党建活动；发挥区域自媒体联盟平台作用，组织参加东达山“茗盏雅集”艺术节活动媒体见面会、百名记者走基层活动，引导自媒体有效发声。

【理论学习】

区委宣传部以学习习近平新时代中国特色社会主义思想为主线，围绕习近平关于扶贫工作的重要论述、扫黑除恶专项斗争的重要论述、意识形态工作的重要讲话等进行专题学习研讨，开展了 30 余次区委理论学习中心组集体学习会。以“学习青年习近平 不忘初心跟党走”为主题在青山书苑组织《梁家河》读书分享会。各基层党委（党组）理论学习中心组开展学习 400 余场。2019 年全年共编发《学习专刊》21 期（总第 320 期）。全区各级领导干部撰写调研报告和体会文章 300 余篇。

继续充实青山区宣讲员智库，壮大理论政策讲习员、技术骨干讲习员、精神文明讲习员等讲习员队伍，培养“青山百姓名嘴”。重新梳理统计 173 所青山区线上“学习讲堂”，形成了一个巨大的、网络化的空中学习阵地。成立“草原学习轻骑兵”宣讲团，深入机关、企业、学校、社区、农村开展习近平新时代中国特色社会主义思想以及全国“两会”精神宣讲。创建了青山区驻楼单位共享“学习讲堂”，为不具备条件设立“学习讲堂”的驻楼单位提供了共享学习阵地。本着“走出去，带回来”的原则，也让外出培训的单位和人员及时将外出培训的成果通过学习讲堂普惠全区，开展宣讲 40 多场。全年青山区各级各类基层“学习讲堂”开展宣讲活动 1500 余场。

【互联网信息】

落实网络安全责任制，研究制定《青山区各级党（工）委、党组网络安全工作责任制分工》。开展属地网络安全抽样检查和专项整治，指导关停区属机关网站 2 家，整改被篡改涉黄涉赌违法违规网站 37 家，整改网络安全风险问题单位 18 家。严把网络内容建设关，开展属地网络平台备案登记工作及专项治理工作，督查属地网站 1600 家、政务网站 12 个、政务微信 93 个、政务微博 28 个。指导“发现者•自媒体联合会”有效发声，加强协调管理和行业自律。推选包头市青山区“党建•爱心公益汇”项目入选中央网信办“2019 年网络公益年度创新项目”。

【网络舆情】

2019 年，表彰奖励优秀网评员和网络文明志愿传播志愿者 20 名，优秀单位 20 家。2 名网评员、11 名网络文明传播志愿者获包头市级优秀个人荣誉。

【社会面宣传】

深化宣传教育，充分运用各种宣传手段，把社会主义核心价值观宣传与中共十九大精神宣传相结合。深化文化熏陶。以“我们的节日”主题教育活动为主线，精心打造地区文化品牌，切实抓好“讲文明树新风”公益广告，不断扩大“讲文明树新风”公益广告宣传的覆盖面和影响力，用足用好户外宣传载体，在广场公园、主要街道、社区学校、车站等公共场所制作一批社会主义核心价值观户外公益广告 LED 显示屏、户外大屏等滚动宣传播出。充分利用宣传栏、LED 屏、展板、微信平台、宣传折页、社区小广场等阵地，广泛张贴刊播社会主义核心价值观公益广告，开展相关主题活动，广泛发动群众参与，形成宣传社会主义核心价值观的强大声势。在各重要时间节点，集中在辖区内主次干道制作“扫黑除恶”“脱贫攻坚”“十九届四中全会”“70 周年大庆”“社会主义核心价值观”“全面建成小康社会”等各类大型户外宣传标语及公益广告共计 80 余处，400 余条。

【新闻出版】

规范行政审批办事流程，出台《青山区新闻出版版权局行政审批制度》，与青山区文化市场综合执法大队签订《行政执法委托书》，并对全区 39 家书店进行了摸底检查。

【扫黄打非】

2019 年，调整青山区“扫黄打非”工作领导小组成员，制定下发了《新时期青山区“扫黄打非”工作实施意见》《青山区“扫黄打非”工作联席会议制度》等 4 项制度，组织召开了青山区“扫黄打非”工作部署会，研究部署了“护苗”“固边”“秋风”“净网”“清源”五大专项行动。组织“扫黄打非”工作领导小组各成员单位，对宗教场所、书店、印刷企业进行了检查，收缴非法、盗版图书 72 册。查办自治区级协查案件 1 起，收缴境外政治出版物 1 本。在自由路街道文昌社区建立了青山区“扫黄打非”进基层站点，进一步巩固了意识形态阵地建设。组织开展“青山区‘4•26’世界知识产权日宣传盗版和非法出版物集中销毁活动”，现场发放宣传册 500 余册，销毁各类非法、盗版图书 400 余册，以及盗版音像制品、盗版软件和电子出版物 600 余张。

【电影管理】

2019 年，对青山万达影城、正翔万达影城、华联影城、完美世界影城、金亿影城 5 家电影放映单位进行了年检换证。配合上级部门在 21 个行政村放映公益影片 266 场，观影人数 7865 人；在 4 个公园广场放映点放映 408 场，观影人数 36175 人。结合“不忘初心、牢记使命”主题教育活动的开展，组织公益电影公司在乌素图街道、万青路街道新型社区、兴胜镇松石社区、四道沙河村开展了电影党课观影活动，免费放映4部红色主旋律电影，观影人数500余人。

【文化体制改革和文化产业发展】

2019年，召开青山区委全面深化改革委员会文化体制改革专项小组重点任务及分工部署会，建立文化体制改革重点任务台账。开展了自治区重点文化产业项目、骨干文化企业、重点小微文化企业申报工作。开展了内蒙古自治区文化产业网文化产业项目登记工作。组织重点文化企业参加内蒙古文化科技创新创业大赛。组织新天地教育发展有限公司、高勒牧德文化传媒有限责任公司、天蓬创新创业园运营管理有限公司、鹿图腾文化传媒有限公司共4家重点文化企业参加第四届内蒙古自治区文化产业博览会。协助高勒牧德文化传媒公司成功获批自治区文化产业发展专项资金100万元。

（孙耀军　袁琨　供稿）

精神文明建设

【概况】

青山区精神文明建设委员会办公室（以下简称区文明办）于1996年9月正式划归区委宣传部。2002年，根据《关于全区党政机构改革工作的实施意见》（青党发〔2002〕9号）文件，区委宣传部同时挂区文明办牌子。

2019年，区文明办始终坚持社会主义核心价值体系建设主线，着力在深化公民思想道德建设内涵上下功夫，突出抓好文明城市创建常态化、学雷锋志愿服务、新时代文明实践中心所（站）建设、文明村镇创建、未成年人思想道德建设。深入开展先进典型评选表彰和学习宣传活动等重点工作，各项工作在改进中提高、在创新中发展，营造和谐氛围、呈现良好态势。

【全国文明城市创建常态化】

召开创建全国文明城市常态化工作推进会，进一步压实压紧创建工作任务。对《深化全国文明城市创建责任清单》进行任务分解，加大区领导包片常态督查、志愿者包片巡查和青山区便民服务系统效能管理力度，顺利完成2019年创建全国文明城市指数测评工作。包头市文明城市IP小鹿“包克”和小马“图图”由青山区文明办主导设计和试点推广。

【先进典型引领思想道德建设】

2019年，2人获包头市第七届道德模范荣誉称号，3人获包头市第七届道德模范提名奖荣誉称号。充分发挥陈文学、戎鹏强、刘嗣东、李淑玲等身边先进典型的榜样引领作用，引导居民自觉遵守社会公德、严守职业道德、弘扬家庭美德、提升个人品德。开展家庭文明建设到街道社区、农村巡讲巡礼活动，李淑玲家庭获“第二届自治区文明家庭”荣誉。“八一”前夕，与退役军人事务局、区妇联联合在包头大剧院举办以“不忘初心跟党走、军民共建一家亲”为主题的“讲最美军民共建故事、传青山双拥优良传统”主题宣讲暨表彰会，选树优秀典型，宣传先进事迹，树立精神标杆，对涌现在基层一线，坚守在各自平凡岗位的优秀退役军人、最美军人家庭、好军嫂进行了表彰。慰问各级道德模范和美德少年15人，发放慰问金20000元。

【学雷锋志愿服务建设】

2019年，举办弘扬志愿服务精神学雷锋“快闪”活动，推动志愿者、志愿者服务团体在“全国志愿服务信息系统”注册管理。“党建•爱心公益汇”项目、“文明交通引导”志愿服务项目入围包头市第二届志愿服务项目大赛。推动青山区文艺志愿者进乡村“结对子、种文化”，常态化开展活动16项。以“乌兰牧骑＋”的方式，组建“草原综合服务轻骑兵”，深入全区街镇、社区、农村开展41场次综合服务活动。组织开展各类志愿服务主题活动235余场，志愿者注册达8万人。

【新时代文明实践中心所（站）建设】

2019 年，青山区成立了由区委书记为组长，区委常委、宣传部部长为副组长，区直相关单位主要负责人为成员的青山区新时代文明实践中心试点工作领导组。制订印发了《青山区建设新时代文明实践中心试点工作实施方案（试行）》。首批被包头市确定新时代文明实践试点 6 个，对照“有场所、有标识、有专人负责、有制度、有服务队伍、有活动、有记录、有考核”的“八有”标准，依托区委党校的资源优势，在区级建成了集理论宣传、教育培训、现场教学、活动展示于一体的青山区新时代文明实践中心，由区委书记任中心主任。

【文明村镇创建】

2019 年，青山区加强引导提升文明村镇创建水平，召开“千村示范、万村行动”示范村建设推进会，建立联席会议制度，成立联席会议领导小组，下发《关于印发青山区“千村示范、万村行动”示范村建设任务清单的通知》，6 个村被确定为新时代农牧民素质提升“千村示范、万村行动”示范村。兴胜镇、兴胜镇羊山窑子村获“包头市 2018 年度全市文明村镇”荣誉。

【未成年人思想道德建设】

深化文明校园创建，广泛开展践行社会主义核心价值观、“我的中国梦”、“系好人生第一粒扣子”等系列主题教育实践活动。在包头市开展的第二、三批文明校园评选活动中，青山区 8 所学校被评为包头市第二批文明校园，14 所学校被评为包头市第三批文明校园；内蒙古北方重工业集团有限公司第四小学获首批内蒙古自治区“小小乌兰牧骑”荣誉称号；在包头市开展的第八届“美德少年”评选活动中，包头市青山区富强路小学赵晨舒和包头市青山区文学道小学孙艺心分别被评为“文明友善美德少年”和“尊师孝亲美德少年”；内蒙古第一机械集团有限公司第一中学新月公益社团被评为包头市“十佳新时代好少年”候选人。在包头市开展的乡村（城市）学校少年宫优秀创新案例评选中，内蒙古北方重工业集团有限公司第四小学获二等奖，内蒙古北方重工业集团有限公司第一小学获三等奖；在包头市开展的第五届中小学经典诵读大赛中，包头市青山区哈达道小学获二等奖，内蒙古一机集团基础教育中心第三子弟小学、包头市青山区民族路小学、内蒙古一机集团基础教育中心第二子弟小学获优秀奖。

（王欢庆 供稿）

融媒体工作

【概况】

2019 年 4 月，按照《关于成立包头市青山区融媒体中心的批复》（青机编发〔2019〕41 号），撤销中共包头市青山区委新闻中心，成立包头市青山区融媒体中心，为区委宣传部所属相当于正科级事业单位，核定事业编制 15 名。同年 12 月，根据《中共青山区委编委关于调整青山区融媒体中心隶属关系的批复》（青机编发〔2019〕59 号），将青山区融媒体中心的隶属关系由区委宣传部所属事业单位调整为区委直属事业单位，归口区委宣传部领导。负责承办管理“一网”（“青山新传播”网站）、“两微”（“青山人青山事”微博、“青山人青山事”微信）及对内宣传平台整合，对外新媒体、传统媒体编审发布和地区统筹服务工作。

2019 年，严格按照习近平对于媒体深度融合的要求，以及中央、自治区、包头市宣传部门对融媒体中心运转的具体指导措施，加强体制机制建设、抓好人员队伍建设、捋顺产品制作流程，不断创新工作思路，把握正确舆论导向，形成了媒体融合“一统领、四融合、三举措”的工作思路，即坚持“一个统领”把握正确方向，采取“四大融合”拓宽辐射领域，强化“三项举措”提升工作实效，使青山融媒体走出了一条独具特色的发展之路。

【媒体宣传】

2019 年，青山区在各级媒体发表新闻稿件 6253 篇。其中，在《人民日报》等中央级媒体发表稿件 132 篇，《内蒙古日报》等自治区级媒体发表稿件 721 篇、《包头日报》等市级媒体发表稿件 4594 篇。7 月，获内蒙古自治区十大最具影响力政务新媒体品牌（旗县区级）；11 月，在“‘安利杯’礼赞新中国 讴歌新时代 党旗下的诵读”大型媒体创意策划活动中，作品《我和我的祖国》获一等奖；11 月，在自治区旗县级融媒体中心庆祝第二十个记者节“心情大比拼——我是记者，我奋斗 我自豪”融媒体作品征集活动中，作品获得“优秀作品奖”。

【重要活动】

2019 年 10 月，由中共内蒙古自治区党委宣传部指导，内蒙古日报社、中共包头市委宣传部、内蒙古自治区旗县级融媒体管理中心、中共包头市青山区委员会主办，内蒙古新牧歌传媒有限责任公司、中共包头市青山区委宣传部、包头市青山区融媒体中心、包头大剧院共同承办的为期三天的首届内蒙古自治区旗县级媒体融合发展大会暨“壮丽 70 年 融媒青山行”大型采访活动在包头市青山区举办。来自内蒙古自治区 12 个盟市、103 个旗县级融媒体中心的 38 家代表齐聚包头，就媒体融合发展、三级融媒体联动互动、一盘棋运作，形成强大合力等话题进行交流学习。围绕融媒体发展的互融、互联、互通、互动主题开展了专家培训、旗县级融媒体中心发展方向主题沙龙以及大型采访活动，让各位代表对青山区有一个更全面的认知和了解。会后，内蒙古自治区各旗县级融媒体中心陆续刊发相关宣传报道 100 余篇。整理制作《首届内蒙古自治区旗县级媒体融合发展大会暨“壮丽 70 年 融媒青山行”大型采访活动宣传报道合辑》。

（刘艳茹 张晓萌 供稿）

统战工作

【概况】

中共包头市青山区委员会统一战线工作部（以下简称区委统战部）成立于 1960 年，是青山区委职能部门 机构规格为正科级。2019 年，青山区实施机构改革，按照中共青山区委办公室、青山区人民政府办公室《关于印发〈青山区机构改革实施意见〉的通知》（青党办发〔2019〕3 号）文件要求，区委统战部挂区宗教事务局、区政府侨务办公室牌子。按照《关于成立包头市青山区宗教事务中心的批复》（青机编发〔2019〕37 号），成立包头市青山区宗教事务中心。2019 年，核定行政编制 7 名。内设办公室、民主党派工作股、党外事务工作股、民族宗教工作股 4 个股室。有所属事业单位 2 个，分别为相当于正科级参照公务员法管理事业单位青山区工商业联合会，核定参照公务员法管理事业编制 2 名；相当于股级事业单位包头市青山区宗教事务中心，核定事业编制 1 名。

2019 年，区委统战部以习近平新时代中国特色社会主义思想为指导，认真落实中央、自治区、包头市三级统战部长会议精神，恪守初心，把准职责定位 各领域统战工作取得新进展、新成效。

【民主党派调查研究】

2019 年，区委统战部进一步贯彻“党委出题、党派调研、政府采纳、部门落实、督查反馈”课题调研机制，各民主党派紧紧围绕区委全年关注的重点、热点、难点问题深入开展调查研究，充分发挥党外人士人才荟萃、智力密集、联系广泛的优势，形成专题调研报告 11 篇，为区委、区人民政府的科学决策提供参考。

【民主党派参政议政】

在“两会”及其他重大活动、重要会议召开前期，注重邀请各民主党派召开座谈会，征求对青山区经济社会发展的意见和建议，凝聚党派人士的智慧和力量，调动一切积极因素，助推地区发展。8 月，组织民主党派代表人士参观调研食品加工园区，为民主党派开展调研和参政议政创造良好条件。

【民主党派社会服务】

2019 年，各民主党派基层委员会发挥各自成员优势，开展送文化、送医疗、送法律、送项目活动。中国国民党革命委员会包头市青山区总支委员会党员穆惠瑛多次为部队、社区和文化投资公司作艺术指导。中国民主同盟包头市青山区总支委员会组织盟员参加绿化大青山南坡义务植树活动，承办民盟市委会读书会（第三期）和“民盟大讲堂”活动。中国民主建国会包头市青山区总支委员会与包头市残疾人联合会等 9 家单位联合举办了“消除误区，倡导全纳，关爱自闭症儿童蓝色行动”赛汗塔拉健步行公益活动。中国民主促进会包头市青山区总支委员会前往固阳县新城小学，开展公益爱心捐助活动；赴对口帮扶点固阳县下湿壕前海流村，共同开展“不忘合作初心、继续携手前进”固阳健康扶贫主题活动。中国农工民主党包头市青山区总支委员积极发挥优势，不断丰富社会服务内容，拓宽社会服务渠道，先后赴固阳县、土默特右旗等地开展义诊等活动共计 10 余次，进一步增强基层组织凝聚力和向心力。九三学社包头市青山区基层委员会组织医疗界的社员到兴胜老年公寓开展爱心义诊活动，带领九三学社青山基委会教育扶贫工作组，赴固阳县继续开展教育扶贫工作。

【民主党派经费划拨】

2019 年，区委统战部切实把青山区委、区人民政府对各民主党派的关心、爱护落到实处，分别建成 300 平方米与 80 平方米的“民革党员之家”、“民建会员之家”，分别按照党派特色进行设计布置。“民革党员之家”、“民建会员之家”功能定位准确、软硬件设施到位，是民革党员、民建会员相对固定的活动场所，在强化思想教育、夯实政治共识、凝聚人心力量、展示民革和民建形象等方面发挥良好推动作用。为 6 个民主党派安排活动经费共计 72000 元，走访慰问各民主党派生活困难成员，累计发放慰问金 24000 元。

【党外干部的培养与使用】

2019 年，区委统战部对青山区党外优秀人才储备库实行动态管理，力争建设一支素质优良、结构合理、代表性强的党外干部队伍。配合组织部门做好党外干部的培养、选拔和使用。青山区有党外副县级干部 3 名。其中，人大配备党外副主任 1 名，政协配备党外副主席 2 名。党外科级干部 22 名，占全区科级干部 4.4%。其中，正科级领导职务干部 3 名，副科级领导职务干部 17 名，正科级非领导职务干部 1 名，副科级非领导职务干部 1 名。

【党外知识分子联谊会】

2019 年，党外知识分子联谊会（以下简称知联会）以发挥优势作用为目标，创新思路举措，加强党外知识分子联谊会建设，定期组织集体学习、座谈交流，担当地区发展的智库联盟。注重典型带动，扎实做好党外知识分子工作。开展 3 期“同心行•专家服务团”送法进社区、进企业、进商会，开展服务民生、回馈社会实践活动，累计培训群众 150 余人。结合中华人民共和国成立 70 周年，组织党外知识分子到革命传统教育基地开展“弘扬爱国奋斗精神，建功立业新时代”主题活动，重温红色记忆，缅怀革命先烈，进行现场体验式教学。积极参加市委统战部“我和祖国共成长”征文活动，以党外知识分子的亲历亲见、亲闻亲为，反映中华人民共和国成立 70 年伟大成就，营造庆祝中华人民共和国成立 70 周年热烈氛围。在“不忘初心、牢记使命”主题教育中，嘉祺律师事务所、海厦酒店、包头师范学院、心愿公益协会等 60 余名理事所在单位，分别以自学、专题研讨、参观调研等形式践行初心和使命。

【民族政策法规宣传】

2019 年，区委统战部开展“一周两月”集中宣传活动，展出中共十九大报告、《中共中央、国务院关于全面深入持久开展民族团结进步创建工作铸牢中华民族共同体意识的意见》、习近平参加十三届全国人大二次会议内蒙古代表团审议时发表的重要讲话精神、民族政策法规宣传展板共36块，发放各类宣传品1万余个，宣传资料1万余份。在民族政策宣传月活动启动仪式上，对20户少数民族困难家庭进行慰问，共发放慰问金1万元。民族团结进步创建活动月期间，帮扶慰问贫困少数民族学生10人，共发放慰问金1万元。7月，开展民族政策专题讲座，邀请市委党校讲师作“新时代民族政策理论与政策的创新和发展”专题讲座。积极开展民族宗教蒙古语文政策法规知识竞赛答题活动，累计发放答题卷1200份。

【民族团结进步创建】

2019年，区委统战部以民族团结进步“八进”为载体，不断丰富创建内涵，推动民族团结进步创建活动深入开展。积极组织推荐先锋道街道申报创建全国民族团结进步示范单位。为自治区级民族团结进步示范单位先锋道街道办事处和15个包头市级民族团结进步示范单位进行授牌。9月，召开青山区第十三次民族团结进步暨学习使用蒙古语文表彰大会，表彰“青山区民族团结进步模范集体”22家、“青山区学习使用蒙古语文模范集体”10家、“青山区民族团结进步和谐社区（村）”15个，“青山区民族团结进步模范个人”42名、“青山区学习使用蒙古语文模范个人”16名。在全区开展民族团结进步模范典型事迹宣传活动，上报“新中国成立70周年民族团结进步征文”47篇。

【少数民族服务】

2019年，制定《青山区民族事务委员会少数民族发展资金报备实施管理流程（试行）》，印发《关于扩充完善2019年区级少数民族发展资金项目库的通知》，确保项目有序推进，资金发挥作用。积极组织10个街道（镇）民族政策宣传分队，到所辖范围内的清真食品商业网点（企业），宣讲《包头市清真食品管理条例》，发放宣传册500余份。加大蒙古语言文字使用监督检查力度，在全区范围内开展行政机关、事业单位社会市面蒙汉两种文字并用、扫黑除恶、中华人民共和国成立70周年宣传标语蒙汉文并用治理整顿工作。积极做好区人民政府系统蒙古文政务网站相关内容蒙古语翻译审核工作，全年共翻译、审核相关内容1000余条，政府蒙语网站审核150余篇。

【宗教体制机制调整】

全面加强党对宗教工作的领导，强化宗教工作体制机制建设，形成党委领导、各部门齐抓共管的宗教工作新格局。4月，机构改革完成后宗教工作职能划归区委统战部，将宗教工作纳入全区工作重要议事日程，纳入基层单位领导班子年度绩效考核内容；将宗教理论政策培训纳入全区中心组学习内容，纳入区委党校培训教学内容。青山区委专题研究宗教工作1次，区委理论学习中心组开展宗教理论政策专题学习1次，区委党校组织干部主体培训班开展宗教理论政策培训1次。加强街道（镇）分管领导和民族宗教助理员队伍建设，强化教育培训和工作指导，夯实基层宗教工作基础，组织三级网络学习培训6次。加强部门联动和联合执法，联合公安、派出所、民委、街道（镇）、市场监督、综合执法、文化旅游、消防大队等部门依法查处和解决涉宗教领域问题，开展宗教领域联合执法检查20余次。

【依法管理宗教事务】

依法管理宗教事务，以问题为导向，着力解决宗教领域重点问题，确保宗教领域和谐稳定。认真学习宣传贯彻《宗教事务条例》，不断提高依法管理宗教事务水平，加强《宗教事务条例》的社会面宣传和对宗教场所的点对点宣传，发放《宗教事务条例》手册500本、宣传单3000份。

【宗教引领和关爱工作】

抓好宗教团体和教（寺）管会班子建设，

完成乌素图基督教会、二相公基督教会换届选举工作，增补青山基督教会、青云念佛堂寺管会班子成员。加强宗教团体和宗教场所制度建设和规范管理，强化财务管理和财务公示制度，民主决策制度的落实。加强宗教界人士和宗教教职人员的培养和教育，组织开展中华优秀传统文化和中共十九大精神“同心大讲堂”集中培训 2 次。加强宗教场所意识形态建设，开展“教风建设年”“六进”场所和爱国主义教育活动。大力解决各宗教场所遇到的问题，帮助基督教南堂协调消防用水改造工程有关事宜，帮助乌素图清真寺协调减免集中供暖入网费，为每个宗教活动场所发放慰问金 3000 元，合计 3.3 万元。

【侨务工作】

2019 年，全区有侨务对象 228 人。在赛音社区、都兰社区、富润社区 3 个社区成立“侨胞之家”，开展侨胞“冬日暖阳”活动，捐赠各类图书近 500 册。慰问归国华侨及侨属 6 名，共补助 12000 元。

（杨懿鑫　裴保龙　供稿）

老干部工作

【概况】

中共包头市青山区委员会老干部局（以下简称区委老干部局）成立于 1986 年 6 月，是青山区委职能部门，机构规格为正科级。负责落实离退休干部政治待遇、生活待遇，做好和协调好有关老干部切身利益的每一项具体工作。2019 年，核定行政编制 4 名，工勤编制 1 名。内设办公室和待遇股。有所属相当于股级参照公务员法管理事业单位老干部活动中心（老年大学），核定参照公务员法管理事业编制 6 名。

2019 年，区委老干部局围绕庆祝中华人民共和国成立 70 周年和“不忘初心、牢记使命”主题教育组织开展系列活动，不断强化离退休干部“两项建设”（政治思想建设、组织建设），扎实开展主题教育，不断提升离退休干部守初心、担使命的自觉性和坚定性。持续开展正能量活动，以文化养老的理念办好老年大学，加强老干部活动中心阵地建设，以参观调研、专题辅导、印发学习资料、座谈交流等形式，组织老干部集中学习。通过建立与社区的联动机制，推动离退休干部党建工作融入城市基层党建大格局，充分发挥老干部政治、经验、威望优势。当年，服务离退休老干部 65 人。其中，离休干部 38 人，退休干部 27 人。

【落实老干部政治待遇】

2019 年，扎实开展主题教育，不断提升离退休干部守初心、担使命的自觉性和坚定性。采取专题辅导、集中培训、编印学习资料、微信推送等多种形式，组织老干部持续深入学习习近平新时代中国特色社会主义思想和中共十九大、十九届四中全会精神，以及习近平对内蒙古工作重要讲话指示精神，引导老干部坚决做到“两个维护”。编辑印发了《青山区离退休干部学习手册》《不忘初心　牢记使命　见证伟大祖国繁荣昌盛》2 期“大字版”学习读本。邀请包头市延安精神研究会副会长、《延风刊物》副主编、《会员通讯》主编、包头市关工委和北重集团等单位老干部红色宣讲团宣讲员张耀中开展了题为“习近平新时代中国特色社会主义思想形成背景、意义、思想灵魂”的专题讲座。组织离退休干部参观“信仰的力量”爱国主义教育基地和秦长城国防教育基地。组织老干部参观大青山南坡绿化生态修复工程和包头市体育馆。为保障老干部政治待遇落到实处，按标准为其订阅报纸杂志，并为老干部集中的社区订阅报纸杂志。

【落实老干部生活待遇】

2019年，区委老干部局始终坚持用心用情做好老干部服务工作，着力“三个精准”提升老干部的幸福感和获得感。精准执行老干部各项待遇，坚持重大节日和传统节日走访慰问制度，让老干部感受到党组织的关怀和温暖。为

76名离退休干部送去春节慰问金共34.8万元；为90岁的离休干部祝寿；为离退休干部送去月饼及节日祝福；为老干部颁发“庆祝中华人民共和国成立70周年”纪念章和特殊关爱慰问金。精准掌握老干部基本情况，修订完善了服务离退休干部包片负责制度，为每位离休干部建立个人信息档案，包括离休干部的自然情况、健康状况、配偶子女及住房等情况。精准帮扶离退休干部特殊困难，向全区区属各部门、各机关事业单位转发了提高护理费标准通知的文件（通过多方协调努力为代管离休干部成功办理每月2500元的护理费），做到政策传达“零遗漏”，享受政策“不含糊”，保证了离退休干部待遇落实到位。工作人员长期坚持周通话、月探望、“五必访”制度（节日必访、有难必访、生日必访、有病必访、有故必访），及时了解离退休干部的思想动态和身体状况。

【发挥老干部作用】

围绕“我看中华人民共和国成立70周年新成就”调研主题，开展座谈调研、专题征文、主题党日、书画展、“烟标上的廉政文化”糖纸烟盒主题展、文艺展演等活动。组织《我和我的祖国》主题征文活动，录制拍摄《倾听岁月回响、感悟不变初心》系列节目，推送“学习强国”大平台。组织部分离退休干部及老年大学师生在赛汗塔拉公园开展“2019歌唱祖国•迎五一踏春健步行”活动，共同歌唱《我和我的祖国》《南泥湾》等爱国歌曲，以快闪拍摄庆祝中华人民共和国70华诞。组织部分离退休干部参观党群服务中心城市基层党建工作调度室、现场教学基地及党建项目展厅，回顾党史、重温入党誓词。举行“初心”读书分享会，共同纪念党的生日。组织退休老干部赴固阳县红色文化基地参观调研，展现老干部们离岗不离党、永葆政治本色。组织离退休干部参加“庆七十华诞，展银辉风采”书画展示活动，用翰墨丹青讴歌70年来中华人民共和国的伟大成就。组织离退休干部观看庆祝中华人民共和国成立70周年影片《中国机长》、《我和我的祖国》。老干部们要发挥政治优势、经验优势、威望优势，永葆政治本色，不忘革命初心，为青山区经济社会发展继续发光发热。

【老年大学】

2019年，区委老干部局秉承文化养老的理念办好老年大学，用好用足活动中心场地。老年大学增至18个专业62个教学班，在校人数增至2400人，每天有200～300人在校内学习，使得教学场地得到充分高效利用。在课程设置上除了声乐、书画、舞蹈等传统专业，增设旅游地理、文学诗词鉴赏、绳艺编织和手工剪纸等文化气息浓厚又接地气的课程。教学管理逐年提升。修订完善《青山区老年大学教师管理办法》《青山区老年大学班主任工作职责》《青山区老年大学财务管理制度》等相关制度。举办青山区老年大学教学成果展演暨教学工作表彰会，对做出贡献的老师、班主任、班长、学员予以表彰。课外活动丰富多彩。开展“歌唱祖国跟党走”健步行、《我和我的祖国》快闪、中华人民共和国成立70周年主题班会、教学成果展演等活动8次，参与人数达2000人次。积极探索创新教学模式。分别在富强路街道、先锋道街道设立两个街道分校，各街道自主招生、自主管理，区老年大学负责协调、服务与监管。

（菅娜 张译丹 供稿）

机构编制管理

【概况】

中共青山区委员会机构编制委员会办公室（以下简称区委编办）成立于2002年，其前身是青山区机构编制委员会办公室。2019年青山区实施机构改革后，区委编办是中共青山区委员会机构编制委员会的常设办事机构，是青山区委职能部门，机构规格为正科级。区委编办挂区事业单位登记管理局牌子。负责管理全区各机关、事业单位的机构设置、职能配置、编制分配相关工作，审核全区各机关“三定”（主要职责、内设机构、人员编制）规定、事业单位“五定”（机构规格和分类类别、内设机构、人员编制、人员结构、经费形式）方案，承担全区事业单位法人登记管理工作，指导协调全区党政机构改革、事业单位分类改革、综合行政执法改革和深化街道和镇改革推进基层整合审批服务执法力量等工作。2019 年，核定行政编制 5 名。内设业务股、综合股。有所属相当于股级参照公务员法管理事业单位青山区编办电子政务中心，核定参照公务员法管理事业编制 5 名。

【党政机构改革】

2019 年，按照《中共包头市委办公厅 包头市人民政府办公厅关于印发〈青山区机构改革方案〉的通知》（厅发〔2019〕3 号）要求，完成 34 个党政部门领导职数的核定、29 个部门 33 项职责的调整和 57 名工作人员的转隶，印发 29 个党政机关“三定”规定（其余 5 个部门已经区委编委会议研究通过，陆续印发）。调整区医疗保险中心等 4 家事业单位的隶属关系；成立区政策和改革研究中心、区效能中心等 5 家事业单位；将原区环卫局所属的 6 家事业单位整合为区环境卫生综合服务中心；将 2 个事业单位由承担行政职能类回归为公益一类事业单位。党政部门内设机构由改革前的 153 个精简为 147 个。

【街镇改革与推进基层整合审批服务执法力量】

2019 年 12 月，制定《关于深化街道和镇改革推进基层整合审批服务执法力量的实施方案》，整合街道（镇）内部决策、管理、监督职责和力量，统筹优化、综合设置街道（镇）党政机构及所属事业单位，顺利完成了 10 个街道（镇）挂牌和 26 个事业单位 236 名人员转隶工作。

【综合行政执法改革】

召开常委会议传达学习中共中央、自治区党委和包头市委有关改革政策精神，审议通过青山区《关于深化交通运输、农牧业、生态环境保护、文化市场、市场监管五个领域综合行政执法改革的实施意见》（青党办发〔2019〕62 号）。对交通运输、生态环境保护、市场监管、文化市场、农牧业领域的执法队伍、机构性质、规格、编制、执法主体、主要执法事项，以及近三年查处案件量等逐一进行清理，特别是对执法人员相关情况进行了摸底。除市场监管领域外，将原先承担的行业管理、技术推广、检验监测等与执法活动不直接相关的职能剥离开来，保留在区级主管部门承担；将行政处罚权以及与行政处罚相关的行政检查、行政强制等执法职能移交市级执法队伍。按照“编随事走，人随编走”的原则，同步将青山区文化市场综合执法大队整建制转隶至市文化市场综合行政执法局。在原青山区市场监督管理综合执法大队的基础上，整合相关执法职能和机构编制资源，重新组建青山区市场监管综合行政执法大队，实行“局队合一”体制。合理划分了区市场监督管理局与区市场监管综合行政执法大队、市场监管综合行政执法中队的职能职责。结合深化街道和镇改革推进基层整合审批服务执法力量工作，组建青福镇综合行政执法局和兴胜镇综合行政执法局。在现有的市场监督管理所基础上，进一步调整充实市场监管领域的执法力量和执法资源，组建市场监管综合行政执法中队，实行“所队一体”模式，作为区市场监督管理局派出机构，负责基础性监管工作，依法行使行政处罚权。

【事业单位登记管理】

2019 年，全面完成事业单位法人年度报告公示工作，共办理设立 19 家，变更 22 家，注销 2 家，全区 158 家事业单位年度报告公示合格率 100%。

【统一社会信用代码证书变更】

2019 年，完成 24 家机关和事业单位的统一社会信用代码赋码换证工作。

【编制管理】

2019 年，为壮大主流思想舆论，成立区融媒体中心。配合街道（镇）国库集中收付制度改革工作，相应进行人员编制调整。为加强巡察工作信息化建设，成立区委巡察数据管理中心。对区退役军人服务中心和区志史办的人员结构比例进行调整。为深化监察体制改革，增设派驻纪检监察组。贯彻教育改革要求，将区教育督导室更名为区教育督导评估中心。对全区 38 所中小学教职工编制全部重新进行核定，进一步优化教师队伍结构。为 130 余名高层次和紧缺急需人才及 400 余名教师办理列编注册。

（王龑 供稿）

党校工作

【概况】

中共包头市青山区委党校（以下简称区委党校）成立于 1959 年，是青山区委所属事业单位，机构规格为正科级，一个机构挂两块牌子（青山区委党校、青山区成人教育中心）。主要负责党员干部教育培训，党的路线方针政策、党的重要思想理论的学习研究和宣讲，承办青山区委、区人民政府和其他部门举办的专题研讨班，围绕党的中心工作及青山区委、区人民政府的重点工作开展科研咨政活动。2019 年，有教职工 17 人。内设办公室、教学部、培训部 3 个部室。

【党员干部培训】

2019 年，区委党校强化党的理论教育和党性教育主业主课地位，采用“1+N”的课程模式（“1”即习近平新时代中国特色社会主义思想，“N”即党章党规党纪等党的理论和党性教育课程），主动举办第 19 期青干班、发展对象培训班、党务工作者培训班等主体班次 15 期，联合区内各单位开展专题培训 31 期，共培训学员 6870 人次。承办市园林局、固阳县、供热总公司、中石油公司等区外单位党员教育培训 7 次，培训人数 1400 余人次。联合包头鹿勤培训机构，举办达尔罕茂明安联合旗水务局党员干部培训。正式投入使用微信“学员管理系统”，实现了对培训班次学员的精准管理。

【教学改革】

2019 年，依托区委组织部建设青山区党群服务中心，统筹打造党员政治生活馆现场教学基地，推进单一课堂讲授式向多元化教学模式转变。开发“党章”“党史”“党建”“党纪”“不忘初心、牢记使命”“义勇军进行曲”6 个现场教学专题课，接待参观学习 237 场次、6627 人次，现场教学 131 场次，培训党员 3875 人次。建立《青山区委党校教学科研管理制度》，组织教师常态化开展集体教研活动 34 次，形成 20 多个专题课，为全区各单位提供“菜单式”选学服务。加强师资队伍建设，健全完善“党校教师 + 党政领导 + 高校教师 + 专家学者”的复合型师资库，为教育培训提供师资保障。王昊、许颖萍、刘丽杰、赵虹宇、王玉洁 5 名教师入选包头市党员干部教育培训师资库，王昊、许颖萍获“青山区优秀教师”称号。

【科研咨政】

2019 年 1 月 21 日正式创办校刊《熔炉》，编发 8 期，为全区党员领导干部深入学习理论、拓宽思路提供参考。“齐抓共管、源头治理 形成控制黑恶势力的综合长效机制——包头市青山区扫黑除恶工作情况”课题成功立项自治区党校（行政学院）系统 2019 年度重点调研课题，连续 3 年有课题成功获准自治区党校立项。论文《培育发展新动能，打造先进装备制造业基地——包头装备制造产业园区研究》获“陕甘宁蒙晋交界资源型城市高质量发展论坛”二等奖，入选论文集。论文《新中国成立 70 年以来党内集中教育的特点和启示》在全自治区党校（行政学院）系统“新中国 70 年经验与启示”理论研讨会上作交流。论文《浅谈呼包鄂党员教育管理的协同发展》《推进呼包鄂生态协同发展的问题及对策研究》分获“呼包鄂协同发展党校论坛”二、三等奖。

【理论宣讲】

2019 年，区委党校 7 名教师分别被纳入市青年讲师团、区新时代理论宣讲团、十九届四中全会精神宣讲团，围绕习近平新时代中国特色社会主义思想、习近平关于内蒙古工作的重要讲话重要指示和批示精神、十九届四中全会精神和中央重大决策部署，深入到机关、企事业单位、社区、村、军营、学校等，常态开展“党课六进”宣讲 119 场次，听课人数 6035 人次，为基层党员干部学思想、学理论、学政策提供系统全面解读。

【“不忘初心、牢记使命”主题教育】

2019 年，区委党校组织集中学习 17 次、专题研讨 4 次，深入服务单位、课堂、班次开展调研、收集问题 25 项，整改完成 23 项，解决了制约党校发展的突出问题，顺利通过主题教育评估。主动作为，开发专题课程 13 个，开展理论宣讲 35 场次，配合举办县级领导主题教育封闭学习班、主题教育包头历史专题讲座等培训 9 场次，助力全区主题教育扎实开展。

（闫鹏宇　供稿）

接待工作

【概况】

青山区接待办公室（以下简称区接待办）成立于 2005 年 11 月，是青山区委直属事业单位，机构规格为正科级，核定科级领导职数 2 名（1 正、1 副），内设综合股、接待股。负责青山区公务接待等工作。2019 年 4 月 1 日，按照中共青山区委机构编制委员会 2019 年第二次会议纪要统一安排，区接待办公务接待职能整建制划转到区信访局。

【接待工作】

1—3 月，区接待办共完成公务接待任务 38 批次、565 人次。

（孟晓青　供稿）

包头市青山区人民代表大会

【概况】

青山区人民代表大会常务委员会（以下简称区人大常委会）成立于1956年，机构规为正县级。负责在本行政区域内保证宪法、法律、行政法规和上级人民代表大会及其常务委员会决议的遵守和执行；领导或主持本级人民代表大会代表的选举，主持召开本级人民代表大会。2019年，核定行政编制20名，内设办公室、财经预算工作委员会、城乡建设环境资源（农牧业）工作委员会、选举任免代表联络工作委员会、民族法制（教科文卫）工作委员会。

【人大常委会会议】

2019年，区人大常委会召开常委会会议9次。（见表3）

2019年青山区人民代表大会常务委员会会议情况表

表3

会议名称	会议日期	会议内容
区十六届人大常委会第十一次会议	2月13日	1. 听取关于接受李恒辞去青山区第十六届人大代表职务请求的报告（草案）； 2. 听取关于补选的区十六届人大代表的代表资格审查报告； 3. 听取关于召开区十六届人大二次会议的决定（草案）； 4. 听取区人大常委会工作报告（草案）； 5. 听取区十六届人大二次会议有关事项的说明
区十六届人大常委会第十二次会议	3月15日	1. 听取青山区人大常委会2019年工作要点（草案）； 2. 听取人事任免职事项
区十六届人大常委会第十三次会议	4月29日	听取和审议有关人事任免事项
区十六届人大常委会第十四次会议	6月4日	1. 听取和审议青山区人民政府关于《内蒙古包头装备制造产业园区总体规划（2016—2020）强制性内容局部修改方案》的报告； 2. 听取和审议关于区人大常委会各工作委员会组成人员建议名单的说明； 3. 听取和审议关于对区人民政府贯彻实施《文物保护法》《内蒙古自治区文物保护条例》情况的执法检查报告
区十六届人大常委会第十五次会议	6月24日	听取和审议人事任免职事项
区十六届人大常委会第十六次会议	7月31日	1. 听取和审议青山区人民政府关于2018年环境状况和环境保护目标完成情况的报告； 2. 听取区人大城建环资工委关于检查《中华人民共和国水污染防治法》实施情况的报告； 3. 听取和审议人事任职事项
区十六届人大常委会第十七次会议	9月29日	1. 听取和审议2018年区本级决算的报告； 2. 听取和审议区人民政府2018年财政预算执行情况和其他财政收支的审计工作报告； 3. 听取和审议区人民政府关于青山区2019年上半年国民经济和社会发展计划执行情况及下半年工作安排意见的报告； 4. 听取和审议区人民政府关于青山区2019年上半年预算执行情况和下半年财政工作安排意见的报告； 5. 听取和审议区人民政府关于扫黑除恶专项工作情况的报告； 6. 听取和审议区人民政府关于代表建议、批评和意见办理情况报告； 7. 听取和审议青山区人大常委会关于接受刘治利辞去青山区第十六届人民代表大会代表职务的议案及青山区人大常委会关于接受刘治利辞去青山区第十六届人民代表大会代表职务的决议（草案）； 8. 听取和审议人事任职事项

续表 3

会议名称	会议日期	会议内容
区十六届人大常委会第十八次会议	11月26日	1. 听取和审议区人民政府关于 2019 年预算调整方案的报告； 2. 听取和审议区人民政府关于医疗卫生情况的报告； 3. 听取和审议区人民法院执行工作情况的报告； 4. 听取和审议区人民检察院提起公益诉讼工作情况的报告； 5. 听取和审议青山区人民代表大会常务委员会关于实施民生实事项目人大代表票决制的决定（草案）； 6. 听取和审议青山区第十六届人民代表大会常务委员会关于接受杨树国等 3 人辞去青山区第十六届人民代表大会代表职务的决议（草案）； 7. 听取和审议人事任免事项
区十六届人大常委会第十九次会议	12月30日	1. 传达学习自治区党委书记在自治区党委人大工作会议上的讲话精神； 2. 听取和审议区人民政府关于青山区行政事业单位国有资产管理工作情况的报告； 3. 听取和审议区人民政府关于防范和化解政府债务风险情况的报告； 4. 听取和审议区人民政府关于 2019 年财政预算调整方案的报告； 5. 听取和审议人事免职事项的报告； 6. 听取和审议法官、检察官履职评议工作有关报告； 7. 听取和审议区人大常委会关于接受王树斌辞去青山区第十六届人民代表大会代表职务的议案及区人大常委会关于接受王树斌辞去青山区第十六届人民代表大会代表职务的决议（草案）

【人大常委会主任会议】

2019 年，区人大常委会召开主任会议 11 次。（见表 4）

2019 年青山区人民代表大会常务委员会主任会议情况表

表 4

会议名称	会议日期	会议内容
区十六届人大常委会第十二次主任会议	1月23日	1. 审议关于接受李恒同志辞去青山区第十六届人大代表职务请求的报告（草案）； 2. 审议关于补选的区十六届人大代表的代表资格审查报告
区十六届人大常委会第十三次主任会议	2月12日	1. 听取关于召开区十六届人大二次会议的决定（草案）； 2. 听取区人大常委会工作报告（草案）； 3. 听取区十六届人大二次会议有关事项的说明
区十六届人大常委会第十四次主任会议	3月4日	1. 审议区人大常委会 2019 年工作要点（草案）； 2. 审议决定人事任免职事项
区十六届人大常委会第十五次主任会议	4月30日	1. 确定区十六届人大常委会第十三次会议的时间、议题； 2. 审议决定人事任免事项
区十六届人大常委会第十六次主任会议	6月4日	1. 确定区十六届人大常委会第四次会议的时间、议题； 2. 审议区人民政府关于《内蒙古包头装备制造产业园区总体规划（2016—2020）强制性内容局部修改方案》的报告； 3. 审议关于区人大常委会各工作委员会组成人员建议名单的说明； 4. 审议关于对区人民政府贯彻实施《中华人民共和国文物保护法》《内蒙古自治区文物保护条例》情况的执法检查报告

续表 4

会议名称	会议日期	会议内容
区十六届人大常委会第十七次主任会议	6月24日	1. 确定区十六届人大常委会第十五次会议的时间、议题； 2. 审议人事任免职事项
区十六届人大常委会第十八次主任会议	7月31日	1. 确定区十六届人大常委会第十六次会议的时间、议题； 2. 审议区人民政府关于 2018 年环境状况和环境保护目标完成情况的报告； 3. 听取区人大城建环资工委关于检查《中华人民共和国水污染防治法》实施情况的报告； 4. 审议人事任职事项
区十六届人大常委会第十九次主任会议	8月21日	1. 审议区人民政府关于青山区 2019 年上半年国民经济和社会发展计划执行情况及下半年工作安排意见的报告； 2. 审议区人民政府关于青山区 2019 年上半年预算执行情况和下半年财政工作安排意见的报告； 3. 审议区人民政府关于扫黑除恶专项工作情况的报告； 4. 审议区人大常委会关于对法官、检察官开展履职评议的办法（草案）； 5. 审议区人大常委会关于接受刘治利辞去青山区第十六届人民代表大会代表职务的议案及区人大常委会关于接受刘治利辞去青山区第十六届人民代表大会代表职务的决议（草案）
区十六届人大常委会第二十次主任会议	9月27日	1. 确定区十六届人大常委会第十七次会议的时间、议题； 2. 审议区人民政府关于代表建议、批评和意见办理情况的报告； 3. 审议区人民政府 2018 年财政预算执行情况和其他财政收支的审计工作报告； 4. 审议 2018 年区本级决算的报告
区十六届人大常委会第二十一次主任会议	11月25日	1. 确定区十六届人大常委会第十八次会议的时间、议题； 2. 审议区人民政府关于 2019 年预算调整方案的报告； 3. 审议区人民法院执行工作情况的报告； 4. 审议区人民检察院提起公益诉讼工作情况的报告； 5. 审议青山区第十六届人民代表大会常务委员会关于接受杨树国等 3 人辞去青山区第十六届人民代表大会代表职务的决议（草案）
区十六届人大常委会第二十二次主任会议	12月28日	1. 确定区十六届人大常委会第十九次会议的时间、议题； 2. 审议区人民政府关于青山区行政事业单位国有资产管理工作情况的报告； 3. 审议区人民政府关于防范和化解政府债务风险情况的报告； 4. 审议区人民政府关于 2019 年财政预算调整方案的报告； 5. 听取和审议人事免职事项的报告； 6. 听取和审议法官、检察官履职评议工作有关报告

【财政预决算审查监督】

2 月，听取审议《区人民政府关于 2018 年国民经济和社会发展计划执行情况与 2019 年计划草案的报告》《区人民政府 2018 年预算执行情况与 2019 年预算（草案）的报告》。8 月，听取审议《区人民政府关于 2019 年上半年财政预算执行情况与下半年工作安排意见的报告》。9 月，听取审议《区人民政府 2018 年财政预算执行情况和其他财政收支的审计工作报告》。12 月，听取审议《区人民政府关于防范地方政府债务风险的报告》《2018 年区本级决算的报告》《区人民政府关于国有资产理情况的报告》。建议相关部门不断提高预算执行的法制意识，严格按照预算法的要求执行人大批准的预算，维护预算的权威性和严肃性，严格控制预算调整追加项目及规模，继续加强财政资金使用全过程监管，进一步强化财政资金管理、监督和审计，大力压减一般性支出。加强政府性债务管理，采取有效措施，确保化债实效。

【城市建设管理监督】

6 月，对青山区 2018 年度环境状况和环境保护目标完成情况进行调研。7 月，对青山区农村人居环境综合整治情况进行调研。9 月，对青山区实施乡村振兴战略工作开展情况和中央关于打赢脱贫攻坚战三年行动的指导意见落实情况进行调研。建议相关部门要积极探索环境保护延伸管理，明确相关部门的职责和任务，织密环境保护责任网，严格责任追究，建立完善环境保护联合监管机制，保护良好生态环境。

【依法行政监督】

4 月，对青山区贯彻实施《中华人民共和国文物保护法》和《内蒙古自治区文物保护条例》情况进行执法检查。5 月，对青山区贯彻实施《中华人民共和国水污染防治法》情况进行执法检查。建议相关部门进一步健全完善文物保护工作协调机制，落实文物保护政府主体责任、行政部门监管责任、政府相关部门共管责任、文物所有人和使用人保护责任。坚持把文物保护规划纳入城乡规划内容，坚决防止“建设性”破坏，使文物安全工作制度化、常态化。

【司法公正监督】

6 月，对青山区扫黑除恶工作情况进行调研。10 月，对青山区人民法院执行工作情况和青山区人民检察院提起公益诉讼工作情况进行调研。建议区人民政府及相关部门紧紧围绕“一年打击遏制、两年深挖根治、三年长效常治”的工作要求，始终保持对黑恶犯罪的强大攻势，深挖狠打严惩，全力净化政治生态和治安环境。针对法院执行工作，建议不断加强制度建设，加强案件流程节点的管控，建立执行案件专项督导制度，确保执行案件的办理质量。公益诉讼工作方面，建议进一步加强公益诉讼办案人员专项培训，建立与行政机关包括调查、取证、信息共享等方面的配合协作工作机制，同时加强宣传，进一步增强人民群众公益保护意识。

【司法履职评议】

2019 年，按照包头市人大常委会的统一安排部署，对“法检两院”部分法官、检察官开展履职评议。区人大常委会组成履职评议工作组，按照市人大常委会的相关工作要求，在符合被评议对象的法官、检察官名单中，采取分组随机抽取的方式确定被评议的法官、检察官 6 名，集中查阅被评议法官、检察官 2017—2019 年度承办或者审批的案件 60 件 60 册，观看部分案件的庭审录像，并对被评议人员进行民主测评。本着实事求是、客观公正的原则，形成相关工作报告和评议意见。

【人大代表履职】

2019 年，区人大常委会组织部分市人大代表、区人大代表开展“走访月”、代表持证视察活动，对青山区哈达社区老少乐园、猪八戒创新创业产业园区、包头市体育中心等项目进行实地视察，通过视察活动为更好地发挥人大代表依法监督搭建了平台。开展代表履职培训工作，在指导各街道（镇）人大开展培训的同时，邀请区外、区内知名专家举办高层次人大代表专题学习讲座两期，培训各级人大代表 300 多名，受到各级人大代表的普遍欢迎。开展“人大代表履职故事”征文活动，共征集到履职故事 36 篇，其中被市人大常委会选编 10 篇。通过代表讲自己的履职故事，生动反映全区五级人大代表的履职风采，用身边的典型事例和榜样的力量鼓舞带动全体人大代表认真履职，积极发挥代表作用。做好民生实事项目人大代表票决制（会商制）试点工作。全程指导自由路街道按照自治区、市人大常委会关于民生实事项目人大代表票决制和会商制试点工作方案的要求，认真做好试点工作，为全面推开此项工作积累成功经验。起草《关于全面推行民生实事项目人大代表票决制（会商制）工作的实施方案》和相关配套文件，编印参考资料，组织各街镇人大赴土默特右旗学习考察试点工作，在全区区、镇两级人大顺利启动人大代表票决制和会商制工作。

【人大代表建议督办】

青山区十六届人大二次会议期间，人大代表提出议案建议 108 件，内容主要涉及市容环境、住房保障、社会保障、教科文卫、食品安全、交通管理等方面，经大会研究均作建议处理。区人大常委会及时将建议转交区人民政府办理，并加大跟踪督办力度。选择其中部分重点建议由区人大常委会组成人员领衔督办，主任会议和常委会会议先后听取办理情况的工作报告，要求进一步加大代表建议办理工作督促检查力度，建立一套行之有效的交办、承办、督办及协调、调度工作制度，切实提高建议的解决率和代表的满意率。在区人大常委会监督推动和区人民政府及各职能部门的共同努力下，108 件建议全部在规定期限内办理完毕，办复率 100%，一大批人民群众反映的热点难点问题得到解决。

【信访督办】

坚持把信访工作作为密切联系群众、倾听群众诉求、加强监督的重要渠道，发挥区人大常委会独特的职能优势，进一步规范信访受理、交办、反馈和督办工作。2019 年，接待群众上访、市人大转办信访件 11 件 30 多人（次），内容涉及征地、拆迁、劳资、医患、司法等方面的问题，转办率和答复率均达到 100%，切实做到事事有回音，件件有落实。对重要的来信来访，区人大常委会主任、副主任阅批接访，并跟踪检查办理结果，维护人民群众的切身利益，有效地化解了社会矛盾。

（王超 韩楠 供稿）

兴胜镇二相公村（区委宣传部　供图）

包头市青山区人民政府

重要会议

3 月 4 日，青山区安全生产大检查工作部署会议召开。会议提出要求：时刻保持清醒认识和高度警觉，进一步提高安全生产责任意识；持续加大隐患排查和问题整治力度，坚决遏制重特大事故发生；狠抓责任落实和履职问责，确保安全生产形势平稳向好。

4 月 3 日，区人民政府全体会议暨廉政工作会议召开。会议提出要求：提高站位、坚定信心，积极有效应对各种挑战，推动各项工作不断向前；突出重点、扭住关键，确保全年各项目标任务顺利推进、圆满完成；狠抓作风、廉洁从政，全面建设人民满意的政府。

6 月 6 日，青山区开展“持续净化良好政治生态年”活动和形式主义、官僚主义及“四官”问题专项整治工作推进会议召开。会议提出要求：充分认识到开展对形式主义、官僚主义及“四官”问题专项整治和“持续净化良好政治生态年”活动的极端重要性和紧迫性；拿出有效举措和管用办法，推动对形式主义、官僚主义及“四官”问题专项整治和“持续净化良好政治生态年”活动落到实处；夯实更高标准和更严要求，以优良作风和风清气正政治生态营造干事创业的氛围。

8 月 20 日，青山区食品药品安全委员会第一次全体会议召开。会议提出要求：提高政治站位，清醒认识当前食品药品安全工作的重要性、紧迫性；树立底线思维，坚决守住、守稳、守好食品药品安全底线；认真落实“放管服”改革措施，推动食品药品行业健康稳定发展。

9 月 3 日，青山区信访工作联席会暨中华人民共和国成立 70 周年期间信访工作会议召开。会议提出要求：增强政治敏锐性，以高度的政治责任感做好 2019 年国庆期间的信访工作；紧紧围绕“五个严防，三个确保”工作目标，全力推进 70 周年大庆信访重点工作；严格落实责任，确保各项工作措施落实到位。

9 月 27 日，庆祝中华人民共和国成立 70 周年暨青山区第十三次民族团结进步表彰大会召开。会议提出要求：切实增强民族团结进步创建工作意识；积极创新民族团结进步创建工作思路；形成民族团结进步创建工作合力。

重要决策

2019 年，区人民政府召开常务会议 22 次，做出一系列重要决策部署。（见表 5）

2019 年青山区人民政府常务会议重要决策部署一览表

表 5

会议名称	会议日期	决策内容
2019 年青山区人民政府第一次常务会议	1 月 7 日	听取《政府工作报告》《关于青山区 2018 年国民经济和社会发展计划执行情况及 2019 年国民经济和社会发展计划（草案）的报告》《关于青山区 2018 年财政预算执行情况和 2019 年财政预算（草案）的报告》
2019 年青山区人民政府第二次常务会议	1 月 11 日	研究《关于开展 2019 年度春节特困救助、慰问工作的实施意见》、《国有土地转让协议书》，2018 年赛力特尔投资有限公司困难职工（原棉纺小区）供暖补贴，核销往来挂账，给予华夏银行包头分行搬迁过渡期租赁补贴等有关事宜
2019 年青山区人民政府第三次常务会议	1 月 24 日	研究 2017 年至 2018 年零星应急维修抢修工程报审、青山区 2017 年度景观绿化和市政设施工程 PPP 项目建设情况汇报、大青山南坡绿化生态修复工程榆树沟项目绿化补贴、青山客运站项目手续等有关事宜

续表5

会议名称	会议日期	决策内容
2019年青山区人民政府第四次常务会议	2月1日	研究2019年财政收支预算安排、春节前支付工程款等有关事宜
2019年青山区人民政府第五次常务会议	2月17日	研究青山区第十六届人民代表大会第二次会议和政协青山区第九届委员会第二次会议上人大代表、政协委员对政府工作及《政府工作报告》提出的意见建议有关事宜
2019年青山区人民政府第六次常务会议	3月6日	研究干部调整；给予园区企业产业扶持资金，青山区2019年拟实施城建重点项目，2019年教育局各类项目资金安排，调整包商银行、邦银租赁、兴业银行还款计划，青山区2019年拟实施亿元以上重点项目等有关事宜
2019年青山区人民政府第七次常务会议	3月15日	研究干部调整有关事宜
2019年青山区人民政府第八次常务会议	3月27日	研究干部调整、调整区长及各副区长分工、征收亚欧体育度假村资产等有关事宜
2019年青山区人民政府第九次常务会议	4月19日	研究《青山区低保、临时救助审批权限委托下放工作实施方案》、2019年度残疾人保障金预算项目支出安排、加强应急工作、返还四家金融机构高管人员个人所得税地方留成部分、参股包头市青山区人才创新创业投资基金（有限合伙）、兑现内蒙古展佳能源有限公司2018年税收奖励资金等有关事宜
2019年青山区人民政府第十次常务会议	5月5日	研究区长、副区长、党组成员分工，征收亚欧公司资产协议，《关于包头北大科技园二期项目合作协议》，《包头北大科技园置业有限公司质押协议》，新工创业购买包头农商银行商业底店等有关事宜
2019年青山区人民政府第十一次常务会议	5月29日	研究《区城投公司拟收购包头市鹿城路桥工程有限公司的实施方案》、明确区本级国家出资企业出资人、摆放花雕花坛、原公安分局办公楼进行改造维修、更换公园广场道路自来水表及配套阀门、包头市兵工林带军工文化广场雕塑及景观文化小品项目、青山区国有企业职工家属区“三供一业”分离移交小区维修改造、《关于促进装备制造产业高质量发展的资金支持办法》等有关事宜，听取青山公安分局扫黑除恶专项斗争情况汇报
2019年青山区人民政府第十二次常务会议	5月31日	研究干部调整、青少年发展中心装修工程补充资料、《青山区第三十四届鹿城文化艺术节暨第十一届兵工旅游文化节活动方案》、《青山区创建自治区全民健身示范区工作实施方案》、《青山区建筑垃圾运输企业招标方案》、2019年青山区促进装备制造产业高质量发展专项资金申请、内蒙古新工创业发展有限责任公司摘牌园区土地按照低效用地盘活处置等有关事宜。
2019年青山区人民政府第十三次常务会议	6月20日	研究安全生产工作，加强医疗保障工作，自治区植被恢复项目资金使用，赵家营村供热、给水及排水管网综合改造工程项目，包头晶澳太阳能科技有限公司3GW拉晶、铸锭、切片等7个项目暂缓行政处罚，园区绿化工程审计遗留问题等有关事宜
2019年青山区人民政府第十四次常务会议	7月18日	研究包头晶澳太阳能科技有限公司申请2019年青山区促进装备制造产业高质量发展专项资金、青山区行政事业单位零星工程资质进行公开招标、青山区推行街镇国库集中收付制度改革、青山客运站项目推进、青山区电子政务外网租用光纤、机房设备运维及购买信息服务、青山区东达沟与青大线交汇处应急度汛工程、弘元新材料包头5GW单晶项目高质量发展资金拨付等有关事宜

续表5

会议名称	会议日期	决策内容
2019年青山区人民政府第十五次常务会议	7月23日	研究干部调整有关事宜，安排近期重点工作
2019年青山区人民政府第十六次常务会议	8月7日	研究干部调整、《包头融军科技产业技术研究院有限公司项目合作协议》、《青山区大青山南坡生态修复和绿色廊道建设项目补贴协议》、实施森林防火智能监管综合服务项目、结算义务植树购买苗木等费用、《青山区中小学校外托管机构管理办法（试行）》、举办青山区第13次民族团结进步暨学习使用蒙古语文表彰大会、亚欧体育度假村资产征收协议等有关事宜
2019年青山区人民政府第十七次常务会议	9月3日	研究《青山区庆祝第35个教师节活动方案》、《青山区教育系统先进集体和先进个人名单》、装备园区小型消防站建设、区人武部2名随军家属安置、征收北重集团安东公司、一机集团路通弹簧公司、北重集团公司与一机集团公司零星工程和围墙灯箱、青山区2020年老旧小区综合治理改造等有关事宜
2019年青山区人民政府第十八次常务会议	9月9日	研究《无锡上机数控股份有限公司单晶硅拉晶生产项目补充协议（二）》、《包头市青山区人民政府北京踏歌智行科技有限公司关于矿用卡车自动驾驶项目合作协议书》、区城投公司代持鹿城路桥股权、内蒙古淼盾讯飞科技有限公司项目落地等有关事宜
2019年青山区人民政府第十九次常务会议	9月30日	研究《青山区事业单位公务用车制度改革实施意见》、泰盛缘项目土地成本结算等有关事宜
2019年青山区人民政府第二十次常务会议	11月11日	研究新成立2个社区居委会、坦克路改造建设工程、青山区大青山南坡绿化生态供水项目合作协议、提高区聘用合同制专职消防员待遇、启动包头市市政工程管理局原办公场所改造项目征收程序、区委党校餐厅及住宿楼重新启用、青山区2020年新增专项债券项目等有关事宜
2019年青山区人民政府第二十一次常务会议	12月6日	研究青山区客运站项目土地成本结算、青山区产权遗留问题集中治理工作、弘元新材料（包头）有限公司5GW单晶项目暂缓行政处罚、《包头市第十二届鹿城元宵文化节青山区文化活动方案》等有关事宜，听取2019年食品药品安全工作情况汇报
2019年青山区人民政府第二十二次常务会议	12月26日	研究《开展2020年度春节特困救助、慰问工作的实施意见》、青山区养护院二期项目、拨付包头市体育中心运营管理费用、存量隐性债务置换、工商联大厦资产使用情况、青山区2020年拟实施亿元以上重点项目等有关事宜

综合政务

【概况】

青山区人民政府办公室（以下简称区人民政府办公室）是区人民政府职能部门，机构规格为正科级。负责区人民政府日常工作。2019年青山区实施机构改革后，将在区人民政府办公室挂牌的法制办公室职责整合至区司法局。2019年，核定行政编制13名，内设秘书股、综合股、督查股、信息股、事务股、机要股、总值班室、效能股、修志股9个股室。有所属事业单位2个，分别为相当于副科级事业单位青山区志史办公室和相当于股级事业单位青山区效能中心，共核定事业编制17名。

2019年，区人民政府办公室统筹兼顾、突出重点，各项工作齐头并进。强化应急值守管理，全力做好日常政务值班及重大节假日、汛期等特殊时期区属各部门值班情况的监督管理工作。组织召开全区突发公共事件信息上报工作培训会，规范突发公共事件信息上报流程，提高信息上报的时效性，2019年全年及时、准确上报突发公共事件信息12条，均未发生舆情事件。认真抓好档案管理，2019年全年整理文书档案1014件，完成2012年以来文书档案电子录入工作，进一步提高档案查阅速度，提升了档案管理水平。不断加强保密工作，制定《青山区政府办涉密人员管理制度》、《青山区政府办涉密计算机管理制度》，组织全办人员签订《保密承诺书》、《手机使用承诺书》，强化保密责任，进一步增强保密意识，2019年全年未发生一起失泄密事件。扎实推进年鉴编纂工作，《青山年鉴（2018）》于2019年11月由内蒙古人民出版社出版发行。进一步加强财务管理，严格规范审批流程，“三公”经费支出稳步下降。在包头市率先制定《青山区事业单位公务用车制度改革实施意见》，并上报包头市公车办审批。持续加大公务用车管理力度，将全区行政机关和参公事业单位的各类公务车辆均纳入公务用车信息化平台监管，公务用车使用和管理水平进一步提升。狠抓干部队伍建设，选派4人次到市人民政府办公厅调训，10人次参加上级组织的业务培训，干部队伍的服务水平不断提升。推荐3名环节干部成为后备干部，1名环节干部成为副科级干部。扎实开展“不忘初心、牢记使命”主题教育，2019年全年专题研究部署意识形态工作5次。邀请包头师范学院教授陈沫开展网络意识形态专题讲座，切实提升干部职工对意识形态工作的认识，筑牢马克思主义思想根基。

【综合协调】

2019年，区人民政府办公室提升以文辅政水平，服务政府科学决策。2019年全年高质量起草完成政府工作报告、各类工作总结等综合文字材料210余篇，制发会议纪要42篇。签收处理各级各类文件3006件，办复率100%。严格公章、印信使用，制发各类文件1246件。组织参观、调研、视频等各类会议、活动80余次，未出现任何失误。严格落实中办基层减负年相关要求，严控会议次数和规模，制发文件减少46%，会议减少25%，精文减会工作取得明显成效。

【督查督办】

2019年，区人民政府办公室发挥督查督办职能，保障政府工作落实。细化年初《政府工作报告》中确定的各项工作任务，并分解落实到各责任单位和部门，按月进行督办、反馈和跟踪问效。围绕赵家营村管网改造、二〇二便民市场建设、“三供一业”改造等重点工作，下发督查通知37件，编发督查通报27期、督查专报110期，其中督查专报被青山区委、区人民政府主要领导及相关领导批示19次。积极办理人大代表建议、政协委员提案，收到区人大代表建议108件，区政协委员提案174件，办复率100%，代表、委员满意率98%。接收市政府热线4639条，区政府热线809条，市长信箱168条，区长信箱101条，人民网地方领导留言板54条，24小时警局202条，办理答复率达到99%。

【便民服务】

2019年，区人民政府办公室加强效能建设，提升便民服务效率。认真梳理整合便民服务事项，将原属29个部门的227项事项整合为24个部门的210项，部门职责边界更加清晰，避免了在承办任务方面推诿扯皮。开通“巍巍青山”民生互动板块，居民反映诉求更加便捷高效。全年受理上报问题9483条，办结9374条，办结率98.85%。累计开展执法下沉工作174件。全年共完成督查事项226件，办结率100%。其中，联合青山交管大队、青山公安分局及各街道（镇）开展小区内长期停放报废机动车集中拖移专项工作，共清拖报废机动车148辆，消除安全隐患，解决长期困扰居民生活的难点问题。

【信息报送】

2019 年，区人民政府办公室强化精品意识，提高信息报送水平。围绕全区中心工作，不断增强信息工作敏锐性，多角度挖掘信息源。编发《政务信息（普刊）》16 期、《政务信息（专刊）》12 期，为领导科学决策、推进工作提供有效参考。抓住重点、关注热点、反映难点，向市人民政府办公室、自治区人民政府办公厅上报信息 543 条，采用 231 条，位居全市信息考核排名第一。出版《青山区人民政府公报》（双月刊）5 期，同时上传至区人民政府门户网站并向社会公开。

（樊彩明　供稿）

大青山南坡二老虎沟（区委宣传部　供图）

政协包头市青山区委员会

【概况】

中国人民政治协商会议包头市青山区委员会（以下简称区政协）成立于1984年，是依据《中国人民政治协商会议章程》设立的地方委员会，是实现中国共产党领导的多党合作和政治协商制度的重要机构。履行政治协商、民主监督、参政议政职能。2019年，内设办公室、提案文史委员会、经济委员会、社会事业委员会。

政协青山区第九届委员会设主席1名，副主席4名，常委33名，委员171名。委员分布于22个界别。其中，中国共产党3名，民主党派24名，工商联29名，经济企业28名，科学技术5名，教育9名，文化艺术体育8名，工会4名，共青团2名，妇女6名，台胞台属1名，宗教5名，少数民族3名，社会福利11名，农林牧水3名，特邀30名。

2019年，区政协常委会深入学习贯彻中共十九大精神和习近平新时代中国特色社会主义思想，深入推进人民政协参政议政，充分发挥委员主体作用，履职为民，扎实工作，完成各项工作任务。

【区政协九届二次会议】

2019年2月15—17日，区政协九届二次会议召开。大会应出席委员175人，实际出席153人，符合法定人数。会议审议通过区政协主席所做的常委会工作报告和副主席所做的提案工作报告；通过区政协九届二次会议提案审查情况报告和会议决议。

【政协常委会和主席会】

2019年，区政协共召开全委会会议1次、常委会会议6次（见表6）、常委专题会议1次、主席会议12次。

【提案办理】

2019年，区政协发出提案征集通知，列出五类47个重点题目，供撰写提案参考。各民主党派、人民团体和各界别政协委员共提交提案205件，经审查立案199件。其中，党派团体提案15件，委员个人提案142件，联名提案42件。截至12月底，全部办复完毕。遴选36件重点提案，形成《政协提案文史委员会2019年重点提案督办安排》；在提案办理重要节点开展协商活动，形成促进提案办理工作机制，进一步推进重点提案的办理落实。围绕全区工作重点，通过对重点提案进行实地调研、座谈、讨论等，形成《关于我区医养结合工作体系发展现状及发展方向的调研报告》，为青山区围绕“居家养老为基础、社区养老为依托、机构养老为支撑”的养老服务体系建设思路、探索医养联合的运行模式提供建议和对策，并紧扣调研课题视察督办。通过召开委员座谈会、走访承办单位、与政府相关工作部门研究探讨等方式，努力破解当前提案工作中存在的问题，形成《关于对当前提案工作存在问题与对策的思考》的调研报告，对今后提案工作提出新的思路，为有效提升提案质量和推进提案办理探索新途径。

【政协委员进社区】

2019年，区政协积极组织政协委员进社区活动，开展丰富多彩的“民生民心”活动。围绕民生热点问题，组织委员开展2次调研视察工作。医疗卫生界委员发挥自身医疗专业特长，走进社区、走进企业，为老百姓、为企业职工送医送药，受到广大人民群众的广泛好评。王

2019年政协青山区委员会常委会会议情况表

表6

会议名称	会议日期	内容
区政协九届五次常委会会议	1月10日	会议听取区政协各委办2018年工作报告，审议区政协2018年度民主评议工作情况报告（草案），审议关于召开政协青山区第九届委员会第二次会议的有关事项，审议讨论区政协常委会工作报告、提案工作报告。会议研究人事事项

续表 6

会议名称	会议日期	内容
区政协九届六次常委会会议	2 月 15 日	1. 听取各组讨论情况的汇报； 2. 有关人事事项的说明； 3. 审议选举办法（草案）； 4. 审议区政协九届委员会副主席候选人建议名单（草案）； 5. 审议区政协九届二次会议决议（草案）
区政协九届七次常委会会议	2 月 16 日	1. 听取各组讨论情况的汇报； 2. 审议通过选举办法（草案）； 3. 审议通过区政协九届委员会副主席正式候选人名单； 4. 审议通过总监票人、监票人建议名单（草案）； 5. 审议通过区政协九届二次会议提案审查情况的报告（草案）； 6. 审议通过区政协九届二次会议决议（草案）
区政协九届八次常委会会议	3 月 15 日	区政协副主席对全国政协十三届二次会议精神进行传达学习。会议审议通过《政协青山区第九届委员会常务委员会 2019 年工作要点（草案）》《青山区 2019 年度政协协商计划（草案）》《区政协委员 2019 年度调研参考题目》，并听取各委办 2019 年重点工作安排，会议研究《委员履职考评修订意见》
区政协九届九次常委会会议	6 月 18 日	会议通过有关人事事项，听取通报青山区人才工作开展情况
区政协九届十次常委会会议	7 月 31 日	会议传达习近平在内蒙古考察并指导开展“不忘初心、牢记使命”主题教育时的讲话精神。区委办公室、区人民政府办公室相关领导汇报对区政协九届二次会议提案办理情况。会议听取关于青山区 2019 年上半年经济社会发展情况的通报。原则通过《关于成立区政协民主监督委员会的方案》《关于推荐青山区政协智库专家的通知》，并对 2019 年区政协民主评议部门进行了测评。会议研究其他事项

大中、申彬峰等委员利用本职岗位的优势，到社区举办预防电信金融诈骗公益讲座，普及金融知识。洪涛、王毅、贺泽锋等委员积极争取各方面资源，把书法、绘画、音乐等群众喜闻乐见的艺术形式送到百姓身边。王建中、吕喜春、刘军等委员积极帮扶社区困难群众，为他们送去温暖，为群众解决生产生活中遇到的实际困难，得到了群众的认可。

2019 年，区政协继续加强委员履职档案管理，进一步提升委员服务水平。统筹安排区政协领导走访委员了解情况，征求意见，调动委员参加政协工作的积极性、主动性、创造性。

【委员走访月】

为更好地联系群众，了解委员企业现状，增进沟通交流，区政协将每年 3 月定为“委员走访月”。2019 年 3 月，区政协走访内蒙古凯建楼宇设备有限公司总经理，包头美术馆办公室主任、包头美术家协会副主席，民革青山总支，区审计局党组书记、局长，包头市塞北机械设备股份有限公司董事长，包头市鹿城路桥工程有限公司总经理等委员。通过走访，进一步深入了解委员们学习、工作、生活情况，听取委员们的履职情况及对政协工作的意见和建议，也对委员们遇到的困难给予及时上报和协调解决。

【爱心公益】

春节、中秋、国庆等节假日前，区政协主席、副主席带领机关工作人员，分别深入各自帮扶困难户家中，代表区政协向他们送上慰问和关怀。2019 年 8 月 24 日，区政协举办“不忘初心、牢记使命”主题教育预热升温下基层党日活动暨政协委员进社区进企业送医送药义诊活动。

大家利用周日公休，深入内蒙古欧蒙电力设备制造安装有限公司开展相关活动。区政协主席、副主席、区政协委员及医药卫生界委员参加此次活动。包头市第七医院党委书记巴彩霞、副院长白静，二〇二医院院长闻捷及包头市四医院等专家医生参加义诊活动。

【民主评议】

2019 年，区政协对区文旅局、人社局、政务服务局、财政局 4 个部门分 4 个阶段进行民主评议，敦促被评议单位改进工作作风、提高工作效能，向青山区委、区人民政府报送《青山区政协关于 2019 年度民主评议政府部门工作情况的报告》，被评议 4 个部门得分均在 90 分以上，总体评议结果均为满意。

【自身建设】

2019 年，区政协继续突出思想政治建设，认真抓好政协系统党建工作。4 月，青山区政协系统以第二十四个“世界读书日”活动为契机，举办“同心圆·同步行”《习近平在正定》党日专题读书分享活动。区政协党组书记、主席，区政协副主席，区政协机关党组各成员、全体党员，区政协界别活动小组党小组长，各民主党派、无党派、工商联等代表及部分委员和全体机关干部参加了党日专题读书分享活动。5 月、9 月，为使委员们全面深刻理解人民政协理论知识，更好地掌握履职方法，提高履职能力和水平，通过回顾中国革命历程，深入学习体会习近平的讲话精神，成为“懂政协、会协商、善议政”的合格政协委员，按照常委会全面工作安排，在河北省石家庄市正定县委党校红色教育基地举行委员培训活动 2 次。6 月，区政协机关党支部组织全体党员干部到“大青山抗日游击革命根据地”和“郝区政府”遗址参观学习，聆听红色经典故事，缅怀革命先烈英雄事迹，开展主题党日活动。10 月，青山区政协党组书记、主席为区政协系统全体党员讲以“守初心、担使命，做新时代有担当的政协人”为主题的党课。

【理论宣传】

2019 年，在宣传工作方面，区政协积极向《内蒙古政协》《包头政协》杂志和《工作周报》及其他新闻媒体报送稿件，撰写的《抓好党建才能引领基层政协事业创新发展》《突出思想政治引领 全面加强政协委员队伍建设》，分别在自治区庆祝人民政协成立 70 周年暨呼包鄂地区政协工作经验交流会和自治区政协理论研究会换届年会上获得一等奖并作典型发言。在全市庆祝人民政协成立 70 周年大会上做《回顾历史，不忘政治初心 展望未来，牢记统战使命》的发言。结合青山区政协成立 35 周年向全体委员征集有理论思考、有实践亮点的文稿 50 余篇，引导广大委员不断深化对政协工作的时代要求及政协委员责任担当的认识。

（王剑 鲁慧 供稿）

民主党派

中国国民党革命委员会包头市青山区总支委员会

【概况】

1988年6月，民革包头市第一届委员会第一次全体党员大会成立青山区支部。中国国民党革命委员会包头市青山区总支委员会（以下简称民革青山总支）成立于2009年12月，下设2个支部（青山一支部、青山二支部）。2019年，发展党员5名，均为大学以上文化程度。截至2019年年底，有党员77名（青山一支部44人、青山二支部33人）。其中，全国政协委员1名，内蒙古政协常委1名，市政协委员4名，区人大代表1名，区政协委员7名。2019年，民革青山总支部党员之家被评为全国优秀民革党员之家，青山一支部被评为民革示范支部。

【自身建设】

2019年，民革青山总支选派10余名骨干党员参加民革包头市委会、市委统战部、区委统战部举办的参政议政、组织工作等学习培训。集中学习2019年全国“两会”精神、习近平重要讲话精神、中国国民党革命委员会第十三届全国人民代表大会第二次会议及民革内蒙古自治区八届三次全委（扩大）会议精神、民革包头市第六届委员会第五次全委会会议精神等，学习人数达150余人次。

【参政议政】

2019年，民革青山总支党员积极参政议政，共提交提案45件、社情民意8条、调研报告3个。党员白清元的调研报告《强化草种业战略支撑 推进我区绿色发展的建议》在自治区党委、政府做专题汇报，有关思路建议写入自治区主席布小林在自治区十届委员会第十一次全体会议暨自治区经济工作会议讲话和《2020年政府工作报告》；《关于加快推动草种业发展的建议》被民革中央、全国政协《每日社情》采纳。

【社会工作】

2019年，民革青山总支走进青山区青福镇，举办庆祝中华人民共和国成立70周年“法律进社区”宣讲活动。开展乡村振兴发展调研活动，通过座谈和实地走访等方式开展调查研究，找到工作短板，为乡村振兴出实招、献良计。走进青山区保利社区，就民革党员如何为社区建设、文体活动提供帮助和支持进行交流探讨，在各方面寻求契合点，努力惠及民生。党员穆惠瑛多次为部队、社区和文化投资公司作艺术指导。

中国民主同盟包头市青山区总支委员会

【概况】

中国民主同盟包头市青山区总支委员会（以下简称民盟青山总支）成立于1994年9月，下设3个支部（包头师范学院支部、青东支部、文化艺术支部）。2019年，发展盟员8名。截至2019年年底，有盟员163人，平均年龄49.3岁，大学以上文化程度占98%。其中，市人大代表1名，市政协委员2名，区人大代表3名，区政协委员7名。

2019年，盟员刘柯的中国画《冷月》入选自治区文联、自治区美术家协会主办的“庆祝中华人民共和国成立七十周年”第十三届内蒙古美术作品展览；盟员王嵩淼的国画《赛汗红柳》经自治区政协办公厅评审入选“四十如歌，砥砺前行”庆祝改革开放40周年书画作品展；盟员陈林丽被自治区预防医学会聘为阴道镜及宫颈病理学专业委员会第一届委员会委员；盟员李锐被自治区医学会聘为运动医学分会第二届委员会委员、骨科学分会关节外科学组第二届委员会委员。

【自身建设】

2019年，民盟青山总支先后选派62名盟员进行参政议政、组织工作等学习培训，在各级媒体发表文章5篇。组织盟员集中学习中共十九大精神、习近平系列重要讲话精神等重要内容，切实提高参政议政能力。

【参政议政】

在包头市“两会”期间，民盟青山总支提交党派集体提案6件，提交个人建议、提案共27件，涉及医疗、食品安全、道路交通管理、教育、物业管理等多个领域，向民盟包头市委会、区政协反映社情民意16条，及时反映群众的心声。完成区委统战部的调研课题2篇。

【社会工作】

2019年，民盟青山总支组织盟员参加大青山南坡绿化义务植树活动；承办民盟包头市委会读书会（第三期）和“民盟大讲堂”活动；组织盟员观看《我和我的祖国》《中国机长》等影片，接受爱国主义教育。

中国民主建国会包头市青山区总支委员会

【概况】

1983年，民建包头市支部成立，同时成立青山小组。中国民主建国会包头市青山区总支委员会（以下简称民建青山总支）成立于2001年，下设3个支部（青山一支部、青山二支部、青山三支部）。2019年，发展会员4名。截至2019年年底，有会员128名。其中，市政协委员5名，区人大代表1名，区政协委员7名。

【自身建设】

2019年，民建青山总支共有215人参加各种组织活动。开展“不忘合作初心，继续携手前进”主题教育活动，组织会员参加市委统战部举办的“同心学习、立德圆梦”包头统一战线双月读书会；参加区委统战部举办的青山区统一战线“同心大讲堂”启动仪式暨二期主题讲座；参加民建包头市委会举办的庆祝中华人民共和国成立70周年暨“不忘合作初心，继续携手前进”主题教育活动等；青山一支部开展“追梦·奋斗”学习贯彻青山区“两会”精神座谈会和“不忘初心、感恩有你”座谈会等活动；青山二支部开展“凝心聚力再出发”健步走活动；青山三支部开展“不忘合作初心，继续携手前进”主题教育《我和我的祖国》集体观影活动。

【参政议政】

在包头市“两会”期间，民建青山总支向所属市、区两级政协提交提案23件，其中3件被列为区重点提案办理；向区政协提交党派集体提案3件；向民建包头市委会提交集体提案3件；向市政协、区政协共反映社情民意9条；向民建包头市委会、区委统战部共提交调研报告3篇。其中，《关于推动包头市装备制造业高质量发展的对策研究》调研报告被民建包头市委会推选为重点课题，参加民建内蒙古区委关于包头市推进先进装备制造业和现代服务业深入融合调研活动。

【社会工作】

2019年，青山一支部联合包头市爱老助老志愿者公益协会在青山区自由路街道学院社区开展了慰问孤寡、贫困老人活动；11月，在民建青山总支民建之家揭牌仪式上对自由路街道民主社区贫困家庭进行慰问捐赠。

中国民主促进会包头市青山区总支委员会

【概况】

中国民主促进会包头市青山区总支委员会（以下简称民进青山总支）成立于1996年12月，下设5个支部（包头师范学院支部、青山一支部、青山二支部、青山三支部、北重三中支部）。2019年，发展会员10名，全部为大学以上文化程度。截至2019年年底，有会员164名。其中，市人大代表11名，市政协委员5名，区人大代表1名，区政协委员7名。

【自身建设】

2019 年，民进青山总支选派 42 名会员参加民进包头市委会和市委统战部、区委统战部举办的参政议政、组织工作等学习培训；2 名会员参加区政协组织的赴革命老区参观学习活动。召开 6 次全委会议、支部组织生活会，集中学习上级有关会议和领导讲话精神。会员在各级杂志发表文章 11 篇，其中区外杂志 7 篇、区内杂志 4 篇。形成以微信、QQ 群为载体的宣传工作态势。

【参政议政】

在青山区“两会”期间，民进青山总支提交提案 13 件，向区政协提交党派提案 1 件。向民进包头市委会、区委统战部反映社情民意 8 条。组织专家对青山区全委会、区人代会的 2 个重要报告文稿进行专题协商，提出意见建议 8 条。

【社会工作】

2019 年 1 月，青山二支部会员王延斌在民进包头市委会的支持下，在包头市大剧院举办“音为爱，美才在”音乐会，包头市福利院和自闭症儿童代表参加活动，向包头市福利院和自闭症儿童捐赠钢琴和美术用品。活动结束后，民进会员、书画家周刚现场作画、写福字，义卖所得款项全部捐给福利院的孩子。3 月，民进青山二、三支部携手睿德教育与包头市义工联合会共同前往固阳县新城小学，举行公益爱心捐助活动。10 月，青山一支部会员们赴对口帮扶点固阳县下湿壕前海流村，共同开展“不忘合作初心、继续携手前进”健康扶贫主题活动，讲解医学常识，普及健康知识。

中国农工民主党包头市青山区总支委员会

【概况】

中国农工民主党包头市青山区总支委员会（以下简称农工党青山总支）成立于 1997 年 12 月，下属 6 个支部（青山一支部、青山二支部、青山三支部、青山四支部、青山五支部、青山六支部）。2019 年，发展党员 10 名，具有高中级职称的有 9 人。截至 2019 年年底，有党员 213 名。其中，市人大代表 1 名，市政协委员 5 名，区人大代表 3 名，区政协委员 5 名（含常委 1 名）。

【自身建设】

2019 年，农工党青山总支选派 10 余名党员参加农工党内蒙古区委、农工党包头市委会、区委统战部等举办的各类学习培训活动。4 名党员参加“同心学习，立德圆梦”包头统一战线双月读书会。通过以会代训方式培训党员 50 余人次。组织党员 100 余人参加农工党包头市委会举办的“壮丽七十年，奋进新时代”文艺会演及“为祖国加油”迎国庆运动会。其中，党员 16 人参与文艺演出，共同表达对伟大祖国的无限热爱和美好祝福；积极组织党员参加农工党、农工党内蒙古区委举办的“同心共祝祖国好”随手拍摄影展活动，庆祝中华人民共和国成立 70 周年、人民政协成立 70 周年征文等活动，报送征文、摄影作品近 10 篇。

【参政议政】

在青山区“两会”期间，农工党青山总支中担任区政协委员的党员提交个人提案 10 件，提交党派集体提案立案 8 件；党员积极参加区政协组织的各项学习培训活动，参与社会调研活动 5 次，完成区委统战部分配的重点课题调研活动。党员中的政协委员向市政协、农工党包头市委会报送提案 9 件。其中，《关于加强包头市荒漠化防治推动农牧业生态循环发展的提案》《关于加强我市中小学教研队伍建设的提案》《关于推动休闲观光农业高质量发展的提案》等被农工党包头市委会采纳并报送市政协。

【社会工作】

2019 年，农工党青山总支组织党员 20 余人参加农工党包头市委会开展的“同筑生态屏障 共建绿色家园”义务植树活动，现场栽植树苗近 100 株；5 月，青山五支部与青山区特殊教育学校共同举办“六一同欢庆 爱心共联盟”主题活动；7 月，农工党青山区总支和青山二支部组织党员中的医疗专家赴固阳县怀朔镇百灵淖卫生院开展送医送药义诊活动，接诊群众100 余人，赠送价值 1500 余元的药品。各支部先后赴固阳县、土默特右旗等地开展义诊等活动共计 10 余次，进一步增强了基层组织的凝聚力和向心力。

九三学社包头市青山区基层委员会

【概况】

1984 年，九三学社包头市委会（以下简称九三学社市委会）筹备组成立。1987 年，九三学社包头市青山区支社成立。2007 年，设立九三学社包头市青山区基层委员会（以下简称九三学社青山基委会），下设 3 个支社（青山一支社、青山二支社、青山三支社）。2019 年，发展社员 3 名。截至 2019 年年底，有社员 89 人，平均年龄 53 岁。其中，市政协委员 2 名，区人大代表 2 名，区政协委员 6 名。

【自身建设】

2019 年，九三学社青山基委会班子成员集中学习九三学社包头市委会七届七次全委（扩大）会议精神、武维华在九三学社十四届二中全会和庆祝改革开放 40 周年大会上的讲话精神。组织社员参加市委、区委统战部组织的各类讲座。

【参政议政】

2019 年，九三学社青山基委会完成调研报告 3 篇，政策研究课题 1 篇。11 人撰写社情民意及参政信息。

【社会工作】

2 月，九三学社青山基委会组织各支社开展春节慰问活动。3 月，九三学社青山基委会社员刘兰霞等 4 名社员参加九三学社包头市委会举办的“弘扬九三精神，彰显巾帼魅力”——女社员走进东达山艺术区主题活动。5 月，九三学社青山基委会三支社与包头质计所第六党支部在市质计所三楼会议室举行“结对共建”签约仪式。6 月，组织九三学社青山基委会教育扶贫工作组赴固阳县继续开展教育扶贫工作。7 月，九三学社青山基委会 25 名社员参加九三学社包头市委会举办的第三届“科学讲坛”。8 月，九三学社青山基委会开展“不忘合作初心，继续携手前进”主题教育系列调研活动。9 月，九三学社青山基委会三支社联合包头市产品质量计量检测所第六党支部，共同对固阳县银号镇大德恒村秦长城遗址进行现场考察调研；九三学社青山基委会社员高君斌到兰州参加包钢股份有限公司与兰州交通大学稀土钢技术交流研讨会。11 月，九三学社青山基委会二支社张宝红、刘文军、吴彬阁参加九三学社市委会医疗卫生工作委员会组织的赴兴胜养老公寓义诊活动。

2019 年青山区各民主党派基本情况一览表

表 7

党派名称	成立时间	人数（人）	下属支部（个）	负责人
民革青山总支	2009 年	77	2	王元乐
民盟青山总支	1994 年	163	3	王大中
民建青山总支	2001 年	128	3	李来平
民进青山总支	1996 年	164	5	郝建平
农工党青山总支	1997 年	213	6	贺玉玺
九三学社青山基委会	2007 年	89	3	卜泉宝

（杨懿鑫 供稿）

人民团体

青山区总工会

【概况】

青山区总工会（以下简称区总工会）成立于1956年，是青山区委和包头市总工会双重领导下的人民团体，具有维护、建设、参与、教育职能，发挥党联系职工群众的桥梁纽带作用。2019年，核定编制5名。

2019年，区总工会成功申报了大批先进集体和个人。包头装备制造产业园区获得自治区系统先进集体，内蒙古小尾羊牧业科技股份有限公司获得“自治区‘十佳’民营企业模范职工之家”称号，鄂尔多斯银行股份有限公司包头分行营业部获得“自治区工人先锋号”称号，内蒙古小尾羊牧业科技股份有限公司的白晓玲获得“自治区五一劳动奖章”。

【维护职工合法权益】

2019年，区总工会继续推动“八大员”入会工作，在青山区万达广场举行“八大员”集中入会仪式，同时为万达、永盛成、快递企业等900名一线职工送去慰问。

2019年，区总工会在青山区万达广场举行“八大员”集中入会仪式现场（区总工会　供图）

【职工教育文体活动】

2019年，区总工会组织青山区“五一”大型快闪活动。拍摄区总工会宣传片《热爱——遇见最美的劳动者》，举办“不忘初心、牢记使命”庆祝中华人民共和国成立70周年慰问演出和览青山风貌活动4场，分别为劳模、一线教师和职工送去关怀。组织各类党建活动、文体活动和职工慰问、救助活动，在青山区工人文化宫开展慰问演出近20场。

【困难职工帮扶】

2019年，区总工会慰问各级劳模154人，发放价值11.77万元的慰问品；慰问困难劳模和职工32人，发放慰问金12.05万元；慰问各行各业一线职工和困难职工2545人，送去价值120多万元的慰问品，其中对1510名环卫职工进行全覆盖慰问。争取市总工会送温暖资金22.6万元，对226名困难职工进行慰问；“三八”妇女节期间，救助单亲职工54人，发放救助金5.4万元。开展金秋助学活动，助学17人，发放救助金5.5万元。国庆节期间，为1615名一线职工、劳模、农民工送去慰问品，发放慰问金共计25.76万元。为包头市青山区幸福南路小学教育联盟第三校区269名农民工孩子送去代表暖心的保温杯。

【劳模评选及服务管理】

2019年，区总工会召开青山区喜迎中华人民共和国成立70周年暨庆“五一”国际劳动节表彰大会，会上表彰267个先进集体和个人。

（魏泽华　供稿）

共青团青山区委员会

【概况】

中国新民主主义青年团包头市青山区工作委员会成立于1956年。1957年，更名为中国共产主义青年团青山区工作委员会（以下简称团区委），机构规格为正科级。2019年，团区委有干部职工12名。

【基层组织建设】

2019年，团区委出台《共青团青山区委员会2019年工作要点》，针对全区团的组织体系设置、加强共青团队伍建设等六个方面进行改革。深化基层团组织规范化建设，制定《青山区基层团组织规范化建设工作实施方案》《青山区学校团组织规范化建设工作实施方案》。夯实团的基层阵地建设，全区建立“青年爱里”14个，以凝聚、服务团员青年为主要工作内容，着力解决脱离青年的突出问题。进一步探索“团干部 + 社工 + 青年志愿者”的基层工作模式。2019 年，共有 39 名“西部计划”志愿者下沉各基层团组织，为基层团组织注入新鲜血液。严格规范团员发展与管理，组织召开全区共青团团务知识的工作培训会，严格落实全团关于发展团员调控和团员管理工作的有关要求，进一步规范团员发展工作，强化对发展团员调控工作的全程督导检查。严格按照团费收缴使用管理的规定，单独设立、专人负责团费管理，分设会计、出纳，确保团费收缴使用管理工作严肃规范。实施学校战线强基固本行动，通过制度层面的突破，着力推动团前教育、“三会两制一课”等基础团务规范落实。制定《青山区共青团员先进性成绩单》制度，进行积分制团员先进性考核。

【青年就业创业】

2019 年，团区委联合区就业局在青山区商圈举办“春风行动”专场招聘会；联合中公教育举办“青春筑梦，圆梦公考”青年公益公考培训课程以及与包头新途径教育合作举办“青春有梦，助力公考”公益公考线上线下培训课程，培训人员累计百余人，深化共青团“青春建功”行动。

【青年志愿服务】

2019 年，团区委与包头师范学院教育科学学院联合开展“校社联动”暑期服务青少年志愿服务活动，直接服务家庭贫困青少年 80 人。积极开展法制宣传教育、禁毒宣传、青少年反邪教宣传、“12355”助考服务和网络安全教育等活动，为青少年健康成长保驾护航。组织各中小学校积极开展“保护母亲河建设亮丽风景线”植树活动、节能环保宣传教育和“光盘”行动等实践活动，形成共青团助力生态环保工作格局。

【青少年思想道德建设】

2019 年，团区委召开青山区庆祝中华人民共和国成立 70 周年暨“青春心向党·建功新时代”之“不忘初心·追梦青山”表彰会。对青山区“优秀少先队员”“优秀少先队辅导员”等共计 203 个先进集体和先进个人进行表彰。在国庆节、少先队建队日等重要节点，开展“十八岁成人礼”“你好，新时代”“青春心向党，建功新时代”等主题教育活动，进一步明确学生德育工作目标。开展“扣好人生第一粒扣子”六项主题教育活动，强化团干部、团员青年主流意识形态的政治引领作用。深入开展“青年大学习”行动。团属新型媒体平台运营良好，青山区共青团官方微博粉丝、官方微信公众号及官方抖音关注人数达上万人，引导青年正面发声，弘扬社会主义正能量。

【青少年权益保护】

2019 年，团区委进一步建立社会化工作机制，创新服务项目，服务广大青年。承接青山区“党建·爱心公益汇”的“公益大篷车，童眼看世界”项目以及成立团区委本级公益项目“向阳花公益计划”。2019 年，由团区委直接组织举办 7 场活动，受益儿童达 200 余人次。

（王霞 供稿）

青山区妇女联合会

【概况】

1956 年，青山区妇女筹备委员会成立。1962 年，青山区第一次妇女代表大会召开，青山区妇女联合会（以下简称区妇联）成立，机构规格为正科级。

2019 年，区妇联维护妇女儿童合法权益，争取“两癌”救助资金，慰问关爱一线妇女职工、贫困儿童、留守儿童、单亲儿童，加强巾帼建功工作。完成“两纲”工作以及妇联干部培训工作，各项工作取得进步。

【扶贫巾帼行动】

2019 年，区妇联组织青山区邢茹面塑工作室参加包头市妇女手工艺创新大赛并获三等奖。联合区就业局开展“春风送岗”招聘活动，在永盛成大厦成立家庭教育指导服务中心，帮助辖区或周边旗县区的贫困妇女提供家政就业岗位。在“三八”妇女节、“五一”国际劳动节等各个节点为贫困户送去慰问品。通过青山区“党建·爱心公益汇”平台为贫困人员捐款捐物。

【五好文明家庭创建】

2019 年，区妇联继续开展“最美家庭”创建及“好家风、好家训”巡讲活动，将最美家庭、最美军人家庭、文明家庭、平安家庭、家风故事进校园等活动作为培育践行社会主义核心价值观的重要方式。

【妇女维权】

2019 年，区妇联接待家庭纠纷调解和信访维权案件 10 余起。构建大维权工作机制，打造“一站式”妇女维权模式，打造婚姻家庭纠纷调解室，实现多部门共同参与、协调联动的婚姻家庭纠纷大调解格局，并以此为中心，通过打造诉前调解试点法院及调解室，将婚姻家庭纠纷纳入司法调解的法治化轨道，有效预防和化解婚姻家庭矛盾，保护妇女儿童合法权益，促进家庭和谐稳定。建立排查机制，实时维护妇女权益，每月进行婚姻家庭纠纷排查工作，定期报送排查工作表。

【儿童工作】

2019 年，区妇联积极开展暑期家庭教育和关爱儿童服务活动，开展儿童服务活动 31 场、家庭教育活动 25 场。在“六一”儿童节期间，联合包头市女企业家协会为社区的贫困儿童、留守儿童、单亲家庭儿童带去节日的问候与祝福，并为每个儿童发放爱心小被子、小毯子及玩具等礼物。联合区关工委为各街道（镇）及青少年发展中心赠送《爱我中华》读本 2000 册。联合市妇联为包头市第五十二中学（小学部）赠送价值上万元的书籍。与爱心企业在达尔罕茂明安联合旗大苏吉小学慰问，同全校师生一起包饺子，并送去学习生活用品，和孩子们共度节日。

【“两纲”“两癌”工作】

2019 年，区妇联选派工作人员参加市妇儿工委“两纲”数据填报培训班。调整青山区妇儿工委领导小组，组织全区妇儿工委成员单位填报“两纲”数据并拟纂检测报告。截至 2019 年年底，全区建成儿童之家 34 个，在 54 个社区中全部建立家长学校，实现家庭教育全覆盖。

2019 年，区妇联争取到全国妇联“两癌”救助金免费发放项目，为青山区“两癌”患病妇女发放救助金 4 万元。

【培养女干部】

2019 年，区妇联组织机关女干部、女执委、基层妇女干部参加各类学习活动，提升女干部战略思维素养和管理能力。深入开展女性恳谈活动，在青山区各街道（镇）、社区妇女之家开展“话我家·说变化·谈梦想”女性恳谈活动。每周开展宣传中国妇女十二大精神活动。采取线上线下多样形式，引导广大基层妇女谈心交流、畅谈身边的人和事，展现新时代女性的获得感、幸福感、安全感，以及妇女在社会生活和家庭生活中发挥的独特作用。

（任彩霞 供稿）

青山区科学技术协会

【概况】

青山区科学技术协会（以下简称区科协）成立于 1979 年 6 月 2 日，与区科学技术委员会合署办公，一套机构、两个牌子。1991 年 10 月 5 日，在区民政局注册为社会团体。先后与区科学技术委员会、区科学技术局、区经济科技和信息化局合署办公。2019 年，区科协开展科普信息化和队伍建设，引导辖区人员注册“科普中国”App，注册人数达 1249 人，宣传分享“科普中国”内容近 2.3 万多篇，分享基站 47 个。内蒙古第一机械制造（集团）有限公司第一中学教师李相军被评为自治区优秀科普信息员。

2019 年，区科协加强科普人才队伍建设，成立“科普专家服务团”，由 65 名专家组成，结合社区科普大学、科技活动周、青少年科技科普等活动，深入农村社区、学校、机关、企业，开展形式多样的“科普专家服务团”基层科普传播系列活动。全面推进四大人群科学素质行动，全年组织科技活动周、科普日等大型宣传活动 2 次，开展“文化、科技、卫生”三下乡活动 20 余次，开办社区科普大学 34 期，组织中科院老科学家科普演讲团、百名专家走进盟市旗县科普传播行活动共 16 场，累计受益人数 5000 多人。

2019 年 7 月，按照自治区科协《关于开展 2019—2021 年全区科普教育基地、科技教育示范学校、科普示范社区、科普中国示范 e 站申报的通知》，包头市青少年发展中心、包头市正翔海洋公园有限公司被认定为自治区科普教育基地，包头市第四中学、内蒙古北方重工业集团有限公司第三中学、内蒙古北方重工业集团有限公司第一中学、内蒙古第一机械制造（集团）有限公司第一中学、内蒙古一机集团基础教育中心第二子弟小学获“自治区科技教育示范学校”称号，新型社区获“自治区科普示范社区”称号。

【活动开展】

2019 年 3 月，区科协成立青山区科普专家服务团，由驻区各大专院校、新型研发机构、众创空间和全民科学行动计划纲要成员单位以及热爱青少年科普事业的各领域 65 位名家组成，细分为生活健康、青少年科技创新、社会安全等 5 个服务领域，结合社区科普大学、科技活动周、青少年科技科普等活动，深入农村社区、学校、机关、企业开展形式多样的“科普专家服务团”基层科普传播系列活动。4 月，内蒙古自治区“百名专家走进盟市旗县科普传播行”春季活动包头站，在青山区讲座共 16 场，讲座涉及营养、心理、航空航天等内容。5 月，在青山公园联合区委政法委、区反邪教协会、区住建局等 12 家部门和单位举办“崇尚科学反对邪教”青山区 2019 年第二十五届科技活动周反邪教文艺宣传活动。

（黄旭霞　供稿）

青山区工商业联合会

【概况】

青山区工商业联合会（以下简称区工商联）成立于 1994 年 12 月，是青山区委统战部所属相当于正科级参照公务员法管理事业单位。2019 年，区工商联四届三次执委会选举产生执委 184 人。截至 2019 年年底，共有会员 3491 个，其中团体会员 30 个、企业会员 3186 个、个人会员 275 个，涵盖装备制造、现代服务、金融保险等众多行业领域。2019 年，区工商联被评为 2018—2019 年度全国“五好”县级工商联。

【政治学习】

2019 年，区工商联组织企业家参加中共十九届四中全会精神解读会，开展“不忘创业初心，接力改革伟业”主题理想信念教育实践活动和庆祝中华人民共和国成立 70 周年系列活动。组织非公企业党组织成员召开“学习读书分享会”，品读《做新时代的追梦人》章节，引导非公经济人士弘扬企业家精神，争做时代典范。组织 8 家企业 24 名选手开展献礼祖国 70 周年，“构建和谐劳动关系，砥砺奋进新时代”青山区非公企业法律法规知识竞赛；组织年轻一代民营企业家商会开展“弘爱国之心，立青春之志”主题活动，青年企业家共同唱响《我和我的祖国》，同庆中华人民共和国 70 华诞；组织企业家观看庆祝中华人民共和国成立 70 周年大会，引导广大非公经济人士增进政治认同，坚守实业，干好主业，凝聚改革力量，做大做强实体经济。

【参政议政】

2019 年，区工商联围绕民营经济发展、构建和谐社会等专题调研，将调研触角延伸到经济和社会发展的多方面多领域，确保调研课题有分量，提出建议有质量。会员共提交人大代表建议、意见 12 件，政协委员提案 58 件。

【服务民企】

2019 年，区工商联与青山税务局联合举办新个人所得税培训会，企业代表参加人数近 200 人。搭建法律维权平台，联合区检察院召开服务民营企业座谈会，同部分民营企业签订保护企业发展承诺书，为民营企业发展吃下“定心丸”；联合青山区法院召开“优化企业营商环境，护航民营经济发展”服务和保障民营企业座谈会，为民营企业发展提供司法服务和保障。

【商会发展】

2019 年，区工商联制订会员发展规划，择优发展会员，会员增长率为 15%。制订商会建设工作计划，不断扩大组织网络，在组织机构、制度建设等方面给予工作指导。全面支持街镇、行业、异地等商协会建设工作，延伸工商联的工作手臂。

【公益事业】

2019 年，区工商联联合包头山东商会和深圳创炫互动科技有限公司为内蒙古北方重工业集团有限公司第六小学捐赠教育教学物资及软件，价值共计 48 万元。组织会员企业参加腾讯 99 公益日“助力边疆、脱贫攻坚”大型慈善项目募捐活动。开展内蒙古 2019 年“泛海助学行动”，为 41 名困难学生申请救助。鼓励非公经济人士积极参与各类公益事业和光彩事业，在爱心帮扶、爱心助学、社会实践等公益活动中发挥作用。

【非公党建】

2019 年，区工商联组织会员党员参加各类理论知识培训活动，提高会员党员的理论知识水平和政治素养。在党员中广泛开展献爱心活动，组织谈心、座谈活动，不断在会员企业里营造出健康向上、和谐团结的文化氛围。扎实推进“两学一做”常态化、制度化工作，结合党内开展的各项教育活动，推动“两学一做”学习教育抓在日常、融入经常，引导会员党员自觉做到“四个合格”。

（王馨冉　供稿）

青山区兵工林带天鹅湖公园（区委宣传部　供图）

军事

人民武装

【概况】

青山区人民武装部（以下简称区人武部）成立于 1959 年 3 月，隶属于包头市人民武装部，为军队建制营级单位。1960 年，建制改为正团级单位。1986 年，按照中央文件精神，由军队建制改为地方建制，受军队、地方双重领导，为副县级单位。1996 年，区人武部收归部队管理，由地方建制改为军队建制，为正团级单位。2019 年，区人武部为正团级单位，设军事科、政工科、保障科 3 个科室，负责国防动员、兵役征集和双拥工作等。

2019 年，按照内蒙古军区和包头军分区党委扩大会工作部署要求，区人武部坚持举旗铸魂固根本、练兵备战谋打赢、聚力主业打基础、正风肃纪强作风、群策群力保底线，部队全面建设呈现出稳中有进的良好态势。

【双拥共建】

区人武部积极发挥桥梁纽带作用。在传统节日、重大活动期间，联合民政部门对老战士、困难党员和立功受奖的现役军人家属开展走访慰问活动，并督导青山区退役军人事务局在“八一”前及时发放优抚金和优待金，全力做好服务保障工作。积极协调青山区委、区人民政府和相关职能部门帮助解决军人后院、后路、后代等问题。扎实推进扶贫帮困工程。按照包头军分区和青山区委、区人民政府要求，区人武部指定专人负责，严格落实对接制度，准确了解帮扶村、结对村情况。多次深入兴胜镇兴胜窑村与包村镇领导、包村干部、村干部和群众代表召开座谈会，面对面讲政策、想办法，协助落实有关教育、医疗、救助等政策。区人武部领导与3名贫困学生“一对一”结成助学对子，每人捐资 1000 元。为村集体投入十几万元，购置办公电脑和文体活动器材等物资。

【备战工作】

规范秩序抓战备。以“精干常备、综合多能、反应快速、作用明显”为目标，区人武部扎实开展经常性值班处置演练，掌握作战值班和指挥处置程序办法；完善八类作战方案和10种应急预案。组建民兵应急分队和各街道（镇）民兵应急排；组织民兵开展以应急维稳、森林草原灭火等科目的训练演练。指导各基层武装部配备战备物资器材。备战打仗抓训练。2019 年初，研究制订年度首长机关和民兵队伍军事训练计划，召开军事训练任务部署会，重点对干部的体能、技能和综合处置情况能力进行训练。6 月，针对三类、11 个专业的民兵开展为期 7 天的扎实训练，在包头市民兵比武竞赛活动中，获得通信保障专业第一名、工程抢修专业第三名，任务需求抓整组。按照包头军分区《民兵调整改革工作方案》，及时成立由军地相关部门组成的民兵调整改革工作领导小组。坚持专业对口、按编整组、动态管理，严把“两率四比例”，严格选定程序，确保随时联系到每名基干民兵。

4 月，组织民兵参加民兵应急分队整组点验暨固阳地区植树会战。认真抓动员潜力数据调查。组织动员潜力培训，建立与专业办公室联络对接、任务协调、信息交互等工作机制。注重大数据分析运用，重点掌握兵员实力、应急通信、粮秣油料、医疗卫生、道路交通、装备维修等潜力底数，完成 2019 年战争潜力的统计与更新；周密拟制动员方案预案，推动国防动员向备战打仗聚焦。

4 月 17 日，区人武部组织区民兵应急连参加包头军分区组织的应急分队整组点验暨固阳地区植树会战活动（区人武部　供图）

【征兵工作】

2019 年，区人武部注重精准宣传。抓住春节返乡、学生高考、端午庙会、民兵整组之机，积极开展兵役登记和征兵宣传活动。通过手机微信、微信公众平台、广播电台等宣传媒介，广泛开展政策宣讲和征兵工作进校园活动。兵役登记率达到 100%。在征兵体检中，采取“全域封闭、全时监控、全程监督”的方式，严格按照征兵体检网络版标准组织应征青年进行体检。政治考核过程中，严格政治考核程序，与青山公安分局、区教育局采取网上审查、发函协查、走访调查的形式，对有前科劣迹的青年实行“一票否决制”。开展阳光征集。实施阳光征集工程，做到“五公开、一集中、三监督”（五公开：公开政策规定、公开征兵纪律、公开体检合格人员名单、公开政审合格人员名单、公开初定新兵名单；一集中：落实“八方”定兵会成果，坚持由青山区人民政府分管领导、兵役机关、公安、卫生、教育、民政等部门参加，集体研究，择优审定新兵；三监督：全体征兵工作人员一律挂牌上岗，自觉接受组织监督、群众监督和新闻舆论监督），完成新兵征集任务。

【国防教育】

在民兵整组、征兵宣传和高校新生开学期间，通过宣传讲解、散发传单等形式，广泛开展《中华人民共和国国防法》《中华人民共和国国防教育法》《中华人民共和国兵役法》等宣传教育活动。联合各单位开展军警民联欢晚会、双拥表彰会等活动，弘扬军民和谐共建主旋律，营造全社会关注、关心、支持和参与国防后备力量建设的良好环境。9 月，组织辖区 2 所中学军训工作。

【正规化建设】

2019 年，区人武部坚持把正规化建设作为一项基础性工作摆上重要位置常抓不懈，大力加强和改进管理工作，不断推进机关和基层武装部正规化建设进程。围绕贯彻内蒙古自治区《关于加强新时代基层人民武装部建设的意见》、内蒙古军区《基层人民武装部建设细则》，组织基层武装部督导考评 4 次，达标率提升到 100%，创优率提升到 30%。

【安全稳定工作】

坚持依法治军、从严治军，突出查纠整改、突出抓细抓小、突出兜底保稳，严守安全稳定底线。注重安全教育。深入开展“条令学习月”“学法规用法规守法规”“百日安全”活动，深化对条令条例和法规知识的系统学习、常态落实，强化学法、知法、用法、守法的自觉性，认真落实司机警示日和节日战备教育，及时进行经常性安全常识提醒和组织观看安全警示片，不断提升规避安全风险的自我管控能力。注重制度落实。重点加强一日生活、请示汇报和请销假管理，加大内蒙古军区车辆安全管理措施、手机网络“双十条禁令”、中央军委禁酒令“十一个严禁”的落实力度。按职责分工，将职工定位到各科室，进一步明确管理权限，规范请销假手续，切实把人员管住管好。注重排查整改。围绕国防动员部安全检查实施细则和上级安全通知要求，坚持问题导向，全面进行隐患排查。重点建立隐患排查长效机制，坚持每月召开一次安全形势分析会，每半月进行一次全面隐患排查。规范办公室、保密室、文印室、兵器室秩序。先后对“两微一端”、私家车管理等情况进行清查登记；对重要目标、重要岗位人员、参加比武训练民兵、雇用临时工进行严格政治考核，保持安全稳定的良好局面。

（段英　供稿）

人民防空

【概况】

2019 年，青山区贯彻落实《中华人民共和国人民防空法》，坚持“长期战备，重点建设，平战结合”的方针，以人防政策和法律法规为依据，狠抓落实，科学管理，与时俱进，青山区人防战备工作得到全面发展。

【主要工作】

2019 年，青山区人民防空办公室（以下简称区人防办）加强对人防工程的开发利用和消防安全的监督检查，坚持管理经营化、制度化，每月对人防工程口部逐一进行安全检查，消除事故隐患，杜绝发生安全事故，完成上缴平战结合费 3.4 万元。人防警报担负着战时发动防空预警信号和抗震救灾警报的“双重”任务，区人防办对青山区的人防警报器和多媒体警报器逐一进行维护、管理和检查，做好 9 月 18 日警报试鸣工作，参试率、鸣响率达 100%。对青山区所管辖的早期人防工事进行安全隐患排查，对科学路西段人防干道工程进行维护维修，对进步道 230 米的人防干道进行报废回填处理，对 14622 平方米的公共工程和 11722 平方米的单位工程进行维护管理，公共工程达标 100%，单位工程达标 98%。积极推进人民防空知识教育工作，对 38 所学校新入学的 1.5 万余名学生开展“三防”（防核武器、防生物武器、防化学武器）知识的教育工作；扩建内蒙古一机集团第一中学人防宣教馆，在多媒体教室为新生演示“忘战必危，好战必亡”国防教育片。8 月 23 日，在青山区自由路街道欧鹿社区的欧鹿生活城小区举行社区居民人防紧急疏散演练暨人防“六进”进家庭应急包发放活动，共发放应急包 150 个。在内蒙古第一机械制造集团有限公司第四中学建成人防宣教走廊，并在 9 月 18 日当天组织全校师生开展应急疏散演练。继续做好社区居民人防知识教育，“9·18”宣传周，在团结广场为市民发放人防宣传手册和人防手提袋；走访 52 个社区进行人防知识宣传并发放宣传手册。

（李双 吴彦霆 供稿）

赵长城文化广场文体活动（区委宣传部 供图）

法 治

政法委工作

【概况】

中共青山区委政法委员会（以下简称区委政法委）成立于1984年2月，是青山区委系统领导和管理政法工作的职能部门，机构规格为正科级。负责贯彻执行上级党委政法委和区委相关要求，研究部署全区政法工作，并督促贯彻落实；统筹协调全区政法单位之间、政法单位和有关部门之间有关重大事项，统一政法单位思想和行动；了解掌握和分析研判全区政法工作情况动态、全区社会稳定形势，创新完善多部门参与的社会治安综合治理和维护稳定工作机制，协调推动预防、化解影响稳定的社会矛盾和风险，协调应对和处置重大突发事件；负责对全区政法工作的督查，统筹协调全区社会治安综合治理、维护社会稳定、反邪教有关法律法规、政策的实施工作；参与青山区有关政策规定的起草、修改工作，组织开展全区政法领域的调查研究，及时向青山区委提出意见建议；掌握分析政法舆情动态，指导协调政法各部门做好媒体网络及涉及政法工作的重大宣传工作；监督和支持政法各部门依法行使职权，指导和协调政法各部门密切配合，研究和协调重大、疑难案件，推进严格执法、公正司法；组织研究全区政法改革中的重大问题，深化政法改革；指导推动全区政法系统党的建设和政法队伍建设；指导协调推动“雪亮工程”、大数据、人工智能等全区政法、社会治安综合治理信息化建设；落实本单位安全生产和消防管理责任；完成区委和上级党委政法委交办的其他任务。2019年，青山区实施机构改革，按照中共青山区委办公室、青山区人民政府办公室《关于印发〈青山区机构改革实施意见〉的通知》（青党办发〔2019〕3号）文件要求，不再设立区社会治安综合治理委员会及其办公室、区维护稳定工作领导小组及其办公室、区委防范和处理邪教问题领导小组及其办公室、区国家安全工作办公室。2019年，核定行政编制7名，核定领导职数4名（2正、2副）。内设办公室、综治督导室、维稳督导室、反邪教协调室4个科室。包头市青山区反邪教协会成立于2008年，核定事业编制2名。青山区法学会办公室成立于2010年，核定事业编制4名，由区委政法委代管。

2019年，按照中央、自治区、包头市政法工作总体要求，区委政法委结合青山区实际，于3月19日召开青山区委组织宣传统战政法信访工作会议，会议全面总结了2018年工作，部署了2019年政法工作，充分发挥各政法部门和各相关单位在平安创建、维护地区稳定与“法治青山”建设工作中的积极作用。12月4日，青山区全面依法治区办、区委政法委、区司法局联合举办“12·4”宪法宣传日集中宣传活动。

【维稳安保工作】

明确维稳责任体系。充分发挥青山区维护政治安全和社会稳定专责小组作用，及时分析研判青山区政治安全和社会稳定形势，协调指导、督促检查、监督考核各项工作措施和责任落实情况，夯实维护国家安全的人民防线。

认真做好中华人民共和国成立70周年大庆期间维稳工作。对全区涉稳隐患进行拉网式排查，建立142名（其中重点人员20名）涉稳人员“四位一体”（区级、街道镇、社区、派出所领导包案）稳控台账并逐人进行评估分级。大庆期间，青山区共收到预警信息37条，全部及时处理，下发稳控通知42件，上报维稳情报研判日报告20期，未发生越级访及群体集聚上访事件。

坚决打击暴力恐怖活动。健全打防管控一体化机制，加强各大公共场所、重点部位的安全防范工作，大力开展警示教育宣传，进一步提升青山区人民群众的防范应对意识。全年累计开展反恐应急演练12次、反恐宣传32次，对重点安防部位实地督导46次，报送情报信息

110 条，反恐研判 12 条，守住了不发生重大恐怖袭击事件的底线。

【矛盾纠纷隐患排查化解】

严密防范化解政治安全领域重大风险。充分发挥区委国家安全委员会统筹领导作用，及时研究部署政治及其他领域的安全防范工作。印发《青山区防范化解重大风险工作预案》（青党发〔2019〕17 号）和《青山区防范化解重大风险整改方案》（青党发〔2019〕16 号），排查出全区包括政治安全领域、意识形态领域等 8 个方面存在的 33 个问题，分别制订整改方案，明确责任，确保政治安全和社会大局稳定。

构筑人民调解新机制。在各社区建立百姓说事点、居民议事厅、依法信访联合调处中心，引进公益律师、法律工作者参与社区矛盾纠纷调解工作，打造法律、心理咨询“十分钟服务圈”。组建“社区百名”安全防范信息员队伍，负责日常矛盾纠纷隐患排查、法律法规宣传。组建专业性、行业性人民调解组织，及时化解各领域、行业中的矛盾纠纷。全区共有各类调委会 170 个，调解员 573 人。2019 年全年累计共受理调解 1207 件，调解成功 1196 件，调解成功率达 99%。

积极推进涉法涉诉信访工作。积极做好信访人员的政策解释和教育疏导工作，对生活确有困难的及时通过多种渠道给予救助。全年共接待个访案件 12 件 12 人次，全部得到有效办理；完成上级部门督办信访案件 2 起 2 人次；积极依法推进“新福地”“宝鑫广场”等房地产历史遗留问题，接待业主群体 11 批次、200 余人，“宝鑫广场”问题已经引入司法程序。妥善处置了“华夏中农”非吸案件、万郡大都城劳资纠纷等有可能引发群体性聚集的案件 10 余起，涉及维权群众近 2000 人。此外，加大对非访、越级访等违法行为的打击力度，全年累计依法打击 6 人。

进一步完善司法救助制度。对《青山区司法专项金使用制度》进行完善补充，扩大救助范围，加大对刑事被害、因公负伤等人员的救助力度，全年累计办理符合条件的案件 6 起，发放救助金 13.7 万元。

【社会工作联席会议制度和重大不稳定清单制度】

以社会工作联席会议维稳组会议为平台，严格执行重大不稳定问题清单工作，加大涉稳隐患排查化解力度。全年累计召开社会工作联席会议维稳工作组会议 4 次，排查各类矛盾纠纷 40 余件。完成维稳安保任务 7 次，累计发送维稳情报研判日报告 120 余期。同时，协调指导监督相关部门做好对涉军、民办教师、涉众型经济犯罪利益受损人员等涉稳重点群体及重点人员的稳控工作，进行全区总体调度 20 余次，制订工作应急预案 20 余份。

【综治基层基础建设】

创新推动综治中心规范化建设。积极推动街道（镇）综治中心建设，自由路街道、科学路街道、先锋道街道、乌素图街道综治中心均已建成并投入使用，正翔国际非公经济组织综治中心正在积极建设。

着力提升网格化服务管理水平。将辖区居民楼栋、企事业单位、商户、人员密集场所结合实际划分为专属网格，实现城乡社区网格化服务管理全覆盖、全达标。全区共设置 529 个网格，配备 529 名社区网格员，公共服务区配备 147 名工作人员。

推动群众性自治组织建设。培养壮大专业化、职业化力量，发展建设治安中心户、楼栋长、“小红帽”、“红袖标”等多种形式的群防群治队伍，培育公益性、服务性、互助性社会组织。

【社会治安管控】

扎实开展扫黑除恶专项斗争。始终坚持高位推动，精心组织部署。专项斗争开展后，累计组织召开区委常委会、专项斗争推进会和领导小组工作会等各类会议 33 次，举办全区性扫黑除恶专项斗争培训班 5 期，青山区 3 个公安机关共打掉黑社会性质组织 1 个，涉恶团伙 39

个，其中 6 个恶势力犯罪集团、33 个涉恶团伙，破获刑事案件 245 起，抓获犯罪嫌疑人 414 人。在专项斗争的引领带动下，2019 年全区刑事立案下降 37.7%，公安机关受理治安案件总量同比下降近 28.4%，社会治安秩序持续好转，人民群众的安全感明显增强、满意度显著提升。

扎实开展社会治安重点区域和突出问题专项整治。全力开展缉枪治爆专项行动，进一步加强对全区范围内毒品违法犯罪案件及“黄赌”违法犯罪活动的打击处理力度，战果显著。对青山区城中村、旅馆、桑拿洗浴、歌舞娱乐场所等重点区域（场所）开展安全隐患专项检查，针对检查中发现的问题，及时进行整改处置，切实保障青山区社会治安平稳有序。

大力推行“24 小时警局”和“亮身份、当楼长、保平安、护稳定”创新举措。全力推动“24 小时警局”推广工作，吸粉 10 万余人。加大楼栋长配备力度，全区共有楼栋长 1303 名，所有楼栋长均已在青山区各派出所开展工作。“24 小时警局”和“亮身份、当楼长、保平安、护稳定”工作得到《人民日报》《法制日报》《内蒙古日报》、内蒙古电视台等各级媒体的报道。

【公共安全领域监管】

加强道路交通安全管理。加强客运车辆、校车等重点车辆管理，加大对酒驾、“三超一疲劳”（超速、超员、超载、疲劳驾驶）等交通违法行为查处打击力度。结合中华人民共和国成立 70 周年大庆安保以及“两防三保”（防风险、防事故、保安全、保畅通、保大庆）开展“猎鹰”系列集中统一行动 129 次、零点行动 21 次。2019 年全年累计查处饮酒驾驶机动车 667 起（其中涉嫌醉酒驾驶 260 起），无证驾驶 289 起，行政拘留 117 人，其他案件共计 332 起。

强化消防安全监管。持续加大对重大区域性火灾隐患的排查整治力度。对于拒不整改、难以整改销案的重大火灾隐患单位及无消防审批手续的公众娱乐场所，一律依法采取临时查封或停产停业。2019 年全年累计检查单位 950 家，发现隐患 1204 处，督促整改 1089 处，“三停”（停产停业、停止使用、停止施工）2 家，临时查封 26 家，罚款 29.26 万元，集中约谈重点单位、企业消防安全责任人共计 500 余人次。

加强危爆物品安全监管。强化危爆物品的储运管理者安全防范意识，严格落实仓储管理看护责任制。深入民爆物品和烟花爆竹从业单位，严查各项管理规章、制度落实情况。开展烟花爆竹专项行动，共对烟花爆竹进行检查 112 户次，下达相关文书 120 余份，行政处罚 7000 万元。

强化校园及周边安全管理。制定《2019 年青山区中小学幼儿园“护校安园”工作方案》，多方联动开展“护校安园”活动。强化“一键式视频监控联网报警”系统联网运用，扎实推进学校幼儿园“三见警”（见警察、见警灯、见警车）工作。在全区范围内组织开展由公安民警、学校教师、学校保安、学生家长志愿者四方联动的“四位一体、联动护学”校园周边交通安全管理模式，受到包头市教育局和包头市公安局交警支队的好评。

【特殊人群服务管理】

扎实开展严重精神障碍患者救治救助工作。不断完善基础信息库和动态检测网络，建立救治救助专项资金和严重精神障碍患者强制医疗绿色通道。组织开展严重精神障碍患者筛查工作，确定 15 名符合条件的监护人实施“以奖代补”政策，按照每户每月 300 元标准发放专项经费。

全力推进社区戒毒康复网格化管理工作。完善吸毒人员强制戒毒、隔离戒毒、自愿戒毒、社区康复相互衔接机制。将“社区戒毒、社区康复人员”纳入区域化社会治理网，实现对吸毒人员动态管控、分类处置，最大限度地防止失控漏管完善社区矫正与刑释解教人员安置帮教工作机制。利用司法智能终端与“内蒙古公共法律服务一体化平台”逐步实现在矫人员“正行通”手机 App 生物信息签到全覆盖与教育监管全面电子留痕，极大提高社区矫正和安置帮教工作的信息化建设水平。2019 年全年累计衔接安置帮教人员 173 人，解除社区矫正人员 137 人，对 74 名社区服刑人员开展心理矫治。

【司法体制改革】

健全行政执法和刑事司法衔接机制。健全行政执法、公安、检察、审判机关信息共享、案情通报、案件移送制度，落实公检法联席会议制度，形成相互配合、齐抓共管的工作格局。

健全司法权力运行机制。全面落实司法责任制，提升执法司法效能，加强法院、检察院实体和网络服务平台建设，构建普惠均等、便民利民的政法公共服务体系。健全完善法官和检察官员额管理、惩戒制度，进一步细化员额法官和司法辅助人员权责清单，完善员额检察官办案质量评价体系。

深化公安改革。积极推进警务机制改革，优化公安机关职能配置、机构设置和力量配置。全面推开“三见警”常态化巡逻机制和立体化社会治安防控体系。推进“互联网 +”公安政务服务建设，推出“一网办理”工作模式。

【反邪教工作】

坚决防范打击邪教活动。加强重点人员管控，2019 年全年累计走访帮扶涉邪人员 15 人。同时，社区开展的教育转化和帮教巩固完成转化率达到 100%，确保青山区社会大局稳定。

加强宣传教育。2019 年全年组织大型反邪教警示教育宣传活动 12 次。举办青山区 2019 年第二十五届科技周反邪教文艺宣传活动、烟标上的廉政文化和糖纸上的甜蜜记忆主题展览。以政法大讲堂为载体，对基层派出所、国保大队民警进行专项培训。加强新媒体线上宣传，为创建无邪青山、平安青山奠定更加坚实基础。

持续跟进反邪教警示教育基地建设。结合企业、学校、社区及各大宗教场所实际，集中开展反邪教警示教育活动。充分发挥各级基层党组织防范邪教渗透的“第一道防线”作用，深入扎实地推进无邪教企业、学校及社区等创建活动，推动防范处理邪教工作在基层得到有效落实。

7 月 9 日，区委政法委组织开展烟标上的廉文化和糖纸上的甜蜜记忆主题展览活动（区委政法委供图）

【政法队伍建设】

加强政法单位领导班子和领导干部队伍建设。全年系统组织开展“不忘初心、牢记使命”主题教育、“持续净化良好政治生态年活动”和“作风问题集中整治”工作。4 月，区委政法委与中国政法大学在成都联合举办全区扫黑除恶专题培训班。通过各项活动，政法队伍的政治思想、能力素质、纪律作风建设取得明显提升。2019 年，青山区政法系统有 11 个先进集体、17 名先进个人获得包头市级以上表彰奖励。青山区连续两年被评为内蒙古自治区反邪教协会工作先进旗县区，青山公安分局被评为内蒙古自治区公安机关 70 周年大庆安保维稳工作先进集体，青山区人民法院被评为内蒙古自治区法院司法统计工作先进集体，青山区人民检察院被评为包头市检察院系统先进集体。

（区委政法委 供稿）

法治政府建设

【全面依法治区】

2019 年 3 月，区司法局成立法治股，承办以政府各部门为被申请人的行政复议案件；承办因不服行政复议决定引起行政诉讼的应诉、赔偿事项；承担相关的行政复议案卷评查工作；处理涉及区人民政府的民事、经济、争议及行政诉讼；负责指导落实有关依法行政、法治政府建设的政策措施；接受各部门法治工作重要决定和方案的备案等工作。7 月 3 日，区委全面依法治区第一次会议召开，印发区委全面依法治区委员会协调小组成员名单，以及《区委全面依法治区委员会工作规则》《区委全面依法治区委员会协调小组工作规则》《区委全面依法治区委员会办公室工作细则》等文件。强化考核评价和督促检查，参与制定青山区《2019 年度全面依法治区考评指标》，制定青山区本级依法治区、法治政府建设工作台账，对全区各单位开展年度考核。

【行政复议】

2019 年，区司法局共接受行政复议申请案件 10 件。通过调查了解情况，组织当事双方调解，申请人得到满意答复后主动撤回复议请求 2 件。通过调查并征求法律顾问意见后解答并告知当事人正确申诉途径 1 件。经核实情况，申请人自行撤回复议请求 2 件。依法受理行政复议 5 件。开展行政复议案件梳理工作，与区法制办对接 2015 年以来行政复议案件情况，并查找相关印证资料，排查是否涉黑涉恶，共有 8 起行政复议案件，无涉黑涉恶案件。

7月3日，区委全面依法治区委员会第一次会议召开（区司法局　供图）

【行政诉讼】

2019 年，区司法局未办结和新增行政诉讼案件共 10 件。其中，区人民政府主体提起上诉案件 1 件，对方当事人提起上诉案件 2 件，终审判决 2 件。落实行政机关负责人出庭应诉制度，行政诉讼应诉职责调整到区司法局后，区人民政府指派行政诉讼应诉机关的负责人依法出庭应诉 1 件。

【规范性文件监督管理】

2019 年，区司法局完善规范性文件制发、审核等制度，对以区人民政府、区人民政府办公室名义制发的文件草案，从制定主体、权限、程序、内容等方面进行合法性、合理性审查。严格按照时限备案各类规范性文件，报备率、及时率、规范率均达到 100%。全年向包头市人民政府、区人大常委会备案规范性文件 4 件。建立规章和规范性文件清理长效机制。开展 2019 年度规范性文件清理工作，共清理 2018 年 12 月 31 日之前发布的规范性文件 17 件，继续生效 15 件，废止、失效 2 件。

【行政执法监督】

2019 年，区司法局按照中共包头市委员会全面依法治市委员会的工作要求，组织开展青山区行政执法主体清理确认工作，对照“三定”规定进行梳理、归纳，逐一审查确认。8 月，开展行政执法人员资格审核认证工作，完成各执法单位的执法人员在编在岗、执法资格、持证种类等情况审查工作。

（刘浩然　供稿）

公　安

包头市公安局青山区公安分局

【概况】

包头市公安局青山区公安分局（以下简称青山公安分局）成立于 1956 年，是青山区主管公安工作的政府职能部门，机构规格为正科级。负责预防、制止和侦查违法犯罪活动；防范、打击恐怖活动；维护社会治安秩序，制止危害社会治安秩序的行为；管理消防、危险物品；管理户口、居民身份证、国籍、出入境事务和外国人在中国境内居留、旅行的有关事务；警卫国家规定的特定人员、守卫重要场所和设施；管理集会、游行和示威活动；监督管理公共信息网络的安全监察工作；指导和监督国家机关、社会团体、企业事业组织和重点建设工程的治安保卫工作，指导治安保卫委员会等群众性治安保卫组织的治安防范工作。2019 年，核定政法专项编制 460 名，有在岗民警 434 人，警务辅助人员 347 人。内设纪检监察室（督察大队）、政办室、警务保障室、法制大队、指挥中心（办公室）、国内安全保卫大队、治安管理大队（下设 5 个中队）、刑事侦查大队（下设 4 室 18 个探组，包括原禁毒大队、经济犯罪侦查大队）、科技信息大队、网络安全保卫大队、情报中心、青山区看守所、出入境管理大队、特警大队 14 个机构，下辖 11 个派出所。

2019 年，青山公安分局治安大队被内蒙古自治区公安厅评为自治区公安局机关 70 周年大庆安保维稳工作先进集体，青山区公安分局刑侦大队民警云旭东被内蒙古自治区公安厅评为自治区公安机关 2019 度“扫黑除恶先锋”。

【国家安全】

2019 年，青山公安分局以开展公安国保战略支撑点建设工作为契机，延续新时期对敌斗争“主动进攻”的战略思想，紧紧抓住影响青山区和谐稳定的源头性、根本性和基础性问题，深化基层基础建设和专业队伍建设，着力提高发现预知预警能力、侦查攻坚能力、网上进攻能力、境外调研能力和队伍履职能力，始终把开展国保基层基础业务工作作为重要任务，以更高的标准、更严的要求，不断完善工作目标、健全相关机制、严格队伍管理、强化工作举措，有力维护青山区社会和谐稳定。

2019 年，青山公安分局积极推进反恐怖工作，坚持以“稳定压倒一切”的主导思想，采取积极有效措施，对关注人员进行核查、管控，对涉恐涉暴物品进行清查、整治，确保维稳反恐各项工作正常有序进行。全年组织开展反恐法宣传活动 41 次，反恐防范教育指导 12 次，督促指导 48 家重点防范目标落实反恐防暴人防、物防、技防措施，对 63 家重点目标、重点防范单位规范、制定反恐怖袭击防范标准。

【维护社会稳定】

2019 年，青山公安分局以“践行新使命、忠诚保大庆”实践活动为抓手，始终保持高等级勤务状态，严管严控重点人、危险物和社会面，守住安全底线。全年出动警力 1235 人次，车辆 398 台次，完成“三级两会”、中华人民共和国成立 70 周年大庆安保、全国扫黑除恶第二督导组到包头市督导安保、全国环保督察组到包头市督查安保等重要安保维稳任务。

2019 年，青山公安分局抓好隐蔽战线斗争，强化重要阵地控制，筑牢反恐维稳防线，夯实维稳工作，严格网络安全管控，切实维护青山区政治大局安全稳定。围绕“6·4”包商银行停摆接管、国庆等敏感节点，全力压实重点群体、重点人员稳控责任，确保无失控漏管、无聚集滋事行为发生。

【扫黑除恶】

2019 年，青山公安分局共打掉涉恶类犯罪团伙 12 个，破获涉恶类案件 14 起，抓获涉恶类犯罪嫌疑人 86 名。破获涉恶类案件 24 起，抓获犯罪嫌疑人 62 人；全年共接收各级转办线索 337 条，实际核查 324 条，已办结 196 条，正在核查 128 条。办结的 196 条线索中，查实 48 条，查否 148 条；共冻结涉恶类案件资金 476.8294 万元，冻结涉恶类案件基金 842.8294 万元（时价），查封房产 34 套，扣押涉案机动车 2 台。

【打击刑事犯罪】

2019 年，青山公安分局共破获各类刑事案件 323 起，其中 4 起命案全部告破，成功破获 2 起 10 年以上积案，同比下降 45.3%。

2019 年，青山公安分局成功破获 2005 年青山区赵家营子村李某被杀案、1995 年青山区张某被伤害致死案；破获“8·20”王某被诈骗案，抓获犯罪嫌疑人 14 名，冻结涉案资金 2200 余万元。在自治区公安厅开展“网上追逃百日行动”中，抓获历年网上逃犯 61 人。

【打击经济犯罪】

2019 年，青山公安分局以打击“古玩字画、保健品诈骗类案件”为契机，开展经侦大会战，全面清理辖区内所有涉众型经济犯罪案件和积案，破获涉众型经济犯罪案件 6 起。全年共破获经侦案件 57 起，抓获犯罪嫌疑人 98 人，抓获逃犯 13 人，挽损人民币 318.5 万余元。

【禁毒工作】

2019 年，青山公安分局深入开展“两打两控”“净土”“净边”“靖边”等禁毒专项行动，对全区范围内的涉毒违法犯罪活动开展雷霆打击。全年共破获毒品案件 295 起（刑事案件 13 起，治安案件 282 起），抓获涉毒犯罪嫌疑人 297 人（刑事拘留 15 人，强制隔离戒毒 142 人，行政拘留并处社区戒毒 56 人，行政拘留 84 人），收缴各类毒品 6697.355 克。

在全区范围内组织开展“利剑 -19”禁种铲毒专项行动、“制毒物品场所设备”大排查行动、全民禁毒宣传月行动、“绿洲家园”社区戒毒社区康复工作站建设等一系列活动。在禁种铲毒和禁毒踏查、易制毒化学品和精麻药品管理、禁毒预防教育宣传、社区戒毒社区康复、脱失吸毒人员清查等方面，深入推进青山区禁毒工作。

【治安管理】

2019 年，青山公安分局强化危爆物品治安管理，对合法储存使用枪支的单位进行深入排查，充实完善“持枪证”办理审批手续。2019 年全年共收缴制式猎枪 3 支，小口径步枪 1 支，制式气枪 3 支，射钉枪 1 支，仿真枪 10 支，各类枪弹 1240 发，雷管 12 枚，制式手榴弹 1 枚，刀具 20 把，弩具 4 具。

加强水、电、煤气等生命线工程的安全防范措施。对青山区 49 个重点安保单位，青山区内所属 19 家保安公司的安全防范工作进行检查。深化“平安校园”“平安医院”“平安银行”建设工作，有效杜绝涉园、涉医、涉金融场所案件的发生。

深入开展“扫黄扫赌”工作，加大对行业场所涉“黄”、涉“赌”打击力度，共查获“黄赌”案件 22 起，打击处理人员 82 人。根据中共中央关于严厉打击拖欠农民工工资的精神，积极协调劳动监察部门，办理欠薪案件 10 起，涉及资金 600 余万元，因拒不支付工人劳动报酬立案 1 起，涉案金额 70 万元，上网追逃 1 人。

【户政管理】

2019 年，青山公安分局切实抓好户籍新政落实，全面落实各项便民利民措施，简化业务办理流程，规范窗口服务，提高群众对户籍窗口工作的满意度。同时，做好港澳台居民居住证申领发放服务。12 月，实现内蒙古自治区跨盟市户口迁移“一站式”办理，解决迁移户口群众在迁入地和迁出地两头跑问题，切实提高户籍窗口服务质量和效率。

2019 年，青山区户籍人口 37.2 万人、13.1 万户。其中，男性 18.3 万人，女性 18.9 万人，男女比例为 97∶100。出生落户人口 2995 人，死亡注销人口 1053 人，省外迁入人口 1049 人，迁出省外人口 2096 人，人口自然增长率为 5.14‰，流动暂住寄住人口（市外及市内旗县流入）16.9 万人。

【出入境管理】

2019 年，青山公安分局为进一步拓宽“互联网 +”公安政务服务工作，在原有工作环节基础上，新增身份证套打申请表功能。同时，不断创新工作方式，正式开通出入境证件银联卡、支付宝、微信、银联二维码、云闪付等多种缴费方式，方便办证群众。

2019 年，青山公安分局出入境管理大队办结公民因私出入境证件 14326 份、10241 人。自助签注机签注香港 1009 人 / 次，签注澳门 1308 人 / 次，签注台湾 101 人 / 次。

2019 年，青山公安分局加强外国人管理工作，积极开展外国人从事非法活动清理整顿活动，全年累计查处 6 起涉外案件。其中，查处 1 起外国人非法居留案，查处 2 起外国人非法就业案，查处 2 起非法聘用外国人案，查处 1 起未尽监护义务致使未满 16 周岁的外国人非法居留案。

【110 接处警工作】

2019 年，青山公安分局“三台合一”（110、119、122 三个报警平台整合）报警服务平台共接报各类报警、求助 45002 起，日均 123 起。其中，违法犯罪警情 3905 起，火灾警情 49 起，自杀警情 26 起，纠纷 5093 起，家暴 332 起，公民求助 14570 起，走失寻人 2078 起，其他 18949 起。

【科技强警】

2019 年，青山公安分局搬迁新址，视频监控机房同步搬迁。按照包头市公安局的统一要求，青山区公安分局科信大队对辖区内点位需求进行两次全面摸排梳理工作，同时积极协助建设公司排除建设中出现的难题，确保“云眼卫士”工程顺利开展。

【监所管理】

2019 年，青山区看守所根据《包头市公安局智慧监管建设实施方案》，以确保监所安全为根本目标，将旧报警系统更换为监所可视化报警对讲系统。按照《全市公安监管场所悬挂点整治工作实施方案》要求，将放风场墙面栅栏安装防护网，对监墙防护栏和蛇腹型刀刺网进行更换。

2019 年，青山区看守所共收押 755 人（刑拘 590 人，逮捕 139 人，收回取保候审监视居住 1 人，其他 25 人），出所 717 人（其中交付监狱执行 221 人，刑满释放 183 人，撤案释放 1 人，转取保候审监视居住 259 人，转其他所 21 人，其他处理 32 人）。对患病在押人员及时就医治疗 10 人次。安排提审提讯 2276 次，提审开庭 466 次，投牢 20 次、221 人，律师会见在押人员 930 次。获取各类线索 64 条，破获案件 1 起，抓获犯罪嫌疑人 1 名。

【规范执法】

2019 年，青山公安分局在办公大楼负一层建成智能化执法办案中心，实现办案过程智能化管理，视频监控全覆盖，嫌疑人活动轨迹全记录，达到包头市领先水平。执法办案中心设有 1 个案件会商室、11 个询（讯）问室、1 个特殊人员讯问室、1 个辨认室、2 个候问室、1 个醒酒室，刑事案件均在此办理，保证犯罪嫌疑人的权益和民警执法办案环境的安全。同时，建成集规范化、智能化于一体的涉案财物管理中心，保证涉案财物专人专管、涉案资金规范入账出账，并建立相关制度及管理台账。

2019 年，青山公安分局全面实现“三个当场”（当场进行接报案登记，当场接受证据材料，当场出具接报案回执并告知查询案件进展情况的方式和途径），接受其他机关移送刑事案件 11 起。全面落实刑事案件“两统一”（统一审核，统一出口），由案管中心负责与检察机关、办案单位对接，完成刑事案件的提请批准逮捕、移送起诉和补充侦查工作。2019 年全年，通过案管中心向检察机关移送刑事案件 566 起（批准逮捕案件 110 起，移送起诉案件 287 起，补充侦查案件 169 起）。

【队伍建设】

2019 年，青山公安分局以开展“不忘初心、牢记使命”主题教育为契机，全面加强党员队伍建设。开展纪念建党 98 周年，“感悟领袖的人民情怀、践行群众路线，忠诚保大庆”等主题党日活动。在办公大楼一楼走廊建成党建文化基地，基地包括“一室”(党员活动室)、“两廊”(警示教育廊、党建宣教廊)、“三墙”(党建文化墙、宣誓墙、警示教育墙)、“四岛”(执法公正示范岛、纪律严明标兵岛、服务人民模范岛、对党忠诚英烈岛)，是青山区公安分局落实政治建警、从严治警、从优待警、文化育警的真实抓手和有效载体。

2019 年，青山公安分局坚持开展“订单式”教育培训工作，培训从聚焦实战、服务基层需求出发，有针对性安排培训项目。内容涵括吸毒人员毛发检测、党史讲座、团队能力建设及心理辅导、警示教育、现场勘查、警务辅助人员培训、扫黑除恶专项斗争应知应会知识测试、执法办案中心使用、警情处置中的注意事项等。

青山公安分局指挥中心党支部党员在党建基地进行学习研讨（青山公安分局　供图）

【纪检监察】

2019 年，青山公安分局严格监督执纪，全面整治执法突出问题，查纠执法环节中不按规定处警、受案、滥用权力侵犯群众合法权益、立案公开制度落实不到位、履行法定侦查、调查职责懈怠等突出问题。青山公安分局纪检监察室对 23 名民警进行提醒谈话，对 4 名民警进行谈话函询，对 1 名民警进行诫勉谈话，对 1 个基层党组织下发纪律检查建议书。

（武瑾　供稿）

包头市公安局乌素图治安分局

【概况】

包头市公安局乌素图治安分局（以下简称乌素图治安分局）成立于 2007 年 7 月 23 日，其前身为中核北方核燃料元件有限公司公安处，是包头市公安局的派出机构，机构规格为副处级。负责贯彻执行党和国家及上级机关有关公安工作的方针、政策、法律，分析和研究辖区内社会治安状况，部署辖区公安保卫工作并负责监督检查；负责辖区内政治案件和刑事案件的侦破工作；依法对辖区进行社会治安管理；依法对辖区单位的安全保卫工作和保卫组织进行业务指导；承办市公安局交办的其他工作。2019 年，核定政法专项编制 50 名。核定副处级领导职数 2 名，科级领导职数 29 名（15 正、14 副），有在编警力 47 人、文职辅警人员 47 人。内设指挥保障部、刑侦案审部、乌素图合成所、国保大队。

乌素图治安分局地处青山区东北地区，辖区面积约 20 平方千米，辖区内有中核北方核燃料元件有限公司、包头装备制造产业园区，包头轻工职业技术学院、包头职业技术学院等企事业单位 181 个，商业网点 128 个，中小学、幼儿园各 1 所，二、三级防火单位 127 家。辖区常住人口 1.59 万人，暂住人口 2300 余人，辖区内入驻包头装备制造产业园区的企事业单位共有员工 3 万余人，两所高等院校共有在校师生员工 1.34 万余人。

【维护社会稳定】

2019 年，乌素图治安分局积极落实“三见警”工作，完善校园周边“护学岗”，坚持在上学、放学期间协助校园维持校内外的治安秩序，并适时对辖区奥林匹克公园、主要道路、重点企业、重点地段开展警车巡控工作，长期坚持上午10时至11时、下午16时至17时、凌晨1时至2时的巡控工作，做到巡控和安全检查相结合、巡控和重点盘查相结合、巡控和处置警情相结合。

【打击刑事犯罪】

2019年，乌素图治安分局受理侦查各类刑事案件72起，立案侦查60起。共破刑事案件32起。其中，破获涉恶案件22起，破获盗窃案件3起，破获诈骗案件1起，破获掩饰隐瞒犯罪所得案1起，破获妨害公务案2起，破获故意毁坏财物案1起，破获强奸案1起，破获故意伤害案件1起。

在专项行动中，打击处理赌博违法犯罪人员9人，抓获上网在逃人员6人，抓获省外上网在逃人员2名。2019年，打击处理违法犯罪人员22人，向包头市医疗保障局通报包头市32家违规消费结算药店。

【打击经济犯罪】

2019年，乌素图治安分局按照包头市公安局《打击治理电信网络新型违法犯罪专项行动方案》要求，开展打击治理电信网络新型违法犯罪专项行动。2月23日，从广东抓获帮助取款人杨某，同日，杨某因涉嫌掩饰、隐瞒犯罪所得罪被刑事拘留。冻结电信诈骗犯罪嫌疑人账户370个，冻结涉案资金17万元。

【扫黑除恶】

2019年，乌素图治安分局“扫黑办”接包头市公安局“扫黑办”转办线索6条。其中，经包头市公安局“扫黑办”向九原区公安分局“扫黑办”移交1条，已办结5条；乌素图治安分局“扫黑办”自身摸排线索5条，办结5条。

2019年全年抓获涉恶案件网上在逃人员3人。

【治安管理】

2019年，乌素图治安分局受理行政治安案件80起，结案32起。治安调解22起，行政拘留9人，罚款6人，行政拘留并处罚款6人，警告1人，行政拘留（不予执行）3人。

2019年，乌素图治安分局执行“两会”安保、中华人民共和国成立70年大庆安保、治安支队驻京警务室、兴和治安检查站安保、公务员考试、内蒙古自治区及包头市职业院校技能大赛、ITF60K国际女子网球巡回赛、全区二级建造师执业资格考试、一级警卫任务等10多次安保任务。共出动警力212人次，警车35台次，完成各项安保任务。

【户政管理】

2019年，乌素图治安分局全力开展“一标五实”（标准地址、实有房屋、实有人口、实有单位、实有组织、实有图像）基础信息采集工作。共采集关联户数6837户，进房人数16923人，实有房屋405处，实有单位86家，寄住人口264人，流动人口2836人，为辖区人口管理打下坚实基础。

【110接处警工作】

2019年，乌素图治安分局接处警1646起。其中，求助1116起，纠纷392起，诈骗77起，盗窃26起，殴打他人17起，入室盗窃7起，扒窃2起，故意损毁财物3起，寻衅滋事1起，妨碍公务4起，扰乱公共秩序1起。

【科技强警】

“平安包头”项目在中核北方核燃料元件有限公司生活区域、包头装备制造产业园区、两所院校周边以及建华南路两侧路口建设53个监控点位，安装摄像头204个，已建设完成。建成摄像头100余路，已全部上线。“雪亮工程”方面，2019年，乌素图治安分局采集上报相关建设点位100个，已全部上线。

【规范执法】

2019年，乌素图治安分局建立健全执法制度。根据执法规范化要求，制定《乌素图治安分局法治公安体系建设执法质量绩效考核办法》，从案卷质量、接处警、受（立）案、案件流转、证据上传、网上公开，执法档案、办案中心管理与使用，以及涉案财物等方面进行规范；完善《乌素图治安分局案件审核审批程序规定》，进一步规范案件审核审批范围和程序、案件审核审批责任、案件报告制度等，强化取保候审案件审核审批程序和责权，极大提高办案中审核审批效率。制定《乌素图治安分局案例点评制度》，负责对本单位典型案例的筛选、评析，并积极引导督促各办案部门结合自身业务认真开展案例点评活动。建立《乌素图治安分局法律顾问工作制度》，建立完善公众参与、专家论证和领导决策相结合的重大行政决策机制，实现依法决策、科学决策、民主决策，加强行政执法人员的法律法规培训，提高执法人员业务素质，全面推进依法行政，提高监管能力和水平。

【队伍建设】

4 月 3 日，清明节来临之际，乌素图治安分局民警代表在革命烈士纪念碑开展“清明祭英烈、共祝中国梦”缅怀英烈主题活动。结合 2019 年“持续净化良好政治生态年”活动和“践行新使命、忠诚保大庆”实践活动，5 月 22 日，乌素图治安分局组织民警参观党员政治生活馆 。5 月 24 日，召开“践行新使命、忠诚保大庆”实践活动动员部署会，乌素图治安分局党委发出倡议书、动员令，并签订《全区公安机关严禁违规饮酒责任状》。包头市公安局召开“不忘初心、牢记使命”主题教育动员部署大会后，乌素图治安分局组织全体人员深入学习，有序进行，第二批“不忘初心、牢记使命”主题教育活动中，乌素图治安分局班子成员赴辖区基层单位及企业、社区进行调研，搜集大量问题和建议，取得良好效果。国庆前，组织人员通过快闪视频方式庆祝中华人民共和国成立 70 周年华诞。全年共在内蒙古自治区级媒体发稿 11 篇，市级媒体 15 篇，蒙文公安 1 篇。

10 月 15 日，乌素图治安分局深入辖区企业开展调研（乌素图治安分局　供图）

（吕烨　供稿）

交通管理

包头市公安局交通管理支队青山大队

【概况】

包头市公安局交通管理支队青山大队（以下简称青山交管大队）成立于 1957 年，其前身是包头市公安局交通消防民警大队青山区交通消防中队，是包头市公安局交通管理支队的派出单位，机构规格为正科级。负责青山区道路交通管理，交通警卫及重大节日的交通安全保卫，处理交通事故和驾驶员补证、换证、初试申领受理业务，对公民进行交通安全宣传教育等工作。2019 年，核定政法专项编制 66 名、事业编制 21 名，有民警 231 人、协勤 144 人。内设指挥室、管理宣传中队、车管分所、事故处理与案件侦查中队、特勤中队、3 个岗勤中队。管辖范围：东边界以建华路的 110 国道至建设路西侧红线为界（建设路管辖至井卜石交界口西 100 米处，建华路与青山路交叉口包括赛汗塔拉公园），西边界以民族东路的友谊大街以北段道路西侧红线为界（文化西路、莫尼路、团结大街、青年路、乌兰道、钢铁大街、少先路，友谊大街与民族东路交叉口管辖范围向西延伸 100 米），南边界以友谊大街的民族东路以东段道路南侧为界，北边界以 110 国道的道路南侧红线为界，G6 高速公路管辖至包头收费站出口以南段。辖区有道路 78 条，中心隔离护栏 37.5 米，路口 232 个（十字路口 135 个，丁字路口 97 个），有信号灯路口 151 个，无信号灯路口 135 个。

2019 年 2 月，青山交管大队青山车管分所被包头市精神文明办公室评为“最多跑一次”作风建设先锋岗，被包头市委员会评为“创建第五届全国文明城市先进集体”。8 月，被包头市健康城市工作领导小组评为“包头市健康细胞创建试点单位”。9 月，被包头市公安局评为“不忘初心、牢记使命、忠诚献礼、逐梦警营”——包头交警向人民报告主题宣讲活动中表现突出优秀集体。

2019 年，青山交管大队围绕“以信息化引领，以科技为支撑，全力开展警务实战化建设”总体工作思路，以实现“精准管理、精准服务、精准打击”为工作目标，积极推进机构改革和第四代勤务机制创新，努力提升交通管理、执法能力和服务水平，经全体民警、辅警的共同努力，完成全年各项工作任务，全力保障辖区道路交通安全、有序、畅通。

【交通管理措施】

扫黑除恶工作。2019 年，青山交管大队持续加强重点企业监管，做到及时发现问题，消除隐患，建立企业车辆档案，结合辖区实际，充分运用传统方法与科技手段，全方位加强情报线索收集，在开展路面执勤执法、车驾管业务办理、交通违法处罚、交通事故处理等日常工作中，加强人员、车辆信息盘查比对和携带物品检查，收集发现涉黑涉恶犯罪情报线索。

指挥调度工作。2019 年，青山交管大队三合一平台接各类报警 18447 起。其中，交通事故报警 14472 起，交巡治安警情 70 起，其他警情 3905 起。接各类群众求助挪车、咨询、投诉等电话报警 11000 多起。通过集成指挥平台核心版（缉查布控系统）和一中队配合，现场拦截并处罚违法车辆 445 辆。

源头管理及安全隐患排查工作。2019 年，青山交管大队深入排查辖区客运、危化品运输企业，校车企业 19 家（客运企业 1 家，旅游包车企业 3 家，危化品运输企业 12 家，校车企业 3 家）。排查客运车辆 236 台、驾驶员 236 名，危化品运输车辆 526 台、驾驶员 526 名、押运员 492 名，校车 3 台、驾驶员 3 名。车辆共计 765 台、驾驶员 765 名。深入企业检查 122 次，通过六合一平台对重点企业所属车辆进行排查，共排查违法未处理车辆 1120 台次，下达违法清零整改通知书 106 份，要求对有交通违法行为未处理的车辆及驾驶人所属企业立即整改消除交通违法行为，将整改情况以书面形式予以反馈。同时，面对面检查车辆 68 次共计 452 台。联合青山区应急管理局、青山区运管所对辖区重点车辆企业进行安全大检查 49 次。其中，约谈 8 家运输企业并做工作记录。约谈渣土车企业 9 次，并做工作记录备档。对重点驾驶员采集毛发 294 份。为 38 家车属企业及个人共计 1961 台次车辆办理通行证延期业务并建立档案。办理占道挖掘审批 39 次。共排查辖区道路隐患及需完善交通设施 55 处，其中道路隐患 8 处（已解决 3 处），需完善交通设施标志、标线 41 处，信号灯需维修 2 处，需安装 4 处，上报设施大队。设施大队解决辖区施划新增、复划停车泊位 3000 余个。青山交管大队自行解决 2 处隐患点。多次深入青福镇、新城村、昌福村、赵家营子村开展“两站两员”（农村、牧区、农村交通志愿者、交通安全劝导员）工作，岗勤中队与劝导站、安全员保持密切联系，加强安全宣传教育，形成常态化开展和推进。

【交通秩序整治】

2019 年，青山交管大队持续开展动、静态整治，净化路面秩序。加大对背街小巷交通秩序整治，针对乱停乱放车辆、商铺的店外店、占道经营、道路红线内的广告牌、“僵尸车”以及“24 小时警局”反映的问题，组织联合辖区办事处、市场监督管理局、城市执法局进行整治，共联合辖区执法部门 36 次，排查“僵尸车”182 辆，督促年检及整改车辆 103 辆，清理“僵尸车”80 辆，发现套牌车 1 辆，涉嫌盗抢车 3 辆，达到路面治理明显、秩序良好效果。结合大庆安保以及“两防三保”(防风险、防事故、保平安、保畅通、保大庆)开展一系列专项行动。开展“猎鹰”系列集中统一行动 129 次、零点行动 21 次。查处各类交通违法行为共计 238561 笔。其中，使用警务通现场纠违处罚 28025 笔，非现场抓拍 210536 笔。一般程序处罚共计 1288 笔。查处饮酒驾驶机动车 667 起（涉嫌醉酒驾驶 260 起），无证驾驶 289 起，行政拘留 117 人，其他案件共计 332 起。其中，未投保 8 起，擅自改变机动车外形和已登记的有关技术数据 308 起，使用伪造、变造机动车号牌 6 起，使用伪造、变造机动车驾驶证 1 起，使用其他车辆的机动车号牌 2 起，将机动车交由未取得机动车驾驶证或者机动车驾驶证被吊销、驾驶达到报废标准的机动车 2 起，超载 50% 以上 2 起，超速 50% 以上 2 起，拒绝或阻碍人民警察执行职务 1 起。查扣三轮、四轮车 90 台。共收缴罚款 20557998.4 元，其中各中队窗口收缴罚款 14609808.9 元，自助缴费 5948189.5 元。共筛选各类非现场违法数据 405560 条，有效数为 197147 条，有效率 49%。完成非现场执法数据筛选工作后进入集成平台系统，将非现场筛选有效数据进行二次筛选，共筛选违法数据 90577 条。

【交通安全宣传】

2019 年，青山交管大队完成新闻报道 608 篇(国家级 4 篇、自治区级 198 篇、市级 406 篇)，新媒体 374 篇。开展大型宣传活动 8 次：春运启动仪式、元旦小长假宣传、综治宣传月活动、礼让斑马线宣传活动、安全生产月、交通宣传日、宪法日。“七进”法治宣传 252 次，“今日头条”执法直播 21 次，做客内蒙古广播电台 3 次、包头广播电台 1 次。发布“两公布一提示”3028 条，悬挂条幅 58 条、LED120 条，发放宣传材料 53200 份，快手、微视频 50 条，召开媒体通气会 1 次，新闻媒体随警作战 21 次。

青山交管大队管理宣传中队到内蒙古北方重工业集团有限公司第一小学开展交通安全宣传活动现场（青山交管大队　供图）

【交通事故】

2019 年，青山交管大队共接事故警情 14472 起。适用一般程序处理事故 215 起（死亡事故 10 起，死亡 10 人、伤 1 人；伤人事故 174 起，伤 190 人；财产损失事故 31 起）。直接经济损失 215000 元。与 2018 年同期相比，适用一般程序处理事故起数下降 3%，死亡起数下降 23%，受伤人数上升 4%，直接经济损失下降 3%。其中，醉驾案件 31 起（含 2 起醉驾交通肇事案），逃逸案件 9 起。适用简易程序处理事故 4033 起（快处快赔处理 2860 起，事故中队处理 1173 起）。岗勤民警用“12123”App 平台处理事故、保险直赔以及现场协商解决和民警调解处理 10224 起。

【交通安保工作】

2019 年，青山交管大队完成全国、内蒙古自治区、包头市、青山区“两会”及春节、元宵节灯展、民间文艺表演、焰火晚会大型活动、清明节、“五一”劳动节、端午节、高考、中考、中秋节、国庆节等道路交通安全保卫任务36次；完成一级警卫任务2次，二级警卫任务1次，三级警卫任务8次，一般交通安全警卫任务106次。完成各类交通安保任务，未发生任何问题。

【机动车辆及驾驶人员管理】

2019年，青山交管大队车管分所认真落实公安交管“放管服”改革措施，以“一证办、一窗办、就近办”的交管服务模式积极践行“以人民为中心，最多跑一次”的服务理念，让改革“红利”最大化惠及广大人民群众。在包头市率先在信得惠丰田4S店设立服务站，推行机动车销售企业快捷代办登记业务，提供车辆登记“一站式”服务，此项措施推行极大方便了销售企业和购车人，公安交管便捷、高效、精准的服务取得良好的社会效应。

2019年，青山交管大队办理驾驶员业务：年审640笔，年度体检220笔，换证6045笔，补证1577笔，转入1571笔，面签3642笔，初考7010笔，增驾129笔，取消校车资格6笔，注销驾驶证8笔，注销最高准驾66笔，申请校车0笔，开具三年无事故证明534笔，降级204笔，小型汽车驾驶证异地分科目考试受理20笔。办理机动车业务：年检8514笔，摩托车六年免检182笔，补行驶证1125笔，补合格标志101笔，补牌照248笔，补临牌873笔，补登记证书290笔，档案更正1060笔，新车注册1188笔，注册摩托150笔，转移登记322笔，抵押登记1420笔，解押登记1758笔，互换号牌24笔，共收费68410元。

【法制工作】

2019年，青山交管大队共审批一般程序案件1931起，其中刑事案件285起（交通肇事11起、危险驾驶274起）、行政案件1646起（无证驾驶240起、饮酒后驾驶机动车381起、超速50%以上的527起、一般程序事故231起、其他267起）；审批移送起诉244起，审批取保候审111起，审批刑事拘留187起；行政拘留118起。

2019年，青山交管大队审核首违免罚2319笔，交通违法证据复核678笔，撤销文书24笔（简易程序处罚决定书4笔、强制措施凭证19笔、撤销违法停车告知单1笔），回退文书24笔（一般程序处罚决定书5笔、简易程序处罚决定书19笔），更正强制措施凭证42笔，更正违法行为通知书2笔，更正违法停车告知单1笔，更正简易程序处罚决定书1笔。

【队伍建设】

2019年，青山交管大队抓党建主线，坚定理想信念，严守交管队伍的政治本色。严肃组织生活制度，严格落实工作要求，全力培养非党员积极分子，为党员队伍增加新的力量。全年，开展党总支会议23次，各类党内会议83次，开展谈心谈话179次，组织主题党日活动32次，参加和举办讲座10次，发展党员2名。

坚持政治建警，强化思想引领，推进意识形态组织工作常态化。青山交管大队以“包头交警向人民报告”主题争创活动、“践行新使命、忠诚保大庆”主题实践活动为载体，结合工作实际，深入开展“讲奉献、勇担当、促廉洁”主题教育活动、“持续净化良好政治生态年”和“不忘初心、牢记使命”主题教育活动，认真开展政治学习，持续抓好中共十九大精神的学习宣传贯彻，党总支及各支部每半年开展一次专题研究意识形态工作会议，充分发挥“包头微学习”“包头党建”“鹿城警务在线”等理论宣传阵地。

聚力作风建设，夯实责任担当，深化队伍党风廉政建设。青山交管大队常态化开展警示教育，组织党员民警和辅警观看警示教育片、参观警示教育基地；紧盯关键要害部位，认真做好廉政风险排查，签订《党风廉政建设责任状》《数字证书承诺书》等；召开行风警风监督员恳谈会，接受群众监督，广泛征求群众意见及建议，坚持做好“24小时警局”群众意见反馈和问题治理工作，全天候值守“24小时警局”

所有来帖，共受理来帖 1264 个。其中，群众求助帖 179 个，举报违法行为帖 443 个，群众咨询帖 97 个，交通设施帖 74 个，反映执法问题帖 54 个，反映秩序问题帖 174 个，反映“僵尸车”问题帖 27 个，表扬帖 216 个。2019 年全年组织开展警示教育 12 次，征求意见 16 条。

完善后勤保障，做好从优待警工作，建设和谐警营环境。青山交管大队以和谐警营建设为核心，对重病、困难民警、辅警进行慰问；组织民警参加“读书月”、气排球、演讲比赛等各种竞技类文体活动，培养干部民警和辅警勇于拼搏、砺警向上的精神。

（金梅霞 供稿）

包头市公安局交通管理支队北郊公路大队

【概况】

包头市公安局交通管理支队北郊公路大队（以下简称北郊公路大队）成立于 2005 年，是包头市公安局交通管理支队的派出单位，机构规格为正科级。2019 年，有民警 45 人、辅警 54 人。管辖区范围面积约 105 平方千米，负责 5 条公路（211 省道的西北门环岛至后营子三岔路口段、110 国道的西北门环岛 657 千米至昆河北桥桥头东侧 679 千米段、包固一级公路的 110 国道与包固一级交叉口至收费站段、210 国道延长线的后营子三岔口至兴胜立交桥南段、青五线的 211 省道与青五线交叉口至 110 国道与青五线交叉口段）及 2 个园区（包头装备制造产业园区、包头职业教育园区）的道路交通安全。

【交通秩序整治】

2019 年，北郊公路大队高度重视酒后驾驶、涉牌涉证等严重影响辖区道路交通秩序的交通违法行为的查处，在 110 国道西北门转盘、兴胜立交桥、建华路口、赛汗路口、民东立交桥、包固一级公路等重要节点开展常态化打击，组织开展“震慑行动”“猎鹰行动”等专项行动及“春运”“五一”“清明”“国庆”“两会”等重要节假日安保统一行动 170 余次，形成从紧从严加强交通管理的强大声势。全年大队开具简易程序处罚决定书 71591 笔，强制措施凭证 2295 笔，非现场执法 111576 笔，非现场电子抓拍有效数据 107912 笔。共查获饮酒驾驶 236 起，无证驾驶 121 起，醉酒驾驶 96 起，超员 165 起，报废车 20 起，未年检 593 起，假证 5 起，套牌 2 起，逆行 1510 起。刑事拘留 40 人，行政拘留 63 人。

【交通事故】

2019 年，北郊公路大队辖区受理各类案件 856 起。其中，简易事故 837 起，一般伤人事故 16 起，重大死亡事故 3 起，死亡 3 人，“12123”App 平台处理 522 起，造成直接经济损失 262100 元，交通事故四项指数呈现两升两降，事故总起数上升 51%，死亡事故下降 25%，一般伤人事故下降 30%，直接经济损失上升 81%。

【交通管理】

2019 年，北郊公路大队支部班子成员带领各中队、部门负责人等深入一线实地调研，对辖区所有道路、标志标线、信号灯配时等一切与道路通行安全息息相关的交通要点进行逐一排查，将排查的事故隐患路段，需要改进、更换、增设的交通设施逐一汇总上报包头市公安局交通管理支队（以下简称支队）及相关部门。其中，排查隐患 30 余处，联系相关部门消除隐患 12 处，其他隐患全部汇总上报支队及上级有关部门协调解决。先后深入辖区 4 家危化品企业 22 次，现场下发隐患排查整改通知书 20 份，与 4 家危化品企业签订《预防重特大事故承诺书》。深入大小型货运企业 36 家，排查逾期未参加年度审验及逾期未报废车辆 20 台。

【交通安全宣传】

2019 年，为切实提升辖区群众文明交通、安全交通意识，营造强大交通安全宣传教育氛围，北郊公路大队在辖区建立农村劝导站 26 处、服务站 1 处，实现覆盖面 100%。加强与新闻单位联系合作，加大在内蒙古自治区级媒体、当地主流媒体和专业报刊宣传力度，营造浓厚的舆论氛围。在内蒙古自治区级新闻媒体发表稿件18篇，包头市级媒体发表稿件30篇。同时，在支队网站发表各类稿件 390 余篇，支队采纳 260 篇，利用微博进行安全提示 200 余条，粉丝量达到 2143 人，累计发布微博 6140 条。组织民警深入辖区沿街店铺和运输单位开展宣传教育活动 126 次，深入职教园区各大院校开展知识讲座 11 次，深入辖区中小学校幼儿园 10 家，发放宣传材料 29000 余份，展出宣传图板 100 余块，受教育群众达 60000 余人。组织违法驾驶人进行安全教育培训 37 次，累计教育人数达 14200 余人次。

【机动车辆及驾驶人员管理】

2019 年，北郊公路大队严格规范执法用语和程序，强化人性化管理和服务，坚持处罚与教育相结合，扩大教育面，加快落实各项便民利民措施，进一步提升群众满意度。规范车管分所、事故处理与案件侦查中队、各岗勤中队办理非现场处罚岗位的民警和辅警的言行举止，严禁出现“四难”（门难进、脸难看、话难听、事难办）现象，群众咨询当场予以答复，绝不让群众跑第二次，直至送走最后一名办事群众。通过多种形式，从服务环境、服务礼仪、服务规范、服务效率、服务风纪、服务投诉等方面向社会公开服务承诺，接受群众监督。全年共办理驾驶人业务：换证业务 164 笔；补证业务 70 笔；转入换证 74 笔；驾驶人年度审验 48 笔；初次申领业务 2195 笔；增驾申请业务 37 笔；降级业务 6 笔；注销业务 1 笔；开具三年内无重大责任事故证明 26 笔；互联网个人用户注册业务 700 笔。机动车业务：核发机动车检验标志 1521 笔；核发受托检验标志 90 笔；核发摩托车 6 年内免检标志 65 笔；核发受托摩托车 6 年内免检标志 11 笔；办理抵押登记业务 1359 笔；补换领行驶证 33 笔；补领号牌 15 笔；补领检验合格证 10 笔；档案更正 21 笔。受理首违免罚业务 37 笔；证据复核业务 19 笔。

（付彦宇 供稿）

消防管理

【概况】

包头市公安消防支队青山区消防大队于 2009 年 10 月正式入驻青山区。2018 年 3 月 21 日，中央印发《深化党和国家机构改革方案》：公安消防部队不再列武警部队序列，全部退出现役；公安消防部队转到地方后，现役编制全部转为行政编制，成建制划归应急管理部，承担灭火救援和其他应急救援工作，充分发挥应急救援主力军和国家队的作用。2019 年 12 月 31 日，包头市消防救援支队青山区大队（以下简称消防大队）举行挂牌仪式，由原来的包头市公安消防支队青山区消防大队正式更名为包头市消防救援支队青山区大队，为包头市消防救援支队的直属机构。2019 年，有消防指战员 55 人，另有政府专职队员 26 人，消防文员 17 人。大队下辖 3 个消防救援站。有行政业务及防火监督车辆 5 台，配备各类执勤消防车辆 12 台，灭火剂总装载量 70 吨（载水 68.5 吨、泡沫液 1.5 吨），有消防器材总数 2797 件（套）。其中，消防员个人防护装备 70 种 1869 件（套），抢险救援器材 50 种 308 件（套），常规灭火器材 65 种 620 件（套）。

2019 年，消防大队严格落实消防安全责任，不断夯实消防基础，着力提升综合消防救援水平，深入推进火灾隐患整治，实现新时代消防救援事业良好开局。

【灭火救援】

2019 年，青山区发生火灾 102 起，抢险救援 199 起，社会救助 39 起，直接财产损失 389.5 万元。与上年同期相比，火灾起数下降 7.11%，直接财产损失上升 53.72%，接警出动

340 起，共出动车辆 1020 台，出动警力 12240 人次。

2019 年 1 月 4 日凌晨 2 时 10 分，包头市消防救援支队 119 指挥中心接到报警包头市青山区赛音道和文化路交会处底店发生火灾，指挥中心立刻调派富强路消防救援站到场处置，同时调派公忽洞路消防救援站、特勤大队一站与稀土大街消防救援站到场增援。各消防救援站到场后立刻开展疏散逃生与灭火救援。3 时 45 分，现场火势全部扑灭。此次火灾共造成 3 家店铺受损，未造成人员伤亡。火灾共出动 4 个消防救援站，13 部消防车，59 名指战员。

消防员处置起火车辆事故现场(消防大队　供图)

【消防监督检查】

2019 年，消防大队严格落实上级一系列部署安排，针对各时期火灾防控重点，以青山区大中专院校、科研机构实验室、寄宿制学校、养老服务机构、易燃易爆场所、大型商业综合体、劳动密集型企业、娱乐场所、文物建筑为重点，分阶段开展重点领域消防安全监督管理工作。全年共检查单位 7616 家，发现火灾隐患 8226 处，整改火灾隐患 7244 处，临时查封 188 处，责令“三停”85 家，罚款 336 万余元。

【队伍管理】

2019 年，消防大队进一步立足实战，紧抓上级发展思路，竭力推动队伍管理与思想政治教育工作。加强队伍管理，将扫黑除恶、涉赌涉贷等工作融入日常队伍管理，全面开展重点人员和问题隐患摸排。加大涉酒问题管控力度，保持督导检查、谈心谈话常态化，坚决杜绝各类事故和案件的发生，确保队伍安全稳定。强化思想政治工作，组织开展“不忘初心、牢记使命”主题教育活动和“学训词、铸忠诚、创新业、立新功”主题教育活动，承担青山区人民政府每日升旗使命，提高指战员爱国意识。采取“走出去、请进来”的教育形式创新学习方式，强化党员的党性锻炼，加强革命传统教育。严抓党风廉政工作，严格落实“互联双提醒”机制，并定期开展党风廉政活动，积极邀请法律顾问开展警示教育授课，确保队伍秩序稳定。

【消防基层基础建设】

2019 年，为进一步加强青山区消防工作和消防队伍建设，切实增强全区火灾预防、扑救和应急救援能力，更好地服务地方经济建设，根据包头市消防专项规划及包头市人民政府 2019 年消防重点工作目标任务的要求，消防大队提请区人民政府对位于建华北路与青大线交叉口西南角一处既有建筑进行改造与装修，设立为消防救援站，保卫包头市装备制造产业园区消防安全，兼顾北侧大青山山林火灾的扑救。待消防救援站达到入驻条件即可投入执勤备战。

【消防宣传培训教育】

2019 年，消防大队先后组织行业部门、村“两委”负责人、网格员和消防安全经理人以及消防控制室值班操作人员、微型消防站站长等 7 类人群召开消防安全培训会 15 次，详细为各单位消防安全管理人讲述消防安全的重要性，普及在日常生活中该如何预防和消除火灾隐患、初期火灾发生后该如何处置应对及组织引导疏散逃生等消防安全知识。全面推进消防宣传教育活动，充分利用“3·15 消防产品宣传打假活动”“防震减灾日”“安全生产月”“消防安全教育暑期专项活动”“119 宣传月”等大型宣传活动，结合当季特点，开展“消防宣传进校园”“队站开放日”等各类主题宣传活动 23 次，发放宣传资料 10000 余份。与中国联通、中国电信达成协议，在重点时段发送消防安全提示。在开展传统宣传教育的同时，借助“双微”平台，广泛向社会发送消防安全提示，并制作宣传视频，进一步扩大消防宣传的覆盖面，提升群众学习消防的积极性。同时，设计制作消防安全宣传图册，组织人员广泛深入辖区市场、街道、社区开展消防宣传，营造浓厚的消防安全氛围。

（郭静 供稿）

检　察

【概况】

青山区人民检察院（以下简称区检察院）成立于1957年，机构规格为正科级。负责承办刑事犯罪、未成年人犯罪和侵害未成年人犯罪等案件的审查逮捕、审查起诉、补充侦查、出庭公诉、抗诉、复议、刑事申诉和立案监督、侦查监督、审判监督等工作；对危害国家安全、公共安全犯罪，故意杀人、抢劫、毒品等犯罪，监察委员会移送职务犯罪案件，破坏社会主义市场经济秩序犯罪等案件的审查逮捕、审查起诉、补充侦查、出庭公诉、抗诉、复议、刑事申诉和立案监督、侦查监督、审判监督；对监狱、看守所和社区矫正机构等执法活动的监督，对刑事判决、裁定执行、强制医疗执行、羁押和办案期限的监督。办理罪犯又犯罪案件；对法律规定的由自治区人民检察院办理的司法工作人员利用职权实施的非法拘禁、刑讯逼供、非法搜查等侵犯公民权利、损害司法公正犯罪，以及按照《中华人民共和国刑事诉讼法》规定需要由人民检察院直接受理的其他重大犯罪案件的侦查。负责重大案件侦查终结前开展讯问合法性核查工作；法律政策研究、案件管理；承办对青山区人民法院民事诉讼活动的法律监督，对审判监督程序以外的其他民事审判程序中审判人员的违法行为提出检察建议，对民事、行政执行活动实行法律监督；开展民事支持起诉工作；办理青山区人民检察院管辖的民事申诉案件；办理法律规定由青山区检察院办理的破坏生态环境和资源保护、食品药品安全领域侵害众多消费者合法权益等损害社会公共利益的民事公益诉讼案件，生态环境和资源保护、食品药品安全、国有财产保护、国有土地使用权出让等领域的行政公益诉讼案件，侵害英雄烈士姓名、肖像、名誉、荣誉的公益诉讼案件，含涉及生态环境保护和资源保护、食品药品安全等公益诉讼保护领域的刑事检察工作；受理控告、申诉，办理国家赔偿案件和国家司法救助案件。2019年，核定政法专项编制56名，实有在编人数49人。其中，员额检察官25人（院领导入额8人），检察辅助人员16人，司法行政人员8人。有聘用制书记员17人，院聘人员13人。内设办公室、政治部、第一至第五检察部、综合业务部，下设司法警察大队。

2019年，区检察院被包头市人民检察院评为“检察信息工作先进集体”“检察新闻宣传工作先进集体”。

【体制改革】

2019年，区检察院完成内设机构重塑性改革，设立第一至第五检察部、综合业务部、政治部和办公室8个内设机构及司法警察大队1个下设机构，分别履行刑事、民事、行政、公益诉讼“四大检察”职能和司法行政管理职能。实行“捕诉一体”办案机制，统一履行审查逮捕、起诉、补充侦查、诉讼监督等职能，办案质效得到显著提高。顺利完成第二批次10名员额检察官遴选工作和聘用制书记员过渡等综合配套改革，进一步充实一线办案力量。严格执行权力清单，由检察官直接行使办案事项决定权，检察官既成为司法办案的主体，也成为司法责任的主体。入额院领导全程办案成为常态，带头办理各类案件697件；检察长列席法院审判委员会2次，为确保法律统一正确实施、共同维护社会公平正义发挥重要作用。全面推进认罪认罚从宽制度，健全配套工作机制，切实发挥检察机关诉前主导作用。全年适用认罪认罚从宽制度办理案件 175 件 233 人，量刑建议采纳率达到 99.2%，有效促进社会和谐，减少社会对抗。

【刑事检察】

2019 年，区检察院着眼于为群众创造安定有序的社会环境，对严重暴力、毒品犯罪、“两抢一盗”（抢劫、抢夺、盗窃）等严重侵害群众生命财产安全的犯罪，充分发挥检察职能，稳、准、狠、快进行严惩。全年共受理审查逮捕各类刑事案件 268 件 412 人，其中批准逮捕 225 件 332 人。受理审查起诉案件 627 件 905 人，提起公诉 502 件 683 人。坚持宽严相济刑事司法政策，贯彻“少捕慎诉少监禁”理念，对犯罪情节轻微、社会危害性不大、当事人达成和解的刑事犯罪，不批准逮捕 21 人，不起诉 42 人。紧扣监督职能，坚持“在监督中办案，在办案中监督”，监督公安机关应当立案而不立案 20 件，其中 9 件已被判处有期徒刑以上刑罚；监督公安机关不应当立案而立案 7 件，均已撤案。纠正漏捕 9 人，4 人被判处三年以上有期徒刑。纠正遗漏同案犯 50 人，青山区人民法院均做出有罪判决。对不构成犯罪或证据不足不批准逮捕 57 人，不起诉 23 人。强化与监察机关衔接配合，依法惩治职务犯罪，审查办理监察机关移送职务犯罪案件 7 件 12 人，全部提起公诉。对侦查和审判违法行为纠正 63 件（次）。对认为确有错误的刑事裁判提出抗诉 6 件，全部得到上级院支持。

2019 年，区检察院重拳惩治黑恶势力，以涉恶批准逮捕 9 件 19 人，提起公诉 6 件 36 人，一审判决 8 件 44 人。贯彻“一个不放过、一个不凑数”的工作原则，追加认定恶势力犯罪 3 人，不认定 4 人。聚焦“破网打伞”，及时移送办案过程中发现的“保护伞”线索 7 件，区监委立案调查 2 人。坚持“打财断血”，制定黑恶势力犯罪财产审查工作办法，加强涉案财产处置、量刑和执行监督。健全工作机制，建立涉黑涉恶案件“一案一档案”，实行案件情况通报，召开“三长”联席会议 34 次，发出检察建议 22 份，确保专项斗争有效形成打击合力。区检察院办理的孙某某等 7 人“套路贷”恶势力犯罪集团案件被包头市人民检察院评选为扫黑除恶典型案例；办理的王某某等 7 人恶势力集团涉嫌寻衅滋事案件工作做法被《检察日报》在全国进行推广。

【民事行政检察】

2019 年，区检察院积极构建“多元化监督”格局，加强对公民人身和财产权益的司法保护，共办理各类民事行政检察监督案件 273 件。对 1 件黑恶势力通过高利放贷、虚假诉讼等手段从事违法活动的民事案件向法院提出再审检察建议，法院已裁定再审，保护了人民群众合法利益。坚持实体监督与程序监督并重，办理民事生效裁判结果监督案件 8 件，提请抗诉 6 件，其中 4 件被包头市人民检察院采纳并支持。维护弱势群体合法权益，办理支持起诉案件 20 件。办理民事审判活动监督案件 70 件、民事行政执行活动监督案件 70 件，提出的检察建议采纳率均为 100%。围绕城市管理、食品药品安全、医疗卫生等领域，办理督促履职案件 103 件。

【公益诉讼检察】

2019 年，区检察院依法担当“公共利益代表”神圣职责，履行公益保护崇高使命。全年共受理公益诉讼线索 376 件，立案 440 件。其中，行政公益诉讼立案 438 件，发出诉前检察建议 437 件，起诉 2 件，判决 4 件；刑事附带民事公益诉讼案件 2 件。办理生态环境保护领域刑事案件 2 件，其中 1 件做出不起诉决定，1 件提起公诉。践行恢复性司法理念，针对已判决的非法采砂行政公益诉讼案件，持续跟进监督，在相关部门大力配合下，涉案砂坑已回填完毕，该地区再未出现非法盗采砂石现象。坚守耕地红线，办理违法占地行政公益诉讼案件 3 件，诉讼请求区法院全部支持。区检察院办理的马某某污染环境刑事附带民事公益诉讼案件入选内蒙古检察公益诉讼典型案例。服务保障生态文明建设，针对“盗采砂石”“河湖清四乱”等开展专项行动，推进行政执法与刑事司法、公益诉讼有效衔接。依托“三检合一”(对涉及生态环境与资源保护、食品药品安全等公益诉讼领域的案件实行刑事责任、民事责任、行政责任一并审查)办案模式，成功办理包头市首例生态环境类刑事犯罪案件，既为生态环境破坏者敲响警钟，也让广大人民群众树立起生态环境与资源保护的意识。维护食品药品安全，认真落实“四个最严”(最严谨的标准、最严格的监管、最严厉的处罚、最严肃的问责)专项行动要求，依法惩治生产销售假药、伪劣产品犯罪，提起公诉 4 件 6 人；开展校园周边“五毛食品”检察监督，督促行政机关积极履职，保障学生健康成长。针对外卖商户利用第三方平台审核漏洞，违规进行网络餐饮经营，给食品安全带来重大隐患的情况，向相关职能部门发出诉前检察建议，要求其依法履行监督职责，筑牢网络食品安全防线，护航消费者“舌尖上的安全”。

【“12309”检察服务中心】

2019 年，区检察院践行新时代“枫桥经验”，完善“信、访、网、电”四位一体诉求表达体系，打通服务群众“最后一公里”。严格落实“群众来信件件有回复”要求，妥善处理群众来信来访 426 件 1998 人，其中远程视频接访 8 件 12 人，律师参与接访 77 件 108 人，进一步拓宽服务范围。不断完善“四公开”(公开听证、公开示证、公开论证、公开答复)工作模式和强化心理疏导，多措并举推进法律文书释法说理，有效化解社会矛盾。坚持开展领导干部“开门”大接访和下访巡访工作，将“检察长接访制度”延伸至日常，零距离倾听百姓诉求，共接待 67 件 1165 人，做到件件有落实。

【司法救助】

2019 年，区检察院将司法救助融入精准扶贫，办理司法救助案件 14 件 14 人，向因案致贫、因案返贫家庭发放司法救助金 317724 元。其中，对刘某杀妻案的未成年人子女发放司法救助金 18.92 万元，系迄今内蒙古自治区发放金额最高的国家司法救助案件。内蒙古自治区人民检察院检察长李琪林在《检察日报》大检察官推荐栏目向全国推广区检察院司法救助“5+”工作法，即申请救助 + 主动告知、司法救助 + 精准扶贫、司法救助 + 刑事申诉、司法救助 + 社会力量、司法救助 + 智慧检务。

区检察院发放司法救助金(区检察院　供图)

【刑事执行检察】

2019 年，区检察院强化刑事执行检察监督，发出纠正监管活动违法通知书 24 份、检察建议 161 份。提出释放或变更强制措施建议 38 件，其中 1 件未成年人羁押必要性审查案件被评为内蒙古自治区人民检察机关刑事执行检察精品案件。持续推进财产刑执行监督，督促执行 266 人，涉及金额 460 万元，相关工作经验被正义网等国家级媒体宣传推广。

【未成年人检察】

2019 年，区检察院坚持对未成年人犯罪少捕慎诉，促进改过自新。对未成年犯罪嫌疑人不批准逮捕 4 人，相对不起诉 1 人，附条件不起诉 2 人。始终保持对侵害未成年人犯罪“零容忍”，对侵害未成年人权益犯罪批准逮捕 14 人、提起公诉 25 人。检察长受聘担任法治副校长，以学校保护、社会保护和司法保护共同把未成年人的综合保护落到实处。落实最高人民检察院“一号检察建议”，与青山区教育局召开联席工作会议，深入辖区寄宿制学校实地调研并制发检察建议书，进一步健全完善预防性侵的制度机制。积极开展“扫黄打非•护苗行动”专项整治活动，联合青山区市场监督管理局对校园周边网吧进行突击检查，净化校园环境。开展“扫黑除恶进校园”“法治进校园”“检察开放日”活动，提高未成年人的知法守法、自我防护能力，受教育人数达1.6万人。

【队伍建设】

2019年，区检察院深刻把握“检察工作是政治性极强的业务工作、也是业务性极强的政治工作”这一定位，把学习践行习近平新时代中国特色社会主义思想作为“必修课”和“看家本领”。始终坚持党对检察工作的绝对领导，认真贯彻落实重大事项请示报告制度，坚持重大问题、重要案件及时主动向青山区委报告。扎实开展“不忘初心、牢记使命”主题教育，学深悟透理论知识，深入基层开展调研，诚恳听取群众建议，对标对表推动整改，确保主题教育各项工作取得实效。向纵深推进“持续净化政治生态年”，形式主义、官僚主义和“四官”问题专项整治，查纠整改突出问题13个，建立长效机制6项。接受内蒙古自治区人民检察院、包头市人民检察院专项巡视巡察，整改问题11个，教育引导检察干警牢固树立党的意识和纪律观念。

认真落实习近平“五个过硬”和“四个铁一般”的要求，开展岗位练兵、业务培训839人次，提升干警履职能力。选派17名干警到先进地区参加各类培训，强化队伍理论知识储备。落实“检察官教检察官”制度，先后有15名区检察院领导和检察官上讲台、讲党课、谈业务，帮助年轻干警尽快成长。充分运用“检答网”集中学习指导性案例，补齐知识短板、拓展工作思路。2019年，区检察院先后有3个集体和12名个人获得包头市级以上荣誉，多项工作位居内蒙古自治区检察系统前列。

【典型案例】

马某某污染环境刑事附带民事公益诉讼案

2017年6月至2017年9月，马某某在内蒙古包头市青山区青福镇赵家店村租用他人厂房，在无资质的情况下收购大量废旧电池，并将收购的废旧电池在其租用的厂房里拆解，将电瓶里的电解液排入货车马槽内，通过一条塑料长管将电解液倾倒入厂房内事先挖好的渗坑内。马某某对废旧电池堆存区、电池拆解区、存放电解液的池坑未采取污染防治措施。废弃的铅蓄电池、拆解下来的废铅板、废铅膏和酸液都属于危险废物。经包头市环境监测站检测，渗坑内的废水pH值、镉、磷、铅排放浓度高于国家标准排放限值三倍以上，属于超标排放，造成土壤污染及场地环境污染，造成直接经济损失46.2万元。

2018年5月22日，区检察院以公益诉讼人身份，向青山区人民法院提起刑事附带民事公益诉讼，诉求：判令刑事附带民事公益诉讼被告人对已造成土壤生态环境污染的区域进行全面治理，承担土壤污染治理费46.2万元，并承担该区域达到国家环境保护部门验收标准治理费用；判令刑事附带民事公益诉讼被告人承担本案鉴定费用；判令刑事附带民事公益诉讼被告人在内蒙古自治区级媒体上赔礼道歉。

2018年11月2日，青山区人民法院做出一审判决：

被告人马某某犯污染环境罪，判处有期徒刑一年零二个月，并处罚金人民币3万元（已缴纳）；查封、扣押的特大号蓄电池207块，大号蓄电池123块，中号蓄电池500块，小号蓄电池1500块，过磅结算单2张、恒业公司材料入库单2张、危险废物收购明细表，依法予以没收；被告人马某某于本判决书生效后30日内对2018年6月19日拉运到宁夏回族自治区灵武市恒业有色金属冶化有限公司院内的污染土壤进行修复治理，并且达到国家环境保护部门的验收标准；或者承担相应的修复治理费用；被告人马某某于本判决书生效后30日内给付刑事附带民事公益诉讼起诉人鉴定费26.2万元，由其转交至包头市环境监察支队，上缴国库；被告人马某某于本判决书生效后30日内在包头市级新闻媒体上赔礼道歉。

一审宣判后，马某某上诉，包头市中级人民法院以原审违反法律规定的诉讼程序，撤销青山区人民法院一审判决中的附带民事部分，并发回重审。

庭审过程中，检察官以电子示证方式向法庭举证、示证，直观全面地将被告人污染环境的违法事实、污染现场情况、损害后果、调查取证过程及恢复治理过程一一展示。

2019年7月1日，青山区人民法院做出判决：

刑事附带民事公益诉讼被告人马某某于本判决生效之日起60日内，将已拉至宁夏回族自治区灵武市恒业有色金属冶化有限公司的159.38吨污染土壤，委托具有相应处置资质的单位予以处置治理，并达到国家环境保护部门的验收标准；如逾期未处置，马某某应立即承担土壤污染治理费人民币46.2万元；刑事附带民事公益诉讼被告人马某某于本判决生效之日起30日内，支付鉴定费26.2万元；刑事附带民事公益诉讼被告人马某某于本判决生效之日起30日内，就污染环境行为在内蒙古自治区级新闻媒体上向社会公开赔礼道歉。

马某某未再上诉，判决已发生法律效力。

区检察院坚持“用最严格制度最严密法治保护生态环境”，以“谁污染、谁治理”原则为出发点。对那些不顾生态环境、造成严重后果的人，提起刑事附带民事公益诉讼。以往污染环境案件，环保部门将案件移送公安机关，公安机关移送司法机关，环保、公安等部门认为职责已经履行完毕，被污染环境的后续治理和监管成了“空白地带”，往往出现案子判了但污染场地无人治理的问题，环境污染状态仍在持续，国家和社会公共利益仍持续受到侵害。检察机关及时对污染环境案件提起刑事附带民事公益诉讼，解决“空白地带”无人治理和监管的问题，有效维护国家利益和社会公共利益。区检察院充分发挥法律监督职能，运用检察智慧，协调公安、环保等行政执法部门召开联席会议，建立协作机制，促进污染场地修复治理，对行政机关依法全面履行职责起到积极推动作用，为办理类案起到借鉴作用。

王某某等7人寻衅滋事、非法拘禁案

被告人王某某自2008年开始非法开设典当行，纠集社会闲散人员武某某、姜某某等人向他人高息发放借款，并多次以索债为由到被害人及近亲属住所喷字、半夜响炮，任意毁损、占用被害人财物，对被害人谩骂、恐吓、威胁、殴打，甚至非法拘禁被害人，严重影响他人正常的工作、生产、生活，破坏经济和社会生活秩序，造成非常恶劣的社会影响。该犯罪组织以王某某为首要分子，重要成员较为固定。在王某某的组织、指挥下，组织成员武某某、姜某某等人经常纠集在一起故意多次实施犯罪活动，已形成恶势力集团。

青山区人民法院经审理，全部采纳检察机关的定性和量刑建议。2019年9月27日，青山区人民法院依法做出一审判决，认定被告人王某某纠集被告人武某某、姜某某、王某、郭某某、何某某，为进行多次犯罪活动而较为固定地结合在一起，在一定时间内多次实施寻衅滋事、非法拘禁犯罪，已形成犯罪集团。被告人王某某组织、领导犯罪集团进行犯罪活动，系犯罪集团的首要分子，应按照集团所犯的全部罪行处罚。对被告人王某某以寻衅滋事罪、非法拘禁罪，数罪并罚，决定执行有期徒刑九年；对武某某等6名被告人分别判处一年二个月至六年五个月有期徒刑。一审判决已生效。

该案是一起公安机关与检察机关在部分事实罪名认定认识存在分歧的案件。审查起诉中，检察机关经过认真梳理证据，审查把关，发现涉嫌抢劫罪及虚假诉讼罪证据不足，检察机关充分发挥职能作用，严把案件质量关，不拔高，不凑数，提出不构成抢劫罪及虚假诉讼罪的意见和理由，保证案件质量。同时，多次召开公、检、法三家的联席会议，重点针对涉黑恶性质案件相关证据收集、补充、认定展开深入探讨，向侦查机关提出补充侦查意见 20 余条，确保不枉不纵、彻查深挖。办案过程中，检察官对其进行释法说理，介绍认罪认罚制度，宣讲刑事司法政策，最终青山区人民法院判决时被告均认罪服法，无一上诉。该案充分体现政法机关的法律智慧和政治智慧。该案的成功办理对黑恶势力团伙起到强有力的震慑作用，也有效回应人民群众对安定有序社会环境的美好期待。

（贯焜 供稿）

法 院

【概况】

青山区人民法院（以下简称区法院）成立于 1956 年，是青山区属地内的国家审判机关，机构规格为正科级。2019 年，核定政法专项编制 95 名，实有在编干警 90 人。内设立案庭、刑事审判庭、民事审判庭度、综合审判庭、执行局、政治部、综合办公室、审判管理办公室、纪检监察室 9 个机构。设有乌素图法庭、房产物业法庭。

2019 年，区法院共受理各类案件 10951 件，审执结案件 10198 件，结案率为 93.12%，收、结案数较 2018 年分别上升 18.4%、25.02%。

【司法改革】

2019 年，区法院以司法责任制为核心，推动完善司法改革配套措施落地生根。一是完成区法院内设机构改革。将原有的 20 个内设庭室缩减整合为 8 个，实行全体中层干部竞聘上岗，构建职能划分明确、运行高效顺畅的内部管理体系。二是健全人员分类管理机制。坚持以案定额、人岗适配、员额法官动态调整，全年增补员额法官 1 人、退出 2 人。推进司法辅助人员管理改革，完成书记员过渡考试，进一步提升审判队伍的整体能力水平。向社会公开选任 120 名人民陪审员，加强司法的人民性、公开性、民主性。三是优化法官权责。突出法官的主体核心地位，完善审判专业委员会职能，探索新型审判团队模式，制定差错案件责任追究办法，落实院庭长办案制度，努力实现“让审理者裁判，由裁判者负责”。

10月24日，区法院开展2019年青山法院员额法官增补工作大会（区法院　供图）

【扫黑除恶】

2019 年，区法院积极主动作为，持续推动扫黑除恶专项斗争向纵深发展。一是强化政治引领，彰显正义力量。将扫黑除恶作为本院重大政治任务，发挥扫黑除恶审判专业合议庭职能，审理马某某恶势力团伙万达商业街敲诈勒索案等一批涉恶典型案件，在全社会形成强大震慑力。二是坚持以审判为中心的办案原则。严把案件证据关、程序关、法律适用关，一案一策、专案专办、快审快判，确保案件程序合法、量刑适当。全年共受理涉恶案件 8 件 46 人（含旧存），依法认定涉恶犯罪 5 件 25 人，全部判处实体刑罚。三是贯彻依法严惩方针。坚持“打伞破网”与“打财断血”齐头并进、深挖线索与依法严惩两手齐抓，将提高侦查取证质量和规范案件办理程序作为畅通提前介入机制的主要内容，坚决铲除滋生恶势力犯罪的经济土壤。全年向侦查机关移送涉黑恶势力犯罪线索 3 条，执行到位恶势力财产 89.3 万元。

【民事审判】

2019 年，区法院共受理民商事案件 5753

件，审结 5343 件，结案率为 92.87%。充分运用司法手段，加大对婚姻家庭、劳动就业、医患纠纷、交通事故等涉民生案件调处力度，以公正裁判方式回应社会各界诉求。加大产权司法保护力度、维护市场交易秩序。审理区法院首例房地产企业破产申请案件，促进市场经济平稳健康发展。严格依法办案。积极保护各方的合法权益，努力营造让企业专心创业、安心经营、放心投资的司法服务环境。

【刑事审判】

2019 年，区法院共受理刑事案件 609 件（含旧存），审结 560 件，结案率为 91.95%。全面落实总体国家安全观。依法审结“两抢一盗”、涉毒涉枪、涉赌涉黄等严重危害社会治安犯罪案件 328 件，依法严惩针对妇女、儿童的暴力、虐待、侵害案件 76 件，为人民群众筑牢法治安全屏障。尊重和保障人权。坚持以事实为根据，以法律为准绳，严格落实罪刑法定原则，强化对刑事案件办案的“全流程”监督，确保刑事审判不枉不纵，全年量刑规范化制度适用范围达到 85%。坚持宽严相济的刑事政策。缓刑适用率达到 19.5%，精准落实认罪认罚从宽制度，有效分化、瓦解犯罪分子，促进社会和谐。

【执行工作】

2019 年，区法院共受理执行案件 4589 件，执结 4295 件，结案率为 93.59%，实际执行到位金额 1.72 亿元，执行核心指标全部达标且保持高位运行。推进执行查控集约化，确保专人负责、节点监控、措施到位、高效运转。推行以员额法官为核心的团队化办案模式，权责清晰、分工明确、无缝衔接、协同负责。提升执行权威性和执行公信力，执行司法拘留 45 人，对 4821 名拒不履行法定义务的被执行人依法采取限制高消费、限制出境等强制措施。同时，强化善意文明执行理念，畅通惩戒措施救济渠道，对 674 名经法院敦促后履行生效裁定的被执行人，依法解除失信记录，全年累计发放司法救助金 3 人共 18 万元。开展集中专项行动，执结涉民生重点案件 687 件，执行到位金额 2920.15 万元。

【审判流程管理】

2019 年，区法院以审判管理为抓手，健全和完善案件质效监督体系。加快推进案件分流。科学确定案件分类标准，采取简案快办、繁案精办、类案集中办、难案团队协作办的链条化工作模式，从审判管理机制层面提升司法效能。提高办案效率。加大简易程序、小额诉讼程序、督促程序及速裁机制适用率，促进案件繁简分流、轻重分离、快慢分道，发挥多层次诉讼制度体系的整体效能。加强审判工作标准化、规范化建设。加快电子卷宗随案同步生成和深度运用，加大对旧存案件的清理检查力度，以信息化思维和手段推动审判管理制度转型。

【“两个一站式”和多元化纠纷解决机制建设】

2019 年，区法院坚持“把非诉纠纷解决机制挺在前面”，通过延伸司法服务，降低司法诉讼成本，减轻群众诉累。一是解决纠纷资源集中化。与保险、公证、医疗纠纷调处中心合作，通过购买社会化服务等方式提高司法辅助事务工作效率，形成导诉、分流、调解、审判逐步递进的工作格局。二是诉讼服务智能化。开启跨域立案通道，推出“跨域、直通”立案模式，解决当事人异地诉讼、异地立案难问题。推广电子文书送达，对接网上诉讼服务平台，完善诉讼服务中心建设，打造智慧法院，满足人民群众司法需求。三是诉调对接专业化。由包头市中级人民法院牵头，将区法院房产物业巡回法庭正式升级为包头市物业纠纷诉调对接中心，尝试将诉前调解、诉调对接、专业审判等多项诉讼服务功能融为一体，打通司法服务群众“最后一公里”。

【法治宣传、司法公开、综治工作】

2019 年，区法院加强与主流媒体合作，第一时间对重大涉恶案件及社会重点关注案件进行报道，畅通舆论宣传渠道，全年发布重点审执工作新闻信息 252 条。推进司法公开四大平台建设，让群众近距离感受司法温度，扩大法治宣传效果。全年通过中国庭审公开网累计进行庭审直播 226 场次，在中国裁判文书网公开生效裁判文书7092篇。持续开展“法律六进”(进机关、进乡村、进社区、进学校、进企业、进单位)，邀请青山区中小学生参加“法院开放日”等活动，为未成年人健康成长筑牢法治防线。将“两微一端”（微博、微信、新闻客户端）法治自媒体平台扩展至“直播+短视频”流媒体平台，创作系列法治微视频，唱响社会主义核心价值观主旋律，增强新媒体影响力。2019 年，区法院以真实执行案例为素材，组织拍摄原创法治微电影《猎鹰》，参与全国法院微电影评选和集中展播活动，向全社会展示法官队伍的良好形象。

【化解涉法涉诉信访矛盾】

2019 年，区法院全力预防化解涉法涉诉信访案件。一是完善工作机制。积极落实律师参与化解和代理涉法涉诉信访案件制度，建立信访案件登记、处理、终结工作机制，实行领导包案化解，做好当事人的情绪疏导和法律释明。二是抓好源头预防。突出诉讼调解、裁判说理及判后答疑，充分运用远程视频接访系统和网上申诉信访平台，方便群众表达诉求。三是依法规范工作办理程序。设立信访接待窗口，确保来访有人接、材料有人收、咨询有人答，做到“事事有回音、件件有落实”。

【接受人大及社会各界监督】

2019 年，区法院积极搭建沟通联络桥梁，接受人大和社会监督。落实人大代表、政协委员“一对一”联络方案以及院庭长定向联系包头市、青山区代表委员工作机制，全年联系走访代表、委员 494 人次。通过自媒体平台定期向代表、委员推送简报讯息，全年累计推送 110 条。邀请人大代表、政协委员、律师代表、廉政监督员参观法院审判执行、信息化建设、巡回法庭工作情况，全年参观 200 余人次，现场监督审判执行和民事调解 12 场次。2019 年，区法院就扫黑除恶专项斗争开展情况、内设机构改革推进情况分别向区人大常委会、区政协做专题通报，向区十六届人大常委会做执行工作专项报告。积极配合区人大常委会对员额法官开展评议，配合区人大常委会调研组对区法院相关工作开展调研。严格落实人大代表、政协委员议案提案交办制度，完善督办落实和反馈情况工作机制，全年办结人大代表、政协委员建议、提案 6 件。

【队伍建设】

坚持党建引领，开展主题教育。坚持“抓党建带队建促审判”的工作思路，确保党组织和党的工作在法院系统全覆盖、党的建设贯穿于法院工作全过程。带领全体干警深入推进“不忘初心、牢记使命”主题教育，牢牢把握“守初心、担使命、找差距、抓落实”的总要求，以高度的政治自觉、思想自觉和行动自觉落实中央决策部署。坚持党建引领与作风建设同频共振，将主题教育与人民法院加强内部管理、反对形式主义、官僚主义专项整治等活动紧密结合，通过开门纳谏、走访调研，广泛收集群众意见建议，查摆自身不足，锤炼干警忠诚干净担当品格。

加强政治建设，筑牢意识形态。一是加强理论学习。坚持“三会一课”制度，带领区法院干警深刻领会和准确把握习近平新时代中国特色社会主义思想的精神实质和实践要求，结合新形势下法院工作内容，深入学习贯彻十九届四中全会精神，相继开展法官论坛、执行论坛、书香法院等活动，激发和鼓舞干警学思践悟的热情。二是丰富活动载体。开展庆祝中华人民共和国成立 70 周年系列主题党日活动，组织党员重温入党誓词、参观红色革命根据地，接受党性教育和灵魂洗礼，营造爱党爱国、团结向上、凝心聚力的良好氛围。三是加强示范引领。带领干警积极学习先进典型，广泛开展基层法律志愿服务，参与“党建·爱心公益汇”线下基地活动，筑牢使命担当精神。四是坚定理想信念。贯彻意识形态工作原则，将意识形态工作纳入区法院党组和干警个人重大报告事项，不断强化对党员干部言行规范的监督检查，举旗亮剑、弘扬正气，切实巩固司法领域意识形态阵地安全。

抓好廉政教育，确保警钟长鸣。一是落实主体责任。督促班子成员和各部门负责人带头履行“一岗双责”，树立“严管就是厚爱”的管理理念。二是强化监督职责。综合运用办案信息公开、办案流程控制、案件质量评查等措施，定期开展司法巡查、审务督查、纪律作风检查，切实整治群众反映强烈的问题。三是建立长效机制。支持区法院纪检监察部门正确运用监督执纪“四种形态”，打造“事前预警、事中监控、事后查究”的廉政防线。以司法权运行为核心，把现代信息技术手段融入制度设计和管理流程之中。2019 年，区法院通过与包头市纪委监委数据中心连线，开展职务犯罪庭审直播活动，有效扩展了廉政警示教育范围。

【典型案例】

区法院一审公开宣判一起孙某某等 7 人恶势力团伙“套路贷”刑事案

2019 年 5 月 22 日上午，区法院对一起恶势力团伙“套路贷”刑事案件进行一审公开宣判。被告人孙某某等 7 人因犯敲诈勒索罪被依法判处四年到十个月不等有期徒刑，并处罚金。

经审理查明，2016 年 11 月 10 日，被告人闵某担任深圳前海图腾汽车租赁有限公司的大区经理，负责开拓市场，在包头市青山区钢铁大街某商务大厦设立深圳前海图腾汽车租赁有限公司包头分公司（以下简称“图腾包头分公司”）并任负责人。被告人孙某某一直在该公司负责经营管理，并于 2017 年 4 月被正式任命为图腾包头分公司负责人。图腾包头分公司成立后，陆续招募被告人李某甲、李某乙、卢某某、赵某甲、杨某某、赵某乙等人，实行公司化的管理，且未经有关部门批准就开展车辆抵押贷款业务。该公司对车贷实行流水线管理，每个流程都有不同员工负责，分工合作，对客户实施敲诈勒索，牟取暴利。被告人以借贷为名，通过各种途径向社会招揽客户，利用被害人急于借款的心理，与被害人签订统一格式的借款合同、抵押合同，要求被害人出具借条、收据、承诺书、委托书、车辆转让协议书等，单方设定低门槛的违约条件和逾期高额违约金等明显不利于被害人的条款，如在借款合同中设置三天联系不上被害人，公司便有权占有抵押车辆和在抵押合同中约定被害人任何一期出现逾期一天便有权收回抵押车辆的条款，并以权证费、流量费、服务费、手续费、GPS 安装费等名义从被害人处收取各种费用，使被害人实际借得的款项低于合同约定的借款金额。所签合同由公司留存，不给客户本人。同时，给抵押车辆安装 GPS 跟踪被害人动向，被告人一方要求被害人将车辆备用钥匙和车辆资料交给公司而控制车辆。被害人借款成功后，待被害人稍有一期还款逾期，被告人一方就根据事先安装在被害人汽车上的 GPS 信号，在未通知被害人的情况下先私自开走抵押车辆藏匿扣留，随后以被害人借款逾期等各种借口肆意认定违约，要求被害人支付本息、高额违约金及并未产生的高额拖车费等费用赎车，被害人迫于无奈缴纳费用后将车辆赎回，或因无力支付，则直接将车辆进行资产处置。

经依法开庭审理，区法院认为：被告人孙某某等人分工明确，相互配合，组成较为严密和固定的犯罪组织，成员经常纠集在一起，在从事车辆抵押放贷及催收过程中，以威胁等手段，多次强行向被害人索要财物，扰乱经济秩序，形成恶势力犯罪集团。根据该案证据，结合各被害人贷款逾期后被敲诈的犯罪事实，该案敲诈行为符合最高人民法院、最高人民检察院、司法部、公安部《关于办理“套路贷”刑事案件若干问题的意见》所认定的有关“套路贷”行为的表现特征。7 名被告人以非法占有为目的，采用威胁的方法，多次强行索要他人钱财，已构成敲诈勒索罪。根据各被告人犯罪的事实、性质、情节和社会危害程度及在共同犯罪中的作用、地位，依照《中华人民共和国刑法》相关法律规定，法院做出上述判决。

（祁昕　供稿）

司法行政

【概况】

青山区司法局（以下简称区司法局）成立于1981年。2019年，青山区实施机构改革，按照中共青山区委办公室、青山区人民政府办公室《关于印发〈青山区机构改革实施意见〉的通知》（青党办发〔2019〕3号）文件要求，将区司法局的职责，以及在区政府办公室挂牌的法制办公室的职责整合，重新组建区司法局，仍是区人民政府职能部门，机构规格为正科级。承担法治建设、普法依法治理、人民调解、安置帮教、社区矫正、法律援助、公证、律师管理等职能。2019年，核定政法专项编制45名。内设法治股、办公室、普法基层股、公共法律服务管理股、社区矫正管理大队5个股室，下辖兴胜镇、青福镇、先锋道、青山路、万青路、科学路、富强路、幸福路、乌素图、自由路10个司法所。

【“七五”普法】

2019年，区司法局成立一支由37名法学专家、教授和法律职业人员组成的“七五”普法讲师团队伍。壮大法治宣传志愿者队伍，吸纳社区网格员担任普法宣传员、矛盾纠纷调解员、法律援助联络员、特殊人群协管员和民主法治创建监督员，实行普法教育联抓、矛盾纠纷联调、法律服务联办、重点人群联管、民主法治联创的“五联互动”机制，真正做到普法有网，网中有格，格中有人。更换科学路“法治一条街”宣传内容，修缮改造一宫环岛东南角的法治主题公园。联合青山区教育局，在包头市松石学校建立青山区青少年法治教育实践基地，打造法治宣传教育展厅，设置宪法宣誓墙，每周为学生上一堂法治课。制作法治动漫《别让校园欺凌成为青春的一道疤》。在自由路街道新建法治文化公园，为扩大法治宣传教育覆盖面和群众知晓率，在时代财富城、欧鹿生活城等27个小区建立法治宣传教育阵地。建立“青山区网络在线学法”微信群，随时开展普法宣传，组织青山区国家工作人员参加法治宣传在线考试，参考率达到95%以上。

【司法行政体制改革】

2019年3月，区司法局制定《青山区司法局机构改革工作方案》，成立区司法局机构改革领导小组，有序推进改革工作，完成机构改革任务。改革后，区司法局内设机构5个，办公室、社区矫正管理大队、公共法律服务管理股保留，将原有基层工作股和法制宣传股合并为普法基层股，新增法治股，与区委依法治区办秘书股合署办公。编制与人员不变。

【人民调解】

2019年，区司法局成立包头市首家民营小微企业矛盾纠纷人民调解委员会、青山区物业纠纷人民调解委员会，调整青山区婚姻家庭纠纷人民调解委员会成员。青山区共有人民调解委员会173个，调解员561人，安装“人民调解”App 272人，共录入调解案件2462件。全年共培训调解员2244人次。各级调解组织调解民间纠纷1765件，调解成功1753件，其中疑难复杂案件12件，调解成功率99.32%。排查矛盾纠纷348次，预防矛盾纠纷69件。处理便民服务平台32件，办结率100%，满意度100%。利用司法行政智能终端JiPad开展安置帮教工作，安置帮教868人，其中社区矫正解矫601人、刑满释放267人。

【基层工作】

2019年，区司法局修改完善2019年《司法所工作目标考核办法及细则》，对司法所工作开展日常督察和个别抽查。申报万青路、乌素图、兴胜镇3个一级司法所。与区法院、青山公安分局依据《中华人民共和国人民陪审员法》

和《人民陪审员选任办法》的有关规定，选任人民陪审员 120 名。10 月 18 日，在青山区委党校召开新任人民陪审员宣誓仪式暨岗前培训会，为新任人民陪审员颁发任命书，并进行廉政教育和岗前任职培训。

【法治宣传】

2019 年，区司法局结合“一引领七结合”实施方案，开展“大排查、早调解、护稳定、迎国庆”专项活动。开展法律讲座 80 场，律师、基层法律工作者、公证员参与 50 人，解答法律咨询 800 人次。开展“弘扬乌兰牧骑精神、到人民中间去”普法活动 45 场，累计发放法治宣传书籍 1000 册，宣传折页、资料 8000 份，解答群众法律咨询 400 人次。开通扫黑除恶知识问答小程序，大力推行“互联网 +”法治宣传行动，利用公共场所电子显示屏普及法律知识。

12 月 4 日，青山区全面依法治区办、区委政法委、区司法局联合举办“12·4”宪法宣传日集中宣传活动（区司法局　供图）

【社区矫正】

2019 年，区司法局落实青山区委、区人民政府及包头市司法局相关业务要求，以预防和减少再犯罪为安全底线，逐步适应司法行政系统机构改革后的职能变化。通过为离监探亲罪犯安装手机 App、运用司法行政智能终端等科技手段，对春节期间 2 名离监探亲罪犯实施定位监管和定期签到。按照包头市司法局有关会议、文件要求，推进青山区刑罚执行一体化建设，接收上级指派的 1 名包头市强制隔离戒毒所民警参与社区矫正监管工作。7 月，区司法局报请特赦评审委员会成立，召开评审会集体研究，确定并公示拟予以特赦人员名单，最终青山区有 2 名社区矫正对象被予以特赦。全年共计抽查 10 个司法所社区矫正对象 215 人次。与包头市心理健康发展协会联系合作，每季度举办一场心理矫正讲座，对 74 名社区矫正对象开展有针对性的心理矫治。全年新接收社区服刑人员 175 人，解除矫正 173 人，年底在册 184 人，其中缓刑 176 人、管制 4 人、暂予监外执行 3 人、假释 1 人。服刑人员以城镇户籍为主，犯罪类型以危害公共安全、侵犯公民人身权利居多，年龄多在 18 ～ 35 周岁。社区矫正对象都能够按照《社区矫正实施办法》及有关文件的要求服从社区矫正管理，无脱管现象发生。

【法律服务】

2019 年 1 月 30 日，区司法局出台《青山区 2019 年律师行业党建工作方案》（包青司发〔2019〕5 号）及《青山区司法局关于选派党建指导员指导律师所党建工作的实施方案》，建立非建制性党支部，将党建工作渗透到业务领域，选派 5 名优秀党员进驻律师事务所指导党建工作。设置举报箱，通过“12348”公共法律服务热线，为群众提供扫黑除恶举报渠道。5 月，制定《青山区涉黑涉恶案件律师代理工作指导意见》（包青司发〔2019〕16 号），全年共办理涉黑涉恶案件 38 件。5 月 13 日，出台《青山区公共法律服务平台律师值班制度》（包青司发〔2019〕20 号），安排辖区律师事务所、法律服务所和公证处轮流在公共法律服务平台值班，共接待来电来访群众 3000 人次，解答咨询 2079 件。5 月 13 日，制定《青山区司法局领导干部公共法律服务接待日制度》（包青司发〔2019〕19 号），规定除法定假日外，每周二、每周四为公共法律服务领导接待日，区司法局领导班子成员轮流值班。全年共受理法律援助案件 340 件。其中，刑事案件 310 件，民事案件30件，避免、挽回经济损失500万元，为当事人节省律师代理费600万元。

【公证业务】

2019年，包头市宏鉴公证处办理经济、民事、涉外及涉港澳台各类公证共计39319件，实现业务收费2108万余元。1月，公证员傅忠文做客包头广播电台“法治第一线”栏目进行以案说法。4月，与中国农业银行股份有限公司包头分行青山支行党委签订《廉洁伙伴协议书》。6月，制定《反洗钱内部控制制度》，完善公证接待细则；编印的宣传刊物《宏鉴公证处》一、二期及《公证案例集锦》被包头市图书馆收藏；向青山区“党建·爱心公益汇”平台捐赠生活及学习用品。9月，向包头市松石学校捐赠价值2万元的交互式一体机；向达尔罕茂明安联合旗小文公乡西拐子村捐助2万元扶贫款。10月，赴医院慰问一位年届九十的抗战老兵，并送上慰问品。

【数字司法】

2019年，区司法局以“智慧司法”为目标，高度重视信息技术在办公领域的应用。依托远程视频会议室打造信息化指挥中心，并安装监控系统、4K办公系统，连接政法专网，配备视频及电话会议系统、视频采集及显示系统。4K公共法律服务电视终端已覆盖1个公共法律服务中心、1个公证处、4个律师事务所和10个司法所。Jipad及“正行通”App全面应用于社区矫正、调解矛盾等工作。聘请专业公司维护微信公众号，平台设有普法宣传、人民调解、社区矫正、法律援助、公证、扫黑除恶等多个栏目，全年发布各类内容400篇，平台有800位关注者。2019年，共报送各类司法行政工作信息234篇，其中在《内蒙古法制报》、《包头日报》、“法治内蒙古”“内蒙古长安网”“青山人青山事”等媒体上发表78篇。完成人事警务、法治、计财装备等系统数据录入工作。

【队伍建设】

2019年，区司法局党组坚持民主集中制、党组中心组学习制度和党组议事制度，研究部署“三重一大”重要工作17项。完成党员“双报到”工作，在青福镇赵家店村开展综合法律服务2次。落实“三会一课”等组织生活各项制度，完成机关党支部换届，选派5名党建指导员进驻律师事务所非建制性党支部开展党建工作。严格落实意识形态工作责任制，扎实开展政治理论和业务知识的学习，切实增强干部职工“四个意识”，坚定“四个自信”，做到“两个维护”。全年班子成员参与各类学习培训68次，党员开展专题学习20次、专题讨论5次，党组成员讲党课5次，组织参观内蒙古大青山党性教育基地、包钢预防职务犯罪警示教育基地、包头市党群服务中心，举办演讲比赛、知识竞赛等主题党日活动14次。召开巡察整改专题民主生活会1次，“不忘初心、牢记使命”主题教育专题民主生活会和专题组织生活会各1次。全面落实党风廉政建设“两个责任”和领导干部“一岗双责”，制定《2019年廉政风险防控台账》。严肃工作纪律，对3名违反工作纪律的人员进行通报批评。4月，青山区委交叉巡察组对区司法局党组开展常规巡察，8月，召开反馈会，指出6个方面共22项存在问题。区司法局党组高度重视，召开党组会议5次、干部职工会议2次，安排部署工作。10月底反馈意见全部整改完毕。5月，经区纪委监委研究，决定在教育、卫健、综合执法、市场监管、司法行政5个领域开展“清风干部”“清风干部标兵”“清风示范岗”评定工作。经个人申报、初审、党组审核，征求派驻纪检监察组、纪委监委的意见后，将建议人选名单上报“清风干部”评定工作领导小组办公室，由领导小组办公室组织区纪委监委、公安、检察院、组织人事、行政执法、审计部门及个人诚信管理部门等对“清风干部”建议名单进行联审，最终确定“清风干部”34名，“清风干部标兵”2名（云慧智、焦文翔），“清风示范岗”1个（公共法律服务管理股）。

【“一引领七结合”】

2019 年，区司法局提出全面运用“一引领七结合”工作方式，即以党建工作为引领，开展扫黑除恶、社区矫正、普法宣传、矛盾排查、人民调解、公证咨询、法律援助七项工作，与司法所法律服务工作结合，共同下基层开展。在学校、街道、社区、乡村、公园等场所开展法律讲座 100 场，50 位律师、公证员、基层法律工作者参与到基层法律服务工作中，受益群众达 2 万人次。

【扫黑除恶】

2019 年，区司法局针对社区矫正对象等重点人员进行扫黑除恶排查，全年摸排社区矫正对象涉黑涉恶情况 300 人次。开展扫黑除恶法律宣传 50 次，制作蒙汉双语扫黑除恶宣传条幅 20 条，张贴于青山区各街道（镇）、社区（村）。制作扫黑除恶宣传折扇 1 万个，大型宣传挂图 1000 幅，宣传折页 1 万份，宣传手提袋 1 万个，在“青山司法”微信公众号上推送扫黑除恶专项斗争相关内容 71 条。全年共收到相关线索 6 条，按规定移交处理。加强对律师代理涉黑涉恶案件的指导把关，全年受理涉黑涉恶法律援助案件 44 件。

（刘浩然 供稿）

东达沟旧村秋景（区委宣传部　供图）

经济综述

经济体制改革

【国有企业改革】

2019 年，深入推动国有大型企业开展合资合作。一机北方创业专用汽车公司与广东海乔公司完成混合所有制改革，极大提升了专用汽车及特种车辆研发、改装、设计能力。一机大地工程机械公司引入行业领先战略投资者徐工集团，10 月 21 日正式签署合资合作协议，完成资产评估。北重集团专机公司引入绍兴上虞公司，组建混合所有制企业——包头北方安全防护装备制造有限公司，组织实施的北重安全防护设备制造项目已具备试生产条件。塞北股份与中国兵器装备集团重庆大江信达车辆股份有限公司合资成立重庆大江车桥有限责任公司，注册资本 9000 万元，塞北股份占比 55%，信达车辆占比 45%。

（区工信科局 供稿）

经济结构和指标

【产业结构】

2019 年，青山区坚持以供给侧结构性改革为主线，坚持新发展理念，在调优存量、做优增量、做大总量、提升质量上下功夫，大力发展战略性新兴产业，推动地区产业结构不断优化。三次产业结构比由 2018 年的 0.49∶35.42∶64.09 调整到 2019 年的 0.58∶34.62∶64.80。

（区发改委 供稿）

【固定资产投资】

2019 年，青山区城镇 500 万元以上固定资产投资同比增长 3.5%。其中，5000 万元以上项目 39 个，完成投资同比增长 4.8%。从产业结构看，第一产业投资同比下降 87.5%；第二产业投资同比增长 10.8%，其中工业投资同比增长 10.8%；第三产业投资同比增长 6.6%。

（区统计局　供稿）

【地区生产总值】

2019 年，青山区地区生产总值（GDP）同比增长 7%，第一产业增加值同比增长 0.4%，第二产业增加值同比增长 9%，第三产业增加值同比增长 5.9%。

（区统计局　供稿）

【工业产值】

2019 年，青山区规模以上工业企业工业总产值同比增长 14.5%。中央驻区企业工业总产值同比增长 6.5%；内蒙古自治区驻区企业工业总产值同比增长 14.8%；区属企业工业总产值同比增长 42.4%。

（区统计局　供稿）

人民生活

【城镇居民人均收入】

2019 年，青山区城镇居民人均可支配收入达到 53753 元，同比增长 6.2%。其中，工资性收入占人均可支配收入 69.16%，经营性净收入占人均可支配收入 12.22%，财产性收入占人均可支配收入 4.75%，转移性净收入占人均可支配收入 13.87%。

（区统计局　供稿）

综合经济管理与监督

发展与改革

【概况】

2019 年，青山区实施机构改革，按照中共青山区委办公室、青山区人民政府办公室《关于印发〈青山区机构改革实施意见〉的通知》（青党办发〔2019〕3 号）文件要求，在区发展和改革局（成立于 2004 年）的基础上，将区商务局的粮食管理职责，以及相关部门的重要物资和应急物资储备职责整合，组建青山区发展和改革委员会（以下简称区发改委），是区人民政府职能部门，机构规格为正科级。加挂区粮食和物资储备局牌子。将区发展和改革局的组织编制主体功能区规划职责以及应对气候变化和减排职责分别划入市自然资源部门和市生态环境部门。将区发展和改革局的重大项目稽查职责划入区审计局。将区委财经委员会办公室设在区发改委，不再保留区发展和改革局。负责青山区国民经济和社会发展、综合协调经济体制改革工作。2019 年，核定行政编制 7 名，核定科级领导职数 4 名（1 正、3 副）。内设办公室、规划综合股、重点项目股、产业协调股、经济体制改革和粮食物资储备股 5 个股室。有所属相当于副科级事业单位的青山区节能与应对气候变化中心，核定事业编制 10 名。

2019 年，区发改委履行部门职能，压实责任、勇于担当，完成年初制订的各项经济指标任务，积极推动重点项目多维度发展，各项指标均位居包头市前列。

【计划编制】

2019 年 11 月，区发改委启动《青山区 2019 年国民经济和社会发展计划执行情况与 2020 年国民经济和社会发展计划报告》（以下简称《报告》）编制工作，收集整理各部门 2019 年工作总结和 2020 年工作安排。12 月完成《报告》初稿，征求部门意见并进行修改。

【国民经济和社会发展年度目标】

2019 年，青山区国民经济和社会发展主要预期目标：地区生产总值增长 6.5% 左右；一般公共预算收入增长 6% 左右，城镇登记失业率控制在 3.9% 以内；节能减排按照包头市责任目标完成。

【国民经济和社会发展完成情况】

2019 年，青山区经济运行稳中有进，圆满完成各项目标任务。地区生产总值比上年增长 7%；一般公共预算收入增长 6.9%，城镇登记失业率控制在 3.9% 以内；节能减排按照包头市责任目标完成全部任务。

【固定资产投资项目审批】

2019 年，完成固定资产投资项目审批 47 项。其中，审批类项目包括内蒙古北方重工业集团有限公司第三中学新建综合楼项目、包头市青山区人居环境污水管网改造等基础设施项目、北重实验小学新建综合楼项目等 13 项；备案类项目包括青山中央公园项目、内蒙古北方重工业集团有限公司职工家属区“三供一业”物业分离移交小区改造项目、碧桂园凤凰天域项目等 34 项。

【重点项目管理与实施】

2019 年，青山区实施投资亿元以上重点项目 70 个，计划总投资 472 亿元，当年计划投资 104.2 亿元。当年完成投资 109.6 亿元，竣工项目 25 个。重点项目开复工率、完成投资率和竣工率均为包头市第一。

加强重点项目管理，印发《青山区重点项目考核管理办法》《重点项目服务手册》，明确项目责任单位职责，规范项目征集、上报。对重点项目、储备项目和策划项目进行滚动式阶梯管理，主要监控、调度、管理重点项目，同时收集储备项目。按照国家、内蒙古自治区、包头市的相关产业发展政策，提前策划储备项目，确保项目间依次替代、补充，提高项目管理效率。

【争取资金】

2019 年，区发改委为 2 个项目争取到上级资金 5500 万元。其中，为包头市青山区医院门诊住院综合楼建设项目争取到全面健康保障工程 2019 年中央预算内资金 5000 万元，为内蒙古北方重工第三中学操场项目争取到社会事业项目中央预算内投资调整资金 500 万元。

【节能减排】

2019 年，区发改委充分发挥青山区节能与应对气候变化中心领导小组办公室工作职能，有序推进节能日常工作开展。把好项目准入关，杜绝高耗能项目落地，依法开展固定资产投资项目节能审查工作，全年提交节能声明表 34 个，并按季度报送固定资产投资项目节能审查实施情况信息表。加强宣传引导，通过组织节能宣传周、全国低碳日和生态文明建设宣传周等系列活动，推动绿色低碳发展。

【粮食储备】

贯彻落实《国务院办公厅关于开展全国政策性粮食库存数量和质量大清查的通知》精神，全面开展政策性粮食库存数量和质量大清查工作，重点督导粮食企业台账建立、仓面平整等情况，对发现的粮食仓储安全、账务不规范等问题建立整改清单，按实施方案要求定期向市粮食部门上报问题整改情况，按时限全部整改完毕。

【信用体系建设】

建立信息报送常态化监督管理机制，定期召开调度推进会，通报工作中存在的问题，研究解决对策。采取季度通报制度，将各单位信息报送情况在全区进行通报，对未按要求及时报送数据的单位进行通报批评。2019 年，青山区信用信息上报情况为：总数 76628 条。其中，基础信息 1222 条，行政许可信息 978 条，行政处罚信息 67 条，红名单 3570 条，黑名单 5 条，失信被执行人 83 条，重点人群信息 54 条，纳税人信用等级 2 条，发改项目申报 51 条，养老保险 57962 条，医疗保险 12634 条。

2019年社会信用体系建设工作培训会（区发改委供图）

（秦帅祺　供稿）

统计管理

【概况】

青山区统计局（以下简称区统计局）成立于 1992 年，是区人民政府职能部门，机构规格为正科级。负责青山区国民经济统计与核算。2019 年，核定行政编制 6 名，有干部职工 34 人。内设办公室、综合核算股、数据股 3 个股室。有所属事业单位 2 个，分别为相当于副科级参照公务员法管理的事业单位青山区城乡社会经济调查队和相当于股级事业单位的青山区统计监察大队，核定参照公务员法管理事业编制 7 名，全额拨款事业编制 8 名。

2019 年，区统计局主动适应经济发展新常态，紧紧围绕中心、服务大局，夯实数据立统、深化改革兴统、强化基础固统、推动依法治统、优化服务强统、锤炼队伍树统，完成全年工作任务，被授予“包头市先进基层党组织”称号，获得“包头市月度劳动力调查优秀奖”。

【年报定报】

严格按照统计报表制度和调查方案，开展综合、工业、固定资产投资、房地产、建筑业、批零住餐、服务业、劳动工资等 33 个专业 100 多种报表的年报、定报工作，每月联网直报率达 100%。采取“事前、事中、事后”三段监测模式强化数据全流程把控，在数据即报即审基础上，加强对专业间关联审核评估和重点、异常监测，提升数据质量。

12 月 27 日，召开青山区 2019 年统计年报和 2020 年定期统计报表制度培训会，全区各机关、企事业单位、街道（镇）统计工作人员等近 500 人参加培训。

12月27日，青山区2019年统计年报和2020年定期统计报表制度培训会现场（区统计局　供图）

【第四次全国经济普查】

开展青山区第四次全国经济普查，组织区级、园区街道（镇）级、社区（村）级普查机构共 500 多名普查员对全区 131 个普查小区近 1.1 万户法人、产业活动单位和 2300 多户个体户逐户进行普查资料的搜集、整理、录入，高质量完成登记、核查、质量抽查和评估汇总等工作，顺利通过国家、自治区、包头市的专项调研和事后质量检查。

【统计法治】

扎实推进依法治统进程，制订完善《贯彻落实统计机构负责人和统计人员防范和惩治统计造假弄虚作假责任制实施办法（试行）》《青山区统计局行政执法全过程记录实施办法（试行）》等制度，为执法人员配备专业执法设备。持续深入开展“大查询、大走访、大调研”活动，围绕第四次全国经济普查、专业入库等重点工作，查询、走访企业 450 余家，代表包头市接受自治区及以上检查调研 5 次，数据报送符合规范。有序开展守信企业认定工作，牵头开展漠视侵害群众利益的统计造假专项整治工作。针对五类整治问题，明确 26 项具体措施，在规范统计方法行为、加强源头防控、强化数据质量内控机制和外部监督方面取得实效。不断扩大统计法治宣传教育“同心圆”，面向领导干部，将统计法列入区委中心组学习内容；面向统计人员，将法治纳入党建创新项目“五色学习讲堂 · 统计头雁工程”和“党建”+志愿服务项目，组织统计法治学习培训 12 次；面向社会公众，开展第十届中国统计开放日、宪法宣传日、统计法颁布 36 周年等大型宣传活动，印发《中华人民共和国统计法》《统计干部学法用法手册》《统计信誉体系建设宣传册》《青山区各部门对企优惠政策汇编》等普法、普查、政策宣传资料 1 万余份，提升公众依法统计、诚信统计的意识。

【统计服务】

推动统计工作由“数库”向“智库”转变。结合新常态下经济运行中的新情况、新特点、新问题，通过专项培训、年报讲授、技能比武等方式，强化数据处理和经济运行分析研判预警能力，及时准确、深入细致掌握企业和行业发展一手资料，特别是主要经济指标趋势走向和重点企业、项目、行业发展中遇到的问题。2019 年，形成分析预警和调研报告 10 余篇，完成信息分析 350 余篇，被上级刊物采用率约 90%，采用量居包头市统计系统首位。其中，《青山区统计局“三倡导”打造依法统计新亮点》被《中国信息报》采用。充分发挥“一微两刊三册”统计产品作用，“青山统计”公众号推送消息 79 期 123 条，印发《青山统计》11 期、《统计调查与分析》6 期、《青山统计月报》11 期和 2019 年《领导干部统计手册》《统计年鉴》，依法及时发布统计数据，为青山区委、区人民政府科学决策提供统计参考。

【“金样本”试点】

按照国家统计局在全国范围内开展零售业、餐饮业“金样本”记账试点工作的要求，青山区作为包头市唯一试点（旗、县）区，以“日记账”和调查问卷等方式，高质量采集 6 家贸易业样本单位基础数据，为科学测算社会消费品零售总额限额以下部分数据进行有效探索，自治区统计局给予充分肯定。

【“幸福青山”系列民意调查工程】

持续推动为期 3 年（2018—2020 年）的“幸福青山”系列民意调查工程，结合全区重点和社会热点开展 7 项民意调查。其中，《青山人平安幸福的感受——2018 年青山区人民群众安全感和满意度调查报告》《初心为民聚力发展，党建引领幸福家园——2019 年度青山区社区服务群众满意度》得到青山区委主要领导批示。在调查方式上，创新运用“电子问卷”，以手机终端为媒介，精简问卷收发流程，拓宽调查对象覆盖范围和辐射领域，更广泛直接地反映社情民意。

【住户调查“电子记账”】

积极适应信息化发展，在住户调查中探索“电子记账”。青山区 120 户居民记账户中有 99 户开通电子记账，除去老人户、手机不匹配原因外，开户率达 100%。通过随时、随地、随手记，提升记账工作便捷性和准确性，同时形成每月数据分析、交流学习和每季度调查员账本记录交叉互查常态化，提高住户调查工作效率和源头数据质量。2 名调查员分别获得自治区、包头市“住户类调查优秀调查员”荣誉称号。

【专项调查】

高效开展青山区 2019 年人口变动情况抽样调查，抓好组织、物资、人员、政策宣传、清查摸底、入户登记六项重点环节，对 29 个调查小区的 3482 户居民进行调查，成立质量控制小组并制定具体制度，以行动快、谋划细、推动紧、效果好保障调查数据质量。同时，选取幸福路街道繁荣社区开展第七次人口普查部门信息比对专项试点工作，为 2020 年第七次全国人口普查进行提前全过程演练，积累经验、锻炼队伍。

【统计基层基础】

以“七有八化”（“七有”：有机构、有人员、有场所、有制度、有设备、有台账、有保障。“八化”：管理制度化、网络信息化、队伍专业化、资料档案化、监督法制化、宣传多样化、服务优质化、工作常态化）为标准规范街道（镇）统计工作站，强化信息化建设服务，全力保障自治区、市、区、街道（镇）统计“四级网络”畅通。规范报表行为，对青山区近 400 家网报企业分专业实施培训，确保专业报表制度和上报流程讲解全覆盖；按照《中华人民共和国统计法》、各专业制度规定和要求，明确企业统计台账建立标准。截至 2019 年年底，全区 267 家“四上”（规模以上工业企业，有资质的建筑业及有开发经营活动的全部房地产开发经营企业，限额以上批发和零售业、住宿和餐饮业，规模以上服务业企业）企业全部建立规范的统计台账，有效保障“数出有据”，夯实源头数据质量。

（王蓉　供稿）

审计管理

【概况】

青山区审计局（以下简称区审计局）成立于 1984 年，是区人民政府职能部门，机构规格为正科级。2019 年，青山区实施机构改革，按照中共青山区委办公室、青山区人民政府办公室《关于印发〈青山区机构改革实施意见〉的通知》（青党办发〔2019〕3 号）文件要求，优化区审计局职责。将区发展和改革局的重大项目稽查职责，区财政局的预算执行情况和其他财政收支情况的监督检查职责，相关部门的国有企业领导干部经济责任审计职责等划入区审计局。2019 年，核定行政编制 9 名、工勤编制

1 名。内设办公室、行政财税审计股、经济责任审计股、固定资产投资审计股和法制审理股 5 个股室。有所属相当于股级事业单位经济责任审计中心，核定事业编制 8 名。

2019 年，区审计局以服务经济社会发展大局为宗旨，紧扣青山区委、区人民政府中心工作和重大决策，认真履行审计监督职责，完成审计项目 30 个。其中，重大政策措施落实情况跟踪审计 2 项，预算执行审计项目 4 个，经济责任审计项目 4 个，固定资产投资审计 5 项，专项审计和审计调查项目 8 个，自然资源资产审计 1 项，临时交办审计事项 6 项。查出问题金额 104950.39 万元，提出审计建议 34 条；提交各类审计信息 74 篇，被有关部门采纳 53 篇次。2019 年，被包头市审计局评为 2018 年度信息宣传工作先进集体。

【国家重大政策措施落实情况跟踪审计】

2019 年，按照自治区审计厅统一部署要求，完成青山区一季度减税降费相关政策措施落实情况和三季度加快城市基础设施重大项目建设政策落实情况、建设资金到位和使用情况、项目建设管理情况、项目进展情况和项目效益贯彻落实情况跟踪审计，提出审计建议 1 条。

【自然资源资产经济责任审计】

2019 年，完成对青山区农牧局森林资源资产审计，查出问题金额 1581.02 万元，提出审计建议 2 条。

【预算执行审计】

2019 年，完成对区商务局、区财政局、先锋道街道和内蒙古第一机械制造（集团）有限公司第四中学 2018 年度预算执行和其他财政收支情况 4 项审计，查出问题金额 101664.46 万元，提出审计建议 12 条，并就审计结果向区人民政府和区委审计委员会提交审计结果报告，代区人民政府向区人大常委会做工作报告。

【经济责任审计】

2019 年，完成对先锋道街道、万青路街道、区商务局和内蒙古第一机械制造（集团）有限公司第四中学 4 名领导干部经济责任审计（3 项任中审计，1 项离任审计），查出问题金额 1330.94 万元，提出审计建议 9 条。

4月4日，对先锋道街道预算执行审计以及经济责任审计工作现场　（区审计局　供图）

【政府投资审计】

2019 年，委托审结工程 5 项，报审金额 226.10 万元，核减金额 30.25 万元，核减率 13.38%。同时，按照上级有关要求，将以前年度承接未审结的建设项目结算工作全部移交至区财政投资评审中心管理。

【专项资金审计】

2019 年，按照上级审计机关统一部署要求，区审计局完成对世行贷款、清理拖欠民营企业中小企业账款、青山区财政总预算会计“借出款项”和“其他应收款”、3 个季度的减税降费、地方政府债券管理以及青山区本级化解地方政府债务专项审计及审计调查，查出问题金额 110.60 万元，提出审计建议 10 条。

【临时交办审计】

2019 年，按照青山区委、区人民政府要求，区审计局按时完成对青山区 7 个街道（镇）2017—2018 年党费收支审计，查出问题金额 4.88 万元。完成对 10 个街道（镇）的党建经费调查，查出问题金额 135.11 万元。对包头市青山住房发展建设有限公司、包头市松石学校“一校三基地”（包头市松石学校、自治区级青少年校园足球训练基地、青山区中小学生综合实践基地和青山区教师培训基地）、包头市新天地教育发展有限公司以及内蒙古润德教育文化产业发展有限公司 4 个区属国有企业进行调查，在区长办公会上作了专题汇报。在对包头市松石学校“一校三基地”调查中发现，青山区素质教育中心存在出纳非法获利和工程管理不规范问题，移交至主管部门青山区教育局处理。对包头市松石学校和内蒙古鹿腾教育发展有限公司运行情况进行专项审计，查出问题金额 93.13 万元，对超出限额使用现金情况给予罚款 2 万元的处罚。

（杨淑荷 供稿）

市场监督管理

【概况】

青山区市场监督管理局组建于 2014 年 12 月，由原包头市工商行政管理局青山区分局、原包头市质量技术监督局青山区分局、原青山区食品药品监督管理局整合而成，2017 年划入价格监督和认证职责，2018 年划入食盐质量监管职责，挂青山区食品药品监督管理局和青山区食品药品安全委员会办公室牌子。2019 年，青山区实施机构改革，按照中共青山区委办公室、青山区人民政府办公室《关于印发〈青山区机构改革实施意见〉的通知》（青党办发〔2019〕3 号）文件要求，将区市场监督管理局的职责以及相关部门的专利管理职责等整合，重新组建区市场监督管理局（以下简称区市场监管局），为区人民政府职能部门，机构规格正科级。加挂区知识产权局牌子。区食品安全委员会的具体工作由区市场监管局承担。2019 年，核定行政编制 145 名，工勤编制 3 名。内设办公室、法规股、行政许可与登记注册股、信用监督管理股、公平交易和消费者权益保护股、价格检查股、市场规范管理股、知识产权与广告监管股、质量监督管理股、食品药品综合协调与食品经营监管股、食品生产监管股、特种设备安全监察股、标准与计量监管股、药品化妆品医疗器械监管股、财务股、人事教育股、机关党委、个私经济组织党建办公室 18 个股室。下设富强路市场监督管理所、幸福路市场监督管理所、自由路市场监督管理所、万青路市场监督管理所、科学路市场监督管理所、先锋道市场监督管理所、青山路市场监督管理所、乌素图市场监督管理所、青福镇市场监督管理所、兴胜镇市场监督管理所、装备制造产业园区市场监督管理所 11 个派出机构。有所属相当于股级事业单位 5 个，分别为青山区市场监督管理综合执法大队、青山区食品药品检验检测中心（区药品不良反应监测中心）、信息中心、青山区个体私营企业协会和青山区价格认证中心，共核定事业编制 50 名。设挂靠单位包头市青山区消费者协会（包头市属事业单位）。

2019 年，区市场监管局秉承以“精勤尚法、和合务实”为核心的市场监管价值观，全面履行“保障三个安全、维护市场秩序、服务经济发展”三大职能，大市场监管体制改革效力充分显现。

工商行政管理

【商事登记制度改革】

2019 年，区市场监管局不断深化商事制度改革，全面实施“证照分离”“多证合一”“政银合作”等多项改革措施，企业开办时间大幅压缩，市场主体总量不断攀升，形成宽松便捷的市场准入环境。在包头市率先投放使用营业执照自助打印设备，实现市场主体登记由传统的“人工受理、审核、发照”向“网上受理、后台审核、自助取照”转变。2019 年，登记各类市场主体 5975 户，新增注册资本 75.7 亿元，新增从业人员 15673 人，办理股权出质（被担保金额）17.3 亿元，办理动产抵押登记（被担保金额）19 亿元。截至 2019 年年底，青山区共有各类市场主体 35864 户，注册资本 1050.1 亿元，从业人员 155131 人。

【事中事后监管】

2019年，区市场监管局全面推行“双随机、一公开”（在依法实施监督检查时，采取随机方式抽取被检查对象，采取随机方式选派执法检查人员，及时公开检查结果）监管模式。区协同监管平台上线单位46家，共归集涉企信息140万余条。区市场监管局采用“双随机”模式抽查1667户，与区城市管理综合执法局、包头市生态环境局青山区分局、包头市烟草专卖局联合“双随机”抽查9批次。将未按规定年报的1101家企业及8096户个体工商户列入异常经营名录或标记为异常经营状态。开展无证无照经营查处专项行动，取缔无证无照经营95户，督促办证办照161户，通报有关职能部门处理6户。

【风险责任链台账建立】

2019年，区市场监管局通过“企业自主申报+部门业务指导”，摸清各领域安全风险点；“企业主体责任 + 部门监管责任”形成完整责任链；“企业管控措施+监管部门监管措施”形成“安全防火墙”；形成“青山区市场监管重点监管领域风险责任链台账”，实现重点监管领域“风险可控制、责任可追溯”。

【知识产权广告管理】

2019年，区市场监管局加强知识产权管理，强化知识产权执法。当年，青山区拥有专利2029件，累计有效注册商标5241件，占全市1/4；中国驰名商标4件，占全市1/3。新培育自治区知识产权示范优势企业3户，在装备园区、食品加工园区设立了商标品牌咨询服务站，对企业注册商标的使用管理提供指导服务。开展知识产权执法“铁拳”行动、专利代理行业“蓝天”专项行动，对全国网络监管系统中的600余户商户及10余个平台进行网络监测，检查各类广告235条，纠正不规范广告17条，对8户利用微信公众号发布违法广告行为责令改正。

【市场秩序管理】

2019年，区市场监管局积极开展市场监管领域扫黑除恶专项行动，上报涉黑涉恶线索2条。开展各类市场专项整治行动12次，查处格式合同案件1起，取缔无证无照经营户95户，引导督促1807户生活服务业商户使用型煤解决冬季取暖问题，开展煤质检测8批次。完成迎宾农贸市场升级改造，规范管理二〇二农贸市场。推荐申报自治区级“守合同、重信用”企业24家。

【“衣食住行”领域专项整治】

2019年5月，区市场监管局在全区开展“衣食住行”领域专项整治，共查办案件66起，查处欧派全屋定制消费欺诈案，涉及100余名消费者，移送公安部门处理。开展5次“啄木鸟”集中执法行动，检查相关生产经营户2613家，罚没款12.5万元。

2019年9月17日，自治区市场监管系统“衣食住行”领域市场整治工作现场推进会走进青山区，自治区12个盟市市场监督管理局现场观摩区市场监管局行政执法实时指挥系统。行政执法实时指挥系统将区市场监管局12个执法单位、152名执法人员的4G单兵执法记录仪对接到指挥中心平台，实现双向实时音视频互动，构建“看得见、听得着、呼得到、查得清、控得住”的快速响应和指挥调度枢纽。

行政执法实时指挥系统（区市场监管局　供图）

【创新创业产业园建设】

2019 年，区市场监管局围绕猪八戒网双创平台，启动自治区首条双创主题示范街区项目。项目位于青山区葛兰西道，建设集“实体创业、双创文化、文旅消费”于一体的双创主题街区，进一步汇聚创新创业资源，丰富双创基地形态，拓展双创物理空间，使之真正成为“扶持政策的集装箱、自主创业的加油站、市场要素的交换站、创新驱动的发动机”，从而带动青山区、包头市乃至蒙西地区的整体创新创业氛围。截至 2019 年年底，园区入驻企业共计 110 家，在猪八戒网包头线上城市站开店数达到 2450 个。

食品药品监督管理

【食品安全监管】

2019 年，区市场监管局保持食品药品安全监管高压态势，全面落实《地方党政领导干部食品安全责任制规定》《中共中央、国务院关于深化改革加强食品安全工作的意见》《学校食品安全与营养健康管理规定》《包头市党政领导干部食品安全责任制清单》。2019 年全年检查食品生产经营单位 11212 户次，开展食品监督抽检 1301 批次，抽检合格率 98.39%；农贸市场开展食品快检 9949 批次，合格率 99.63%；食品药品快检车投入使用。强化食品药品安全专项整治和行政执法办案，采取线上 + 线下、不定期随机抽查 + 直击现场相结合的方式对入网餐饮服务单位开展全方位整治。开展校园及其周边食品安全治理，封停无证幼儿园及学前班食品经营场所 33 个。全年开展食品安全专项检查 21 项，立案查处食品药品违法案件 124 件。

在食品生产领域实施量化分级风险管理；在食品流通领域推行临期食品“三统一、一公示”（统一设置、统一标志、统一台账，实时公示）制度；在餐饮服务行业推行“阳光厨房”、油烟噪声管控措施公示、燃气安全公示等管理措施；在学校（幼儿园）食堂推行校长陪餐制和家长陪餐制；创建健康食堂 11 个、健康酒店 7 个；内蒙古北方重工业集团有限公司第三中学食堂等 12 家餐饮单位采用“四到位”（整理到位、责任到位、执行到位、培训到位）管理模式，部分幼儿园、小餐饮采用“五化”（厨房管理透明化、食品摆放超市化、厨具管理色标化、内部管理规范化、监督管理常态化）管理等模式。

【推进食品安全社会共治】

2019 年，区市场监管局发挥投诉举报、新闻媒体等力量，曝光各类食品药品违法行为，直击无证幼儿园、无证黑作坊查处现场，通过“你点我查”“直击后厨”等模式，共检查 38 家线上及线下餐饮服务单位；广泛招募各类社会群体加入食品安全志愿者队伍；开展“开门纳谏”活动，邀请人大代表、政协委员、群众代表参与食品安全社会共治。

【保健市场乱象“百日整治”】

2019 年，区市场监管局联合公安、民政、商务等 8 个部门开展保健市场乱象“百日整治”行动，以辖区网格为基本单元，开展拉网式排查，全面清查市场主体资质、商品来源、商标广告。严厉打击虚假宣传、违法广告、制售假冒伪劣产品等扰乱市场秩序、欺诈消费者行为，共查办案件 7 起，罚没款 2.534 万元，为消费者挽回经济损失 82.3 万元。

【药品化妆品医疗器械安全监管】

2019 年，区市场监管局对 1330 家药品化妆品医疗器械经营使用单位进行全覆盖检查，共检查药品化妆品医疗器械经营使用单位 1596 户次，下达责令整改通知书 43 份。开展零售企业执业药师“挂证”行为专项整治、中药饮片质量集中整治、疫苗预防接种单位专项监督检查等 16 项专项工作。全年举办药品医疗器械培训班 3 期，培训 279 家药械单位从业人员，指导 143 家药品经营企业完成药品经营质量管理规范（GSP）认证。

【药品抽检及不良反应检测】

2019 年，区市场监管局共完成 160 批次药品抽验任务，其中2批次不合格，已立案查处。上报药品不良反应事件107例，医疗器械不良反应事件32例，化妆品不良反应事件10例。

【整治药品零售企业执业药师“挂证”行为】

2019年，区市场监管局对药品零售企业开展拉网式监督检查，重点查处执业药师“挂证”等违法违规行为，切实解决药品零售企业执业药师“挂证”、不凭处方销售处方药等问题，形成药店执业药师由“不能挂”到“不敢挂”“不想挂”的转变。将药品零售企业“挂证”整治与规范进货渠道、严格票据管理等日常监督检查内容相结合，督促药品零售企业提高质量管理和药学服务水平。

物价管理

【价格监管】

2019年，区市场监管局强化价格执法，开展殡葬领域收费、一般工商业电价、教育收费和公共机动车停车场收费专项检查。对青山区5个公墓及26家殡葬中介服务机构等单位进行“回头看”重点检查，对17家有资质的公共停车场开展双随机专项检查。

【收费管理】

2019年，区市场监管局对行政事业性收费和经营服务价格执行事中事后监管，清理整治转供电主体环节不执行电价政策、不执行国家电价降价措施、违规向终端用户乱加价、搭车收取其他费用等违法违规行为，打通电价降价红利落地“最后一公里”。2019年完成对20户商业主体、物业、写字楼等一般商业用电单位退费工作，共退费36.8万元，涉及终端用电户5660户。

【价格认证】

2019年，价格认证中心共受理青山公安分局、乌素图治安分局、包头市公安局公共交通治安分局、包头市公安局青山治安分局各类涉案物品价格认证案件160件，认证标的金额2301万元。其中，涉黑涉恶价格认定案件13起，认定标的金额达1876万元。

质量技术监督管理

【计量监督管理】

2019年，区市场监管局全面加强民生计量监管，对眼镜店、加油站、超市和集贸市场进行双随机抽查。对集贸市场、金银饰品店、医疗机构的1000余台（件）计量器具进行全面监管，指导集贸市场按照“六统一”（统一配置、统一检定、统一标识、统一管理、统一维修、统一轮换）模式进行公平秤设置，并在包头市试点推广，青山区13家农贸市场全部设置到位。开展“光明计量进校园”“520计量服务进社区”活动，免费检定各类计量器具，检测眼镜、珠宝玉器共计800余件。

【质量监督管理】

2019年，区市场监管局稳步开展烟花爆竹、食品相关产品、劳保用品、危化品及包装、电线电缆等多项重点产品质量监督检查。对赵家营村集中供暖改造所用管材进行风险监测和监督抽检。2019年共开展重点产品质量抽检13批次。区市场监管局联合多部门开展“黑”加油站点、流动加油罐车集中排查整治，清除非法经营点2个。

【标准化监督管理】

2019年，区市场监管局着力用标准化手段助推重点行业规范发展，指导33家企业的176种产品进行网上标准自我声明。对商品条码、电动自行车新标准、红领巾和国旗标准执行情况进行监督检查。区市场监管局和包头市食药产业协会共同起草《餐饮经营服务规范》市级地方标准，通过包头市市场监督管理局审定并正式发布。

【特种设备安全监察】

2019年，区市场监管局成立特种设备安全监察“三级联动”隐患检查组，联合区应急管理局在包头市庆元气体有限公司组织开展气体泄漏应急演练，提升企业应急处置救援能力和救援人员实战救援水平。2019 年监察特种设备生产使用单位 251 户次，检查特种设备 4100 余台，处理相关投诉 35 件，下达安全监察指令书 24 份，排查整改隐患 73 处。承接包头市市场监督管理局下放的电梯注册登记业务，全年为 16 家企业办理 133 台电梯注册登记证。

【质量强区创建】

2019 年，区市场监管局以青山区装备制造行业为重点特色产业实施质量提升行动。制定《青山区 2019 年度质量提升工作实施方案》，明确装备制造、工程、环境、服务质量提升目标任务、工作措施和组织保障。开展“双零”（服务零距离、质量零缺陷）、“双百”（百个产业聚集区、百种事关国计民生的重点产品和服务质量提升）行动，大力实施质量攻关，对 20 家重点企业开展精准质量帮扶。

（郑欣 哈振欣 供稿）

青山区消费者协会

【概况】

青山区消费者协会（以下简称区消协）成立于 1990 年 7 月，是区市场监管局代管的社团组织。负责受理消费者 12315、12331、12365、12358 热线投诉，受理 12315 全国互联网投诉平台的投诉，受理包头市政府热线 12345 消费投诉和区人民政府便民服务平台消费者投诉；提供消费维权及消费者权益保护方面的咨询服务；对投诉、举报案件进行受理、分派、反馈、督办、回访；对消费投诉举报案件情况进行统计、汇总和分析。听取社会各界和消费者对市场监管工作的意见和建议；依据有关规定，参与对消费维权重大突发事件的应急处置。2019 年，核定事业编制 13 名。设富强路分会、幸福路分会、自由路分会、万青路分会、科学路分会、先锋道分会、青山路分会、乌素图分会、青福镇分会、兴胜镇分会、包头装备制造产业园区分会 11 个消费者协会分会，负责日常消费者投诉的调查处理工作。

2019 年，在全区各大型商场、市场、超市、企业、社区、学校等单位设立基层消费维权站点（消费维权服务站和消费者投诉站）45 个，及时处理消费者投诉。

【消费者投诉受理和处理】

2019 年，区消协共受理解决消费者各类投诉、举报 3150 件，为消费者挽回经济损失 385 万元，消费者投诉案件办结率 99.79%。对已办结的消费者投诉案件进行回访，回访率为 20%。

【“3·15”国际消费者权益日系列活动】

2019 年，区消协在“3·15”国际消费者权益日期间，围绕“信用让消费更放心”主题和当前消费新趋势、投诉热点问题，利用“五进”站点和“一会两站”等单位，走进商场、社区、企业、农村、校园，采取座谈、讲课、消费体察等方式，向广大消费者提供消费警示信息，宣传《中华人民共和国消费者权益保护法》《中华人民共和国食品安全法》《中华人民共和国反不正当竞争法》，提高消费者维护自身权益的意识和能力，积极处理消费者投诉，帮助消费者挽回经济损失。

3 月 15 日，在宣传活动主会场华联正翔国际商场开展咨询服务活动，现场设置真假商品对比和咨询服务台，向参加活动的群众宣传解读相关法律法规、规章制度，现场受理消费者投诉申诉，并出动食品快检车，现场为消费者提供食品快速检测服务。

【建立健全消费维权新机制】

2019 年，区消协将辖区内各类投诉平台进行整合，成立青山区消费者投诉举报中心，明确受理、分派、处理、回复等事权化分，确保消费投诉举报平台快速高效运行。认真落实节假日、双休日值班制度，保证投诉平台全天候畅通。理顺消费者投诉案件的受理、分派、调查、处理程序，加强各消费维权相关部门配合联动，快速高效办理消费者投诉举报。

【兴胜所开展“3·15”主题宣传活动】

3 月 15 日上午，兴胜镇市场监督管理所与兴胜镇政府、新城乡派出所共同开展以“信用让消费更放心，全面整治保健市场乱象，严厉打击涉众型犯罪，严厉打击非法集资经济犯罪”为主题的“3·15”宣传活动。会上讲解有关消费误区和消费维权方面的常识，公布举报电话，让群众在消费过程中能够维护好自己的合法权益；此外还播放宣传视频并发放宣传材料。宣传现场设立宣传展板，安排执法人员耐心解答群众提出的问题，向群众讲解非法集资的主要特征和表现形式，引导群众增强理性投资意识。

（陈兆森　供稿）

青山区个体私营企业协会

【概况】

青山区个体私营企业协会（以下简称区个私协会）成立于 1982 年，是区市场监管局所属的相当于股级的事业单位。负责组织个体私营企业学习国家的有关法律法规和方针政策；开展法制、职业道德教育；维护个体私营企业的合法权益和利益；反映诉求，提供咨询与服务；开展业务技术培训和企业管理培训；组织交流和对外合作，搞好引导服务；组织个体私营企业开展两个文明建设和参与社会公益事业；协助开展非公经济领域党建工作等。2019 年，核定事业编制 12 名，设富强路分会、幸福路分会、自由路分会、先锋道分会、青山路分会、乌素图分会、万青路分会、青福镇分会、兴胜镇分会、科学路分会、装备制造园区分会 11 个分会，在区个私协会的统一领导下开展工作。

2019 年，区个私协会的赵睿被评为全国个私协会系统先进工作者。

【教育培训】

2019 年 3 月 16—17 日，区个私协会组织青山区 20 余户企业参加由包头市个体私营企业协会（以下简称市个私协会）与中国演说家领袖学院内蒙古分院在青山宾馆举办的“言商”和“如何赢得商业话语权”专题知识培训，提升企业家能力。7 月 19 日，组织包头市初创企业品牌升级沙龙的第一期活动，青山区 5 户企业参加了活动。9 月 20 日，组织青山区企业参加由市个私协会与八戒蒙西总部园区举办的知识产权和企业价值创造专题培训，参加企业达到 20 余家。

【开展活动】

2019 年，区个私协会 11 个分会以各种形式开展服务，提升协会影响力。3 月 14 日，区个私协会联合个体登记注册股和万青路市场监督管理所在居然之家一宫店提供现场办理执照和年报服务，并对经营户开展年报流程培训。3 月 15 日，开展“党旗领航 · 诚信经营”活动。3 月 24 日，与市个私协会居然之家一宫店、栢深人力资源共同举办 2019 年度春季人才招聘会，共有 150 户企业入场，提供近 500 个岗位，近 400 人达成初步用工意向。7 月 3 日，举办庆祝中国共产党成立 98 周年纪念活动。为推动青山区内更多的中小企业进会洽谈，青山区个私协会组织 7 户企业赴上海参加第二届进口博览会。2019 年，区个私协会完成制造业中小企业质量及经营现状调查工作，举办第二届青年交友活动，包头市近 300 名青年参加活动。11 月 30 日，组织辖区内 20 户企业参观包头市市场监督管理局打击假冒伪劣成果展。

【社会公益】

2019 年 11 月 18 日，区个私协会自由路分会、青福镇分会携辖区内爱心企业在包头市社会福利院开展“光彩服务日”活动，为孩子们送去了价值 3 万余元的卫生用品、食品、文具等，让孩子们充分感受到社会大家庭的温暖和关爱。联合鹿客企业管理有限公司，对生活困难的老党员董志芬、樊改翠等进行慰问。

【困难会员帮扶】

2019 年 1 月 29 日，区个私协会在春节前慰问广大困难个体工商户，为青山区 38 户困难个体工商户送去慰问品。

（赵睿 供稿）

应急管理

【概况】

2019 年，青山区实施机构改革，按照中共青山区委办公室、青山区人民政府办公室《关于印发〈青山区机构改革实施意见〉的通知》（青党办发〔2019〕3 号）文件要求，整合区安全生产监督管理局职责，区人民政府办公室应急管理职责，公安部门消防管理职责，民政部门救灾职责，国土资源部门地质灾害防治职责，农林牧水部门草原防火、森林防火、水旱灾害防治相关职责，住建部门抗震救灾职责以及区应急办、区救灾减灾委员会、区防汛抗旱指挥部、区抗震救灾指挥部、区森林防火指挥部职责，组建区应急管理局（以下简称区应急局），是区人民政府职能部门，机构规格为正科级。区安全生产委员会（以下简称区安委会）的具体工作由区应急管理局承担，不再保留区安全生产监督管理局。2019 年，核定行政编制 8 名。内设办公室、灾害防治保障股、应急救援调查股、安全生产基础股、危险化学品监管股、政策法规巡查股 6 个股室。有所属相当于股级的事业单位 2 个，分别为参照公务员法管理事业单位青山区安全生产综合执法大队，核定参照公务员法管理事业编制 6 名；青山区应急救援指挥中心，核定事业编制 4 名。

2019 年，青山区累计发生各类生产经营性事故 9 起，较 2018 年同期减少 22 起，同比下降 70.97%；死亡 6 人（道路交通领域死亡 1 人，工矿商贸领域 3 人，其他领域死亡 2 人），较 2018 年同期减少 6 人，同比下降 50%。2019 年全年无失职追责和信访举报案件，完成各项任务。

【落实安全生产监管责任】

2019 年，青山区进一步提高区安委会组织架构，由青山区委副书记、区人民政府区长任安委会主任，青山区委常委、区人民政府常务副区长任安委会常务副主任，区人民政府各副区长任副主任。认真贯彻落实国家、自治区、包头市关于安全生产的重要决策部署和指示批示精神，召开区委常委会 2 次、政府常务会 4 次、区长办公会 1 次、区安委会季度会 4 次，安排部署安全生产工作，研究解决安全生产问题。按照“党政同责、一岗双责、齐抓共管、失职追责”和“管行业必须管安全、管业务必须管安全、管生产经营必须管安全”原则，青山区委、区人民政府主要领导、班子成员坚持每月至少一次带队督导检查安全生产工作；行业主管部门主要负责人每月带队开展一次安全检查。组织全区科级以上领导干部集中学习《地方党政领导干部安全生产责任制规定》，将安全生产工作纳入科级领导干部考核范围，实行“一票否决”制。

【安全隐患排查】

2019 年，区应急局联合相关行业主管部门开展各类执法检查，累计检查企业 6850 户次，查处整治隐患 3423 项。各街道（镇）、社区积极发挥网格员监管职能，累计排查企业 1865 户次，确保节日期间安全形势稳定。

在建筑施工领域，组织召开建筑施工领域安全工作会议，与 24 户在建工程施工项目单位签订“建筑施工领域安全生产责任状”。全面开展建筑领域联合执法检查，共计检查、复查 90 余次，查处安全隐患问题 140 余条，下达责令整改指令书 28 份、复查指令书 28 份。针对新福地烂尾楼积存 10 余年的架体锈蚀安全隐患，组织开发商及施工单位多次召开协调会议，制订拆除方案，落实拆除责任主体，切实消除安全隐患。在商贸流通领域，推动迎宾菜市场、繁荣道菜市场、富园装饰城进行安全改造，消除无证经营、无主体责任人、违规占用应急疏散通道、无消防栓、违规使用易燃材料装修等安全隐患，确保市场安全经营。在电力安全领域，协调包头供电局对四道沙河村供电线路及设施进行无偿接收；约谈移动、联通、电信、广电等单位，拔除内蒙古北方重工业集团有限公司第一小学周边倾倒电杆。在道路交通领域，深入辖区客运、危化品运输企业、校车企业 19 家，检查企业 122 次。通过“六合一”（机动车辆管理系统、机动车驾驶人管理系统、交通事故处理系统、交通违法处理系统、危险化学品运输管理系统、交警队信息平台系统）平台对重点企业所属车辆进行排查，共排查违法未处理车辆 1120 台次，下达违法清零整改通知书 106 份。面对面检查车辆 68 次，共计 452 台。青山交管大队、青山运管所等部门对重点车辆企业进行安全大检查 49 次，约谈运输企业 17 家，清理“僵尸车”78 台。开展“猎鹰”系列集中统一行动 129 次、零点行动 21 次。在特种设备领域，2019 年共检查特种设备生产使用单位 251 户次，特种设备 4100 余台次，发现隐患 73 处，均整改完毕。下达安全监察指令书 24 份，妥善处理各类投诉 35 起。在校园安全领域，严格落实“三个 100%”（中小学封闭化管理达到 100%，一键式紧急报警、视频监控系统联网率达到 100%，中小学专职保安员配备率达到 100%）工作目标，组织开展民警、教师、保安、家长志愿者四方联动校园周边交通安全管理，有效解决学生上下学交通安全问题。在消防安全领域，全面推进商场市场、“多合一”场所、劳动密集型企业、公共娱乐场所、高层建筑、文物古建筑等 11 类重点场所火灾隐患综合治理，共检查单位 894 家，发现火灾隐患 1167 处，整改火灾隐患 1057 处，临时查封 24 家，责令“三停”2 家，罚款 28.26 万元。

9 月 18 日，包头师范学院教学楼施工项目安全生产联合检查现场（区应急局　供图）

【网格化建设】

2019 年，区应急局建立包头市首家安全管理云平台。平台将行政区域进行大、中、小网格划分，实现区—街道（镇）—社区（村）—管辖片区网格化管理，行业部门可实时更新查看安全生产管理进度、电气线路运转、重点部位状态。平台实时统计分析安全检查工作落实情况，按街道、行业主管部门、人员统计工作量及安全隐患发现整改情况，为绩效考核提供科学有效数据。截至 2019 年年底，已建立 1000 余户企业的安全监管动态档案。进一步夯实安全生产监管基层基础，在原有 259 名安全生产网格员的基础上，新增设 113 名街道、社区专兼职网格员，充实青山区基层安全生产网格员队伍。同时，增设 300 余名企业网格员，由企业负责对各自生产现场的重点环节、部位进行日排查巡检并上报。

【创新工作】

2019 年，区应急局创新工作举措，针对小微企业普遍存在的安全生产责任落实不到位、安全管理水平低、安全投入不足等问题，将不具备安全生产条件的小微企业进行资源整合，统一规划，形成合作厂区，统一制定安全生产管理制度，加大安全管理力度，提高安全事故预防能力，使原本小散乱、安全风险高的小微企业形成规模化产业链。出台《青山区餐饮场所使用燃气基本安全要求》《青山区餐饮场所燃气安全管理实施方案》，对生产经营单位、小商户、小底店等燃气用户进行集中整治，共排查商户 2073 户次，下达告知书 1927 份，燃气报警器安装率达到 98% 以上。同时，要求燃气公司建立自我监督的安全管理机制。出台《包头市瓶装燃气企业安全生产经营自律公约十条》，由区应急局、区住建局共同监督执行。一方面让燃气企业切实做到“逢送必检”，另一方面调动了网格员燃气安全检查的积极主动性。截至 2019 年年底，燃气企业已向安全网格员发放奖励金 1.5 万余元。

【应急管理】

2019 年，区应急局强化应急预案监督管理，对地震、防汛抗旱、地质灾害以及重特大森林草原火灾等应急预案进行修订，督促各部门、各企业建立完善专项应急预案和现场处置方案，提高应对突发事件的能力。针对节后复工复产、防火期、汛期等不同时间节点，各部门、各企业开展应急组织机构、队伍建设，装备管理，救援物资储备等专项检查。健全完善防火组织机构和扑火队伍，区人民政府组建 2 支 10 人的专业扑火队，各街道（镇）组建 30 人的半专业化扑火队。区森林草原防灭火指挥部与周边旗县区签订《森林草原防火联防联治协议书》，建立跨区域合作机制，统筹防火资源，积极构建森林草原防火防控体系。

【安全生产宣传教育】

5 月 12 日，区应急局承办包头市 2019 年“全国防灾减灾日”宣传活动，通过多种方式让市民全面了解和掌握地震、地质灾害、火灾等自救知识。6 月 16 日，在奥林匹克公园，区应急局与包头市应急管理局共同开展以“防风险、除隐患、遏事故”为主题的安全生产咨询日活动，并在娜琳步行街设置分会场，发放涉及社区安全、校园安全、家庭安全、企业安全等内容的各类宣传品 9000 余份。

（康赛虎　郭琛　供稿）

【抗震救灾】

2019 年，区应急局本着完善地震应急管理工作机制，提高地震灾害预防与处置效能，最大限度地保障人民生命财产安全的原则，积极落实各项工作措施，初步形成地震应急工作机制。成立由区人民政府区长任组长，全区各有关单位和部门负责人为成员的防震减灾领导小组，完成《青山区地震应急预案》修订工作。依照归口管理原则，要求区属各基层单位和重点区域编制各自的应急预案，重点明确了人员应急疏散撤离方案、震情信息报告、地震安全隐患排查和除险加固、防震减灾知识宣传、应急演练等内容。为进一步提高公众防震减灾意识，积极开展防震减灾知识进学校、进企业、进社区、进机关活动，提高人民群众的防灾意识和防灾能力。发放《地震知识 100 问》《地震应急避险要诀》等资料 100 余份。重点抓好中小学幼儿园的应急逃生演练，青山区所有学校每月开展一次地震应急疏散演练活动。不断加强灾情速报网建设和应急避难场所建设，各街道（镇）和驻区大企业均配有灾情速报员和防震减灾助理员，完善和明确相关工作职责和工作机制，形成有效的工作网络。青山区共设立劳动公园、青山公园、阳光广场、兵器广场等 15 个应急避难场所，总面积 300 多万平方米，疏散人数可以达到 200 万人，安置人数也可达 40 万人，各场所厕所、饮用水等相关基本配套设施建设完好。

（康赛虎　供稿）

城市建设与管理

自然资源管理

【概况】

2019 年 4 月 11 日，按照中共包头市委办公室、包头市人民政府办公室《关于印发〈包头市自然资源局职能配置、内设机构和人员编制规定〉的通知》（室发〔2019〕36 号）文件要求，合并包头市国土资源局青山分局与包头市规划局青山分局，组建包头市自然资源局青山区分局（以下简称青山分局），是包头市自然资源局的派出机构，机构规格为正科级。负责青山区土地资源管理工作。2019 年，有干部职工 49 人，内设办公室、规划耕保科、地籍科、矿管科、规划业务科 5 个科室。有所属相当于副科级参照公务员法管理事业单位 3 个，分别为青福国土所、兴胜国土所和监察大队。有所属相当于副科级事业单位规划技术中心。

2019 年，青山分局以服务全区经济建设为中心，以机构改革为契机，以“放管服”改革为切入点，整合职能，提升效能，各项工作取得了新进展。

【项目报批】

2019 年，青山区实施亿元以上重点项目 70 个。其中，48 个项目不需要办理用地手续，1 个项目未提出办理申请，为 21 个项目办理了用地手续；21 个项目不需要办理规划手续，1 个项目未提出办理申请，为 48 个项目办理了规划手续，土地和规划办结率均达到 98.57%。

【规划审批】

2019 年，共受理建设项目报件 48 件，全部办结。为 12 个项目办理“建设用地规划条件书”，22 个项目办理“建设工程规划许可证”，2 个项目办理“建设工程竣工规划核实合格证”，12 个建设项目出具规划意见。机构改革后，青山分局积极化解包头装备制造产业园区累积的项目规划手续办理问题，对需要办理规划手续的 101 个项目进行全面梳理，为 18 个项目办理了规划公示，21 个项目办理了规划公布。

【耕地保护】

按照《包头市人民政府办公厅关于加强全市耕地保护工作的通知》（包府办发〔2015〕120 号）文件要求，区、乡镇、村逐级签订耕地保护责任书，完善耕地和基本农田台账，落实耕地保护季报制度，制定耕地和基本农田保护监督检查制度。2019 年，完成耕地质量等别调查评价工作。

【地籍管理】

2019 年，自然资源部下发变更调查图斑 75 个，图斑总面积 98.35 公顷，其中耕地面积 49.07 公顷。经内外业审核，判定违法图斑共 27 个（20 宗地）15 公顷，其中耕地面积 8.11 公顷。及时落实整改措施，拆除 15 个，补办用地手续 6 个，报批 6 个。按照自治区、包头市两级认定，青山区 2018 年度土地矿产卫片执法监督检查工作占比为 4.77%。

青山区 2016 年、2017 年全域例行督察图斑 62 个全部完成整改，整改率 100%；2018 年全域例行督察图斑共 6 个（限期整改图斑 4 个，持续整改图斑 2 个），限期整改图斑 2 个整改到位，1 个组卷，1 个报送自治区自然资源厅；2 个持续整改类图斑与区镇两级政府协商处置，确保规定时限内整改到位。

【“三调”及“房地一体”】

2019 年，青山分局坚持以现状认定地类、实事求是为原则，积极推进第三次全国国土调查工作（以下简称“三调”工作），做到人员思想到位、技术落实到位、经费保障到位、数据核查到位。7 月 30 日，数据成果在第一次通过自然资源部审核后，完成了反馈问题的整改；12 月 8 日，完成第二次提交。

2019 年，积极开展“房地一体”（农村宅基地和集体建设用地登记发证）工作，完成了 23 个村（包括后营子村、大庙村、马场村）的外业测绘、15 个村的内业数据整理及 4 个村的数据建库工作。以色气湾村为试点发放 2 本不动产证书，实现了青山区“房地一体”宅基地登记发证历史性突破。

青山区农村“房地一体”首次登记发证仪式现场（青山分局　供图）

【矿山地质灾害防治】

2019 年，青山分局配合包头市自然资源局对青山区范围内原有的“采矿许可证”及“探矿许可证”全部注销，将位于大青山国家级自然保护区内的各类碎石、采砂、洗砂、选矿及东达沟商砼园区 11 家企业全部取缔。启动大青山南坡绿化廊道建设工程，投资 4 亿元，完成植树覆绿、修建水库、景观节点等基础建设，新增绿化面积 300 公顷，完成地质恢复治理 28.67 公顷，建成包头市文明思想教育示范基地和矿山环境恢复治理示范基地。青山区范围内的 27 家矿山企业全部清理整顿，顺利完成大青山国家级保护区内矿山企业验收工作。

【执法监察】

2019 年，以综合监管平台为支撑，全面加强自然资源动态巡查工作，共开展动态巡查 170 余次，违法案件比 2018 年下降 60% 以上，有效制止违法倾向 23 起，立案查处土地违法案件 6 件，拆除 1 起，移交区法院申请强制执行 1 起。建立健全长效联动执法机制，与区城市管理综合执法局、区检察院、青山公安分局联合执法 20 余次，案件移交区法院 1 起。

【违建别墅清查整治工作】

制定《青山区违建别墅问题清查整治专项行动工作实施方案》，按照“政府牵头抓总，各部门、街镇合力落实”的要求，各成员单位各司其职、协调联动、形成合力，对青山区 116 户用地情况进行核实，对水源地、大青山保护区等重点区域进行全覆盖摸排，对 10 处疑似违建别墅图斑进行排查研判，确认 1 处违建别墅，第一时间拆除完毕。

【扫黑除恶】

2019 年，青山分局将扫黑除恶工作与加强土地、矿产监察等业务工作相结合，强化组织领导，积极宣传发动，深挖彻查线索，全力抓好行业领域监督管控。制作固定宣传展板 8 块，发放宣传资料 300 多份，进村专题宣讲 1 次。与区扫黑除恶专项斗争领导小组办公室、区城市管理综合执法局、青山公安分局建立专项工作协作机制，共享案件线索和信息，联合查处案件 6 起。

（孟超　供稿）

城区建设

【概况】

2019 年，青山区实施机构改革，按照中共青山区委办公室、青山区人民政府办公室《关于印发〈青山区机构改革实施意见〉的通知》（青党办发〔2019〕3 号）文件要求，将区住房保障和房屋管理局的职责，以及区城乡建设局的职责整合，组建青山区住房和城乡建设局（以下简称区住建局），是青山区人民政府职能部门，加挂青山区人民防空办公室牌子，机构规格为正科级。将区城乡建设局的自然保护区、风景名胜区等管理职责划入市林业和草原部门，将抗震救灾职责转隶到区应急管理局。不再保留区住房保障和房屋管理局、区城乡建设局。负责青山区保障性住房建设，制订保障性住房建设计划，确定保障性住房建设标准、认定购房对象，负责公租房租金补贴及实物配租的管理工作；实施辖区内国有土地上房屋征收与补偿工作；全区物业管理的审核、备案，监督指导物业管理企业经营行为；全区商品房预售的初期审核工作；建城区内市政基础设施、园林绿化的建设、维护和管理工作；辖区内建筑市场、建设工程质量安全监督与管理、燃气经营审批与安全监督，以及人民防空工作的组织落实和综合协调等工作。2019 年，核定行政编制8名，有干部职工156人。内设党政综合办、住房保障股、物业管理股、建筑管理股、工程建设股、绿化管理股、公用事业股 7 个股室。有所属事业单位 8 个，分别为相当于正科级事业单位青山区房屋管理服务中心，相当于副科级事业单位青山区城乡房屋征收中心和青山区物业管理服务中心，相当于股级事业单位青山区绿化队、青山区公园广场管理服务所、青山区乌素图市政绿化管理所、青山区建筑工程质量监督站和青山区建设工程安全监督站，共核定事业编制 89 名。

2019 年，区住建局按照特色规划、精品建设、科学管理的要求，完善城市管理长效机制，坚持基础设施建设与经济发展同步，全力推动城区道路建设、园林绿化、“三供一业”改造等项目建设，大力实施公共住房保障，稳步推进旧小区综合治理，不断深化物业管理服务，居民居住生活环境明显改善，为创建“宜居青山”奠定了良好基础。

截至 2019 年年底，青山区道路长度 316.21 千米，道路面积 637.51 万平方米，其中人行便道面积 236.75 万平方米，排水管道长度 407.64 千米，路灯 11634 基，城区道路路灯亮化率达到 98% 以上。青山区绿地面积 2265.99 公顷，绿地率达 40.42%；绿化覆盖面积达 2328.69 公顷，绿化覆盖率达 41.55%；公园绿地面积 1071.74 公顷，人均公园绿地面积 19.99 平方米，拥有独具特色的公园 10 个、广场 19 个、游园景点 26 个。

【市政建设】

2019 年，区住建局不断加大城乡道路建设，大力实施道路便民工程，先后对城区主次干道、人行道实施新建、延伸、改造工程，完善路网结构。投资 1230 万元，在城区范围内实施了蒙牛路（青东东路至赛汗路）雨水涵工程、康乐西街建设工程、南市场步行街硬化工程、羊山窑村苗木基地围墙砌筑工程、民族幼儿园建设工程、青山公安分局原办公楼维修改造工程等 6 项工程。维护维修道路、便道总面积约 10 万平方米，确保全区道路全面硬化，路面平整、无破损，且保持侧石的稳固与整齐，无残破现象；维修更换井圈井盖、雨水篦 1000 余套，清掏污水井 140 余处，雨污水管道畅通、无堵塞，井圈井盖、雨水篦等无损坏和丢失等现象。

【园林建设】

2019 年，区住建局对青山公园进行提档升级，投资 60 万元打造健康主题公园，加入“全民健身”活动主题元素，对公园运动场地进行完善，恢复羽毛球场地及网球场地，新增乒乓球场地 266 平方米，铺设健康步道 700 米，安装健康标识牌 21 块，增加外放音箱及广播系统 23 个，为市民提供了更为舒适、休闲的活动空间。

健康主题公园（区住建局　供图）

青山中央公园项目。该项目由万科集团投资建设，总投资 1.4 亿元，建设面积 27 万平方米，打造游客中心、儿童游乐区、户外多功能运动区、冬季溜冰体验区、水岸剧场、花海体

2019 年青山区新建道路情况表

表 8

道路名称	建设性质	总投资（万元）	完成投资（万元）	路长（米）	路宽（米）		道路面积（平方米）	新增道路面积（平方米）	雨水管线（米）	路灯（基）
					主路	便道				
康乐西街道路建设工程	新建	490	490	280	18	300	5710	5710	382	18

2019 年青山区城区新建雨水管道建设情况表

表 9

道路名称	建设性质	总投资（万元）	完成投资（万元）	路长（米）	雨水管线（米）
蒙牛路（青东东路至赛汗路）雨水涵工程	改造	360	360	370	370

验区等区域，种植五角枫、山桃、丁香球等植物树木 53 种，绿化面积达 5800 平方米，硬化面积 1.7 万平方米，人工湖面积 1 万平方米。项目于 3 月开工建设，截至 2019 年年底，约 8.5 万平方米的第一标段工程全部完工。

兵工路景观文化小品工程。该项目由区人民政府投资 74.3 万元建设，建设内容包括寄语廊立体发光字 1 套（长廊翻新）、军工大事记 1 套、军工文化广场立体字 1 套、模范风采翻新，增加宣传栏展示、模范宣传展示环廊 2 组，军工礼赞立体雕塑 1 套，军工老照片宣传栏 8 组，核心价值观立体雕塑 1 组（6 个），篮球场核心价值观 12 对，大国工匠景观小品 3 套，“书”小品 30 套，军工机床展示台 8 组，红色人物雕塑翻新 2 个，不锈钢精品立体字 4 套。项目于 2019 年 10 月开工建设，11 月竣工。

【城市绿化】

2019 年，区住建局主抓绿化品质，在道路绿化建设中，充分考虑行道树品种的选择、植物造景的应用和综合生态功能的体现，对城区 77 条道路、12 个公园广场开展全面绿化补植工作，补植量达 12429 平方米，形成了公园广场为主线、主次干道为支撑、小区庭院为基础的城市绿化景观体系。在庆祝中华人民共和国成立 70 周年期间，为营造浓厚节日氛围，在区人民政府门前广场、团结广场、青山公园等重点区域，用 40 余万株（盆）花卉植物摆放“祝福祖国”“绿水青山就是金山银山”等主题花坛，共计 15 组，扮靓城区街头。通过广泛宣传发动，积极开展对单位、居住区绿化工作的扶持和监督指导工作，有 9 家园林式单位、15 处居住区成功通过自治区住房和城乡建设厅评审。

【四道沙河景观绿化工程】

2019 年，青山区投入 3400 万元对全长 1024 米的四道沙河进行景观绿化。新栽植落叶乔木 536 株、常绿乔木 435 株、亚乔木 231 株、灌木丛 203 丛、灌木篱 108 平方米、栽植地被景天 23687 平方米；在河槽东岸安装护栏 135.6 米，清理河道淤泥土方 716.22 立方米。

【创建国家生态园林城市】

2019 年，青山区积极推进国家生态园林城市创建工作，成立了以区人民政府区长为组长、区人民政府分管副区长为副组长、各重点部门单位主要领导为成员的创建工作领导小组，制定《青山区创建国家生态园林城市实施方案》，将 46 项考核指标、19 项工作内容分解落实到具体项目和责任单位，做到安排部署到位、目标任务明确、工作措施得力。

（刘大、李辰旭　供稿）

房地产管理

【廉租住房补贴】

2019 年，区住建局严格执行《包头市青山区廉租住房和公共租赁住房并轨管理暂行办法》文件精神，对符合 2019 年租金补贴的家庭按照“三级审核、三榜公示”（社区服务站一审及公示，街道办事处二审及公示，区住建局三审及公示）程序有序推进。当年，青山区新增租房租赁补贴家庭 22 户，共有 87 户家庭符合保障条件，累计发放租金补贴 23.51 万元。

【棚户区改造】

基本情况。2019 年，区住建局按照棚户区改造要求，对 2016 年二〇二西门外棚户区改造项目及 2017 年农牧厂二队棚户区改造项目中的原址回迁居民进行安置选房，积极协调解决选房过程中所出现的各种问题，组织配合开发企业对回迁居民安置房进行确认，并签订选房确认书。

土地征收。2019 年，区住建局开展二〇二厂西门外地块、农牧厂二队棚改地块、向阳农贸市场、富强路 2 号街坊棚改、乌审道 3 号街坊等地块土地收储事宜工作等，共涉及征收面积约 78.82 公顷。截至 2019 年年底，完成对二〇二厂西门外地块、农牧厂二队棚改地块、向阳农贸市场、富强路 2 号街坊棚改项目等地块土地招拍挂工作，并协助开发企业办理建设前期手续。

老旧建筑物安全排查整治。经排查，青山区共有老旧建筑物603栋255万平方米。其中，初步认定需拆除的危房共有 22 栋 529 户，需加固房屋 62 栋 3600 余户。

【国有企业职工家属区“三供一业”分离移交维修改造】

2019 年，青山区国有企业职工家属区“三供一业”分离移交维修改造工程，涉及内蒙古第一机械集团有限公司（以下简称一机集团）、内蒙古北方重工业集团有限公司（以下简称北重集团）、中核北方核燃料元件有限公司（以下简称中核北方）、中国兵器工业集团第五二研究所（内蒙金属材料研究所）、内蒙古电力（集团）有限责任公司包头供电局、中国铁路呼和浩特局集团有限公司、中国石油天然气股份有限公司内蒙古包头销售分公司（以下简称中石油包头公司）、内蒙古第一电力建设工程有限责任公司（以下简称内蒙古电一建公司）、内蒙古第三电力建设工程有限责任公司（以下简称内蒙古电三建公司）9 家国有企业。其中，中石油包头公司、内蒙古电一建公司、内蒙古电三建公司 3 家企业维修改造资金一直未到位，相关工作暂停；其余6家企业共计投入资金6.02亿元，涉及物业维修改造小区 73 个、1092 栋、6.64 万户、489.56 万平方米，分两期完成。当年，“三供一业”分离移交维修改造工程一期完成投资约 1.5 亿元。其中，物业改造投入 9000 万元，涉及小区 11 个（一机集团 6 个，北重集团 4 个，中核北方 1 个）94.4 万平方米；供热改造投入 3000 万元，完成 9 个供热泵站维修改造；供热二次网改造投入 3000 万元，涉及 5 个小区。

【物业管理】

基本情况。青山区共有住宅小区 419 个，总建筑面积约 1500 万平方米，居民约 16 万户。2019 年，对赛罕郡庭、丰二小区等 35 个小区开展新一轮提档升级申报及提档升级检查工作。在旧住宅小区推行准物业工作，完成对 2018 年推行的 42 个准物业项目考核工作，并向 6 个街道发放市级准物业以奖代补补贴资金 163.4 万元。组织物业服务企业开展信用评价系统培训，推动物业服务企业录入企业信用评价系统工作。截至 2019 年年底，有 93 家物业服务企业和226个物业服务项目进入系统。

业委会备案及换届工作。2019年，完成23家业委会备案，其中14家为换届备案、9家为新成立备案。完成22家业委会法人登记。物业管理服务中心参与社区业主委员会筹备组会议5次，为社区及业主讲解《物业管理条例》及业委会筹备流程。

前期物业管理备案工作。2019年，办理10家物业企业注册登记备案，11件前期物业管理备案和4个项目前期物业招投标备案。

健康社区创建。围绕“倡导健康生活方式，提升居民生活质量”目标，以改善群众生活环境和提高群众健康意识为出发点，将正翔国际、保利花园、万郡大都城等119个小区列入健康社区，从氛围营造、环境卫生整治等方面，督促指导物业企业全力做好创建工作。

物业投诉处理。2019年，共接到各类投诉708件，已全部处理完毕。其中，包头市物业企业投诉平台热线投诉531件，来信来访投诉56件，行风热线投诉59件，上级部门转办41件，其他投诉渠道21件。

探索建立物业纠纷调解新模式。充分发挥人民调解在排查化解社会矛盾纠纷中的独特优势，在自由路街道物业管理服务中心挂牌成立包头市首家物业纠纷人民调解委员会，负责调解区内重大或疑难物业纠纷，受理经街道调委会调解未达成协议的物业纠纷，组织开展法治宣传、排查预防纠纷等工作。在科学路街道探索推行引入社会力量、强化民主协商、增强网络建设的“332”社会治理试点工作，“332”即“三位一体”（社区党委＋社会力量＋居民领袖）共建、“三级网络”（社区网格员＋物管员＋党员楼栋长）共治，“两个议事平台”（物业工作联席会、居民领袖议事会）共议，引入居民代表、物业企业等社会力量协助社区开展小区综合治理工作，形成了新型小区和老旧小区物业管理推动社区科学治理的新模式。同时，包头市物业纠纷诉调对接中心落户青山区，调解全市物业服务矛盾，化解全市物业行业纠纷。

【房地产工作】

城建亿元以上重点项目。2019年，青山区城建亿元以上重点项目共计25个，其中新建项目6个、续建项目19个。截至2019年年底，12个项目完工并全部销售完毕，4个项目主体封顶并全部销售完毕，3个项目主体建设过半，4个项目办理前期施工手续，2个项目计划出让。

房地产去库存。2019年，青山区新建商品非住房库存面积为67.22万平方米，新建商品住房库存面积为66.38万平方米，共计133.6万平方米，比2018年下降11.4%，完成自治区下达的每年下降10%的任务。

产权遗留问题综合治理。经摸底调查，青山区共有108个住宅项目需办理总产权证。截至2019年年底，出总证项目40个，移交不动产登记项目32个，其余36个住宅项目补办相关手续。

（李双 供稿）

城市管理与行政执法

【概况】

2019年，青山区实施机构改革，按照中共青山区委办公室、青山区人民政府办公室《关于印发〈青山区机构改革实施意见〉的通知》（青党办发〔2019〕3号）文件要求，将区城市管理综合执法局、区环境卫生管理局的职责整合，重新组建区城市管理综合执法局（以下简称区执法局），是区人民政府职能部门，机构规格为正科级，不再保留区环境卫生管理局。挂区城市管理综合执法大队和环卫中心牌子。负责市容市貌、园林绿化、环境保护、城乡规划、工商行政、市政设施等方面管理工作。管辖城区面积56平方千米、农区面积224平方千米，包括8个街道办事处和2个镇的21个行政村。2019年，核定行政编制10名，有干部职工341

人。内设法制宣传股、党政综合办公室、执法督查股、政工股、外宣股、安全技术股、行政审批股7个股室。有所属相当于正科级事业单位2个，分别为区城市管理综合执法大队（内设环保中队、市容一中队、市容二中队、市容三中队、步行街中队、农区大队、市场中队、景观示范街中队、河道管理中队、管理所、环卫一所、环卫二所、环卫三所、环卫四所、乌素图环卫所、机扫所、清运所、公厕管理所、农区一所、农区二所）和环卫中心，共核定事业编制219名。

2019年，区执法局经过合并重组，完成了机构改革系列工作，健全完善职能职责与部门分工，扎实推进各项业务工作，强化作风建设，转变执法方式，全面提升城市的精细化管理和常态化管理水平。

【市容环境卫生整治】

2019年，区执法局以营造“整洁、有序、文明、宜居”的城市环境为目标，重点对城市道路、城乡接合部及周边的占道经营、店外摆放、橱窗贴字、乱挂条幅等影响市容环境卫生整洁行为进行综合治理。约谈了包头师范学院、包头职业技术学院、五一市场、万达广场、沃尔玛超市、九星周边的流动摊点，要求商贩在固定时间、固定地点“定点经营”，及时清理产生的垃圾，定期清洗地面油污；彻底取缔了合成南道、合成北道占道经营行为；清理整顿了青东路、青东东路、娜琳商圈后街、锦林公园东门、春光早市等地乱堆乱放、底店私设地桩、牌匾、架子等占用停车位及影响道路通行的违章行为。全年累计清理各类占道经营（作业）18213处、流动摊点16648处；清理“六乱”（乱堆放、乱拉挂、乱设摊点、乱摆卖、乱搭建、乱堆挖）18731处，规范各类宣传促销开业庆典活动524处；清理LED灯箱牌匾953处；修复维护富强路、文化路等地楼体亮化脱落安全隐患、残缺断亮的亮化设施156处。

【为沿街底商赠送流动锦旗】

2019年，区执法局积极转变管理模式与治理方式，从单一处罚到处罚与鼓励并举，激励商户守法经营、文明经营，提升商户自愿配合执法意识。5月，区执法局联合区市场监管局开展餐饮行业市容和环境卫生“双随机”抽查，经过量化评比考核，为3家饭店赠予流动锦旗，并集体向商户敬礼。6月起，各市容中队每季度开展一次沿街底店抽查考核评比活动，为排名靠前的商户赠予流动锦旗。

【大气污染防治】

2019年，区执法局严格取缔卖煤流动摊点、占道经营及露天市场等所有燃煤设施；禁止露天焚烧垃圾及其他产生有毒有害烟尘和恶臭气体等行为。全年共计清理流动摊点、占道经营、露天市场、露天烧烤使用燃煤设施422处；清理道路两侧明火明灶478处；制止露天焚烧树叶垃圾88处。按照扬尘治理“六个100%”（施工工地周边100%围挡，进出车辆100%冲洗，施工主要道路及加工区100%硬化，物料堆放100%覆盖，渣土车辆100%密闭运输，拆迁工地及土方作业工程100%湿法作业）标准，全面开展扬尘污染治理工作，深入奥林和院、叠峰翠谷、中环广场等施工工地逐项检查整改，检查施工工地35个，责令整改未遮盖苫布车辆1876辆。

【砂坑治理】

2019年，区执法局进一步推进废弃砂坑治理工作。青山区共有废弃砂坑13处，其中，3处设为建筑垃圾填埋场，1处是否填埋待定，9处调运开槽好土填埋。全年回填平整完毕7处砂坑，回填土方量260万余立方米，节约资金3765万余元。

【建筑垃圾整治】

2019年，区执法局加强对“三线”（青大线、110国道、G6高速两侧）、2个镇21个行政村及城区周边拆迁工地等重点区域偷倒乱倒行为的巡查管控力度，不断提高检查密度、频率和效率，采取定点蹲守、错时执勤、高密度巡查等方式，对重点区域、重点路段、施工工地进出口开展巡查，严管货运车辆“抛、洒、滴、漏”行为，定期开展专项整治，保持执法打击的高压态势。全年累计查处乱倒建筑垃圾 9971 立方米。同时，区执法局严格按照《包头市政府关于加强城市建筑垃圾管理的实施意见》文件要求，做好从事建筑垃圾运输申请企业的初步审核工作，审核企业 8 家。

【违法建设管控】

2019 年，区执法局按照“遏制增量、递减存量”的总目标，配合街道办事处整治拆除鹿景苑、合志家园、朝阳二区、百兴小区、健康新城等住宅小区内新增私搭乱建、圈占绿地 104 处 7458 平方米，拆除小区存量 49 处 300 平方米；清理整治老旧小区内影响“三供一业”改造的各类私搭乱建、乱堆乱放 800 余处 1.5 万平方米；拆除整治老旧小区历史遗留各类私搭乱建 1800 处 3.5 万平方米，改善了小区居住环境。城市规划区私搭乱建累计整治拆除 45 处 1307 平方米。同时，区执法局严密监管 2 个镇 21 个村集体土地违法建设，坚决有效遏制新增，整治拆除了包白公路教堂南侧村民违建房 500 平方米、包固公路蛇令窑子村教堂周边违建 280 平方米。

【小广告清理】

2019 年，区执法局针对违法小广告白天清理，夜间巡查，购买涂料集中清理粉刷灯杆、墙体、地面等各类小广告，累计清理“三乱”（乱张贴、乱涂写、乱喷涂）小广告 22735 处，现场抓获乱张贴、乱喷涂小广告违法者 6 人，并移送公安部门处理。

【校园周边治理】

2019 年，区执法局为全面维护校园周边环境秩序，采取全天候监管、错时制盯守的方式，科学调配执法力量，在上学、放学高峰时段设置高峰执法岗，确保每个学校周边实现“定人、定岗、定标准”。重点对校园及周边 200 米以内的流动摊点、占道经营、乱摆乱放等违章现象开展集中整治。全年累计清理整治校园及周边占道经营 4879 处，流动摊点 6210 处。

【便民市场管理】

2019 年，青山区积极推行便民市场市场化运作管理模式，通过招标方式确定具备资质的市场运营方进行日常管理，区执法局配合市场管理部门强化对便民市场的秩序规范、卫生保洁与安全保障，提升便民市场管理质量。2019 年，青山区有便民市场 8 个，清理规范便民市场周边摊点 2290 处。

【智慧城管平台建设】

2019 年，区执法局不断加强智慧城管平台建设与管理，指派专人负责平台案件的管理、转办与回复。同时，在日常工作中不断完善健全网格化、数字化管理机制，提高智慧城管运行效率。全年累计办理智慧城管平台案件 2654 件，社区平台案件 593 件，政府热线转办件 800 件，均已回复办理。

【扫黑除恶】

2019 年，区执法局高度重视扫黑除恶工作，成立了由主要领导负总责、分管领导具体抓落实、各部门负责人为本部门扫黑除恶专项斗争工作第一负责人的领导小组，印发《扫黑除恶应知应会知识册》3000 册，工作人员人手一本并发放给管理相对人。结合城市管理工作实际，紧盯违建拆除、施工工地、渣土运输、集贸市场等易出现涉黑涉恶情况的管理区域，全面排查摸底，加强日常监管，最大限度消除黑恶势力滋生土壤。区执法局牵头主动与兴胜镇、青福镇、区住建局、自然资源局青山区分局建立扫黑除恶专项斗争联动机制，在查处违法案件的同时开展“一案三查”，严查涉黑、涉恶、“保护伞”行为，坚持扫黑、破网、打伞同步进行。

（张斌　供稿）

环境卫生管理

【城区道路清扫】

2019 年，区执法局严格按照“六无六净”（“六无”：无烟头果皮纸屑、无建筑垃圾、无污水跑冒、无动物粪便、无砖石瓦块、无落叶；“六净”：便道净、树坑净、道牙净、果皮箱净、绿化带净、人行道净）标准作业，对城区主次干道及两侧隔离绿化带进行常态化、精细化环境卫生管理，按照主要街道 16 小时保洁、一般街道 12 小时保洁制度进行作业。同时，加大重点地段、重点时段、城区主干道及各大商业网点周边路段卫生清理整治力度，加大巡回保洁及环境卫生检查力度。进一步提升道路清扫保洁机械化作业水平，整合已有清扫车、洗扫车、洒水车、吸尘车等 20 台大中小型机械装备，全面维修后投入使用，增加出车频次，保证作业时长，尽可能实现机械化清扫作业面积最大化，机械化清扫道路由 55 条增加至 67 条，作业面积从 211.2 万平方米增加至 437.7 万平方米，机扫率达到 69%。夏季安排洒水车不间断对城区内主干道进行作业；青大线常年有煤车经过，安排吸尘车每周清理煤尘 1 次；每台中型专项作业车后安排跟随一台洗扫车或水车，为道路扬尘洒水降尘。

【垃圾清运】

2019 年，区执法局持续加大“三清”（清扫、清运、清掏）力度，积极做好垃圾清运工作。主城区运行 35 座压缩式垃圾转运站，站内外环境卫生全面达标，日清运垃圾 541 吨，基本实现日产日清。通过整合摆臂式清运车辆、垃圾点，撤销不合理摆放点，做到清运车辆资源整合，使用效率大幅提升。启用色气湾转运站，实现农村垃圾压缩式清运基本全覆盖。全年清理各类垃圾总量 26 万余吨。区执法局狠抓“城乡清洁一体化”长效管理，将赵家营村存在数十年的垃圾集中倾倒拉运方式，转变为入户拉运垃圾，村内巷道环境卫生明显改善。赵家营村施工清理出周边死角垃圾 30 余吨。2019 年春季，清理当铺村冬季冰冻垃圾 700 余吨，清理公忽洞铁路南侧历史遗留的垃圾 60 余车，彻底改善了之前脏、乱、差的局面。

【生活垃圾分类试点工作】

2019 年，区执法局有序推进试点小区垃圾分类工作。生活垃圾分类示范试点健康新城小区覆盖 17 栋居民楼 64 个单元 858 户居民，累计无偿发放分类垃圾袋 17.8 万余个，在小区内摆放公用分类垃圾桶 98 个，进驻小区宣传垃圾分类知识 6 次，发放宣传资料 4000 余份。

【公厕管理】

2019 年，区执法局在包头市率先试行公厕 24 小时开放制度，加强保洁作业，方便市民群众使用。加大对商圈购物区、园林绿地等人流集中地的公厕布局，青山区范围内投入使用免费公厕 64 座（水冲式公厕 38 座、移动式公厕 26 座）。加强市区公厕常态化管理，按照“一明一通二好”（灯明，大小便池通畅，服务态度好、设备管理好）、“五勤六净七无”（“五勤”：勤冲、勤刷、勤擦、勤拖、勤换；“六净”：墙壁净、挡板净、蹲位净、地面净、门窗镜台净、厕外环境净；“七无”：墙面无污渍、便池无尿碱、墙角无灰网、地面无杂物、洗手盆无积垢、无蚊蝇蛆虫、厕内无明显臭味）卫生标准进行管理，统一标准、专人专管、跟进保洁，重新更换统一门牌，管理人员信息上墙，在厕内醒目位置张贴文明如厕宣传标语及温馨提示。建立完善监督检查机制，不定时随机抽查考核，加强日常巡查维修，发现问题及时处理。鼓励沿街商铺底店及社会单位开放私有厕所，截至 2019 年年底，有 98 家单位将自用卫生间对外开放，一定程度上缓解了如厕难的问题。

（张斌 供稿）

环境保护与生态建设

环境保护

【概况】

2019年，按照《内蒙古自治区生态环境厅关于明确旗县区（市、区）生态环境机构及其生态环境监测站机构命名办法的通知》和《中共包头市委办公室、包头市人民政府办公室关于印发〈包头市生态环境局职能配置、内设机构和人员编制规定〉的通知》要求，由原名称包头市环境保护局青山分局规范为包头市生态环境局青山区分局，机构规格为正科级。负责宣传、贯彻、执行国家、内蒙古自治区、包头市关于环境保护的方针政策、法律法规和规章；对辖区环境保护工作实施统一监督管理；拟订环境保护规划、计划，并监督实施；管理建设项目环境；开展环境综合整治、专项整治；调查处理环境污染事故、环境纠纷、环境信访及投诉；实施环境污染案件的行政处罚，承担行政诉讼；组织开展污染源监测及环境保护宣传教育。管辖区面积277平方千米。2019年，核定行政编制3名，工勤编制1名，有干部职工60人。内设综合办公室、污染防治股、审批股和政法信访股4个股室。有所属相当于副科级参照公务员法管理事业单位包头市青山区环境监察大队（包头市青山区生态环境监测站），核定参照公务员法管理事业编制18名。

2019年，青山区环境空气达标天数为303天，达标天数占比约为83%。

【环境质量】

2019年，青山区通过煤改电、集中供热等清洁取暖方式治理燃煤散烧污染，不断提升城区空气质量。投资6956万元实施赵家营村供热、给水及排水管网一体化改造项目，改造供热面积38.3万平方米，铺设供热一次管网450米、二次管网11040米，新建换热站3座。截至2019年年底，完成全部工程并按时供暖。包头市鑫源供热有限责任公司投资4500万元实施四道沙河村集中供热改造项目，改造供热面积40万平方米，涉及4000户居民，新建由包头第二热电厂一级网至“鑫源热力”热力站段直线管网，新建2座“鑫源热力”热力站，规模达到26兆瓦，新建覆盖四道沙河村平房区域的集中供热二级网及采暖入户装置，截至2019年年底，有1200户居民接通集中供热。包头市鑫源供热有限责任公司投资2420万元实施永和窑子村集中供热改造项目，改造供热面积21万平方米，涉及2800户居民，扩建位于当铺佳苑的“鑫源热力”热力站，扩建后新增规模13.65兆瓦，新建覆盖永和窑村平房区域的集中供热二级网及采暖入户装置。截至2019年年底，完成2台机组的安装工作，主管网铺设1千米。内蒙古山川圣阳电力开发有限公司投资7500万元实施色气湾花卉大棚、色气湾新村住宅“煤改电”工程，涉及13.8万平方米、202栋花卉大棚和17.5万平方米供热面积的电热墙围板安装工作。截至2019年年底全部送电供暖。

【环境治理】

2019年，青山区重点实施包头二电厂脱硫废水系统处理改造工程。包头二电厂总投资2600万元，建设脱硫废水处理系统，使石灰石——石膏湿法脱硫装置产生的脱硫废水经处理后能够同时满足《污水综合排放标准》（GB8978-1996）一级标准和《火电厂石灰石——石膏湿法脱硫废水水质控制指标》

包头二电厂脱硫废水系统处理改造工程（包头市生态环境局青山区分局　供图）

（DL/T 997-2006）要求。截至 2019 年年底，该项目已完工。

【环境监察】

2019 年，包头市生态环境局青山区分局以环境执法大练兵活动为契机，以持续开展“环保利剑”行动为抓手，以集中打击环境违法行为、“双随机”抽查和“散乱污”专项行动为重点，严格按照新修订的《中华人民共和国环境保护法》及配套办法，查封企业 3 家，移送公安机关 2 件，下达行政处罚决定书 62 件，按日连续处罚 2 件，罚款金额 295.58 万元。共受理信访案件 130 件。其中，包头市生态环境局转办 113 件，区人民政府转办 2 件，行风热线 1 件，内蒙古自治区生态环境保护督察组转办 14 件。按内容划分，水污染 12 件，噪声 21 件，大气污染 93 件，其他 4 件。没有发生因环境污染投诉未得到及时处理而造成任何不良社会影响及集体上访事件。

【环评审批】

2019 年，包头市生态环境局青山区分局对辖区 2019 年投资亿元以上重点项目采取提前介入、定岗定人、全程服务模式，积极向企业提供环保方面的技术支持，缩短项目受理时间，加快项目审批速度，青山区亿元以上重点项目共计 70 项，完成审批 61 项（审批 30 项，无需审批 31 项），未委托环评 9 项。在建设项目行政审批事项上，严格实行建设项目申报登记、环境影响评价文本初审或评（函）审、审批，“三同时”（同时设计、同时施工、同时投入使用）管理和验收，建立公开、公平、公正的环境管理审批验收程序。按照信息公开相关要求，对所有审批验收项目在区人民政府门户网站进行公示。当年完成审批建设项目环境影响评价报告书 5 项，建设项目环境影响评价报告表 83 项；审批建设项目（固体废物污染防治设施）“三同时”竣工验收 48 项。

【环境监测】

2019 年，包头市生态环境局青山区分局完成 2018 年《青山区环境质量报告书》的编写，开展重点污染源监督性监测、废水监测、锅炉监测、环境噪声监测、降水样品监测等各类监测工作 1425 项（次），为环境管理提供可靠依据。青山区环境监察大队进行监察监测执法联动监测 5 家。其中，废水信访应急监测 2 家，取得监测结果 17 项（次）；废气监督性监测 3 家，取得监测结果 54 项（次）。按照《关于加强和规范声环境功能区划分管理工作的通知》（环办大气函〔2017〕1709 号）文件要求，青山区完成声环境功能区划点位布设工作。按要求对交通、区域、功能区环境噪声 52 个新点位进行监测，取得监测数据共计 181 项（次）。同时，配合包头市生态环境局督促青山区重点排污企业及取得排污许可证企业进行“内蒙古自治区污染源监测数据管理与信息共享平台”企业自行监测及在线监测数据填报工作，按要求对青山区重点监控企业及排污许可证持证企业进行专项监督检查，抽查率达 100%。按照 RB/T214 - 2017《检验检测机构资质认定能力评价——检验检测机构通用要求》和《检验检测机构资质认定生态环境监测机构评审补充要求》，完成监测站《质量手册》《程序文件》《作业指导书》《表格标识及编号》等体系文件的转版工作并实施。

【环境宣传】

2019 年，包头市生态环境局青山区分局为普及环境保护知识、增强群众节约资源和保护生态环境的意识、推进生态文明建设，围绕“美丽中国，我是行动者”环境日主题开展系列宣传活动，区属各部门干部职工、环保志愿协会参加活动，倡导保护环境，坚持从我做起、从现在做起、从小事做起，尊重自然、顺应自然、保护自然，自觉养成健康、文明、绿色的生活习惯，在全社会形成主动参与生态环保行动的良好风尚。

（常勇 张璐 供稿）

生态建设与保护

【概况】

青山区山林建设工作站（以下简称区山林站）成立于 1970 年 11 月，其前身为九原区山林建设工作站。2008 年 7 月，随包头市行政区划调整，天然次生森林管理权划入青山区。2010 年 3 月，经内蒙古自治区人民政府批准成立内蒙古大青山国家级自然保护区青山管理站，与区山林站一个机构两块牌子。区山林站为区农牧局所属相当于正科级事业单位，负责青山区林业技术推广、制订实施大青山自然保护区发展规划以及大青山国家级自然保护区内生态保护和建设项目的执行和管理工作。2019 年，核定事业编制 10 名，内设办公室、资源保护股、多种经营股、法规宣传股 4 个股室。

2019 年，区山林站管护范围东起包固线，西至营火沟，北与固阳县接壤，南至大青山前山脚，管护面积 14513.33 公顷，森林覆盖率 18%，该区域全部为大青山国家级自然保护区。

青山区森林公安局（以下简称森林公安局）成立于 2009 年 11 月，是区农牧局所属副科级行政单位，实行双重领导管理体制。其中，党政工作以区农牧局管理为主，森林公安业务工作以公安部门管理为主。负责青山区范围内涉林刑事、治安、行政案件的查处工作，同时承担青山区森林草原防火指挥部办公室和围封禁牧工作。2019 年 4 月，森林草原防火职能随着机构改革划转至区应急管理局。2019 年，核定政法专项编制 10 名，实有民警 8 人，内设政工股、法制股、治安刑侦股 3 个股室。

【保护区管护】

2019 年，区山林站强化“天保”管护工作，进一步落实管护责任，不断加强和充实管护队伍，实行严格管护措施，使监测巡护常态化、制度化，做到监测巡护工作全覆盖，最大限度保护国家级自然保护区森林生态自然资源不受人为破坏。

2019 年，区山林站积极做好森林草原防火工作，组建专业防扑火队伍 21 人和生态企业准专业化防扑火队伍 15 人，在春节、清明节等重点防火节日雇用部分有经验的村民共同组成临时防扑火队，严格落实 24 小时值班制度。对防火期进入山区的人员及车辆进行统一登记管理，并在重点项目区出入口新建 5 个防火检查点，通过修建简易公祭台，以鲜花置换冥币等措施，引导群众文明祭祀，确保森林生态自然资源安全。

2019 年，区山林站以宣教先行为切入点，不断加大围封禁牧各项措施宣传力度，对偷牧、夜牧情节较轻、破坏力度不大的行为进行说服教育，建立台账，责任到人，跟踪防控。对屡教不改、置围封禁牧政策法规不管不顾的散养乱放行为，移交公安部门严厉打击。

【大青山南坡生态修复及地质环境治理】

截至 2019 年年底，青山区大青山南坡绿化生态修复工程累计完成投资 18.18 亿元，完成人工造林 4506.67 公顷，栽植各类苗木 655.4 万株，完成环境治理面积约 65 平方千米。2019 年，投资 2.6 亿元，在零散区域造林 433.33 公顷，栽植各类苗木 58.3 万株，完成矿坑治理和危岩体治理区域面积 6 平方千米。

【全民义务植树】

2019 年，青山区连续 8 年承办包头市义务植树活动。活动主会场设在大青山南坡福合当义务植树基地，青山区积极配合包头市人民政府、包头市林业局做好会场布置、道路指引、植树点位、停车区位、公厕、服务台、宣传展板、氛围营造等保障工作，包头市、青山区企事业单位干部职工、植树绿化行动志愿者、中小学生等 5400 余人参加义务植树，活动当天栽植苗木约 2.8 万株。同时，来自医院、学校、社区、石油公司等各行各业社会组织、个人也陆续到青山区义务植树基地参与植树活动。

（郑佳慧 供稿）

【大青山生态保护】

扫黑除恶专项斗争工作。发布《关于涉林领域扫黑除恶专项斗争的公告》，公布举报电话、邮箱，针对横行林区、称霸一方等破坏林业生产、经营秩序以及在自然保护区、林场工程建设中强揽工程、乱毁乱占、毁林开矿等具有黑恶性质的案件开展排查。梳理了 2016—2019 年案件共 71 卷。其中，行政案卷 64 卷，刑事案件 7 卷。不间断开展夜间巡查行动，针对涉林违法人员夜间运输砂石的规律特点，民警对辖区易发生私挖盗采等涉及森林和野生动物案事件的区域开展细致排查，使昼夜不间断巡查常态化，形成严管严打高压态势。

开展专项行动、执法办案工作。先后开展了“保护候鸟”“打击破坏野生动物资源违法犯罪”“缉枪治爆”“打黑除恶”“打击破坏森林和草原违法犯罪”等专项行动，2019 年全年共查处各类涉林案件 26 起（刑事案件 1 起，行政案件 17 起，治安案件 8 起）。其中，“擅自在森林防火区防火期内野外用火”案件 12 起，违规放牧案件 2 起，拒不执行紧急状态下发布的命令决定治安案件 8 起，违法出售野生动物行政案件 2 起，非法狩猎刑事案件 1 起，自然保护区内拉运石粉 1 起，治安拘留 11 人。

【森林草原防火】

2019 年 4 月 9 日，按照《青山区机构改革实施意见》要求，将森林草原防火指挥部、森林草原防火指挥部办公室职能划入区应急管理局。森林公安局以思想不松懈、工作不耽误为原则，持续做好森林草原防灭火各项工作。一是及早谋划部署。针对气候干燥，极易引发森林火灾，尤其在清明节期间，针对扫墓祭祀活动频繁的特点，制定印发了《关于对全区重点森林草原火险区实施防火戒严的通告》，划分防火戒严管制区。强化沿山 14 个村庄应急扑救小组管理，进一步充实防火检查站储备物资。严格落实 24 小时值班备勤和火情零报告制度。全力保障清明、“五一”、国庆期间森林草原防灭火工作。二是广泛宣传动员。组织兴胜镇、青福镇、乌素图办事处、山林站开展森林草原防火宣传活动，累计悬挂宣传标语 35 条次，发放宣传材料 1050 余份，主要区域新设立宣传牌 10 处。三是强化应急演练。2019 年 3 月 28 日和 9 月 27 日，区森林公安局分别组织召开了“青山区 2019 年春季森林草原防灭火工作部署暨培训会”和“2019 年秋冬季森林草原防灭火和围封禁牧工作部署暨培训会”，组织森林消防和护林人员开展灭火工具使用和防火实战演练活动，极大地提高了森林火灾扑救应急能力。四是开展隐患排查。重点对大青山自然保护区（青山区段）范围内、G6 高速公路两侧、环城铁路两侧绿化项目区内开展火险隐患排查治理，共计打烧隔离带 76 千米，对存在火险隐患的生产经营企业下达了《火险隐患排除通知书》。

【野生动物资源保护救助】

2019 年，救助野生动物 25 只。其中，二级保护动物 9 只，“三有”保护动物 11 只。救助的野生动物有：红隼、燕隼、雀鹰、猫头鹰、环颈雉、虎斑地鸫、黄鼬、丘鹬、喜鹊等。

（吕慧锋 供稿）

工　业

工业和信息化建设

【概况】

2002 年 4 月，青山区计划与经济贸易局、青山区商务局、青山区街道企业管理局、青山区体改办合并组成青山区经贸局。2008 年 9 月，更名为青山区经济局。2014 年 12 月，青山区经济局与青山区科技局合并，更名为青山区经济科技和信息化局。2019 年，青山区实施机构改革，按照中共青山区委办公室、青山区人民政府办公室《关于印发〈青山区机构改革实施意见〉的通知》（青党办发〔2019〕3 号）文件要求，将区经济科技和信息化局的职责，以及区人力资源和社会保障局的外国专家管理职责、相关机构的信息化建设职责等整合，组建青山区工信和科技局（以下简称区工信科局），是区人民政府职能部门，机构规格为正科级。不再保留区经济科技和信息化局。负责指导全区工业经济运行、项目服务、科技引领、信息产业发展等工作。2019 年，核定行政编制 7 名，工勤编制 1 名。内设办公室、经济运行股、投资规划和民营经济股、经济综合股、科技服务股、信息产业股 6 个股室。有所属事业单位 4 个，共核定事业编制 20 名。

2019 年，青山区规模以上工业增加值增速达到 13.9%，位居包头市市五区第一，高于包头市 2.7 个百分点。全区 31 个亿元以上工业重点项目全部开复工，当年计划总投资 34.9 亿元，完成投资 43.49 亿元，完成年计划投资的 124.6%。当年，共收到立项申请 19 项，已批复项目 19 项；收到能评申请 7 项，批复 7 项；收到立项变更 2 项，批复 2 项。

【智慧政务】

2019 年，青山区电子政务网络覆盖范围进一步扩大，运行电路累计达到 130 条。通过政府购买信息服务方式，对机房机柜、设备及线路进行整理优化，保证全区电子政务外网各应用系统安全、稳定运行。阳光大厦 WiFi 覆盖项目不断优化，AP 点达到 136 个，定期监测和调整路由设备数据，保持 WiFi 信号持续稳定。政务 OA 协同办公平台高效运转。截至 2019 年年底，累计接入 122 家单位，流转发文 4666 件，办结 3978 件；收文 57411 件，办结 48065 件。政务 OA 协同办公平台上线运行以来，技术人员现场及远程共处理使用故障 4418 起，优化功能模块 745 次。

【“两化融合”】

2019 年，区工信科局组织 32 户企业开展“两化融合”（以信息化带动工业化、以工业化促进信息化）评估诊断和对标引导工作，助推企业加快信息化发展步伐。制订实施“万户企业登云”行动计划工作措施，864 户中小企业实现应用“登云”，自治区第三批云服务商——猪八戒网（包头）申报了 2019 年中国互联网百强企业。推荐内蒙古北方重工业集团有限公司、中核北方核燃料元件有限公司、包头市天蓬创新创业园运营管理有限公司 3 户企业申报 2019 年制造业“双创”平台试点示范项目；包头阿特斯阳光能源科技有限公司、包头晶澳太阳能科技有限公司、内蒙古蒙牛乳业包头有限责任公司等 7 户企业申报自治区 2019 年工业互联网入库项目。组织内蒙古第一机械集团有限公司、内蒙古北方重工业集团有限公司等 6 户企业开展 2019 年智能制造系统解决方案供应商项目招标。推动内蒙古北方重工业集团有限公司总装生产单元智能化改造，设备已陆续到厂开始安装调试。协助上海赛摩电气有限公司专家组对内蒙古第一机械集团有限公司、北奔重型汽车集团有限公司、包头市恒达数控设备科技开发有限公司、内蒙古华新机械有限公司、包头晶澳太阳能科技有限公司、包头北方安全防护装备制造有限公司 6 户企业 9 个项目，进行 2019 年度包头市首批智能制造能力成熟度评估诊断，提升本地区制造业发展水平。推动工业互联网平台创新发展，中国兵器工业信息中心、包头市万佳信息工程有限公司、南京理工大学、国家工业信息安全发展研究中心、北京索为系统技术股份有限公司、内蒙古第一机械集团有限公司、内蒙古北方重工业集团有限公司、北奔重型汽车集团有限公司联合体在“2019 年工业互联网创新发展工程——工业互联网平台试验测试体系建设项目”国内公开招标项目中，中标特定区域工业互联网平台试验测试环境建设，项目总投资 16928 万元。

阿特斯生产线（区工信科局　供图）

【大数据产业】

垣源科技盈立多信息化平台项目进展顺利。由内蒙古垣源信息技术股份有限公司（以下简称公司）研发的盈立多信息化平台，是基于云平台的 saas 系统，前端对流通业态零售门店投放盈立多收银软件，通过零售店铺的售卖场景不断抓取数据源，后端通过云平台进行大数据运算及分析，为零售终端方、金融合作方、供应链品牌方提供一整套系统化的数据解决方案，完成整个流通业态营销信息化过程。盈利多信息化平台获得了自治区第五届“创青春”内蒙古青年创新创业大赛互联网组二等奖。2019 年 4 月，盈立多 2.0 版本进行公测推广，截至 2019 年年底，在包头市盈立多推广门店达 2000 多家。

城市应急安全信息产业起步发展。在青山区应急管理局和内蒙古淼盾讯飞科技有限公司的积极推动下，城市应急管理安全云平台已录入 684 家企业基本信息，安全生产网格化管理信息数据采集量在持续增长中。

（区工信科局　供稿）

包头供电局青山供电分局

【概况】

1985 年，青山供电所更名为包头供电局青山供电分局（以下简称青山供电分局），是包头供电局的二级生产营销单位。2019 年，有干部职工 179 名，内设技术、工程、安监、综合办 4 个职能办公室，15 个班（站），其中生产班组 6 个、用电营销班（站）9 个。服务青山区客户 311705 户，其中居民照明 280767 户、非居民照明 5707 户、商业 21929 户、非工业 2560 户、大工业 140 户、农业生产 101 户、贫困县农业排灌 1 户。重要客户包括区人民政府、包头市公安局、青山宾馆、包头市广电局、神华集团包头矿业有限责任公司、香格里拉酒店、万达集团等。

【主要指标】

2019 年，青山供电分局售电量累计完成 12.37 亿千瓦时，比 2018 年增加 100.92 万千瓦时，增长率为 0.08%，超额完成年度指标的 100.07%。年度线损率为 7.09%，1—12 月线损率累计完成 6.06%，比 2018 年升高 1.83%。平均电价 394.18 元/兆瓦时，比 2018 年降低 1.50%。累计上缴电费 60316.7 万元，上缴率 105.10%。

【安全生产】

截至 2019 年年底，青山供电分局保持 7005 天安全生产长周期纪录，未发生人身及配电考核事故。当年，共发生线路跳闸 54 次，比 2018 年增加 3 次。其中，青山供电分局设备故障造成跳闸 14 次，用户设备故障造成跳闸 40 次。

【企业服务】

按照内蒙古电力公司三级客户服务中心服务窗口管理办法规定，每月至少 2 次对 B 级厅进行检查，每月至少1次深入C级厅进行服务窗口规范化管理检查，提升窗口服务质量。对月度和季度三级客服中心抽检录像进行观看和自评，按时上报录像和自评报告。完成急修窗口“三化”（班组建设标准化、管理系统化、步骤程序化）班组体系构建及人员配备，初步完成包头供电局三级客服中心在青山供电分局管控快响服务中心的硬件及人员配备。

按照业扩报装“三零”服务管理标准，积极开展“三零”（零报装、零上门、零审批）服务宣传工作，当年共受理“三零”服务申请22户，完成11户。

【科技创新】

2019年，青山供电分局利用“领感号”系统对站内设备进行24小时不间断巡检，实现红外温度监测、局部放电检测、气体检测及环境噪声监测，实时回传数据至监控室。开发电缆精益化管理系统，实现对电缆路径的可视化管理，同时支持移动便携设备，方便运行人员现场使用，为电缆线路运行和检修工作提供有效支持。组建配网自动化终端预调试场地，提高配网自动化设备系统接入率，在配网自动化工程实施中减少重复停电次数，缩短停电时间，提升供电可靠性。

（李俊芳 于晓红 供稿）

北方联合电力有限责任公司包头第二热电厂

【概况】

北方联合电力有限责任公司包头第二热电厂（以下简称包头二电厂）于1958年正式投产，位于内蒙古自治区包头市青山区兵工路。包头二电厂是国家“一五”计划期间156个重点项目之一，也是内蒙古自治区第一座高温高压热电厂。2019年，包头二电厂装机容量为100万千瓦，主营业务为发电和供热。随着国家电力体制改革，2004年年初，北方联合电力有限责任公司组建，包头二电厂抓住机遇，积极实施以大代小、热电联产，于2004年10月完成2×20万千瓦供热机组的建设任务，使企业的发电及供热能力得到稳定和提高。为了进一步满足包头市城市建设发展需要，包头二电厂于2006年12月和2007年9月先后扩建投产了2台30万千瓦供热机组，企业运营机组容量达到100万千瓦，跨入了百万电厂的行列。2018年6月30日，包头二电厂开工建设北方联合电力包头土右100MWp光伏发电项目（羲和利日光伏电站），该项目于2018年12月10日并网发电，2019年5月13日实现全容量并网运行。2019年10月12日，在达拉特旗昭君镇境内、库布其沙漠腹地开工建设容量为100兆瓦光伏发电项目，项目工程总投资约为50.2亿元，计划2020年6月10日并网发电。截至2019年年底，包头二电厂承担青山区集中供热面积达2046万平方米（含趸售供热面积），同时为军工企业提供工业用蒸汽。经过多年发展，形成了集火电、新能源、热力供应于一体的综合型热电联产企业。

【主要指标】

2019年，包头二电厂未发生人身伤亡事故，未发生一般设备事故，实现安全生产3909天。发电量完成47.97亿千瓦时，较年度计划减少4.03亿千瓦时，比2018年多发1.41亿千瓦时。光伏完成发电量1.49亿千瓦时。供热量完成1070.8万吉焦，完成年度预算的103%，比2018年多供41.9万吉焦。综合标煤单价完成344.56元／吨，较年度预算升高8.47元／吨、比2018年降低3.9元。供电煤耗完成308.6克／千瓦时，每千瓦时比年度预算升高3.6克、比2018年升高2.9克。综合厂用电率完成10.82%，比年度预算降低0.05个百分点，比2018年降低0.16个百分点。利润亏损约19.8亿元，较年度预算减利5933万元，比2018年减亏14.72亿元。光伏实现盈利1446.9万元。

平均电价完成 231.52 元/千千瓦时，每千千瓦时较 2018 年度升高 18.6 元。

【光伏项目建设】

截至 2019 年年底，北方联合电力包头土右 100 兆瓦光伏发电项目——巍和利日公山湾领跑者光伏电站完成发电量 1.49 亿千瓦时。

2019 年 9 月 2 日，包头二电厂中标达拉特光伏发电领跑奖励激励基地 100 兆瓦项目。建厂地点位于鄂尔多斯市达拉特旗昭君镇库布齐沙漠光伏基地内东南角场址（A-5-2）、（A-5-3），总占地面积约为 265.47 公顷。2019年10月12日开工建设。截至2019年年底，现场土建施工打桩 31957 根，完成总量的 67%，箱式变压器基础全部浇注完成。

【节能环保】

2009 年年底，包头二电厂建成投运了北方联合电力有限责任公司（以下简称北方公司）首个燃料自动监管系统，实现了从燃料采购到质量检测的一系列环节全闭环管理。2019 年，包头二电厂对该系统实施改造升级，实施后实现了集约化、实时化、统一化，在采制化关键环节，集团公司通过远程即可实现实时监管与数据调阅，该项成果已在华能集团公司系统内推广。包头二电厂拥有的两台 20 万千瓦机组和两台 30 万千瓦机组不仅承担着包头市青山区 2106 万平方米城市集中供热面积，而且向一机集团和北重集团提供工业蒸汽，平均 180 吨/小时。始终保持安全、稳定、优质供热，受到广大供热用户的好评。实施 2×200 兆瓦机组供热能力提升改造，项目投资 2559.95 万元。内容包括 1 号机中压调速气阀、高压旁路阀、供热抽气管道新增减温减压器等设备改造，2 号机低压调速气阀改造、新增供热抽气管道及阀门、首站新增热网加热器、循环泵、疏水泵及首站房屋扩建。热网首站扩容施工于 2019 年 8 月 10 日开工，12 月 15 日主体结构完成，循环泵、加热器等设备安装完毕。

1 号机高低压旁路供热改造于 2019 年 9 月 22 日开工，10 月 5 日完成。机组于 10 月 20 日启动，投入抽气供热，试运效果良好。2 号机低压缸零出力改造于 2019 年 10 月 22 日开工，12 月 5 日完成，机组项目改造后，1 号机改造后抽气供热模式下，单台机组供热抽气能力达到 156.67 兆瓦，电负荷下降 18%。2 号机改造后，供热能力增加 108 兆瓦，最大供热能力达到 298 兆瓦。改造后低压缸零出力供热模式下发电机功率较改造前抽气供热模式降低 70 兆瓦，相当于电出力调节能力提升 35%。改造后，全厂最大供热能力为 1183 兆瓦，供热能力可达 2320 万平方米。

【员工技术培训】

2019 年，包头二电厂针对各专业员工的岗位职责和现有实际工作能力和生产中引进的新设备、新技术、新工艺，组织实施员工培训工作。投入教育培训经费 244.38 万元，修编《包头第二热电厂内训师培训管理办法》，317 人被聘为厂级内训员，组织参加北方公司内训师竞赛，获得团体第三名。技术技能带头人 13 人被聘为高级内训师。

【安全生产】

2019 年，包头二电厂安全生产形势平稳。定期研究和部署反违章活动，落实安全生产党政同责、一岗双责。深化全员安全生产责任制落实，针对集团公司全员安全生产责任制落实巡查评估反馈的 70 项问题，制订整改方案，明确责任部门、责任人，整改完成 66 项，完成率达到 94.3%。完成庆祝中华人民共和国成立 70 周年保安全保稳定工作和集团公司 2019 年网络攻防演练任务，精心组织安全生产集中整治、安全生产月、春秋查以及危险化学品、消防、输煤系统等专项检查，制定整改台账逐一销号。加强外包工程安全管控，严把外包队伍入厂资质关，外包工程全年实现“零事故”“零伤亡”。全力保证冬季供热安全稳定运行，高度重视供热应急抢修，加强供热舆情管控工作。深入开展反违章活动，建立反违章微信群，发现违章第一时间上传、第一时间整改、第一时间考核，全年共发现违章 532 起。重新修订安全生产管理体系和应急预案，深入开展安全性评价工作。加强设备治理，完成 1 号机组旁路供热改造和 2 号机组低压缸零出力改造，释放的供热潜能，可接带新增 220 万平方米的供热面积，提高了机组的低负荷供热能力和机组深度调峰能力。通过多措并举，切实保证生产安全、经营安全、政治安全和形象安全。

【自身建设】

2019 年，包头二电厂强化落实北方公司“一超越、两突破、三确保”的总体要求，大力发展发电、供热、新能源三大支柱产业。重塑一流队伍、一流管理、一流业绩管理新思路，全面提升企业管理。优化青年后备人才选拔方案，将一批业务能力强、业绩特别突出的专业技术人才通过公开选拔纳入人才库，按培养方案进行专门的培养和考核。规范管理优化管理职责，将燃料系统的计量班、制样班分别调整到运行部、生产管理部，形成计量、采样、制样、化验互相监督的机制。将电气检修队由 7 个班组整合成 3 个班组，热工检修队由 5 个班组整合成 3 个班组。规范多经管理。注销光华物业公司、包头市华峰建安分公司等 5 家多经企业，成立了华峰工会。实施绩效奖励改革，每月根据发电量、利润、标煤单价、综合厂用电率、供电煤耗的完成情况确定发放额度，部门、检修队按照出勤奖占 20%、工时奖占 50%、业绩奖占 30% 的比例分配月奖，体现多劳多得，促进安全生产。

（朱永平　国志强　供稿）

内蒙古第一电力建设工程有限责任公司

【概况】

内蒙古第一电力建设工程有限责任公司（以下简称内蒙古电建一公司）前身为燃料工业部华北修建工程局 31 工程队。1954 年，由北京市迁往包头市，隶属内蒙古能源建设投资（集团）有限公司（以下简称集团公司），为从事电力工程建设的国有企业。

2019 年，内蒙古电建一公司以开展“不忘初心、牢记使命”主题教育为契机，以持续深化以案促改为抓手，持续完善规章制度，积极主动开拓市场，着力化解重大风险，切实加强党的建设，推动各项工作扎实开展。

【经营管理】

2019 年，内蒙古电建一公司完成产值 3.5 亿元，完成营业收入 3.4 亿元，上缴税金 817 万元。公司始终将市场开发作为发展的第一要务，不断加大检修、调试、新能源领域施工任务的承揽力度，全年中标金额 1.54 亿元。

【经营管控】

2019 年 4 月，由内蒙古电建一公司负责施工的兴和 2×350 兆瓦热电联产机组建筑安装施工（主体 A 标段）工程和华电土右电厂一期 2×600 兆瓦空冷机组工程（V 标段：化水系统、厂区内给排水系统建筑及安装工程）获得内蒙古安装工程优质奖（内蒙古安装之星）。同年 5 月，公司投资建设的包头市新世纪民族幼儿园第五幼儿园项目被包头市建筑业协会授予“优良工程”和“金鹿杯”荣誉。内蒙古电建一公司持续深入推行经营承包责任制，配套制定了《项目内部承包经营管理办法》《工程类合同管理办法》，进一步明确承包单位的责权，推动形成经营自主灵活、收入能增能减的机制，调动干部职工参与经营管理的积极性。

【党建工作】

2019 年，内蒙古电建一公司党委扎实开展“不忘初心、牢记使命”主题教育活动，集中组织了推动高质量发展基层调研工作。开展专题党课活动，受众人数 176 人。开展中心组学习 12 次、专题研讨 6 次，形成各类心得、建议意见、研讨材料近百篇。围绕全面从严治党主线开展警示教育 2 次，班子成员讲廉政党课 12

次，公司党委、纪委召开的“不忘初心、牢记使命”主题廉政警示教育及“一把手讲堂”以案说法讲堂活动，共有125人参加。

【职工关怀】

2019年，内蒙古电建一公司积极发挥工会服务职工职能，做好困难职工解困、脱困工作，提高帮扶精准度。全年帮扶困难职工95人，帮扶金额26.3万元；开展“金秋助学”和“跟踪助学”活动，为符合“金秋助学”条件的10名困难职工子女和25名非困难职工子女，以及符合“跟踪助学”条件的27名困难职工子女分别给予相应的入学资助，累计发放资助金22.9万元；开展冬送温暖、夏送清凉活动，并在各大节日深入施工现场慰问一线职工，送去慰问金14.3万元；在中秋节、国庆节期间，为内蒙古电建一公司工会会员每人发放了300元的节日慰问品，累计支出金额28.8万元；开展“职工过生日，工会送祝福”活动，为会员发放了每人200元的生日蛋糕卡；把关爱职工的身体健康作为建设和谐企业的一项重要工作来抓，出资40余万元为910名在职职工进行健康体检。公司团委及所属子（分）公司团支部共组织青年志愿服务活动35场、义务植树主题团日活动1次，近百名青年志愿者参与其中，树立了良好的社会形象。

（赵文君 供稿）

中核北方核燃料元件有限公司（二〇二厂）

【概况】

中核北方核燃料元件有限公司（二〇二厂）（以下简称中核北方）成立于1958年，是中国核工业集团有限公司的重要成员单位，是中国核材料、核燃料元件生产和科研的重点军工企业，也是核电燃料元件主要的生产科研基地。中核北方元件公司地处包头市青山区乌素图，占地8.13平方千米。2019年，资产总额60.18亿元，有职工2947人。其中，各级各类专业技术人员980人，研究员级高级工程师48人，高级专业技术人员198人，高级技师51人，中国工程院院士1人，享受国务院政府特殊津贴人员28人。

中核北方具有“厂所合一”的企业架构和雄厚的科技创新实力，拥有中核集团贫铀材料研究与应用开发重点实验室、内蒙古自治区重点实验室、核燃料材料联合实验室、钍基燃料联合实验室、博士后科研工作站、内蒙古自治区钍基燃料元件开发工程技术研究中心、国家企业技术中心、国防工业企业技术中心、内蒙古自治区企业技术中心9个研究中心，中核北方被认定为国家高新技术企业。

【主要指标】

2019年，中核北方实现总产出17.8亿元，工业总产值16.3亿元，工业增加值4.5亿元，营业收入15.9亿元，利润2.5亿元，经济增加值EVA达到1.4亿元。按期保质保量完成了重水堆燃料元件、AFA3G燃料组件、AP1000燃料组件、高温气冷堆燃料元件、工业钴调节棒组件、医用钴调节棒组件等各项生产任务，产品出厂合格率均保持100%。

【项目建设】

2019年，中核北方有在建工程建设项目5项，验收阶段项目6项，前期申报项目9项。其中，202.23项目，完成消防、档案、职业安全等单项验收和竣工财务决算现场审计，具备竣工验收条件；202.41项目，完成专业施工图审核、修改及全部工艺设备的采购工作，核工业专用零部件制造装备换脑工程，完成全部研究工作；202.31项目、高温气冷堆燃料元件生产线建设、放射性废物治理等6个项目完成现场竣工验收；202.60项目，完成项目建议书及提前实施方案的编报；202.49项目、露天存放废旧钢铁外运等3个项目，完成项目建议书评估及反馈；202.36项目和202.66项目，完成项目建议书编报并通过中国核工业集团有限公司内审；轻材料生产线厂房退役项目，完成可研报告审查，与贵州重力科技公司签订合作框架协议，固化项目外运与处置费用；压水堆组装工序适应性改造、重水堆 37M 燃料元件设备改造等项目均按计划有序开展。

【科技创新】

2019 年，中核北方共承担国家科技重大专项、核能开发等十类 38 项科研项目，年度科研经费 1.5 亿元。核电站贫铀主泵飞轮制备关键技术研究等 2 个项目通过结题验收；压水堆环形燃料组件实现骨架自动焊接与组件推棒组装，研制出全尺寸水力试验件和力学试验件样件，为尽早实现工程化应用奠定坚实基础；核电耐事故燃料中碳化硅复合包壳制备技术取得新突破，包壳管试验件轴向拉伸强度比 2018 年提高 2 倍；牵头成立内蒙古核学会；承办中国核学会 2019 年学术年会;全年申报专利 81 项，新增授权 48 项；获得核能行业协会、中国核工业集团有限公司等省部级科学技术奖 4 项。

【企业管理】

“JYK”管理。JYK（计划—预算—考核），新建修订《重点任务管理办法》《专项工作绩效考核管理办法》等制度、细则 20 余份，突出对承接重点任务和个性化指标的激励奖惩，初步建立“考核指标全面，重点任务突出”以打分为基础的量化考核评价体系；申报“核盈共享”计划奖励，获得中国核工业集团有限公司盈实奖 1 项，原子能公司盈创奖 1 项、盈实奖 3 项，增加了公司工资总额，提升了企业效益。

管理提升。全面推行“现场观察”工作，借助“现场观察”的有效沟通，开展集中观察、独立观察 6424 次，及时发现现场管理问题和不足，提出预防改进措施，提高相关岗位的工作效率，降低人力和生产运行成本；开展以目标管理为引领、以流程管理为核心的“嵌入式班组”管理试点工作，中核北方 7 个主工艺单位的 14 个试点班组均建立嵌入式班组流程，编制责任清单及配套资料，形成嵌入式班组“0.0 版”流程，完成验收评审，为提升公司整体生产经营绩效目标进行有益探索；积极推进精益生产工作，推进全员生产维护工作，细化现场定置管理，统一规范、统一标准，推进物资配送工作，安全管理水平得到有效提升。

安全管理。强化生产经营全过程安全环保责任落实，全年逐级签订安全环保工作目标责任状 2585 份；开展“安全文化建设年”、安全生产月等专题活动，全方位、全过程地贯彻“认真履职、遵章守规”思想，做到“安全生产、人人有责”，有效促进核安全文化建设落地；落实原子能公司“专项行动工作方案”要求，重点对华源众诚、AP1000 元件厂、承包商进行排查及整改，并纳入公司统一管理，实现中核北方安全管理体系的全覆盖；推行重大危险源源长责任制，加大重大风险点管控力度，排查和整改安全隐患 720 项，投入安全生产资金 437 万元，有效提升现场本质安全度，安全环保风险总体受控，核设施安全稳定运行。

质量管理。发布并实施《加强质量工作方案》，通过新版质量管理体系标准换版监督审核，新编、修订质量保证大纲及程序文件 32 份，进一步优化完善质量管理体系。强化质量监督和管理，全年实施质量监督、见证 3600 余次，开展源地验收、监造 78 次，放行原材料及产品约 4700 批，保障生产过程连续稳定，全年公司产品质量受控。全员质量改进活动成效显著，重水堆元件厂附件制造、高温气冷堆元件厂压制 QC 小组被评为全国优秀质量管理小组，中核北方被评为荣获中国核工业集团有限公司质量工作先进单位。

人才队伍建设。制定专业技术和技能人员职业晋升通道，明确专业领域和职业工种。中核北方职业技能等级认定通过双备案审批，成为中国核工业集团有限公司首批认定单位。中核北方被评为中国核工业集团有限公司技能人才评价工作先进单位。全年推荐参评高级职称

44 人，参评中级 68 人，参加职业技能等级认定 134 人次，选派 2 人赴德国参加精益制造高技能人才培训。积极推行职工岗位准入制度，完成主业单位、辅助单位 657 个岗位名称的规范化确认工作，新建修订《薪酬管理办法》《职工福利费管理办法》等制度 13 项，进一步提升管理规范性。

【党建工作】

2019 年，中核北方全面加强党的建设，引领能力不断夯实。深入开展“不忘初心、牢记使命”主题教育，严格按规定程序和步骤高质量推进各项工作。全面履行党建工作责任制，实施党建责任制考核，完善党委委员联系点常态化机制，巩固党支部达标建设成果。贯彻两个“一以贯之”，将党的领导与中核北方治理深度融合，开展党支部达标建设“成果转化年”活动和支部评星定级工作，结合中心工作，深入推进项目党建 26 项、特色党支部创建 52 个，有力引领公司改革发展。

【企业文化和精神文明建设】

2019 年，中核北方以热烈庆祝中华人民共和国成立 70 周年为契机，丰富企业文化内涵、弘扬正能量，积极开展企业文化和精神文明建设。加大对外宣传力度，以中核北方发展建设成果为主题，制作的《中国核工业：自主创新引领发展》，荣登中央电视台《新闻联播》和《新闻直播间》。严格落实中国核工业集团有限公司企业文化建设要求，发布企业形象视觉识别系统基础要素应用手册，统一规范使用集团标识。大力弘扬“四个一切”核工业精神和公司“仓库精神”“一厘钱精神”“土豆大会餐精神”，推动践行“责任、安全、创新、协同”的核心价值观，深入挖掘劳动模范、优秀党员、技术骨干等一线职工的先进事迹，广泛组织学习宣传，进一步激发公司广大干部职工干事创业、攻坚克难的精气神。首次承办内蒙古自治区、包头市技能大赛，将中核北方两个核特有工种纳入大赛，同时立足生产科研实际，开展劳动竞赛、技术比武和青年突击队创建等活动，提升职工职业素养。丰富职工文体生活，开展“唱响 70 年，阔步新时代”为主题的职工合唱比赛、主题教育知识答题以及各种球类比赛等活动。履行社会责任，推进扶贫攻坚，向固阳县银号镇东元永村捐赠扶贫资金 10 万元，发放困难职工慰问金 86.82 万元，帮扶 234 人次。

（马晓娟　供稿）

中国兵器工业集团第五二研究所（内蒙金属材料研究所）

【概况】

中国兵器工业集团第五二研究所（以下简称五二研究所）成立于 1958 年，部属中直驻包头单位，是一个国内较大的综合性金属材料与工艺研究所。职工中各类专业技术人员约占三分之二，其中高级技术职称 200 余人（研究员级占 10% 以上）。设有研究室 10 个，专业实验室 50 多个，试制加工厂 1 个，并在沿海开放城市宁波、烟台建有分所。主要从事黑色与有色金属材料、复合材料、陶瓷材料、特种功能材料、粉末冶金材料、稀土材料等以及与之相配套的工艺技术、工程力学、分析检验、模拟实验技术的应用研究和技术开发。

五二研究所经过 40 多年的发展，具有相当的规模，拥有一支专业齐全、技术力量强劲的科技队伍和优渥的实验研究条件。

2019 年，五二研究所团委获得“包头市五四红旗团总支”称号，理化检测中心党支部获得“包头市优秀基层党支部”称号。

【生产经营】

2019 年，实现主营业务收入 6.19 亿元，比 2018 年增长 1.64%；实现利润总额 0.59 亿元。截至 2019 年年底，签订合同 245 份，落实合同产值 7.19 亿元，按时完成重大军品专项任务生产配套、服务保障工作。民品产业规模进一步扩大，完成民品产值 1.74 亿元，比 2018 年增长 25%，磁流体密封圈、竞争性铝合金行动系构件、高品质铝合金焊丝市场份额取得重大突破。

铝合金焊丝生产线（五二研究所　供图）

【科技创新】

2019 年，科技创新步伐进一步加快。钛合金粉体产品品质、产能均达到国内先进水平，可直接替代进口钛合金粉。高性能防腐涂料制备取得重大技术突破。铝合金焊丝为适应市场需求，开展新型号产品研发，进一步提升市场适应能力。轻合金材料、大尺寸钨合金、新型弹体钢材料、钛合金焊接技术等在新一代型号产品上获得应用。截至 2019 年年底，获中国兵器工业集团科技进步二等奖 1 项、国防科技工业企业管理创新成果三等奖 1 项，全国企业管理现代化创新成果二等奖 1 项，完成“航载钛合金发射架体”等 3 项科技成果鉴定，受理专利 95 项，授权专利 51 项。

【技术服务】

2019 年，成功中标高铁项目 6 项，助力雅万高铁、中泰铁路等动车组国家重点工程项目，为“复兴号”高铁制动系统关键件严把质量关。在国家重点工程项目合作基础上，与中集来福士在特种环境下船用钢板 CTOD 分析项目的合作再取得新的突破，提升服务海洋工程的技术能力和水平，与蓬莱巨涛就荷兰 SASSEVAART 船闸和桥梁制造项目开展技术服务工作。承接包头市二道沙河生态治理市政工程项目，重点推进力学性能专业在风电大扭矩螺栓市场的知名度。围绕航空用钛合金、铝合金的高温性能研究做出大量技术分析工作，进一步开拓检测领域。

【核心能力建设】

五二研究所军用关键材料自主转化能力建设项目通过科工局中期监督检查，完成当年投资预算 1.3 亿元；材料院科技成果产业化基地和兵科院宁波科技成果产业化基地基础建设与自主化项目拼盘建设，累计完成 1080 万元投资。完成《兵器五二所军工核心能力自评估和体系建设报告》、“毁伤与防护材料技术重点实验室”申报工作。

【改革调整】

五二研究所全面贯彻落实机关事业单位养老保险改革政策，制订改革工作实施方案，按时间节点开展参保人员信息采集、缴费基数核定等工作，保障五二研究所与中央财政相关费用的及时清算。全面贯彻落实国家关于剥离企业办社会职能的政策要求，配合接收方开展“三供一业”项目改造工作，供水、供电改造工程通过验收，供热和物业改造工程步入收尾阶段。积极推进依法用工管理，不断完善劳动合同和员工岗位管理，依法依规清理不规范用工问题。

【质量管理】

按照中国兵器工业集团强军首责的战略部署，制定《武器装备质量问题政治提升实施细则》。组织开展“装备系统专项整肃治理自查”“拉条挂账质量问题举一反三自查”“武器装备领域质量问题隐患排查”等活动。全年共付重点产品九类 59 种 449 批次，军方监督抽检合格率 100%，一次交验合格率 100%，全年未发生重大（含）以上质量问题，重大（含）以上质量问题用户投诉为零，未发生批次性低层次质量问题。

【党建工作】

2019 年，五二研究所党委深入学习贯彻习近平新时代中国特色社会主义思想和中共十九大、十九届二中、十九届三中、十九届四中全会精神。扎实开展第二批“不忘初心、牢记使命”主题教育，并结合主题教育落实党员领导颁布联系基础制度。深化固“根”聚“魂”工程、党组织强基工程和党员创新工程，坚持把党建融入中心工作。严肃党内组织生活，组织基层党支部按照工作进度计划开展工作，组织召开党支部组织生活会和民主评议党员会议，严格落实“三会一课”制度，持续推进“两学一做”学习教育常态化、制度化，为五二研究所质量效益提升提供坚强组织保障。切实加强作风建设，深入推进党风建设和反腐倡廉，强化落实“两个责任”，推进廉洁风险防控体系建设，开展“正风不止步、肃纪不停歇”等警示宣传教育活动，不断提升党员队伍的纪律意识和规矩意识。

（张向军　兰兰　供稿）

大青山南坡景观（区委宣传部　供图）

装备制造业

包头装备制造产业园区

【概况】

包头装备制造产业园区管委会（以下简称管委会）于 2007 年 6 月经包头市编委正式批准设立，为区人民政府派出机构，机构规格为副县级。2009 年 11 月，经中共青山区委员会批准，成立包头装备制造产业园区党工委，下属党组织 31 个。其中，机关党支部 1 个，非公有制企业党组织 27 个，国有及混合所有制企业党组织 3 个，共有党员 1821 名。2019 年，核定行政编制 17 名，内设综合部、经济发展部、规划建设部、财务部、公共事业部。有所属相当于正科级事业单位 3 个，分别为综合事务服务中心、重大项目服务中心和北京大学包头创新研究院，共核定事业编制 28 名。负责制订包头装备制造产业园区（以下简称园区）内基本建设、经济、科技、社会事业等中长期发展规划和年度计划；落实各项优惠政策和管理规定，制定并实施有关配套政策和实施细则；负责制定园区土地利用规划，园区公用设施、基础设施的建设和管理工作，招商引资及相关的协调服务工作；负责各类投资项目及驻园区企业日常管理工作；负责园区环境保护、安全生产监督管理、城市建设综合监察和社会事务管理工作。

2019 年，园区认真贯彻落实高质量发展要求，大力推动传统产业转型升级、新旧动能转换等各项工作，做大做强新材料、新能源、新技术、高端装备制造等战略性新兴产业，园区工业总产值实现 580.76 亿元，比 2018 年增长 5.36%，累计缴纳税收 15.37 亿元。不断推动智慧园区建设工作，统筹推进智慧园区平台建设。2019 年，园区被评为“国家产业转型升级示范园区”“第三批国家应急产业示范基地”。

【园区重点项目】

2019 年，园区坚持项目建设不放松，严格按照“签约项目抓落地，落地项目抓建设，建设项目抓投产”的思路，紧紧围绕园区产业定位，全力推动重点项目建设。全年实施亿元以上重点项目 23 个，当年全部开复工。其中，新建项目 11 个，续建项目 12 个，总投资 177 亿元。

【招商引资】

2019 年，重点对“三新一高”产业和已有的优势特色产业开展上下游强链、延链、补链工作。针对整车装备产业链、光伏产业链、光热产业链、新能源电池产业链、新材料应用产业链、核技术应用产业链进行精准招商，同时引进人工智能、大数据、云计算等绿色先进行业产业，构建资源节约型、环境友好型的绿色、循环、可持续发展产业新格局。当年，新余群禾石英制品、华城科技汽车零部件制造等 10 个项目签约落地。

【服务管理】

2019 年，积极争取“园区十条”“科技十条”及“人才十条”及产业基金、科技创新基金等政策，制定《关于促进装备制造产业高质量发展的资金支持办法》。先后为 10 户企业申请各类政策 39 项，累计发放资金 5200 余万元。协助企业办理各类证照、手续 100 余项。协调相关部门为项目建设提供水、电、气等要素保障，为项目入驻进行场地平整，累计拉运渣土 20 多万立方米。多途径帮助企业解决用工难题，加强与市、区两级就业主管部门和区内院校联系，全年累计帮助企业招聘专业技术人员 1700 余人。

【党建工作】

深入开展“不忘初心、牢记使命”主题教育，将学习教育、调查研究、检视问题、整改落实贯穿全过程，真正将主题教育效果转化为园区高质量发展的强大动力。发挥党建示范引领作用，鼓励非公企业结合自身特点创新党建工作方法，指导传化物流打造“掌上政委”、太阳电缆打造“红色车间”，将科学的管理服务理念引入到党建工作中。指导企业开展工资集体协商工作，共有 60 家企业被评为自治区和谐劳动关系单位。2019 年，园区获得“自治区先进基层党组织”“自治区工会系统先进集体”“自治区和谐劳动关系工业园区”“包头市先进基层党组

2019 年园区实施亿元以上重点项目情况一览表

表 10

项目类型	序号	项目名称	建设单位	建设年限
续建项目（12 个）	1	包头晶澳太阳能晶硅项目	晶澳太阳能控股有限公司	2017—2019 年
	2	阿特斯 3 吉瓦太阳能铸锭项目	阿特斯阳光电力集团	2016—2019 年
	3	杉杉科技 10 万吨锂离子电池负极材料包头青山区生产基地项目	宁波杉杉新材料科技有限公司	2018—2020 年
	4	北方嘉瑞高强度聚乙烯材料项目	包头北方嘉瑞防务科技有限公司	2016—2019 年
	5	旭宸能源年产 40 万支集热管生产线项目	内蒙古旭宸能源有限公司	2017—2019 年
	6	包头市低温绝热设备和气瓶检验中心项目	包头市特种设备检验所	2017—2019 年
	7	中国铁建包头高端装备制造项目	中国铁建重工集团有限公司 包头市地铁投资（集团）有限公司	2015—2019 年
	8	北重安全防护设备制造项目	包头北方安全防护装备制造有限公司	2016—2019 年
	9	广电局通信塔架及配套设施项目	包头市广播电影电视局	2015—2019 年
	10	腾飞石油抽油机生产项目	包头市腾飞元金属结构装备制造有限责任公司	2017—2019 年
	11	开升镁合金深加工扩建项目	包头市开升稀土镁合金科技有限公司	2017—2019 年
	12	天宏智能制造基地项目	天宏阳光新能源投资有限公司	2017—2019 年
新建项目（11 个）	13	比亚迪能量型动力电池组生产项目	包头市比亚迪矿用车有限公司	2019—2020 年
	14	无锡上机弘元新材料（包头）5 吉瓦单晶项目	无锡上机数控股份有限公司	2019—2021 年
	15	双马高端数控精密加工中心项目	江苏常州英耐尔电子有限公司	2019—2020 年
	16	鸿斌伟业建筑干混砂浆生产项目	包头市鸿斌伟业建材制造有限公司	2018—2019 年
	17	强盛锅炉及压力容器生产项目	包头市强盛工业锅炉制造有限公司	2019 年
	18	掺氮碳纳米管及石墨烯合成对位芳纶及纺丝工艺项目	内蒙古阿尔法科技创客中心有限公司	2019—2023 年
	19	北京踏歌矿用车无人驾驶项目	北京踏歌智行科技有限公司	2019—2020 年
	20	传化公路港汽配服务中心项目	传化物流集团公司包头市交通投资集团公司	2019—2020 年
	21	宏达利重卡汽车配件中心项目	内蒙古宏达利汽车贸易有限公司	2019—2020 年

续表10

项目类型	序号	项目名称	建设单位	建设年限
	22	核工业技术民用化靶材项目	中核北方	2019—2020 年
	23	智能永磁电机驱动系统项目	百正创源（包头）电气有限公司	2019—2020 年

织”等称号。

（李媛媛　供稿）

内蒙古第一机械集团有限公司

【概况】

内蒙古第一机械集团有限公司（以下简称一机集团），是国家“一五”计划期间 156 个重点项目建设之一，是内蒙古自治区最大的装备制造企业。1954 年建厂，1959 年建成投产，隶属于中国兵器工业集团有限公司。一机集团是国家唯一集主战坦克和轮式步兵战车为一体的武器装备研制生产基地，是内蒙古自治区最大的装备制造企业。2019 年，一机集团总占地面积 110 平方千米，有各类机械动力设备 11000 多台（套），从业人员总数 10234 人。下设 14 个职能部门、1 个上市公司、3 个科研技术单位、11 个分公司和 23 个子公司。一机集团拥有国家级企业技术中心和国家级企业重点实验室，形成了军民品整机和核心零部件的设计开发、工艺研究、计量检测、试验能力，以车辆传动、悬挂、辅助系统、大型精密结构件和整机装配等为核心能力的一整套综合机械制造能力。经过 60 多年的发展，公司已由单一履带车辆为主的军工企业发展成为与轮履两大系列和车炮一体化军品、铁路车辆、车辆零部件、石油机械、推土机、专用汽车等产品为核心，跨多地区、股权多元、以军为本、以车为主、军民共建发展的现代化装备制造集团。一机集团军品服务领域涵盖了陆军、海军、空军、火箭军、武警边防等多个军兵种，研制生产的军品参加了共和国 1959 年、1984 年、1999 年、2009 年、2019 年国庆大阅兵，2015 年抗战胜利 70 周年阅兵，2017 年建军 90 周年阅兵，装备列装数量规模均居前列。

2019 年，一机集团实现主营业务收入 151.7 亿元，利润总额为 5.8 亿元。其中，民品产业产品全年实现销售收入 44.4 亿元，比 2018 年增长 12%。铁路车辆订货 3989 台，再创历史新高，实现收入 13 亿元，利润 6400 万元，国铁车市场份额达到 7.4%；外贸单笔交付澳大利亚粮食漏斗车 128 台，收入近亿元。外贸产品、外贸工程和服务实现收入 5.9 亿元，比 2018 年增长 15.1%。军民共建步伐加快，实现收入 1.87 亿元，应急救援装备竞标实现“五连中”，森林消防 7 型装备成功列入国家应急装备建设目录。全年新开发大客户 5 家，实现收入 4570 万元。圆满完成国庆 70 周年阅兵装备保障政治任务，获得中央军委颁发的“庆祝中华人民共和国成立 70 周年阅兵保障突出贡献奖”。国际坦克两项大赛保障以全程无故障的优异表现受到部队赞誉。

【科技创新】

2019 年，一机集团落实兵器集团科技工作会议精神，对接装备研发体系和技术研究体系取得初步成效。获得国家科技进步二等奖 1 项、国防科学技术进步奖 3 项、兵器级科学技术进步奖 7 项。山西北方机械公司进入国家企业技术中心行列，新获批自治区级科技创新平台 3 个。新增国务院政府津贴专家 1 名、全国技术能手 3 名，自治区“草原英才”3 名、自治区技术能手 1 名。获得自治区突出贡献奖 1 人、自治区高级技师突出贡献奖 1 人。入选国资委首批“中央企业百名杰出工匠”1 人，新引进在站博士后 1 名。全年争取外部科研经费 3.6 亿元，申请专利 201 项，其中发明专利 131 项。

【企业管理】

2019 年，一机集团实现五级达标率 30% 的目标，轮式车体数字化柔性制造生产线被兵器集团评为优秀生产线。建立集团化票据池，提高了资金使用效率和收益。实施新入厂大学生学徒培养计划，全年新培养大学生班组长 43 名。首批 363 名科技人员和 285 名管理人员进入管理职级通道并实行新的职级薪酬制。全年未发生重伤及以上安全事故和环境污染事故，无新增职业病，职业健康安全管理体系和环境管理体系顺利通过第三方监督审核。17 项管理创新成果在全国国企管理、国防工业企业协会、中国机械工业企业协会、自治区企业联合会和兵器集团获奖。公司法律风险管理复评获得兵器行业唯一最高评级，被评为兵器集团军工能力建设先进单位。取得装备科研生产许可证、装备承制单位资格及质量体系认证，通过知识产权管理体系国军标认证，成为国内首家获得该认证的企业。

【改革调整】

2019 年，一机集团加强工作计划、方案论证、审计评估、审核报批、组织实施等全工作链条的顶层设计和系统策划，全面完成国家重点领域混合所有制改革试点的核心任务。“处僵治困”到位国家补助资金 8527 万元。进入兵器集团困难企业脱困攻坚计划的山西北方风雷公司和山西北方机械公司通过方案审批。帮助北奔重型汽车集团有限公司脱困发展，完成北奔重型汽车集团有限公司桥箱公司重组，投入正常运营。大地工程机械有限公司与徐工集团签署合资协议。

【党建精神文明建设】

2019 年，一机集团坚持党的领导，加强党的建设，深入学习贯彻习近平新时代中国特色社会主义思想，持续做好“不忘初心、牢记使命”主题教育，查摆问题、整改落实，凝心聚力、固根铸魂，不断加强党风廉洁和反腐倡廉工作，完成中央第五巡视组调研检查和四批内部政治巡察。持续推进医疗互助、帮扶救助、金秋助学等送温暖工程，公司工会、共青团、女工、信访、保密、安全保卫和综合治理等工作均取得成效。2019 年，一机集团公司被评为兵器集团脱贫攻坚先进集体和包头市脱贫攻坚帮扶良好单位，公司团委被评为“中央企业五四红旗团委”。

（杜二瑞　供稿）

内蒙古北方重工业集团有限公司

【概况】

内蒙古北方重工业集团有限公司（以下简称北重集团）始建于 1954 年，是国家“一五”计划期间 156 个重点建设项目之一，是国家重要的火炮研发生产基地、国家高强韧炮钢研发生产基地、中国非公路矿用车生产基地。公司采取“小本部、大板块、集团化”组织，设立 11 个部门、1 个技术中心、3 大事业部、4 家分（子）公司和 1 家上市公司，具有武器装备科研生产许可证、武器装备科研生产单位一级保密资格、民用核安全设备制造许可证（核安全 2 级、3 级管道）、国家高新技术企业、国家级企业技术中心等资质。北重集团形成了防务产品、特种钢、矿用车三大核心业务。防务产品方面，研发、制造大量武器装备列装陆、海、空部队。特种钢方面，高强韧大口径厚壁无缝钢管是“中国制造 2025”强基工程的重点产品。矿用车方面，中国首批制造业单项冠军，国内市场占有率 80% 以上，销量居全球前三位。

2019 年，北重集团深入学习贯彻习近平新时代中国特色社会主义思想，认真贯彻落实中央经济工作会议、兵器工业集团 2019 年度工作会议精神，坚持党的领导，加强党的建设和党风廉政建设，牢牢把握强军首责，持续深入推进改革，加快构建创新体系，继续强化精益管理，着力提升经营质量，努力实现质量效益型可持续思路。北重集团特钢产品坚持“高精特优”发展之路，高合金耐热厚壁无缝钢管、高端模具钢等高品质产品收入进一步提高，市场竞争力得到增强。矿用车产品继续保持国内市场龙头地位，海外订单比 2018 年增长 49%，连续 7 年入选全球工程机械制造商 50 强。

2019 年，北重集团被中国质量协会评为全面质量管理推进 40 周年杰出推进单位；获得兵器集团 2019 年度管理创新二等奖，被兵器集团评为 2018 年度装备建设推进先进单位。北重集团工会会员平台被全国总工会评为全国“互联网 +”工会普惠服务创新型平台；特钢事业部 101 车间电炉作业部和特钢事业部 108 车间精锻班被内蒙古自治区质量协会、内蒙古自治区总工会、内蒙古自治区妇女联合会和内蒙古自治区科学技术协会评为 2019 年内蒙古自治区质量信得过班组；特钢事业部 202 车间铸造班 QC 小组获得“二〇一九年度内蒙古自治区二等质量科技成果”奖；特钢事业部 109 车间 QC 小组获得“二〇一九年度内蒙古自治区三等质量科技成果”奖；全资上市子公司内蒙古北方重型汽车股份有限公司获得“全国质量奖鼓励奖”和“全国机械工业先进集体”称号；北重集团工会被内蒙古自治区总工会评为自治区模范职工小家；北重集团机电工具公司工会获得自治区“五一劳动奖状”。2019 年，北重集团圆满完成“国庆 70 周年阅兵”“坦克现代两项竞赛”“中部—2019 中俄演习”等保障任务，得到集团公司及参演部队的高度肯定，获得“中部—2019 中俄演习保障工作先进单位”“保驾护航、守卫深蓝”等称号。

【生产经营】

2019 年，北重集团完成收入 69.7 亿元，补贴前利润 7236 万元。优化特钢产品结构，开辟新市场领域，实现盈利 1343 万元，为公司经营质量提升做出了重要贡献。推进矿车产品技术创新、着力拓展海外市场，实现了收入和利润“双丰收”，进一步提升了公司的市场地位。2019 年，北重集团特钢产品成功中标伊拉克、巴基斯坦等超超临界火电项目，成为“一带一路”沿线国家电站项目管道设备成套商的主力军。矿用车在“争外”上的海外订单达到 11.9 亿元，占销售收入比重首次突破 70%。

【生产科研】

2019 年，北重集团实施科研项目 92 项，经费投入 3.33 亿元，技术投入比达到 4.87%。航空二代粉末高温合金棒材挤压突破 100 支，DH360 高端模具钢关键指标取得新突破；TP316H 不锈钢、重型侵彻弹钢研制取得重要阶段性成果。国内首台 NTE120AT 无人驾驶矿车进入白云鄂博矿山试运行；矿用车远程监控服务平台成功上线，部分矿车运行数据实现远程传输。

【深化发展】

2019 年 12 月 18 日，北重集团与国药集团就北方医院交接签署协议，原公司下属北方医院正式移交国药集团，涉及资产 2.46 亿元、员工 945 人。

【质量管理】

2019 年，北重集团质量指标完成率 100%，产品重大（含）以上质量问题、用户投诉为零，军品一次交验合格率达 99.7%，一次性通过武器装备承制单位资格监督审查和质量管理体系换版审核。北重集团计量理化研究院拥有计量检测业务人员共 122 名，计量检测及标准设备共 192 台（套），国防军工计量标准共 85 项，通过国家检测校准实验室认可的检测标准 329 项、校准项目 136 项。成立专项组、制订公司实施方案，将 10 个方面、45 项任务细化分解为 3 年 99 项实施措施，全方位提升装备质量，全年完成 38 项节点任务。公司未发生重大（含）以上质量问题，重大（含）以上质量问题顾客投诉为零，未发生批次型低层次质量问题。

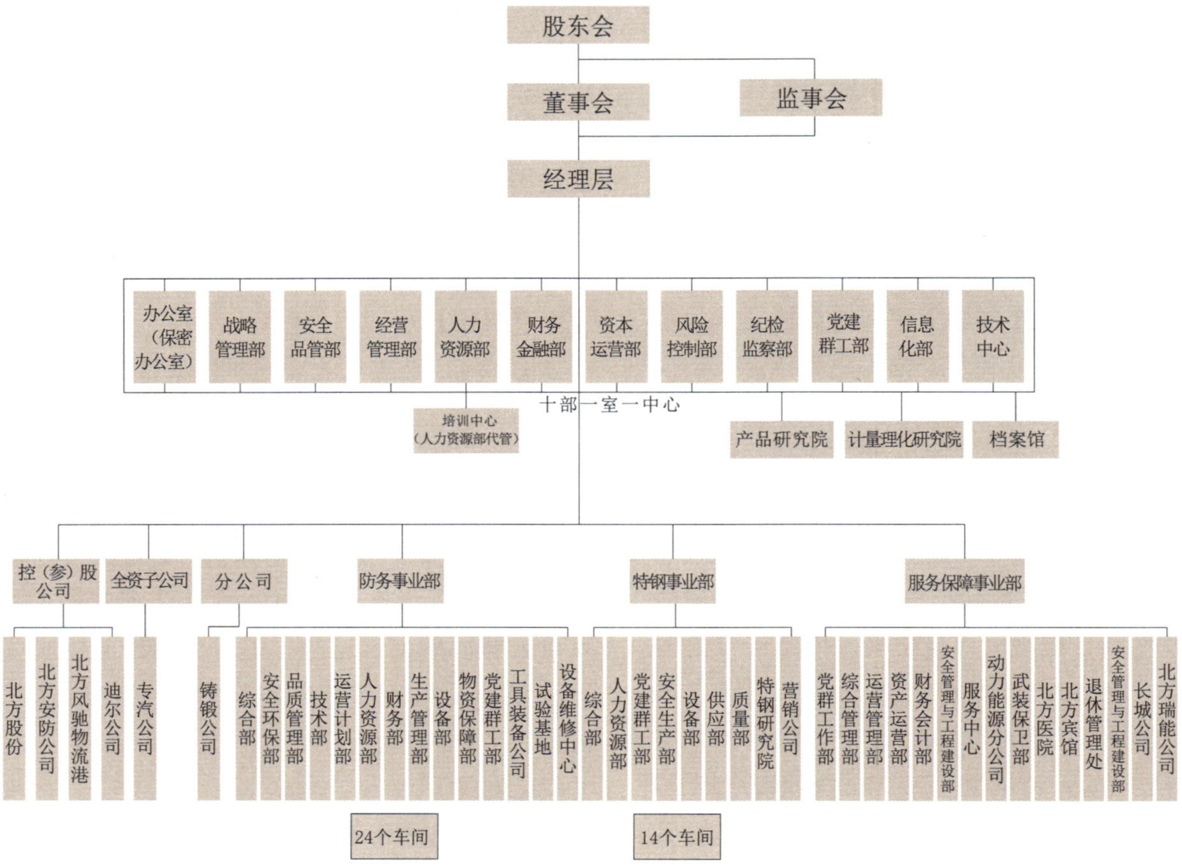

2019年北重集团机构组织图

【安全生产】

2019 年，北重集团继续完善风险分级管控和隐患排查治理的双重预防机制，开展安标检查考评 4 期、飞行检查 5 次、交叉检查 9 次，消除安全隐患586处，完善专项应急预案14项、现场处置方案 53 项。举办安全培训 6 期，参加集团公司培训 51 人次，培养优秀安全管理人员 8 人。2019 年，北重集团投入 1.7 亿元用于综合技改项目稳步推进、电渣炉生产线生产，完成总装生产线单元的厂房改造及设备安装调试；完成炮塔及大型结构件生产线的设计评审、厂房建设等工作，为后续生产线的正式投产夯实了基础。截至 2019 年年底，北重集团连续 6 年未发生生产安全事故。

【精益管理】

2019 年，北重集团全面深入均衡推进全价值链体系化精益管理战略，明确《中国兵器工业集团有限公司精益管理实施与评价规范》三级达标，有序实施防务产品 9 条生产线、35 个生产单元优化调整工作。实施改善课题 48 项，加快推进精益生产线建设，关重设备可动率提高到 95.46%，故障率下降 1.39%；固化制度标准 51 项；全年实现精益节创价值 2328 万元。经评定，《中国兵器工业集团有限公司精益管理实施与评价规范（2019 版）》达到三级。2019 年，北重集团通过包头市人民政府对重点用能企业 2019 年度节能目标完成情况现场考核检查，万元产值综合能耗同比上升 5.65%。

（赵哲　供稿）

北奔重型汽车集团有限公司

【概况】

北奔重型汽车集团有限公司（以下简称北奔重汽）是中国兵器工业集团有限公司直属大型重车制造企业，20 世纪 80 年代后期，为了改变中国汽车工业“缺重”局面，国家实施“保军转民”战略，按照“高起点、高标准、高品质”原则，全套引进德国奔驰公司 8 ～ 20 吨系列重车制造技术和工艺装备，建设军民共建型重卡企业北奔重汽。北奔重汽发展 30 年来，建立起较为完善的现代化科研生产体系和管理体系，成功通过国家级企业技术中心和国家级高新技术企业认定，是集团公司首个销售收入超过百亿元的民品企业和重要的武器装备轮式化高机动发展承载平台，是集团公司军民共建的重要标志。

北奔重汽占地面积 59.88 万平方米，建筑面积 26.82 万平方米，资产总额为 72.59 亿元，具备 5 万台重卡整车总装生产能力。下设 1 家全资子公司、2 家控股子公司、2 家分公司，有职工 2157 人。经过对奔驰技术的不断消化吸收和再创新，形成 NG80、NG08、NG09、NG10 四大产品平台，包括牵引、自卸、载货、专用底盘、特种车辆等全系列车型，向航天、石油、化工、公路、水电、矿山、运输、城市建设等重点领域销售重车超过 20 万台，产品远销非洲、拉美、东南亚、中亚、中东等 100 多个国家和地区。

2019 年 10 月 1 日，北奔重卡亮相国庆 70 周年阅兵仪式（北奔重汽　供图）

2015—2018 年连续 4 届参加俄罗斯国际军事比赛都名列前茅，亮相国庆 70 周年阅兵、抗战胜利 70 周年阅兵和建军 90 周年阅兵壮军威扬国威，是首批联合国最高级别供应商，并多次获得国内节油冠军奖、年度车型大奖等荣誉。

北奔重汽具备重卡整车、底盘、非公路矿用车辆及关键部件的全套设计、开发、生产、销售、服务能力，同时出口重卡整车、底盘及非公路矿用车和零部件。自成立以来，北奔重汽积极推进机制体制创新，逐步形成科学的管理架构。设有厂部级单位 23 个，科室（车间）161 个。

2019 年 5 月，北奔重汽获内蒙古自治区“五一劳动奖状”。同年 12 月，薛在占工作室获自治区级劳模职工创新工作室称号。

【主要指标】

2019 年，北奔重汽全面贯彻落实集团公司各项决策部署，围绕质量效益可持续发展，按照“实现全寿命周期产品价值最大化”经营理念，调整战略战术，狠抓工作落实，充分发挥全面预算引领作用，各项工作取得了积极成效，为后续良性发展奠定了基础。当年实现整车销售 9318 台，比 2018 年增长 13.3%，经营质量趋好。2019 年，北奔重汽聚焦细分市场、专业客户，深耕市场开拓。其中，国内市场方面，民用车当年销售 7012 台。聚焦优势市场，试点推进特区营销，当年蒙晋和华东两个地区销量贡献度达到 65.68%。打造“红色根据地”，牵头成立地方新能源产业联盟，与包头钢铁集团有限公司、包头铝业集团有限公司等地方企业签订战略合作协议，形成了优势互补、相互配套的新格局。全年内蒙古地区实现销售 1857 台，市场占有率居第三位。其中，包头地区实现销售 1124 台、比 2018 年增长 68.62%。北奔重卡参加国庆 70 周年大阅兵，接受了祖国和人民的检阅，公司获阅兵联合指挥部赠“聚力阅兵、共铸辉煌”锦旗，并获集团公司“阅兵装备保障先进单位”称号。外贸市场方面，按照“1248”思路全面展开，当年累计签订外贸有效合同1626台，比2018年增长1.82%；出口1605台，比2018年增长6.57%，实现海外收入4.56亿元。其中，南非—刚果金一体化物流项目V3ET牵引车KD散件实现销售350台，北方蒙古矿山一体化物流运输项目签单300台，易大宗中蒙边贸物流运输项目签单300台。售后服务方面，北奔重汽国内售后服务坚持“实现产品终身可托付”的服务目标。继续深化同步全程跟踪服务、保姆式服务，加大新车PDI检测指标考核、导入以养代修理念，利用三级回访全程督导。结合手机App开发，实现CALL Centre（呼叫中心系统）和CRM（客户关系管理系统）双网合一，提升服务效率。海外售后服务以项目为牵头，整合整车销售、售后服务、备件销售一体化推进，依托经销商服务网络资源，提高综合服务能力，为终端用户提供“全寿命周期”服务，采取质保期限、点对点驻点服务、特约服务三种方式相结合的模式运行。

【安全环保】

2019年，北奔重汽全面深入推进安全生产标准化建设工作和环境管理体系工作，健全安全、环保防范和应急机制，安全、环保形势总体平稳，当年未发生重伤及以上生产安全责任事故和环境污染事故。组织开展安全生产月、“我担当、我尽责”安全宣讲、北奔安全红线巡展等活动。通过微信等方式组织观看叉车伤害、冲剪压机械伤害等事故警示教育微视频，购买发放员工安全生产知识手册1500册。对20名新任（调整）领导干部进行安全生产、环境保护谈话工作。组织公司中层领导干部安全生产应知应会考试，广泛宣传安全知识，增强全员安全生产意识。2019年，北奔重汽万元产值（可比价）化学需氧量排放量比2018年降低11%，万元产值（可比价）氮氧化物排放量比2018年降低0.9%。制定节能降成本措施13项，累计实现节能经济效益296.89万元，完成年度目标的176.72%，当年未发生被节能环保部门通报或被新闻媒体曝光事件。

【生产运行】

2019年，北奔重汽获得国家级企业技术中心和国家级高新技术企业认定；新时代认证中心民品质量管理体系GB/T19001—2016监督审核，保持民品质量管理体系证书；“两证合一”后的装备承制资格监督审查（质量管理体系按照GJB9001C—2017进行了换版审核），持续保持装备承制资格，是集团公司首家完成“两证合一”企业；中启计量体系认证中心测量管理体系GB/T19022—2003复评，获得AAA级测量管理体系认证证书；中国质量认证中心3C工厂检查，企业等级由C级升级为B级；武器装备科研生产单位二级保密资格复审，保持二级保密资格单位证书。

【科研开发】

2019年，北奔重汽主动适应国防、军队现代化建设和改革的新要求，开展科研项目16项。2019年，北奔重汽实施重点民品科技开发项目20项，其中V3ET轻量化牵引车、V3SZG版车型开发、V3ET驾驶室仪表台开发项目、BOM打通及数据一体化项目等共6个项目完成开发工作，具备批产条件。2019年7月，工信部发布了北奔首款电动车公告，标志着北奔重汽正式取得电动卡车准入资质，为公司发展新能源汽车产业奠定了基础。宽体车开发项目、电子电器架构统一项目等重点项目完成开发工作，正在进行验收资料编制。完成V6产品开发预研项目，为2021年度车型及驾驶室子项开发项目奠定了坚实的基础。2019年，北奔重汽申报专利60项，完成集团公司科技成果鉴定1项、获得集团公司科技进步奖三等奖1项。参加并完成了中国汽研中心组织的GB/T38185—2019等两项国家标准制定。

【企业管理】

2019年，北奔重汽子公司桥箱有限公司邀请一机集团作为战略投资者，北奔重汽子公司进出口有限公司邀请北方公司作为战略投资者，推动车桥零部件和外贸业务做强做大。北奔重汽推动分子公司自主经营，为公司创造价值。8 个自主经营单位中，除北奔重汽分公司营销公司外，其余单位实现盈利。在集团公司主导下，成功实现市场化债转股。北奔重汽完成重庆汽车公司股权转让，异地产能压减工作全面收官。国家级企业技术中心和国家级高新技术企业申报成功，集团公司在创建科技创新国家平台上再添新成员、再增新力量。坚持企业核心价值观和“可靠更安全”的品牌特性，以“实现产品终身可托付”的服务目标，着力提质量、树标准、促改革、抓管理、重规划、强党建，坚决打好“振兴工程”攻坚战，推动公司实现质量效益型发展，奋力开创公司发展新局面。狠抓核心关键技术攻关和技术创新，加快推进新能源、智能化、网联化、轻量化及共享化北奔重卡产品开发。在民品发展方面重点围绕国六产品、V3ET 轻量化牵引车、宽体矿用车、新能源车等民品科技开发项目推进。投资 6433 万元用于零星技改技措项目及信息化项目，重点解决生产能力窄口、新能源资质准入、信息化系统升级及办公需求等领域。

【企业民生】

2019 年，北奔重汽完善困难职工档案，对困难职工实施动态管理，帮助困难职工家庭解决生活困难。开展春节、中秋节、老年节及日常慰问活动，累计慰问困难职工、离退休职工、劳动模范、阅兵保障人员 518 人次，发放慰问金 32.99 万元。为 1 名患重病职工争取到自治区帮扶救助资金 2.7 万元，并组织所在基层单位职工捐款 4.1 万元；为 1 名家有患重病女儿的职工争取帮扶救助金 2.1 万元。认真落实女职工关怀机制，持续开展“三八红旗手”评选、模范家庭表彰、女职工合理化建议抽奖等活动。积极协调争取社会资源，举办心理辅导、安全环境职业健康等专题讲座 7 次，女职工参加学习累计达 900 余人次。助力实施惠民工程，为生产一线职工修建改造休息室，配置洗衣机、烘干机等设备，在车辆大厦、营销公司开设职工食堂分餐点，将公司党委关爱关心职工措施落到实处。

【人力资源】

2019 年，按照“薪酬总额合理受控、重点领域人员薪酬水平稳中有增”目标，北奔重汽制定《2019 年度薪酬绩效考核指导意见》，明确 4 支人才队伍薪酬分配方式。对总装公司、营销公司等 7 个单位，制定《2019 年度薪酬总额及发放方式》，优化二级单位工效联动。截至 2019 年年底，北奔重汽人员总量 2157 人（含劳务工 544 人）。其中，中高级职称 473 人（正高级职称 37 人，副高级职称 139 人，中级职称 297 人）；技能人才 890 人（高级技师 19 人，技师 69 人，技术能手 21 人，其他技能人员 781 人），发放工资总额 19826.88 万元（含劳务派遣用工报酬 3728.88 万元）。

2019 年，北奔重汽以“一重点、四强化”为培训导向，开展员工培训工作。完善更加符合员工自身特点和成长需要的培训机制，形成制度化、科学化、规范化的重点人才队伍建设培养计划，打造一支专业化、职业化的人才队伍，当年培训完成率达到 98.5%。着力提高关键核心人才的薪酬待遇，加大科研项目开发和营销技术支持人员奖励力度，畅通职能管理人员职业发展通道，激发一线员工工作热情。2019 年，北奔重汽完成最后 3 个职能部门的薪酬改革，统一职能部门薪酬管理模式，拉开不同层级人员的绩效水平，提升公司外部招聘的薪酬竞争力。同时，承接 2019 年薪酬预算中科技投入的增长，完成技术中心全员重新入级工作。对生产单位工艺技术人员在挂回薪酬总额之外单独追加薪酬，促动生产单位将工艺技术人员纳入层级薪酬管理，增强一线技术人员稳定性。截至 2019 年年底，北奔重汽人员总量比 2018 年降低 16.18%。中层领导人员由 2019 年年初的 67 名降至 55 名，40 岁以下人员占比 32.81%，全日制本科占比达到 68.75%。

（王瑞鹏 刘小瑞 供稿）

大青山南坡冬景（区委宣传部　供图）

农牧林水

【概况】

2019 年，青山区实施机构改革，按照中共青山区委办公室、青山区人民政府办公室《关于印发〈青山区机构改革实施意见〉的通知》（青党办发〔2019〕3 号）文件要求，将区委办公室承担的农村牧区工作领导小组办公室的职责、区农牧林水的相关职责，以及区发展和改革局的农业投资项目、区财政局的农业综合开发项目、相关部门对农田整治项目等管理职责整合，组建青山区农牧局（以下简称区农牧局），是区人民政府职能部门，机构规格为正科级，挂区水务局、区扶贫开发办公室、区交通运输局牌子。区委农村牧区工作领导小组办公室设在区农牧局，不再保留区农牧林水局。负责贯彻执行国家、内蒙古自治区、包头市有关农牧业和农村经济工作，以及林业、水利、扶贫、交通运输行业的方针、政策、法律、法规，研究拟订青山区农牧业和农村经济工作及林业、水利、扶贫、交通运输行业的中长期发展规划、年度计划并组织实施；负责动物卫生监理、动植物检疫、农村交通建设等工作；会同有关部门管理农、牧、林、水、扶贫、交通各类专项资金，并对其使用情况进行监督检查；承办青山区人民政府交办的其他事项。2019 年，核定行政编制 9 名，核定科级领导职数 4 名（1 正、3 副）。内设综合办公室、农村建设股、农业发展股、畜牧防疫监督股、水利建设股、河湖管理股、交通林业股、扶贫股 8 个股室。有所属相当于正科级事业单位 2 个，分别为青山区森林公安分局、青山区山林建设工作站，共核定事业编制 30 名。

农　业

【耕地 作物】

2019 年，青山区耕地面积 3066.67 公顷，其中水地 600 公顷、旱地 2466.67 公顷。农作物播种总面积 220 公顷，总产量 0.36 万吨。其中，玉米播种面积 200 公顷，产量 0.3 万吨；马铃薯播种面积 6.67 公顷，产量 0.02 万吨；蔬菜播种面积 13.33 公顷，产量 0.04 万吨。建成温室 1290 栋，占地面积 166.67 公顷。农业机械总动力 2097 千瓦，其中柴油发动机动力 2005 千瓦、电动机动力 92 千瓦。拖拉机保有量 113 台，其中大中型 32 台、小型 81 台。

【农机管理工作】

2019 年，配合内蒙古农牧业厅对蔬菜进行农作物农药、化肥残留安全监测 2 个批次，采集蔬菜样本 10 和；积极落实农机管理“放管服”相关政策，办理农机驾驶人考试业务 5 人、2 批次，办理农机驾驶证审验等业务 3 人次。

【土地确权】

2019 年，完成 8 个可确权村组 1005 户、812.47 公顷、5010 块地块数据的测量汇总，数据已汇交至农业部。青山区土地确权数据信息及承包耕地信息平台也已建立，已打印并发放农村土地承包经营权证书 518 份，土地确权整体工作基本完成。

【农村集体经济产权制度改革工作】

2019 年，全区共有 18 个村已经完成成员身份认定、股份配置工作，已成立 6 家股份经济合作社、12 家经济合作社，其余各村工作已进入制定合作社章程，选举合作社相关人员阶段。

（李春阳　供稿）

畜牧业

【规模化养殖】

2019 年，青山区建成鸡养殖小区 2 个，肉羊集中育肥区 2 个，奶牛养殖小区 1 个。有屠宰企业 4 家，动物诊疗机构 18 家，兽药经营企业 2 家。截至 2019 年年底，羊存栏 7.22 万只，牛存栏 0.15 万头，鸡存栏 37.3 万羽。产出羊肉 1060 吨，牛肉 30 吨，鸡肉 690.2 吨，猪肉 773 吨，鸡蛋 4720 吨，牛奶 5880.7 吨。全年免疫鸡 78.31 万羽，牛 0.45 万头，羊 13.45 万只，免疫覆盖率达 100%。

【动物卫生监督】

青山区有 4 家屠宰企业。强化屠宰加工环节的检疫工作，全面落实《动物检疫工作记录规范》，扎实推进动物检疫痕迹化、规范化管理。建立完善监督检查、索证、检疫、消毒和无害化处理等制度，实现检疫人员可考核、动物产品安全可追溯。全年共完成屠宰检疫猪 7502 头、牛 1288 头、羊 15290 只，检出病害动物及染疑动物产品 20482.7 千克。对入场的生猪、牛、羊共抽检尿样 1628 份，“瘦肉精”检测均为阴性。

青山区有动物诊疗机构 20 家，开展动物诊疗专项整治行动，集中对辖区内 17 家动物诊疗机构开展硬件升级换证工作，新申办动物诊疗机构 3 家。通过加强日常监管、增加突击检查次数、加大违法案件查处力度等措施规范动物诊疗机构，有效提升青山区动物诊疗服务水平。

青山区有兽药经营企业 2 家，2019 年制定《青山区兽用抗菌药专项整治方案》，继续开展兽用抗菌药物专项治理和兽药市场日常整治两项行动。从检查情况看，经营场所能够守法经营，并能够及时将进货出货凭证录入到自治区动物卫生监督网兽药经营信息管理系统中，药品摆放有序、没有经营禁用药和人用药。规模养殖场主要存在处方书写不规范现象，及时下达《责令整改通知书》。通过全面整治，规范兽药经营行为和使用行为，切实保障辖区兽药市场的安全。

（郝翠萍　供稿）

林　业

【林业工程】

2019 年，青山区投入 0.8 亿元，由区农牧局组织实施。其中，完成大青山南坡绿化生态修复工程 300 公顷，完成矿坑危岩体治理覆绿面积 28.67 公顷；栽植樟子松、油松、山桃、山杏、国槐、云杉、金叶榆、丁香、榆叶梅、黄刺玫、李子、果树等苗木。

【青山区大青山南坡绿化生态修复工程概况】

青山区大青山南坡绿化生态修复工程整体呈带状分布，东西长约 23.5 千米，南北宽约 3 千米，规划生态治理总面积约 70 平方千米。2012 年，青山区率先引进 7 家生态修复企业，大力实施大青山南坡绿化生态修复工程。截至 2019 年年底，累计完成投资 18.18 亿元，完成人工造林 4506.67 公顷，栽植各类苗木 665.4 万株，完成矿坑危岩体治理区域面积 6 平方千米，在各项目区修建了防火道路、人工湖、蓄水池、输水管道等配套设施。通过持续增绿，青山区森林面积达到 4696.93 公顷，林地保有量达到 13844.05 公顷，森林覆盖率达到 16.77%。

大青山南坡绿化（二老虎沟）（区农牧局　供图）

【林业管理】

强化森林资源管理和保护，严格征占用林地审核和林木采伐、木材经营加工审核，做好森林植被恢复工作。坚持造林与管护并重，建立长效管护机制，与辖区各责任单位签订森林资源目标责任状，加强林业工程及重点区域绿化工程后期管护工作，做好 G6 高速公路两侧绿化工程的补植养护工作，对部分原有绿化工程改进完善、提档升级。实行全面禁牧政策，加强行政执法，配合森林公安局对发生在辖区的林政案件进行查处，有力保护森林资源。在加强森林草原防火工作中，始终坚持“预防为主，积极消灭”的方针，及时排查火灾隐患，严格控制野外用火。认真贯彻落实中共中央积极发展林业保险的要求，切实加强森林保险工作。开展林业有害生物防控工作，完成林业有害生物普查，提高应急防控能力，建立社会化防治机制，确保生态安全。

【生态文明实践教育基地】

为践行绿水青山就是金山银山理念，探索以生态优先绿色发展为导向的高质量发展新路子，区农牧局在筶箩铺项目区全力打造习近平生态文明思想教育实践基地和矿山地质环境恢复治理示范基地。截至 2019 年年底，完成投资 6000 万元，流转农村闲置土地 80 公顷。在项目区修建 22 个水库，并全部注水，为实现水景观打下基础；在 2 号山体平台修建石龙挡墙，铺设 95 米枕木栈道、52 米台阶，在山体顶端两阶平台修石笼挡墙 380 米；2 号山体坡面覆土约 5000 立方米；在 2 号水塔铺设 260 米防腐木栈道，在 4 号水塔铺设 375 米防腐木栈道，在 6 号水库铺设防腐木栈道 105 米；在山体上安装了“生态文明教育实践基地”10 个大字；覆绿面积约 8 公顷，栽植油松 3360 株。

（马骄　供稿）

水　务

【东达沟（G6 服务区—环城铁路）河道治理工程】

该工程于 2019 年 7 月开工，10 月竣工。建设内容包括服务区南侧新建三级跌水及铁丝石笼护底工程，长度 150 米，河道下游两侧进行清淤疏浚工程，长度 3.1 千米，共投资 500 万元。

【河湖“清四乱”工作】

2019年，区农牧局对辖区内四截洪沟、北郊防洪沟、东达沟等河道进行了垃圾清理及河道清淤，共出动大型机械10余台，清理范围约5000平方米，清除行洪障碍，确保河道畅通。

（古晓刚　供稿）

大青山南坡绿化（区委宣传部　供图）

交通 邮电

铁路交通

【北重集团铁路线】

2019年，北重集团铁路线路里程约38.2千米。其中，厂区内部铁路线路里程约19千米，主要用于厂内生产物资的铁路运输。厂区外铁路线路里程约19.2千米。其中，“914”铁路专用线线路里程17千米，连接北重集团试验基地与呼和浩特铁路局包头车务段明安车站，“845”铁路专用线线路里程2.2千米，连接新贤城车站与工业垃圾倾倒场。全年铁路运输周转量为594600吨/千米，外发产品73车，生产物资及原料到达146车。

【中核北方铁路线】

2019年，中核北方有铁路专用线1条，距离110国道2500米、210国道4000米、G6高速公路9500米，共有11股道，总延长米7200米，总有效长度3500米。有装卸站台2个，主要负责各类危险品和重要辅助物资的运输。接轨站为二道沙河车站，属中间4等站，安装安全监控系统，由站段、铁路局、铁道部进行三级联网监控。

【包头二电厂铁路线】

2019年，包头二热电厂铁路专用线线路全长约5.7千米，用于厂内发电煤炭运输。包头二电厂铁路专用线在厂北门处与一机集团铁路专用线连接。全年运输进厂电煤总量为179万吨，有效保证了发电和供热的燃料供应。

公路交通

运输管理

【概况】

包头市交通运输管理处青山运输管理所（以下简称青山运管所）成立于1978年，隶属于包头市交通运输管理处，是具有行政执法性质的独立法人事业单位，机构规格为正科级。内设综合办公室、业务管理股、市场监管股、法制股。2019年，共有职工38名。其中，女职工20名，大专以上学历32名，党员17名，入党积极分子2名。青山区运管所依法履行对青山辖区道路货物运输、机动车维修、驾驶员培训等行业的管理和监督指导职责，确保辖区道路运输行业安全、健康、有序发展。

截至2019年年底，青山运输管理所辖区共有2712家普通货物运输经营业户，6412辆普通货物运输车辆，辖区共有危险货物运输企业18户，危险货物运输车辆844台，三类维修企业351家，驾培机构19家，一类、二类维修企业28家。

【货物运输管理】

青山运管所落实便民措施、提升服务质量，确保优质服务。2019年新增道路运输许可证8户、注销道路运输许可证1户，从业资格证审验1920人次，换发从业资格证30人次，注销车辆37台，年审车辆119台，新增车辆75台，换证车辆9台，复驶车辆5台，停运车辆17台，转入车辆4台，过户车辆2台。2019年年初，与17户危货运输企业签订《安全生产责任状》，开展2018年度质量信誉考核工作，16户危货运输企业（其中1户非营业性企业未参加）初评为AAA级，合格率100%。

狠抓安全生产。2019年全年累计安全生产大检查192次，出动工作人员768人次，进行安全生产隐患排查24次，整改隐患78起。建立了平安年、平安月、平安交通、年度质量信誉考核专项检查档案，驾驶员、押运员专项档案，车辆动态监控平台备案、车辆动态监控人员备案、安全生产专职管理人员档案等，认真开展平安年、平安月、平安交通等各项安全生产专项工作。

【机动车维修市场管理】

与辖区28家一类、二类维修企业签订《安

全生产责任状》。为引导维修企业诚信经营、健康发展，开展 2018 年度质量信誉考核，28 家一类、二类维修企业全部达到质量信誉考核要求。对三类维修业户和洗车行出现的占道修车，污水外流现象进行批评教育、治理整顿，完成对维修业户的年审换证工作。

【机动车驾驶员培训机构管理】

对 19 家驾培机构进行 2018 年度质量信誉考核，9 所驾校 AAA 级、9 所驾校 AA 级、1 所驾校新增；完成对申请驾培学校注销或转校的学员及教练员和教练车辆的变更、学员的审核工作；对驾校科目二、科目三教学中存在教练员不随车或打电话等现象进行了批评纠正。全年共接驾培和维修投诉案例 15 起，均协调解决，结案率为 100%。

【学法用法 依法行政】

2019 年，青山运管所组织干部职工学习《中华人民共和国行政处罚法》《中华人民共和国行政复议法》《中华人民共和国行政强制法》《内蒙古自治区道路运输条例》《中华人民共和国安全生产法》《道路危险货物运输管理规定》等内容；全年按季度开展“法宣在线”学习考试，结业率达到90%；全年行政处罚结案 62 起，结案率为 100%。

【推进高速公路 ETC 安装工作】

按照内蒙古自治区交通运输厅、财政厅、公安厅、发改委、住建厅、国税局、人民银行呼和浩特中心支行关于《印发内蒙古自治区高速公路 ETC 发行工作方案的通知》《内蒙古自治区交通运输管理局关于协助推进 ETC“一站式”办理点工作的通知》《包头市交通运输局关于全力推进高速公路 ETC 安装工作的紧急通知》的要求，全力推进高速公路 ETC 安装工作。

【做好重型载货汽车及半挂牵引车车辆卫星定位装置审验工作】

随着交通运输部和公安部“两检合一”便民举措的进一步实施，为做好对载质量在 12 吨以上重型载货汽车及半挂牵引车车辆卫星定位装置审验工作，做好安全监管，方便群众少跑路，利用“运政业务系统”和“全国货运公共信息平台”，为经营者审核并上传车辆卫星定位装置安装情况，要求辖区超过 50 台的车辆货运企业必须按照《道路运输动态监督管理办法》的要求，督促企业做好企业平台登记备案工作。

（樊晓英　供稿）

公交运输

【概况】

包头市公交运输集团有限责任公司（以下简称集团公司）成立于 1998 年 7 月，是集城市公共交通、长途客运、出租车、机动车维修并附属驾驶员培训、车体广告、旅游于一体的专业化公交运输企业。总部内设 18 个部室，有下属经营单位 15 个，其中，位于青山区境内的有公交第三公司和修理公司。集团公司有沼潭站、东站、恰特、二旅社、六合成 5 个公共汽车主站和 34 个附站，其中位于青山区境内的有大自然附站、松石国际附站和六合成公交总站。严格按照国家统计局《统计上大中小型企业划分办法（暂行）》的规定，定为中型企业。公司属性为国有，类型为有限责任公司（法人独资），管理模式为两级核算、三级管理。

截至 2019 年年底，集团公司共有运营线路 160 条。其中，城市公共交通线路 67 条，运营线路总长度 1226 千米，客运总量 23362 万人次；长途客运线路 93 条，运营线路总长度 22389 千米，客运周转量 25247 万人千米。有各种运营生产车辆 1789 台，其中市内公交车辆 1274 台、长途客运车辆 212 台、出租车 303 台（挂靠）。

2019 年，集团公司以习近平新时代中国特色社会主义思想为指导，全面贯彻落实中共十九大、十九届二中、十九届三中、十九届四中全会精神，按照集团公司年初党委工作会、职工代表大会确定的工作目标，以“不忘初心、牢记使命”主题教育工作为契机，全体职工以饱满的热情攻坚克难，戮力同心，开拓进取；以不断丰富的“1+3”工作思路内涵为手段，充分调动“六要素”效能作用，强弱项、补短板，持续推进“大公运”战略体系建设，努力推动企业管理体系、管理能力现代化，集团公司整体工作有序运行，较好地完成全年既定的各项工作目标任务。2019 年完成营业收入 27026.68 万元，较 2018 年同期 30893.35 万元减少 3866.67 万元，下降 12.52%。营业成本完成 61705.88 万元，较 2018 年同期 59842.22 万元超支 1863.66 万元，增加 3.11%。利润总额为 -12486.51 万元。城市公交客运量完成 23362.28 万人次，较 2018 年同期 25702.34 万人次减少 2340.06 人次，下降 9.10%。包头市内公交总行驶里程完成 9183.59 万千米，较 2018 年同期 8237.40 万千米减少 946.19 万千米，下降 0.65%。长途客运周转量完成 25246.94 万人千米，较 2018 年同期减少 2463.16 万人千米，下降 8.89%。包头市内公交车次率实际 97.63%，较目标值 95% 提高 2.63 个百分点。包头市内公交正点率实际 99.26%，较目标值 96% 提高 3.26 个百分点。乘务服务标准执行检查合格率实际 99.66%，较目标值 95% 提高 4.66 个百分点。车辆整洁合格率实际 98.5%，较目标值 95% 提高 3.5 个百分点。车辆保养三养台次实际完成 63 台次，完成计划 103 台次的 61.17%。二养台次实际完成 2560 台次，完成计划 2644 台次的 96.82%。一养台次实际完成 13142 台次，完成计划 13183 台次的 99.69%。

为进一步合理布局公交线网资源，深入推进“大公运”体系建设，根据市民出行需求经实地勘察，制订了公交线网长期发展规划，按照“调整旧线为主，新开线路为辅”的思路，认真做好近期线网调整改造计划，对拟调整改造的线路进行实地查和深层次数据统计分析，为进一步优化线网布局提供决策依据。根据乘客出行需求经可行性预测分析，对 23 路、35 路、42 路、50 路、63 路、64 路 5 条公交线路走向进行了局部调整改造，方便了沿线的出行。根据运营生产需求，对 11 路、43 路、63 路公交进行了运力调整，保障线路运力供给。

【青山区公交线路】

青山区公交线路分布：归属位于青山区的公交三公司的线路有：2 路（包头站—六合成公交站）、11 路（昆河南桥—新都市区公交站）、20 路（天龙生态城—开发区公交站）、21 路（阳光尚品—松石国际城）、22 路（包头站—六合成公交站）、23 路（昆河南桥—劳动大厦终点站）、24 路（海威小区—东站）、25 路（二冶顺源物流—松石国际城）、26 路（开发区公交站—同利仓储中心）、27 路（昆区市民大厅—阳光尚城）、31 路（海威小区—开发区公交站）、33 路（中慧新城—昆河南桥）、39 路（海威小区—包头站）、40 路（昆区长途站—六合成公交站）、42 路（当铺村—阳光尚品）、45 路（第一文化宫—海威小区）、46 路（松石国际城—包头站）、48 路（和协医院—松石国际城公交站）、51 路（六合成公交站—景富家园 F 区）、62 路（公交驾培中心—景富家园 F 区）、63 路（大自然旅行社—喜桂图新区）等。

【调整改进青山区公交运营】

为了更加优化线路运营，真正树立“以乘客为中心”的发展理念，让更多的人享受更好的公交出行服务，集团公司组织人力对部分线路进行实地调研。针对社区居民反映比较强烈的诉求，根据市民意见、客流调查等多方情况，对青山区 23 路、42 路、63 路 3 条公交线路进行调整，增加或减少个别站点，以求达到线路最优化。

23 路（昆河南桥—劳动大厦）线路起讫站及途经道路：昆河南桥—友谊大街—三八路—少先路—白云路—钢铁大街—林荫路—团结大街—科学路—赛汗路—文化路—清源路—建华路—劳动大厦。35 路线调整后走向：昆河南桥—友谊大街—民主路—建设路—世纪东路—沙河西街—沙河街—文明路—黄河大街—巴彦塔拉西大街—西脑包大街—巴彦塔拉大街—北梁大街—北梁新区公交站。

沿途设站：昆河南桥、包钢八中、包钢十七小、包钢十二中、美萌百货农贸市场、江南文枢苑、包百大楼、达丽雅、邮电大厦、包医一附院、包三十五中、包百小商品市场、昆区少年宫、团结大街与阿吉奈道口、团结大街与民族西路口、市国土资源局、市总工会、供销社、市七医院、北方医院、九星电子大楼、同利商场、劳动公园北门、科学路与草原道口、呼得木林大街与科学路口、科学路与自由路口、民主路与科学路口，光辉假日酒店、科学路与青东东路口科学路与赛罕路口、青山检察院、翡丽湾、当代菁英国际、奥林匹克公园西门、森警大队、包头轻工职业学院、军分区、天福广场、会展中心、市劳动大厦、市劳动大厦终点站。首末车时间：6:40—19:50。票价：2 元。

42 路（阳光尚品—当铺村）线路起讫站及途经道路：阳光尚品—校园路—白云路—新光西路—阿尔丁大街（单）—市府西路（单）—友谊大街—民族东路—钢铁大街—富强路—青年路—纺织道—科学路—幸福路—文化路—哈达道—青山路—呼得木林大街—兵工路—青北路—当铺村。

沿途设站：阳光尚品、白云路与校园路口、和平村委会、馥室成双商住小区、新光西路西口、黄河小区、包钢二十六小、新光西路与林荫路口、包钢二十小、友谊菜市场、友谊小区、包头市博物馆、恩和小区、包头六中、赵家营子西门、振华小区、银河广场、大自然旅行社、纺织小区东门、纺织道南口、望园小区、幸八雅园西门、劳动公园北门、王府井青山店、四医院、北重五中、五二研究所、满都拉娱乐城、青北路与兵工路口、欣泰驾校、当铺村委会、当铺村。首末车时间：6:20—19:30。票价：1 元。

63 路（大自然旅行社—喜桂图新区）线路起讫站及途经道路：喜桂图新区—德恒大街—崇德大街—211 省道—青大线—110 国道—青北路—兵工路—呼得木林大街—钢铁大街—富强路—大自然旅行社。

沿途设站：喜桂图新区、亿和嘉园小区、公益店村、211 省道与青大线口、包头市殡仪馆、二相公村口、榆树沟旅游区、东边墙、东大沟、西边墙、传化交投快递园、畅兴花卉市场、笸箩铺村、顶独龙贵村、王老大村、当铺窑村、青大线与 110 国道口、欣泰驾校、青北路与兵工路口、满都拉娱乐城、五二研究所、青山商厦、包医二附院、劳动公园东门、第一工人文化宫、劳动公园南门、电视台、北京华联购物中心、大自然旅行社。首末车时间：7:20—17:50。票价：2 元。

（高全强　黄伟华　供稿）

邮　政

【概况】

中国邮政集团公司包头市青山区分公司（以下简称青山区邮政分公司）为社会公用性国有企业。2019 年，下设 2 个纯邮政营业所，11 个综合邮政营业所，1 个集邮部。有职工 78 人。其中，总经理、副总经理各 1 人，行政管理人员 10 人，支局长 12 人，营业人员 54 人。负责邮政储蓄、报刊发行和订阅、集邮、邮政电子汇总；代理保险、函件、包件、特快收寄业务；代收话费、水费、电费、煤气费；代开税务发票等业务。

【业务开展】

邮政业务分为邮务、金融两大类。2019 年金融综合资产实现收入 1015.96 万元，邮务类业务完成收入 1781.52 万元，和上年持平。其中包快业务通过“校园包裹”项目取得了良好的社会效益和影响。

【内部管理】

2019 年，青山区邮政分公司严格执行报账制度和全面预算管理，通过目标分解、监督执行，加强全局管控；通过开展《中华人民共和国劳动合同法》宣传落实工作、窗口服务人员星级评比考核工作和职工业务技能培训等一系列措施，有效提升了职工队伍的整体素质；规范业务基础管理工作，强化重点业务环节管理，根据中国邮政集团公司管理办法和业务流程，加强对薄弱环节、关键岗位和重点业务的检查力度。以更加优质、全面的便民服务为青山区地方经济的发展做出更大的贡献。

【“一体两翼”】

2019 年，青山区邮政分公司认真贯彻“一体两翼”（“一体”：要以邮政窗口资源为基础，以市场需求为导向，积极打造适应现代电子商务发展模式的线上线下为一体的综合便民服务平台。“两翼”：金融翼和寄递翼。金融翼是指以银行服务为基础，包括保险、资产管理等在内的综合性金融产品及服务；寄递翼是指中国邮政所经营的各类寄递业务，要以电子商务寄递发展为契机，重新确立邮政在寄递市场的主导者地位）经营发展战略，创新发展邮务类业务，重点发展金融业务，加快发展寄递类业务。全年实现总收入 2797.48 万元。

（陈祥林　哈斯　供稿）

移动通信

【概况】

中国移动通信集团内蒙古有限公司包头分公司（以下简称包头移动青山区分公司）成立于 1999 年 9 月，下设 9 个市区旗县分公司。服务区域范围包括青山区、稀土高新开发区及其区域内的机械制造、重型汽车、电力、纺织工业基地等。下设 8 个自营厅，管理 90 余个社会渠道。截至 2019 年年底，共有员工 170 名，其中党员 18 名，具有大专以上学历 168 人。

【业务综述】

2019 年，包头移动青山区分公司不断提升质量，改善服务，为企业提供包括优质的网络专线、无线 WiFi 覆盖、电子办公系统、物联网通道等多种“互联网 +”产品。经营发展整体态势良好，经营业绩保持稳定。2019 年，包头移动青山区分公司客户规模突破 37 万户，年度运营收入达 2.1 亿元，市场通信份额占有率超过 52%，年纳税额超过 1000 万元。截至 2019 年年底，共建设 550 余个基站，汇聚光缆 240 余千米，光交 600 余座，服务通信用户数达 37 余万户，4G 上网用户 29 万余户，上网速率达到 1000 兆位/秒，人均流量使用超过 5000 兆。

【党建工作】

在 2019 年党建工作开展过程中，积极响应上级党委号召落实“党建和创”推动“党业融合”主题实践活动要求，进一步加强党业融合，努力探索主题实践活动新方法，结合实际深入开展“和创 + 经营”“和创 + 文化”“和创 + 公益”等系列主题活动。全面提升分公司党建工作质量，更好地发挥党支部在经营发展中的战斗堡垒作用。

在“两学一做”学习教育中，支部决定以挖掘创新型党课形式，开展“三维立体式党课”教育学习活动，深入学习贯彻落实中共十九大和十九届历次全会精神。组织党员充分认识中共十九大的历史地位和重大意义，将《关于新形势下党内政治生活的若干准则》和《中国共产党党内监督条例》进行系统学习。在学习过程中，坚持理论联系实际、学以致用的原则，把学习理论与公司中心工作结合起来，并加以运用，为公司的生产经营的发展，找出理论依据、政策支持，并努力查找制约公司发展的突出问题，谋求解决之道，从而提高工作成效。

（汪甜　供稿）

联通通信

【概况】

中国联合网络通信有限公司包头市分公司（以下简称包头联通）设置组织机构 133 个，其中在青山下设 19 个业务网格，确保为青山区所有市民提供全方位、全天候的营业受理、营销联络、装移维通信服务。其中，市场经营线在青山区下设文化路营业厅、繁荣道营业厅、科学路营业厅、科学路西营业厅、文化路中心营业厅 5 个自有营业网点；富强路营销部、繁荣道营销部、科学路营销部设 3 个综合营销部；文化路商圈服务部、青山区渠道服务部设 2 个渠道服务网点；青山高校客户部、青山政要客户部、青山商企客户部、青山中小学客户部设 4 个政企客户服务网点；青山北乡镇支局设 1 个农村营销网点；运行维护线，在青山区下设青山一综合支撑维护基层责任单元、青山二综合支撑维护基层责任单元、青山三综合支撑维护基层责任单元、青山集客维护基层责任单元 4 个基层维护责任单元。

【经营业绩稳步提升】

包头联通坚持“一切为了客户、一切为了一线、一切为了市场”的理念，以高价值、高流量、高带宽产品为引领，以有效发展、有效益发展为目标，全面推进价值经营，始终保持持续健康的发展。2019 年，通信服务收入近 8.5 亿元。用户规模不断扩大，移动网用户超过 114 万户，其中 4G 用户达到 104 万户；固话用户近 15 万户，互联网宽带用户近 35 万户。2019 年推行“家庭客户提速不提价、企业客户提速不提价、服务升级不提价”，响应国家“提速降费”政策，推进“千兆智慧城市”建设。全面开展“轻触点”营销服务，用户通过扫描二维码轻动手指就可以线上足不出户办理业务。规模发展创新业务，秉持“开放、合作、共赢、创新”的原则，推动“互联网 +”产业的快速健康发展。

【网络投资建设持续加强】

坚持建设“匠心网络”，2019 年，包头联通项目投资亿元以上，持续加强网络建设投资。宽带网百兆接入能力百万余端口，骨干网出口带宽达到 600G，光纤接入网已覆盖所有乡镇及主要行政村。聚焦移动网领先建设，截至 2019 年年底，移动网基站数达 2600 余个，全市人口覆盖率达 90% 以上。2019 年起逐步开展 5G 网络建设，5 月 14 日举办“质量万里行 5G 活动”，正式拉开 5G 序幕。

【服务质量不断提升】

2019 年，包头联通持续推行中国联通全员服务在行动活动，将“我的百倍用心，愿您 10 分满意”服务口号切实落实到所有服务过程中。贯彻全员服务理念，印发《包头联通“不忘初心、满意加倍”全员服务提升活动方案》，鼓励公司全员服务，不断提升公司服务品牌形象；印发《后台赋能一线支撑服务工作激励办法》，全力支撑一线，让一线更好地服务用户，自办法印发后为一线解决实际问题 300 余件。

【党风党建与企业文化建设工作不断加强】

2019 年，包头联通持续推进“党建 +”活动，并开展党员“亮身份、当先锋、做表率”活动，以深入贯彻中共十九大精神，充分发挥党组织的战斗堡垒作用和党员干部的模范带头作用，全面提升党建工作的群众满意度。开展“不忘初心、牢记使命”主题教育实践活动，确保主题教育不虚、不空、不偏，引导全体党员干部勇担职责使命，“多打粮食、沉淀能力”。深入贯彻落实中国联通企业文化体系，开展“促企业文化 致匠心你我他”记录作品有奖征集活动和“手书企业文化 凝聚企业精神”主题活动。

（郝佳　供稿）

电信通信

【概况】

中国电信包头分公司青山营业部（以下简称青山营业部）主要经营固定电话、移动通信、互联网接入及应用等综合信息服务，是一个技术先进、管理科学、服务优良、具有强大竞争力的现代化通信运营企业。

【企业经营】

2019 年，青山营业部秉承用户至上、用心服务原则，以创新改革激发企业活力为主线，量质并重、渠道协同发展，提升服务达标满意度，提高运营保障支撑水平，努力实现青山区区域规模发展新突破，注重意识形态引导，开展划小承包改革，并将经营指标、安全、服务等主要生产经营指标纳入党建工作考核范畴，切实发挥党员模范带头作用及对群众的思想引领作用，经营效能持续提升。

【市场运营】

2019 年，青山营业部形成“技术先进、功能齐全、布局合理、4G 网络全覆盖”的综合通信网络。青山营业部有多个固网机房，为青山区整体网络建设奠定基础、提供先天便利条件，满足老百姓“随时随地、尽享高速上网、提速不提价”的需求，更好地提升品牌服务。

【客户服务】

2019 年，青山营业部为提高客户服务水平，进一步规范营业厅及装维管理，全面推广《中国电信全业务客户服务标准》，实现客户服务标准化，满足客户服务差异化的需求，基础服务能力全面提升。

【信息安全】

2019 年，青山营业部自觉维护市场秩序，严格规范竞争行为，把用户至上、用心服务的理念贯穿到生产经营的全过程，切实保障消费者合法权益；高度重视网络与信息安全，认真落实用户实名制，加强用户个人信息保护，积极配合相关部门整治网络不良信息，共同构建安全可信的网络环境。

【网络建设】

2019 年，青山营业部通过全面 4G 网络提升各项装维指标。通过标准化班组建设，大幅提升班组内员工的工作积极性、工作效率和团队凝聚力。通过城域骨干网 CR（核心路由器）、SR（业务路由器）老旧设备替换，完成城域网、骨干网及出口扩容，将出口带宽提升 100%，使网络质量和用户感知得到全面提升。

【品牌建设】

2019 年，为进一步打造青山区市场上家庭宽带产品，青山营业部投入大量资金进行小区光纤改造，开展主题为“提速不提价”行动，迅速实现宽带网络提速扩容与宽带用户普及，全面提升青山区区域光纤网络覆盖水平。青山营业部会继续加强全光纤网络信息基础设施保障，建设更畅通的信息高速通路，让生活真正实现“光速”发展，为 5G 发展打下夯实的基础。

（孙晓旭　供稿）

商贸服务业

商贸服务

【概况】

青山区商务局（以下简称区商务局）成立于2010年，是区人民政府职能部门，机构规格为正科级。负责执行有关招商引资、国内外贸易、外商投资、投资促进、商贸流通、市场建设、商务执法等工作。2019年，有干部职工30人。内设办公室、项目信息股、对外联络股、商贸流通股、市场建设股5个股室。有所属事业单位2个，分别为相当于副科级事业单位青山区招商引资服务中心、相当于股级事业单位青山区商务综合执法大队。

2019年，青山区第三产业增加值同比增长5.9%；社会消费品零售总额完成275.88亿元；第三产业固定资产同比增长6.6%。引进国内（区外）资金33.26亿元；进出口总额完成1.94亿美元。

【补短板调结构】

区商务局以推动经济高质量发展为目标，紧抓“一带一路”经济建设契机，转变思路，借力破局，积极围绕“三高一新”企业开展招商引资，成果显著，全年签约落地项目18个，其中亿元以上项目7个。立足六大商务区，聚焦潜在优势，加快引进新业态，增强竞争新优势，打造全区现代服务业发展新引擎，13个“首进内蒙”“首进包头”品牌，特色餐饮、酒吧集聚，让万达、正翔商圈成为钢铁大街沿线经济发展最活跃、带动消费最集中的商业区。传化交投公路港不断壮大，中兵物流板块重新整合，600余家物流企业实现税收4014万元。大力发展“互联网+”，重点监控企业、平台电子商务交易额累计完成2.24亿元，猪八戒包头线上城市站开店2000余个。坚持聚合力、惠民生、促发展，积极引入民间资本投资农贸市场改造，迎宾市场6月全面改造完成，二〇二便民市场8月建成运营。

【提升商贸服务功能】

2019年，青山区不断丰富新兴业态，积极引进24小时无人便利店缤果盒子，首个盒子于9月20日正式营业。万达、华联、奥特莱斯等商圈不断引进“首进内蒙”“首进包头”的品牌，奥特莱斯引进的耐克、阿迪、彪马、ABCKIDS童装等工厂直营后等，不断突出奥莱特色，带动客流显著增长；万达广场引进“海底捞”火锅，提升餐饮品质，增强商圈人气；北京华联引进的“胡桃里”“M2”“4one”音乐餐厅及酒吧，形成酒吧集聚地，带动夜消费增长。

为增强消费对地区经济发展的带动作用，繁荣活跃地区消费市场，区商务局以“优化供给能力，推动消费提质转型”为主题，联合各大商贸企业开展了集装箱音乐节、同利家电汰旧换新、苏宁百货818珠宝节等多场形式多样的消费促进活动，积极挖掘市场潜力，努力扩大消费需求，在包头市打造多品类、多渠道的促销费盛宴。

传化交投公路港项目投入运营，一期信息交易大厅、司机之家、货运班车总站已建成投入使用，平台入驻企业125家，快递园已入住市级快递企业11家，日均到货件数达到30多万件，公路港日均货运吞吐量超过3000吨。2019年年底，包头传化交投公路港物流有限公司正式推广使用传化陆运通，服务上下游货主司机，架接无车承运平台，解决上下游货主结算困难等突出问题，打造信息化物流园区。

猪八戒网蒙西（包头）总部园区建设“猪八戒网+包头市中小微企业云端服务平台”，采取020运营方式对入驻空间的中小微企业进行全方位扶持。2019年，猪八戒网蒙西总部园区入驻企业总计37家，主营类目为设计、影视制作、营销推广等，累计入驻完成率达87.5%。猪八戒包头线上城市站开店数达2000

个。泰汇和充分利用现有优势，集合各项资源，发展新媒体电商平台，扶持商户再创业，形成“互联网 +”“文化 +”服务线上线下相结合的体验式购物，打造辐射包头市及周边地区最专业的文化用品线上线下销售平台。平台开始试运营阶段，实现入驻商户 47 家，产品上线 1 万件。1—12 月，重点监控企业、平台的电子商务交易额 2.37 亿元。

2019 年 11 月 8 日，第二届进博会同利家电签约现场（区商务局　供图）

【市场建设】

2019 年年初，区商务局对辖区内的农贸市场进行全面摸底调查，同时制订本年度市场改造计划。经过多方奔走、努力协调，迎宾农贸市场产权单位决定对市场整体环境以及营商设施、消防设备进行全面改造升级。4 月 30 日，进入施工阶段；6 月 15 日，市场改造工程全部竣工并重新营业。焕然一新的市场内部摊位整洁、秩序井然、消防设施齐备，食品卫生、消防安全，以及环境卫生等方面都得到更好的保证，为广大居民和消费者提供了一个可以舒心、放心、安心的日常购物场所。

对老旧农贸市场改造升级的同时，区商务局积极推进新农贸市场的建设工作。8 月 25 日，位于二〇二居住区西南角的二〇二便民市场项目建成并正式投入试运营。该市场的建成有效改善以往二〇二便民早市脏、乱、差的状况，有效构建良好的市场环境，提升二〇二社区整体形象的同时，还创造和增加大量的就业机会。

【对外贸易】

2019 年，青山区外贸企业中有进出口业务的共 32 家，进出口总额完成 1.94 亿美元，比 2018 年下降 0.7%。其中，自营进出口额 0.6 亿美元，比 2018 年下降 11.2%。进口产品以测试仪器和硅料为主，进口额达 1581.4 万美元，同比增长近 70%；出口以专用汽车产品、石油钻具、钢材制品为主，主要销往非洲、中东地区以及加拿大、马来西亚、蒙古等国家。

2019 年，区商务局积极组织辖区企业参加各类展会，引导企业加强对外宣传，主动拓展国际市场；积极为企业争取政策性补贴资金，帮助企业解决实际困难。组织 3 家企业赴蒙古国参加“2019 第四届乌兰巴托·中国内蒙古商品展览会”；组织 32 家企业参加“第二届中国国际进口博览会”，成交额达 1.03 亿元；为 20 家企业拨付外经贸专项资金、能力建设资金共计 1159 万元。

【万科中央五号】

万科中央五号项目由包头市万科青岚房地产开发有限公司开发建设，位于文化路以北，青山路以南，文化路北沿线以西，规划路以东。占地 7.13 公顷，总投资 25 亿元，规划新建商业综合体 1 栋、高层住宅 6 栋、层数 26 ～ 34 层。该项目于 2019 年 12 月开工建设，是万科进驻包头打造的全国第四座公园五号作品。

中央五号房地产项目东侧为万科自建区域型商业综合体——印象城购物中心。位于文化路沿线以西，奥林匹克公园以北，紧邻中央五号项目。是印力集团入驻内蒙古的第一座大型商业品牌综合购物中心，项目建筑总面积 11 万平方米，项目主体部分高 5 层，局部 6 层，东翼 3 层，整个体量从西向东，面向公园层层叠落。印象城的建设将填补区域内的商业空白，从品牌购物到潮流娱乐、特色餐饮，为消费者带来时尚缤纷的生活。

（敦韶娟　供稿）

烟 草

【概况】

青山区烟草专卖局、营销部分别成立于2007年和2016年。负责青山辖区内卷烟零售户的卷烟营销、市场管理工作。2019年，有局长（经理）1名，副局长1名，员工34人。设专卖股、内管股、客服部和综合办。

【卷烟销售】

2019年，青山区烟草专卖局以“重宣传、强自查”为抓手，维护规范卷烟经营秩序。以“六大预警”调查与分析为着力点，有针对性地开展规范经营宣传工作，同时排查出疑似违规客户，加强专销协同，重点开展监督检查，切实减少违规客户数量，实现无有效预警的良好状态；建立大户治理长效机制，重点开展大户订单分析，以防为主、防治结合的大户违规管理方式基本解决了“二次批发”等问题，为广大零售客户提供健康、公平的卷烟经营环境，有效激活了市场活力。以“稳销量，提结构”为目标，扎实开展卷烟营销工作。以“卷烟营销在基层活动”为契机，强化卷烟市场调研，深入了解中心城网、城郊、农村市场的消费现状、流动人口情况，重点开展市场真实需求及发展潜力分析工作，以真实有效的数据支撑，提高卷烟投放精准性。客户经理根据市场需求与客户潜力，进一步细化服务内容，强化服务力度，有效提升客户经营能力，推动辖区卷烟销量稳中有升，实现卷烟销售结构持续增长的良好态势。以“提销量、稳价格”为重点，提升地产卷烟培育效果。向零售客户和消费者传递地产烟品牌销售卖点、文化内涵的提炼，“线上＋线下”联动加大地产卷烟宣传力度。同时，以自律互助小组为平台，开展零售客户地产卷烟专柜、专区设立，切实改变地产卷烟销售现状，提升地产卷烟的市场知名度和认可度。品牌培育提销量是基础。强化工商协同营销，重点开展消费跟踪与市场调研，与工业企业共享市场信息，及时改变促销策略，调整投放策略，稳定了地产卷烟销售价格，提升了零售客户培育热情。全年累计卷烟销售26483箱，同比增加981箱，增幅3.85%。

引导自律小组建设实现提质升级。成立提升自律小组建设质量QC小组，通过原因分析并找出关键症结，创新解决措施，并将互联分网与自律小组建设紧密结合，有效扩大自律小组的宣传面，推动自律小组建设速度。截至2019年年底，辖区建成127组自律小组，其中城网109组、农网18组，涉及1574户，覆盖率达到93.03%，为以自建自管的形式规范市场秩序，提高客户盈利水平奠定良好的基础。客户经理实时掌握小组运行情况，并有针对性地开展小组建设服务工作，进一步提升小组建设质量，青山区卷烟违规经营明显减少，客户利润实现8%～15%增长。开展零售客户星级评定，客户经理重点加强低星级客户服务与指导工作，重点帮助客户分析辖区消费者构成及消费偏好，加强客户卷烟购进和销售技巧指导，提升客户经营能力，实现提星升级，扩大优质客户的数量，建立起更加稳定、良好的客户关系。

推广盈利多信息系统，改变客户传统经营模式。组织部分零售客户参观零售终端示范街，实地感受信息系统的实时扫码销售、一键库存查看、系统订单推荐的实用性和现代性，改变客户传统经营方式。截至2019年12月底，共有362位客户安装该系统，在客户经理的积极指导和公司的优质货源激励下，60%以上客户反馈使用效果良好，为公司精准投放奠定良好基础。

【强化管理监督】

强化市场监管。认真开展无证户清理工作，与青山区市场监督管理局、青山区公安分局对卷烟市场以“双随机”形式开展为期一周清理整顿专项行动，取缔无证户6户，查扣违法卷烟 228 条，案值 41710 元。重点打击真品卷烟非法流通，开展清理整顿卷烟市场专项行动、打击物流寄递环节涉烟违法犯罪活动专项行动，有效遏制各类违法违规行为，进一步净化市场，为卷烟销售创造良好市场环境。积极开展打假破网工作，与稽查一大队联合，在公安机关的配合下破获“7·31”国标网络案件 1 起，“10·12”和“6·8”区标网络案件 2 起，3 起网络案涉案金额达到 146.155 万元，判刑 2 人，逮捕 3 人。依法严管违法违规卖烟大户，通过案件系统梳理和内管部门反馈，严格筛查违法违规卖烟大户，按月建立大户档案和监管台账，不定期检查走访并留存走访记录，不断加大监管力度，严厉打击大户“二次批发、左右价格、扰乱市场”行为。依法开展中小学校周边零售户清理整顿工作。加大对中小学校周边 100 米内持证户的清理取缔力度，已取缔 17 户。认真开展日常走访，充分运用专卖管理信息系统，按照“APCD”工作法、“双随机、一公示”工作要求，加强对市场的日常监管，进一步创造公平有序的市场经营环境。全年共办理各类涉烟案件 384 起，查扣卷烟 8300 条，案值 185.43 万元。强化依法行政。加大依法行政宣传力度。认真开展“3·15”“6·29”等法制宣传工作，深入到零售户、消费者，以及广大社会公众中进行法律宣传，讲解真假烟辨识技巧以及制售假冒伪劣卷烟典型案例等，增强卷烟零售户守法经营意识以及应用法律武器维权能力。努力提升行政服务水平。日常工作中不断梳理出零售户反映的堵点、痛点、难点作为改进行政许可工作的着力点和突破口，理顺行政许可工作程序，严格贯彻落实行政执法全过程记录制度。全年累计办理新增 202 户，延续 489 户，歇业 159 户，停业 2 户，注销 31 户，变更 5 户，收回 76 户。强化内部专卖管理监督。重点开展涉烟违法违规案件内部调查工作。针对市局下发督办大要案件，成立联合调查组进行调查，重点调查客户经理、市管员、送货员等内部人员是否存在主观故意、组织参与、内外勾结等违法违规情况。经过调查，未发现内部人员有上述违法违规行为，进一步规范了卷烟经营工作。

（王芳　供稿）

供销合作

【概况】

青山区供销合作社联合社（以下简称区供销社）成立于 2011 年，为区人民政府直属事业单位，机构规格为正科级。2019 年，核定行政编制 7 名。内设综合办公室、农建股、财计股 3 个股室。作为包头市首家城区供销合作社，以服务“三农”为宗旨，负责落实国家各项惠农政策，建设基层“三社一会”（基层社、农民专业合作社、村级综合服务社、相关专业协会）、农业产业化和现代流通网络，培育新型农村合作经济组织等工作。

2019 年，区供销社在基层合作经济组织建设、“项目兴社”、“创新服务”以及党建工作等方面均取得了成效。截至 2019 年年底，青山区共有基层供销社 1 家，“农民专业合作社”22 家，“村级综合服务社”31 家，“农民专业合作社联合社”1 家。当年，区供销社实现销售收入 6.7 亿元，完成年计划的 134%，较 2018 年增长 105.85%；实现利润 3550 万元，完成年计划的 101.4%，较 2018 年增长 107.74%。

【“三社一会”】

2019 年，区供销社全年新领办包头市赛云龙农民专业合作社、贺威农民专业合作社联合社，新吸纳青山区心雨村级综合服务社，并将包头市华亿农民专业合作社及青山区原村级综合服务社培育成了市级“示范社”和市级“星级社”。提升改造青山区友元综合服务社、青山区全保综合服务社、青山区百乐福超市 3 家“五星级综合服务社”。

【项目兴社】

青山区中央厨房净菜加工基地是以农产品和畜产品深加工为主的企业，日生产能力可供近10万人的食材供应。原材料主要以订单农业为主，以当地出产的新鲜蔬菜、牛羊鸡肉等为主要原料，通过采用先进的加工技术，加工成净菜和厨房所需要的肉片、肉丝等，进行消毒、包装后出售，对签订合同的农户从买种子开始实行全方位监控，不使用农药和化肥，确保实现全天然绿色蔬菜。

鹿角村京东智能无人“社区新菜店”项目以社会需求为导向，依托18平方米可移动的A型集成智能盒子，内设6～8组智能终端重力感应售货柜、共享生鲜自提柜、自动生鲜售货机以及智能冷藏生鲜售卖柜，可售蔬菜、生鲜、水果、日用消费品等800多种商品，24小时供应新鲜果蔬，软硬件结合实现线上线下双向购物新零售共享菜场。运用京东大数据系统平台，采用重量识别、RFID识别、视觉识别、人脸识别等新零售模式，用户只要扫描柜门屏幕上的二维码，柜门就会自动打开，拿走货物后，关闭柜门就可以自动结算。项目后期将主要以“公司＋农户”的模式建设蔬菜水果基地，为农户提供一条直接便利的销售渠道，同时也为城市居民提供新鲜、优质、价廉的蔬菜水果，实现卖货共享、买货共享。

京东智能无人“社区新菜店”（区商务局　供图）

【农商·电商绿色农副产品展销会】

2019年，区供销社组织全区20多家涉农企业和农民专业合作社参加了东达山“名盏雅集”艺术节农副产品展销，展示了全区100多种农副产品；组织全区农民专业合作社、涉农企业参与“第六届中国·包头市（国际）牛羊肉产业大会暨绿色农畜产品博览会”；组织内蒙古小尾羊牧业科技有限公司、包头市凡富德食品有限责任公司、内蒙古康汇进出口公司、包头市酸得甜食品加工有限公司和青山区润友食品加工园区的企业、农民专业合作社登上展销会舞台。共签订销售合同18份，实现销售额480万元。

（李慧娟　供稿）

财税 金融

财政管理

【概况】

青山区财政局（以下简称区财政局）成立于1956年，其前身为青山区财政科，是区人民政府职能部门，机构规格为正科级。负责青山区财政收支、实施财税政策、履行财政监督和参与青山区国民经济宏观调控等工作。

2019年，核定行政编制人员8名，有干部职工70人。内设办公室、预算股、国库股、债务管理股、文教社保股、农牧业经济建设股、综合股7个股室。有所属事业单位2个，分别为相当于副科级事业单位青山区财政集中收付中心和相当于股级事业单位青山区财政投资评审中心，共核定事业编制45名。

【财政收支】

2019年，青山区一般公共预算收入完成22.39亿元，同比增加1.44亿元，增长6.9%。其中，增值税7.51亿元，企业所得税1.57亿元，个人所得税0.66亿元，三大共享税种占一般公共预算收入43.5%，同比减少0.49亿元，下降5.3%。青山区财政一般公共预算支出完成25.62亿元，同比增加4.75亿元，增长22.76%。政府性基金预算支出完成0.62亿元，同比减少0.5亿元，下降44.64%。

【民生支出】

2019年，青山区民生支出占一般公共预算支出八成，用于支持各项社会事业。其中，社会保障和社会救助支出4.25亿元，教育支出7.66亿元，医疗卫生支出1.27亿元，改善老旧小区居住环境支出0.3538亿元。

【重点项目支出】

2019年，支持乡村振兴战略实施，投入1225万元，用于农村生活垃圾治理、美丽乡村建设和村集体经济发展，全面提高乡村基本公共服务水平。配套建立扶贫资金规范化筹集管理、精准性投入使用、全过程动态监控三大机制及产业项目库、公告公示等制度，全力打赢脱贫攻坚战。加大生态环保资金投入力度，投入生态环保资金7856万元，用于大气污染防治、农村环境整治、污水处理等方面，持续改善全区生态环境质量。落实企业发展政策，拨付科技创新和科技转化成果资金4400万元，支持企业科技创新，提高市场竞争力，为地区经济发展集聚潜力。

【财政信息公开】

2019年，全面推进预决算公开，在青山区人民政府网站向社会公布青山区本级预决算和58个部门预决算及“三公”经费预决算。

【国有资产管理】

2019年，完成2019年度行政事业单位国有资产报告编制工作及2019年度公共基础设施等行政事业性国有资产报告，进一步夯实资产数据，全面摸清了政府“家底”。

【财政监督检查】

2019年，坚持资产管理与财务管理、实物管理与价值管理的基本原则，通过包头市行政事业单位资产管理信息系统，全面开展“一卡通”系统惠农惠民补贴资金专项检查、减税降费政策实施效果监督检查等工作，进一步规范财政资金使用管理和相关部门单位的会计行为，严肃财经纪律，确保财政资金安全和财政收入质量。

【会计服务管理】

2019年，推行预算单位会计代理记账改革。为进一步提高青山区属预算单位会计核算和财务管理水平，按照《中华人民共和国政府采购法》的规定程序，通过调研了解预算单位实际需求，以公开招标方式，确定3家财务代理记账公司，在青山区规模小、会计基础工作薄弱的行政事业单位中推行会计代理记账，促进财务精细化管理，提高财务管理监督力度，实现预算单位账目管理规范。截至2019年年底，共有44家单位与代理记账公司签订协议。

【国库集中支付改革】

2019 年，按照全面深化财税体制改革、建立现代财政制度的总体要求，以加强街镇财政性资金管理与监督为切入点，区财政局班子成员组成调研组，对青山区 8 个街道、2 个镇财务管理工作进行调研摸排。制定《青山区推行街镇国库集中支付改革实施方案》，坚持预算单位资金管理权、所有权、使用权、财务审批权和财政管理责任“五个不变”原则，将街镇财政性资金纳入国库统一管理，规范收支运行，实施有效监督，努力打造“高效、规范、公开、透明”的街镇财政资金支付管理新模式，为青山区国库集中支付改革奠定了基础。

【财政信息一体化建设】

2019 年，以内蒙古自治区金财大平台为依托，研发启用了动态资金监控系统，建立“三级领导信息反馈机制”,实现各预算单位“三公”经费支出、项目资金划拨和工资统发等各项业务整合，达到财政资金分配、管理、使用、监督信息一体化工作成效。

（吴思梦　供稿）

税务管理

国家税务总局包头市青山区税务局

【概况】

国家税务总局包头市青山区税务局（以下简称青山区税务局）由原包头市青山区国家税务局和原包头市青山区地方税务局于 2018 年合并成立。2019 年，有在职职工 393 人（包括原包头市青山区国家税务局 205 人，原包头市青山区地方税务局 163 人，原包头市地方税务局驻包钢征收管理分局划转 13 人，原包头市地方税务局涉外分局划转 12 人）。其中，公务员 224 人，事业编制人员 8 人，工勤编制人员 15 人，协税员 12 人，社保费助征员 22 人，其他人员 112 人。内设办公室、法制股、税政一股、税政二股、社会保险费和非税收入股、收入核算股、纳税服务股、征收管理股、风险管理股、财务管理股、人事教育股、党建工作股和纪检组 13 个股室。有所属相当于股级事业单位信息中心。有派出机构 8 个。其中，机构规格为副科级有 5 个，分别为第一税务分局（原办税服务厅）、第二税务分局、富强路街道税务分局、装备制造产业园区税务分局、科学路街道税务分局；机构规格为正股级有 3 个，分别为先锋道街道税务所、万青路街道税务所、青福镇税务所。

【税收收入情况】

2019 年，青山区税务局累计组织各项税费收入 53.2 亿元，同比增收 12.97 亿元，增幅 32%。其中，全口径收入累计完成 38.69 亿元，同比增收 7.06 亿元，增幅 22%；税收收入累计完成 37.6 亿元，同比增收 6.52 亿元，增幅 21%；其他收入累计完成 1.91 亿元，同比增收 1.02 亿元，增幅 114%；地方级税收收入累计完成 23.55 亿元，同比增收 6.33 亿元，增幅 37%；一般公共预算收入累计完成 19.32 亿元，同比增收 5.14 亿元，增幅 36%；社保费累计完成 13.68 亿元，同比增收 5.42 亿元，增幅 66%。

【税收收入特点与分析】

2019 年，青山区税务局分产业、行业税收完成情况比 2018 年增长 21%。（见表 11）

表 11　2019 年青山区税务局分产业、行业税收完成情况一览表

单位：万元

项目	子项目	2019年累计	2018年累计	增减	增幅
分产业、行业	第一产业	218	-29	247	-851.7%
	第二产业	117046	83505	33541	40.2%

续表 11

项目	子项目	2019年累计	2018年累计	增减	增幅
分产业、行业	采矿业	24	2	22	1100.0%
	制造业	22747	23047	-300	-1.3%
	电力、热力、燃气及水的生产和供应	70231	39140	31091	-79.4%
	建筑业	24044	21316	2728	12.8%
	第三产业	258785	227314	31471	13.8%
	批发和零售业	40150	40488	-338	-0.8%
	交通运输、仓储和邮政业	4302	3654	648	17.7%
	住宿和餐饮业	2279	3245	-966	-29.8%
	信息传输、软件和信息技术服务业	761	835	-74	-8.9%
	金融业	98856	83463	15393	18.4%
	房地产业	94996	58503	36493	62.4%
	租赁和商务服务业	8668	22832	-14164	-62.0%
	科学研究和技术服务业	2074	2506	-432	-17.2%
	水利、环境和公共设施管理业	221	1735	-1514	-87.3%
	居民服务、修理和其他服务业	3816	7558	-3742	-49.5%
	教育	837	875	-38	-4.3%
	卫生和社会工作	204	316	-112	-35.4%
	文化、体育和娱乐业	240	294	-54	-18.4%
	公共管理、社会保障和社会组织	267	882	-615	-69.7%
	其他行业	1114	128	986	770.3%
	合计	376049	310790	65259	21.0%

【税收法治】

2019 年，青山区税务局落实《包头市国家税务局“十三五”时期全面推进依法治税工作实施方案》等相关要求，按季召开依法行政领导小组会议强化备案审查。

【税收政策落实】

2019 年，青山区税务局成立减税降费领导小组和减税降费办公室，抽调业务骨干集中办公，助推减税降费工作扎实落地。根据工作需要成立社保降费工作组和减税降费风险防控组，细化职责。充分利用商铺和出租车广告屏、微信联系群、纳税人学堂等宣传渠道，全方位对减税降费政策措施进行宣传辅导。截至 2019 年年底，累计减税降费 5.05 亿元，其中税收减免 4.46 亿元。

【税种管理】

2019 年 4 月 1 日起，制造业等行业增值税税率从 16% 降至 13%。交通运输、建筑、基础电信服务等行业及农产品等货物的增值税税率从 10% 降至 9%。将小规模纳税人的年销售额标准统一调至 500 万元。在一定期限内允许登记为一般纳税人的企业转登记为小规模纳税人，期限延长至 2020 年 12 月 31 日。

【社会保险费和非税收入管理】

截至 2019 年年底，社保费累计完成 13.68 亿元，同比增收 5.42 亿元，增幅 66%。

【纳税服务】

2019 年，青山区税务局优化办税服务。研究制定《包头市青山区税务局纳税服务工作实施方案》《青山区税务局办税服务厅应急预案》等文件；由全局副股级以上业务骨干组建导税团队，在两个办税服务厅推行导税服务，对纳税人进行科学分流。大力优化营商环境。全面推行企业涉税业务“同城通办”，并打造“以网上办税为主，自助办税为辅，实体办税厅兜底”的办税模式；组建减税降费专家团队和个税改革咨询团队进驻办税服务厅，并设立税务注销专窗，第一时间解答纳税人在办理涉税事项时的各种疑难问题。认真做好宣传辅导。开展送政策上门活动，共上门辅导一般纳税人 190 户，小规模企业 550 户；累计发放各类宣传册 60000 余份。利用“纳税人学堂”组织各项培训 23 场次，梳理出包括企业所得税申报、附加税费申报在内的 5 类热点问题，统一制作操作视频，及时在税企微信群里推送。

【征收管理】

2019 年，青山区税务局深入推进“放管服”改革。在办税服务厅设置“税务注销专窗”和“预审岗”，缩短注销流程时间。通过优化注销 1485 户推进征管努力程度指标考核工作。强化税收征管专项工作成效显著。在做好全面自查的基础上开展重点核查。

【税收风险管理】

2019 年，青山区税务局全力推动百日会战工作取得实效。积极消化稽查局积压案，做好“9·17”虚开发票案件的相关工作。

【电子税务】

2019 年，青山区税务局制定网络安全管理制度，建立健全网络与信息安全岗责体系和规章制度。完成弱口令修改工作，确保税务信息系统安全。建立长效的软件版本及病毒库更新机制，从源头上切断病毒、木马的潜入，确保内网安全。

【绩效管理与数字人事】

2019 年，青山区税务局扎实抓好绩效管理 7.0 版的落实，在充分征求各部门意见的基础上，对指标进行修改，力求各项考核指标与考评规则更全面、更符合青山区税务局实际。定期通报绩效指标考评情况，认真分析总结失分原因并提出整改补救措施，确保绩效工作取得实效。

【财务管理】

2019 年，青山区税务局完成往来款项、货币资金、基建项目的全面清理和会计档案资料的整理归档工作。全面摸清青山区税务局国有资产情况，做好国有资产清查工作，组织开展资产清查工作。

【政府采购】

2019 年，青山区税务局采购预算 322.16 万元，执行采购金额 322.16 万元。

【离退休干部工作】

2019 年，青山区税务局为离退休干部征订适宜的报纸和杂志，让老干部们提升修养，了解形势；关心离退休干部的政治待遇与生活待遇，做好“两节”期间对离退休干部的慰问工作；定期与老干部沟通交流，及时传达中央和税务总局关于机构改革的讲话精神，并听取他们对改革的意见与看法。

（张利荣 供稿）

国家税务总局包头市税务局第二税务分局

【概况】

国家税务总局包头市税务局第二税务分局（以下简称第二税务分局）由原包头市国家税务局车辆购置税征收管理分局、原包头市国家税务局直属税务分局、原包头市地方税务局驻包钢征收管理分局和原包头市地方税务局直属征收管理三分局 4 家单位撤销并入，于 2018 年 8 月 31 日挂牌成立。2019 年，有干部职工 167 人。其中，中共党员 91 人，大专以上学历占 90%，研究生 21 人。内设税政股、收入核算股、社会保险费和非税收入股、纳税服务股、征收管理股、税源管理一股、税源管理二股、综合股 8 个股室。主要承担包钢（集团）公司、中国二冶集团有限公司、一机集团、北重集团、中核北方等集团化企业、包头市本级行政事业单位的税费征管和服务，以及车辆购置税的管理工作。总管户 607 户，按行业划分为以包钢（集团）公司为核心的钢铁、冶炼、制造业企业 15 户，以一机集团、北重集团、中核北方为核心的军工企业 41 户，包头市本级行政事业单位 551 户；按税源划分为亿元以上企业 3 户，1000 万元以上企业 14 户，100 万元以上企业 26 户，100 万元以下企业 565 户。

【组织收入】

2019 年，第二税务分局累计组织各项税费收入 63.39 亿元，同比增收 9.28 亿元，增幅 17%。其中，税收收入 34.47 亿元，同比增收 10.27 亿元，增幅 42%；其他收入 1.76 亿元，同比增收 0.68 亿元，增幅 63%；社保费收入 27.16 亿元。

【减税降费】

2019 年，第二税务分局将中央减税降费重大政治任务作为工作重点，创办“一办六组”工作机制，构建“一揽子统筹、一竿子到底”的指挥体系，按照既定清单和路线图，细化 105 项任务，组织领导全面强化。畅通线上线下沟通联络渠道，设立专人专岗，抽调能手精兵，组建“专家讲师”和“青年党团员志愿者”团队，深入企业多轮次精细化辅导，培训辅导实现 100% 全覆盖。优化退税程序，强化组织保障，退税难题全面破解，减税红利绝对释放。截至 2019 年年底，累计减税 1.57 亿元，降费 1.04 亿元。

【扫黑除恶】

2019 年，第二税务分局对标扫黑除恶具体要求，出台《扫黑除恶专项斗争实施方案》和《重点行业领域场所及税务人员涉黑涉恶涉伞线索排查和问题治理专项行动实施方案》，确定工作目标，理清工作职责，细化工作任务，全方位摸排线索，按时按序分项目盘查，先后开展百日会战、重点企业走访、内部外部排查、影视行业乱象整治等专项行动，房产税、城镇土地使用税和土地增值税评估等综合治理措施精细化实施，推动税务治理能力向现代化迈进，确保扫黑除恶专项斗争扎实开展，政治责任得到压实。

【征收管理】

2019 年，第二税务分局经过机构合并一年多的探索实践，大企业服务管理进一步改进提高，在做实机构、做优平台、做精数据、做强团队等方面迈出坚实步伐。机构职能及时转换，新征管规范全面落实，专业化管理理念进一步优化深化，征管质效明显提升；业务流程切实简化，在内蒙古自治区范围内首家实现车购税全程电子申报，“免填单”范围扩大，问题传递“精准对接”有效落实，完成“金三并库”（将金税三期原国税系统和原地税系统两个数据库合并成一个数据库），社保费降率政策扎实落地，缴费渠道多元化拓展，社保费税库银扣款和网报率实现双一百，位居包头市税务系统内第一；监管体系逐步规范，“9·17”大案核查率先完成，发票管理 2.0 版系统和风险管理平台全面应用，执法方式、信息和流程有效对接，钢铁、军工行业所得税政策辅导和后续管理持续强化，申报准确率和汇算质量稳步提高，税收风险提示系统作用充分发挥，全年接收风险任务 51 户次、主动发起 4 户次；工作运转更加高效，涉及近 10 万自然人的个税改革连续 12 个月实现明细申报和疑点处理率 100%，做法多次在包头市系统内表彰推广，资源税立法调研收获颇丰，国务院大督查整改到位，税收科研课题获内蒙古自治区特别奖，增值税改革、环境保护税改革、水资源税改革等税制改革同步深化落实，税法大讲堂和培训辅导团队全年培训财务人员超过 5600 人次。

【媒体宣传】

2019 年，第二税务分局工作要情动态在各级媒体刊发 29 篇，代表内蒙古自治区局拍摄的《减税降费在行动》纪实宣传片被选送至国家税务总局。自行组织制作的铁花财务人员谈机构改革成效、个税改革广告片《礼物》、车购税电子申报广播对白等宣传作品被内蒙古自治区税务局收录。

【纳税服务】

2019 年，第二税务分局业务办理进一步提速。“放管服”改革各项举措持续深化，第 28 个税收宣传月和第 6 个“便民办税春风行动”任务有效落实，首问责任、限时办结、预约办理和“最多跑一次”等各项服务制度严格执行，“一窗一人一机双系统”全部覆盖，“网上移动办税为主，终端自助办税为辅，实体大厅办税补充”的办税模式大力推进，纳税服务“三率”覆盖进一步提高，线上线下业务办理有机融合。税企交流进一步畅通。“服务大企业绿色通道工作室”完成设立并投入运行，税政和税源部门联合精准服务的“税企互动”服务模式贯彻执行，“金三”运维平台、互联网和微信群等交流平台作用充分发挥，工作成效受到纳税人点赞。业务流程进一步精简。内部业务流程、衔接和流转切实优化，证明事项进一步取消，年所得 12 万元以上个人不再办理自行申报，享受减税降费政策“即到即办”，增值税发票抄报改由纳税人对开票数据进行确认，办税缴费服务全面提速。服务范围进一步拓展。风险管理平台、i 税平台、纳税服务规范 3.0 版和税收征管规范 2.0 版全面推广应用，问需求优服务座谈会、微信、钉钉等新媒体服务平台使服务渠道更多元；“最多跑一次”“一窗通办”“一次办结”等措施，使服务更融合；电子税务推广、送政策上门、纳税误区辅导、听取意见建议、回应关切、满足需求、问题跟踪回访等工作扎实开展，使服务举措更完善。

【队伍建设】

2019 年，第二税务分局依规治局持续推进，涵盖工作纪律、公车使用、经费管理、突发事件预案等 11 个制度办法制定出台。教育培训切实加强，坚持“周五全员学习日”长效机制，坚持“一对一”“老带新”“师父带徒弟”等结对帮带机制，坚持“走出去”和“请进来”相结合，全年开展全员培训 21 期，累计培训近 2000 人次，人均受训超过 40 学时。队伍融合深度迈进，开展破冰趣味运动会、迎春联欢会、学雷锋活动、赛罕塔拉环保、民族团结进步宣传、志愿者服务、学习宣讲劳模事迹、爱心捐赠、扶贫助困青山区“三无”老人、代表国家税务总局包头市税务局参加国家税务总局内蒙古自治区税务局文艺会演等一系列促融合活动。绩效管理全面深化，日常绩效指标监控考核有效落实，绩效管理和数字人事“双轮驱动”，激励作用有效发挥，退休干部工作、财务管理、后勤保障、工青妇等工作取得显著成效，干部队伍凝聚力、战斗力明显提升。家园文化凝心聚力，走访慰问困难职工，举办老干部荣退仪式，举行女性干部礼仪服饰讲座，改善职工午休及就餐条件。截至2019年年底，职工图书阅览室、乒乓球活动室、瑜伽室、健身房等进行施工改造。

【全面从严治党】

2019年，第二税务分局全面加强党的建设，领导干部定向引路，推动党建与税收工作深度融合，成立党建工作领导小组，广大党员模范带头，组建党员突击队、先锋队、志愿服务队3支队伍，“1+4+N”（1个党总支、4个党支部、N个结对共建企业党支部）党建模式进一步创新，岗位练兵比武、精神文明创建、选树先进典型、固定党日等各项活动扎实开展。全面从严治党扎实推进，党内法规和各项纪律要求严格执行，主体责任和监督责任全面压实，纵合横通强党建新格局健全完善。廉政教育警钟长鸣，参观包头市级机关和集团企业廉政教育基地，集中组织收看11次警示片，以案明纪，节前廉政预警、违规收送礼金、形式主义、官僚主义等问题专项整治活动认真开展，筑牢了拒腐防线。

（林昊潭　供稿）

金融服务管理

【概况】

青山区金融工作办公室（以下简称区金融办）成立于2010年12月，是区人民政府职能部门，机构规格为正科级。2019年，青山区实施机构改革，按照中共青山区委办公室、青山区人民政府办公室《关于印发〈青山区机构改革实施意见〉的通知》（青党办发〔2019〕3号）文件要求，设置区人民政府金融工作办公室，加挂区人民政府国有资产监督管理委员会牌子。负责青山区小额贷款公司和融资性担保公司的监督管理，以及金融服务体系和融资平台建设工作。2019年，核定行政编制6名。内设综合办公室、金融发展股、金融稳定股和国企运营股4个股室。有所属相当于股级事业单位青山区金融服务中心，核定事业编制14名。

2019年，区金融办紧紧围绕防范化解系统性金融风险、监管国有资产等重点工作，确保金融工作良性循环，助推打赢三大攻坚战。

【国有资产监督管理】

2019年，青山区有区属国有企业19家，分别由区人民政府、会展中心、园区、区金融办、区住建局、区教育局5个部门管理。其中，区人民政府直接监管1家，为包头青山区文体旅游产业投资有限责任公司；会展中心3家，分别为包头市国际会展有限责任公司、包头大剧院有限责任公司、包头市国际文化产业有限公司；园区1家，为包头市青创综合事务服务有限公司；区金融办5家，分别为内蒙古新工创业发展有限责任公司、包头青山城市基础设施投资发展有限公司、内蒙古青源融资性担保有限责任公司、包头市青山区国有资产经营有限责任公司、内蒙古新源光热股份有限公司；区住建局5家，分别为包头市青山住房发展建设有限公司、内蒙古景晟物业管理有限责任公司、包头市青山区兵工鸿晟物业管理有限公司、包头市青山区热诚热力有限责任公司、包头市青山区兵工盛祥物业管理有限公司；区教育局4家，分别为包头市新天地教育发展有限公司、内蒙古民幼教育投资有限公司、内蒙古鹿腾教育发展有限公司、内蒙古润德教育文化产业发展有限公司。

为进一步规范国有企业资产监督管理，推动国有经济布局和结构的战略性调整，区人民政府按照政企分开、社会公共管理职能与企业国有资产出资人职能分开、所有权与经营权分离和不干预企业依法自主经营的原则，依法履行出资人职责，授权青山区人民政府国有资产监督管理委员会对区本级 19 户国家出资企业履行出资人职责，依法对企业国有资产实行集中统一监督管理。

【融资担保与小额贷款监管】

2019 年，青山区辖区内监管融资担保公司 6 家，小额贷款公司 5 家。其中，包头市中建担保有限公司放弃参加年度审核，共完成 5 家融资担保公司和 5 家小额贷款公司年审工作。5 月，经包头市金融工作办公室研究决定，包头市农牧业融资担保有限公司属地监管层级由青山区划归包头市金融工作办公室。6 月底，除联合宏大担保公司以外的 4 家担保公司经营许可证到期届满，需按规定换证。其中，青源担保公司成功换证；中建担保公司主动提请注销；鑫源担保公司和永泰隆担保公司存在监管条例明确禁止换证的问题，三个月整改期限到期，整改无法完成，已向包头市金融工作办公室申请按照相关规定注销其经营许可事项。截至 2019 年年底，青山区辖区内监管融资担保公司只有青源担保公司和联合宏大担保公司 2 家经营许可证有效；小额贷款公司 5 家，其中润丰小额贷款公司于 6 月完成公司章程、公司高管事项的变更。

截至 2019 年年底，2 家融资担保公司注册资本 4.05 亿元，在保余额 1.65 亿元；5 家小额贷款公司注册资本 5.83 亿元，贷款余额 6.67 亿元。

【银企服务】

2019 年 5 月，区金融办组织政银企战略合作对接会，邀请中国工商银行内蒙古分行、包头分行与一机集团公司、北重集团公司、中核北方元件公司、五二研究等驻区大型国有企业开展对接座谈，加强政银企沟通联系，形成合力促进地方经济稳定发展。

【防范打击非法集资】

2019 年，区金融办协同青山公安分局，区市场监管局及驻区多家银行和金融机构，在辖区内高校、大型企业及人口集中的公园广场、农贸市场开展各类防范和预防非法集资教育警示宣传活动，增强公众“理性投资、风险自担”的意识。在全区范围内开展涉稳隐患集中排查化解和重点群体、重点人员摸排专项行动。要求相关单位对本系统内重点上访群体、重点人员开展全面排查，准确掌握其基本情况和活动情况，做好教育引导和思想工作，逐人落实教育稳控措施，坚决防止重点群体和重点人员失控制造事端，坚决防止群体性事件和个人极端事件发生。

2019 年，区金融办深入推进综合治理农村牧区高利贷工作，有效治理青山区农村牧区高利贷，引导民间借贷行为健康发展，维护青山区农村牧区金融秩序和社会稳定，根据《关于落实自治区政府工作报告进一步推动综合治理农村牧区高利贷工作的通知》（包金融发〔2019〕7 号）要求，青福镇排查农户 2771 户、7482 人，兴胜镇排查农户 4451 户、15580 人，牧区户数 192 户，均未发现存在农村牧区高利贷现象。按照《关于开展“现金贷”业务专项整治工作的通知》（内网贷整治办〔2019〕15 号）文件要求，区金融办协调区市场监管局深入各村居社区、工矿企业、集贸市场、机关学校，对非融资性担保、投融资中介、私募股权投资、网络借贷、农牧民专业合作社、典当行、寄卖行等重点行业全面开展排查潜在的“现金贷”业务专项整治工作，进一步摸清“现金贷”业务的基本情况，逐步建立起防范和处置“现金贷”业务的综合治理长效机制。

【金融机构发展】

2019年，青山区有区属银行及非银金融机构55家，各类金融机构数量占包头市金融机构总量的80%～90%，形成银行、保险、信托、基金、租赁等各种金融生态集聚的金融核心区。

【区属国有公司】

内蒙古青源融资担保有限公司。2000年12月，内蒙古青源融资担保有限公司（以下简称青源担保公司）成立，前身是包头市青山区通和担保中心，2013年8月15日进行企业改制，并取得“中华人民共和国融资性担保机构经营许可证”。企业注册资本3亿元，为青山区财政局全额出资的国有独资公司，企业法人代表王飞，注册地址位于包头市青山区钢铁大街7号正翔国际B6栋一楼西侧。截至2019年年底，青源担保公司实收资本期末余额30000万元，资产总额38531.91万元，累计担保61亿余元，为167户中小微企业提供金融服务。

包头市青山区国有资产经营有限责任公司。2004年1月13日，包头市青山区国有资产经营有限责任公司（以下简称国资公司）成立，位于青山区文化路25号，股东为青山区财政局，注册资本100万元，属国有独资有限责任公司。经营范围为国有资产购买、出租、出售、转让、置换及租赁。2015年，国资公司注册资本增资至3.54亿元，全部股份转让给内蒙古新工创业发展有限责任公司。

包头青山城市基础设施投资发展有限公司。2005年，包头青山城市基础设施投资发展有限公司（以下简称城投公司）正式成立，青山区财政局为投资主体，注册资本1.94亿元。2009年，注册资本增至6.93亿元。2017年6月由股东青山区财政局增资5亿元，同年12月，由新股东国开发展基金有限公司出资2亿元，现注册资本13.97亿元，总资产44.76亿元。城投公司性质为国有控股公司，主要业务为对城市、农村建设项目进行投资开发，城市、农村基础设施综合开发建设（以上两项不含对房地产开发项目的投资），对城市、农村土地前期开发、整理、征拆。2019年，城投公司协助青福镇人民政府以城投公司名义对赵家营村供热、给水和排水管网改造项目进行建设。

内蒙古新工创业发展有限责任公司。2011年，内蒙古新工创业发展有限责任公司（以下简称新工创业公司）成立，位于包头装备制造产业园区技术创新创业服务中心大楼内，股东为内蒙古包头市装备制造产业园区管理委员会、内蒙古华新机械有限公司、内蒙古宏达利汽车贸易有限公司，注册资本5亿元。2015年，新工创业公司股东变更为青山区财政局，增加注册资本5亿元，股份占比100%。2017年，新工创业公司资产总额129亿元，并取得大公评级为公司公开发行企业债券出具的AA评级报告。新工创业公司经营范围包括集园区规划管理、基础设施建设、土地的整理收储、物业管理、棚户区改造、国际贸易、投融资管理、商贸等多种经营为一体的大型国有独资公司。2019年，新工创业公司完成审计、评级工作；新工创业公司2017年通过华龙证券发行的企业债券中的首笔2亿元于2019年到期，完成继续通过华龙证券公司发行借新还旧债券工作；完成“两馆一中心”（乒羽馆、游泳馆、网球中心）、园区公共服务大楼等建设项目的建设任务。

内蒙古新源光热股份有限公司。2016年，内蒙古新源光热股份有限公司（以下简称新源公司）成立，位于包头装备制造产业园区新规划区内，由内蒙古新工创业发展有限公司、包头青山城市基础设施投资发展有限公司和包头市国际会展有限责任公司出资的国有独资公司，注册资本5亿元。新源公司拥有系列国际领先的太阳能光热核心技术，主要从事企事业单位、居民集中供热，热能销售、太阳能光热技术开发及推广应用、成套太阳能光热集成系统销售、太阳能供热设备销售、技术咨询，投资询问，电力生产、供应，热力工程施工、安装、设备维修，设计、安装及销售移动热源工程，与太阳能集中供热相关的对外投资，经营进出口业务。截至 2019 年年底，实际供热面积 30 万平方米。

（张晓萌　供稿）

青山区花圪台景区（区委宣传部　供图）

科技　教育

科 技

【科技研发机构】

2019 年，青山区积极引导支持企业建立研发机构，促进应用研究成果转化，逐步构建形成企业技术创新体系。新增内蒙古自治区级企业研究中心 3 家，分别为一机集团“特种车辆热管理系统”研究开发中心、“特种车辆空气净化系统”研究开发中心、“地面无人平台”研究开发中心。截至 2019 年年底，青山区累计拥有各级各类企业研发平台 58 家。其中，国家级企业技术开发中心 4 家，国家级企业重点实验室 1 家，内蒙古自治区级各类研发平台 43 家，包头市级各类研发平台 10 家。（见表 12）

2019年青山地区企业研发机构汇总一览表

表12

序号	级别	机构名称	依托单位	认定时间	小计
1	国家级企业技术开发中心	内蒙古北方重工业集团有限公司技术开发中心	北重集团	1999 年	4
2		内蒙古第一机械制造（集团）有限公司技术开发中心	一机集团	2006 年	
3		中核北方核燃料元件有限公司技术中心	中核北方	2018 年	
4		北奔重型汽车集团有限公司技术中心	北奔重汽	2018 年	
5	国家级企业重点实验室	特种车辆及其传动系统智能制造国家重点实验室	一机集团	2015 年	1
6	内蒙古自治区级工程技术研究中心	内蒙古特种材料工程技术研究中心	五二研究所	2001 年	10
7		内蒙古特种车辆工程技术研究中心	内蒙古第一机械集团有限公司科研所	2001 年	
8		重型非公路矿用车工程技术研究中心	内蒙古北方重型汽车股份有限公司	2003 年	
9		内蒙古自治区钍基核燃料元件工程技术研究中心	中核北方	2009 年	
10		内蒙古自治区硅镁材料工程技术研究中心	五二研究所、兵科硅镁材料工程技术研究中心有限责任公司	2009 年	
11		内蒙古自治区特种管材工程技术研究中心	北重集团	2009 年	
12		内蒙古自治区水污染控制与水环境修复工程技术研究中心	北京大学包头创新研究院	2014 年	
13		内蒙古自治区推土机工程技术研究中心	内蒙古一机集团大地工程机械有限公司	2016 年	

续表 12

序号	级别	机构名称	依托单位	认定时间	小计
14	内蒙古自治区级工程技术研究中心	内蒙古自治区金属构件失效分析工程技术研究中心	一机集团	2016 年	10
15		内蒙古自治区中重型车辆悬挂与行走工程技术研究中心	一机集团	2017 年	
16	内蒙古自治区级企业技术开发中心	内蒙古北方重型汽车股份有限公司技术开发中心	内蒙古北方重型汽车股份有限公司	2006 年	8
17		包头北方奔驰重型汽车有限责任公司技术开发中心	包头北方奔驰重型汽车有限责任公司	2006 年	
18		包头北方创业股份有限公司	包头北方创业股份有限公司	2009 年	
19		包头北方创业专用汽车有限责任公司	包头北方创业专用汽车有限责任公司	2010 年	
20		内蒙古科盛太阳能科技有限责任公司技术中心	内蒙古科盛太阳能科技有限责任公司	2013 年	
21		中核北方核燃料元件有限公司技术中心	中核北方	2016 年	
22		包头市联德石油机械有限公司技术中心	包头市联德石油机械有限公司	2016 年	
23		包头市天盛重工有限公司技术中心	包头市天盛重工有限公司	2018 年	
24	内蒙古自治区级企业研发中心	包头北方奔驰重型汽车有限责任公司技术开发中心	北重集团	2006 年	19
25		包头北方创业股份有限公司	包头北方奔驰重汽车有限责任公司	2006 年	
26		国电联合动力技术（包头）有限公司	包头北方创业股份有限公司	2009 年	
27		包头市天盛重工有限公司研究开发中心	国电联合动力技术（包头）有限公司	2010 年	
28		包头市塞北特种车辆配套设备研究开发中心	包头市天盛重工有限公司	2016 年	
29		一机集团瑞特新能源变速器研究开发中心	包头市塞北机械设备股份有限公司	2016 年	
30		一机集团力克特种橡塑研究开发中心	内蒙古一机集团瑞特精密工模具有限公司	2017 年	

续表 12

序号	级别	机构名称	依托单位	认定时间	小计
31	内蒙古自治区级企业研发中心	一机集团力克特种橡塑研究开发中心	内蒙古一机集团力克橡塑制品有限公司	2017 年	19
32		一机集团轮式特种车辆研究开发中心	一机集团	2017 年	
33		一机集团路通弹簧弹性缓冲技术研究开发中心	内蒙古一机集团路通弹簧有限公司	2017 年	
34		内蒙古旭宸太阳能光热综合利用研究开发中心	内蒙古旭宸能源有限公司	2017 年	
35		一机集团大地工程机械研发中心	内蒙古一机集团大地工程机械有限公司	2017 年	
36		北方嘉瑞高性能防护材料研究开发中心	包头北方嘉瑞防务科技有限公司	2017 年	
37		海罗专机设备研究开发中心	包头市海罗水泥制品机械有限公司	2017 年	
38		包头鸿斌伟业干混砂浆研究开发中心	包头市鸿斌伟业建材制造有限公司	2018 年	
39		路易精普检测检验研究开发中心	内蒙古路易精普检测科技有限公司	2018 年	
40		一机集团“特种车辆热管理系统”研究开发中心	内蒙古第一机械集团有限公司第六分公司	2019 年	
41		一机集团“特种车辆空气净化系统”研究开发中心	内蒙古第一机械集团有限公司科研所	2019 年	
42		一机集团“地面无人平台”研究开发中心被认定为为自治区企业研究中心	内蒙古第一机械集团有限公司科研所	2019 年	
43	内蒙古自治区级重点实验室	内蒙古自治区金属材料重点实验室	内蒙古科技大学和兵器科学院五二研究所	2005 年	5
44		内蒙古自治区中重型传动企业重点实验室	一机集团	2012 年	
45		包头师范学院重点实验室	包头师范学院	2012 年	
46		内蒙古自治区特种钢及其制品检测及测试技术企业重点实验室	北重集团	2016 年	
47		内蒙古自治区核燃料元件企业重点实验室	中核北方	2018 年	

续表 12

序号	级别	机构名称	依托单位	认定时间	小计
48	内蒙古自治区级工业设计中心	北奔重型汽车集团有限公司技术中心（工业设计中心）	北奔重汽	2018 年	1
49	包头市企业技术（研究）开发中心	内蒙古一机集团富成锻造有限公司工程技术中心	内蒙古一机集团富成锻造有限公司	2009 年	10
50		内蒙古一机集团大地工程机械有限公司企业技术研发中心	内蒙古一机集团大地工程机械有限公司	2009 年	
51		包头北方创业股份有限公司工程技术中心	包头北方创业股份有限公司	2009 年	
52		包头市万佳信息工程有限公司工程技术中心	包头市万佳信息工程有限公司	2010 年	
53		轻工装备工程技术研究中心	包头市轻工职业技术学院	2012 年	
54		内蒙古科盛太阳能科技有限责任公司技术中心	内蒙古科盛太阳能科技有限责任公司	2012 年	
55		国电联合动力齿轮箱工程技术研究中心	国电联合动力技术（包头）有限公司	2012 年	
56		包头市太阳满都拉电缆有限公司技术中心	包头市太阳满都拉电缆有限公司	2015 年	
57		内蒙古杭萧钢构有限公司技术中心	内蒙古杭萧钢构有限公司	2015 年	
58		包头市联德石油机械有限公司技术中心	包头市联德石油机械有限公司	2015 年	
合计					58

【科技人才】

2019 年，青山区组织开展第九批“草原英才”申报工作。其中，入选产业创新创业人才团队 1 个（见表 13），入选常规评选类“草原英才”6 人（见表 14），入选专项推选类民营企业经营管理人才 2 人（见表 15），入选首批内蒙古自治区领军人才 1 人（见表 16）。截至 2019 年年底，青山区共创建“草原英才”高层次人才创新创业基地 6 个、产业创新创业人才团队 14 个、高技能人才团队 7 个，培养、引进、专项推选人才“草原英才”共计 50 人。

2019年青山区入选产业创新创业人才团队名单一览表

表13

序号	年度	团队名称	申报单位
1	2019	中重型传动系统智能制造创新人才团队（带头人：赵文军；二层次）	一机集团

2019年青山区入选常规评选类“草原英才”名单一览表

表14

序号	年度	姓名	所在单位
1	2019	王士良	北重集团
2		夏永红	
3		杨秀清	
4		缪　羽	
5		邢晓红	
6		翟兴刚	

2019年青山区入选专项推选类“草原英才”名单一览表

表15

序号	年度	姓名	团队名称	类别
1	2019	李锡明	包头市大青山机械制造有限责任公司	民营企业经营管理类人才
2		余佳荣	内蒙古小尾羊牧业科技股份有限公司	民营企业经营管理类人才

2019年青山区入选领军人才名单一览表

表16

序号	年度	姓名	申报单位或依托单位
1	2019	雷丙旺	北重集团

【科技活动】

4月，中核北方召开U1R1首次换料燃料组件出厂验收末次会，64组燃料组件通过出厂验收。此次完成验收的U1R1燃料组件为首批国产AP1000换料燃料组件，标志着AP1000燃料组件国产化进程迈出重要一步，可为后续国内AP1000三代核电供料提供强有力保障。同月，北奔重汽联合鄂尔多斯经销商鸿璐通汽贸举办北奔重卡V3坑口车新产品上市暨大客户百台交车仪式，现场交付168台V3ET牵引车金钥匙，签订订单355台。5月，2019年度内蒙古自治区第一、二批入库科技型中小企业名单在内蒙古自治区科技厅网站公布，一机集团神鹿焊业有限公司、包头超级云计算有限公司和包头北方嘉瑞防务科技有限公司名列其中。6月，2019年“镜启天下”第二届全国青年医师ERCP（内镜逆行性胰胆管造影）大赛——北大区总决赛在南京市举办。包头医学院第二附属医院（以下简称包医二附院）消化科副主任医师江振宇获得全国ERCP大赛北大区总决赛冠军。同月，在中国消化内镜中心认证项目专家委员会工作会议上，包医二附院消化内科作为内蒙古自治区唯一免检单位获得首批“中国消化内镜中心认证示范单位”称号，院长党彤、消化科主任孟宪梅受聘为中国消化内镜中心认证专家委员会委员。7月，经包头市科技局推荐，青山区将包头北方嘉瑞防务科技有限公司研发的“防雷底甲对8公斤反坦克车底地雷发展影响”、内蒙古一机集团富成锻造有限公司研发的“重型车辆转向节类锻件精密挤压成形技术研究及应用”2个科技创新引导奖励资金项目上报内蒙古自治区科技厅予以立项。9月，2019年度内蒙古自治区第二批入库科技型中小企业名单在内蒙古自治区科技厅网站公布，包头市助友科技有限公司、包头市恒达数控设备科技开发有限公司名列其中。同月，2019年度内蒙古自治区企业研究开发中心名单在内蒙古自治区科技厅网站公布，一机集团的“特种车辆热管理系统”研究开发中心、“特种车辆空气净化系统”研究开发中心、“地面无人平台”研究开发中心名列其中。10月，经包头市科技局推荐，青山区将一机集团研发的“4×4车载式灭火炮”、内蒙古一机集团大地工程机械有限公司研发的“TY320E履带式推土机产业化与推广项目”、内蒙古一机集团瑞特精密工模具有限公司研发的“新型特种车辆高强度悬挂系统研制”等16个科技成果转化项目上报内蒙古自治区科技厅。经评审，13个科技成果转化项目予以立项。11月，北奔重汽研发的“北奔新能源智能网联卡车开发项目”、中核北方研发的“中国核学会2019年学术年会”等23个项目列入2019年包头市科技计划拟立项支持项目。同月，2019年度内蒙古自治区第四批入库科技型中小企业名单在内蒙古自治区科技厅网站公布，包头万佳信息有限公司名列其中。12月，2019年度第一批高新技术企业名单在内蒙古自治区科技厅网站公示，包头晶澳太阳能科技有限公司、包头市长城装饰装潢有限责任公司、包头北方创业有限责任公司、中复联众（包头）复合材料有限公司、内蒙古一机集团富成锻造有限责任公司5家企业名列其中。同月，国家级科技企业孵化器2018年度考核评价结果在内蒙古自治区科技厅网站公布，包头北大科技园有限公司评价为C类。同月，国家备案众创空间名单在内蒙古自治区科技厅网站公示，包头轻工学院众创空间、包头北大科技园众创基地、包头师范学院大学生众创空间和包头市鹿客电子商务创业园名列其中。

北奔重汽研发的北奔新能源智能网联卡车（区工信科局　供图）

【科技项目】

2019年，青山区不断强化科技项目实施。一机集团研制出基于4×4高机动越野底盘的119米超远程森林灭火炮。12月，1号样车完成厂内试验考核，包括1000千米里程试验及整车分系统功能性试验；2号样车在山西太原完成车载式火炮射击考核。该产品作为国际前沿森林灭火装备，可远距离封控陡峭山区和密集森林火灾，将极大保障消防队员人身安全。北奔重汽通过研究电动动力及氢燃料动力卡车底盘一体化、整车控制系统、噪声、振动和不平顺性（NVH）性能、车辆网联协同感知、智能驾驶系统，完成新能源智能网联卡车整车开发项目，实现了基于驾驶员意图识别且工况适应性强的动力系统模式管理及驱动转矩分配策略、整车与车载能源系统、电器附件等集成和匹配的技术突破。内蒙古一机大地石油机械有限责任公司研发的3130超高强度防腐抽油杆、4142 D级和4330 HS级抽油杆产品，解决了油田含腐蚀介质深井高负荷采油难题。当年，3130超高强度防腐抽油杆推向美国高端市场，4142D级和4330HS级抽油杆批量供应美国客户。

【科技经费】

2019年，青山区通过精准摸排产业关键技术需求和企业核心技术创新情况，共为38家企业、69个项目争取各级各类科技资金4030.5万元。其中，争取内蒙古自治区级科技资金3107.5万元（见表17），包头市级科技资金923万元（见表18）。建立重点项目储备数据库，在装备制造业、新能源产业、民生科技和城市发展、信息化建设服务业及其他战略性新兴产业等各领域，储备有优势、有特色、创新程度高的科技项目40余项。

2019年青山区争取内蒙古自治区级科技资金汇总一览表

表17

序号	资金名称	项目名称	项目承担单位	资金额（万元）
1	内蒙古自治区应用技术研究与开发项目资金	第四代核电技术—钠冷示范快堆用TP316H超纯耐热不锈钢无缝钢管研发	北重集团	300

续表 17

序号	资金名称	项目名称	项目承担单位	资金额（万元）
2	内蒙古自治区应用技术研究与开发项目资金	新型水火管生物质链条炉排蒸汽锅炉的研发与产业化	内蒙古双菱锅炉制造有限责任公司	200
3		小尾羊全产业链质量溯源大数据服务平台	内蒙古小尾羊牧业科技股份有限公司	200
小计				700
4	内蒙古自治区科技创新引导资金	高新技术企业科研经费补助	内蒙古旭宸能源有限公司	30
5		高新技术企业科研经费补助	包头市助友科技有限公司	10
6		高新技术企业科研经费补助	包头市恒达数控设备科技开发有限公司	10
7		高新技术企业科研经费补助	内蒙古银河信立科技发展有限责任公司	10
8		高新技术企业科研经费补助	内蒙古电建三公司	30
9		高新技术企业科研经费补助	包头北方嘉瑞防务科技有限公司	10
10		高新技术企业科研经费补助	包头市塞北机械设备有限责任公司	30
11		高新技术企业科研经费补助	内蒙古电建一公司	30
12		高新技术企业科研经费补助	包头市智茂元农业发展有限公司	10
13		高新技术企业科研经费补助	包头北方专用汽车有限责任公司	30
14		高新技术企业科研经费补助	包头市鸿斌伟业建材制造有限公司	10
15		高新技术企业科研经费补助	包头市海罗水泥制品机械有限公司	20
16		高新技术企业科研经费补助	丰达石油装备股份有限公司	30
17		高新技术企业科研经费补助	包头市海宇科技有限责任公司	10
18		高新技术企业科研经费补助	包头市鹿灵机械有限责任公司	10
19		高新技术企业科研经费补助	内蒙古库卡智能设备制造有限责任公司	10
20		高新技术企业科研经费补助	内蒙古元泽科技有限责任公司	10
21		高新技术企业科研经费补助	包头北大工道发动机技术有限公司	20
22		高新技术企业科研经费补助	北奔重汽	30
23		高新技术企业科研经费补助	中核北方	30
小计				380
24	内蒙古自治区科技创新引导奖励资金	防雷底甲对 8 公斤反坦克车底地雷发展影响	包头北方嘉瑞防务科技有限公司	80
25		锻件挤压成型技术研究及应用	内蒙古一机集团富成锻造有限公司	50
小计				130

续表 17

序号	资金名称	项目名称	项目承担单位	资金额（万元）
26	内蒙古自治区科技重大专项资金	机器人打磨技术研究实验室	一机集团	500
		小计		500
27	内蒙古自治区自然科学基金	含磷元素生物活性玻璃骨修复活性研究	内蒙古第一机械集团有限公司医院	6
28		焊接热力循环诱导硼元素偏聚行为作用机制	五二研究所（内蒙金属材料研究所）	6.5
		小计		12.5
29	内蒙古自治区科技成果转化专项资金	灭火炮	一机集团	50
30		推土机产业化推广项目	内蒙古一机集团大地工程机械有限公司	50
31		车辆高强度悬挂系统研制	内蒙古一机集团瑞特精密工模具有限公司	50
32		钢产业化技术研发	北重集团	80
33		硅碳负极材料规模化技术开发	内蒙古杉杉科技有限公司	40
34		保护环生产线成套设备	包头市海罗水泥制品机械有限公司	35
35		科技成果孵化项目	北京大学包头创新研究院	80
36		国家企业技术中心	北奔重汽	200
37		国家企业技术中心	中核北方	200
38		内蒙古自治区企业技术中心	包头市天盛重工有限公司	50
39		内蒙古自治区企业研究开发中心	包头北方嘉瑞防务科技有限公司	10
40		包头国家农业科技园区	内蒙古小尾羊牧业科技股份有限公司	30
41		内蒙古自治区企业研究开发中心	包头市鸿斌伟业建材制造有限公司	10
		小计		885
42	第二批内蒙古自治区科技成果转化专项资金	北奔新能源电动卡车	北奔重汽	500
		小计		500
		总计		3107.5

2019年青山区争取包头市级科技资金汇总一览表

表18

序号	资金名称	项目名称	项目承担单位	资金额（万元）
1	包头市应用技术研究与开发项目资金	北奔新能源智能网联卡车开发项目	北奔重汽	200
2		农用残膜回收机和自走式柠条平茬联合收获机研发（市农机推广站）	内蒙古一机集团北方实业有限责任公司	100
		小计		300

续表 18

序号	资金名称	项目名称	项目承担单位	资金额（万元）
3	包头市本级科技计划项目资金第三批（企业和重点科研单位创新平台建设项目）	认定国家高新技术企业资助	包头市塞北机械设备股份有限公司	20
4		认定国家高新技术企业资助	包头北方专用汽车有限责任公司	20
5		认定国家高新技术企业资助	内蒙古电建三公司	20
6		认定国家高新技术企业资助	包头市鸿斌伟业建材制造有限公司	20
7		认定国家高新技术企业资助	包头市恒达数控设备科技开发有限公司	20
8		认定国家高新技术企业资助	丰达石油装备股份有限公司	20
9		认定国家高新技术企业资助	包头市海宇科技有限责任公司	20
10		认定国家高新技术企业资助	包头市鹿灵机械有限责任公司	20
11		认定国家高新技术企业资助	内蒙古库卡智能设备制造有限责任公司	20
12		认定国家高新技术企业资助	内蒙古元泽科技有限责任公司	20
13		认定国家高新技术企业资助	内蒙古旭宸能源有限公司	20
14		认定国家高新技术企业资助	包头市助友科技有限公司	20
15		认定科技“小巨人”企业资助	包头市塞北机械设备股份有限公司	50
16		包头市专项资金	北重集团	50
17		包头市专项资金	包头市大成机电设备有限责任公司	50
18		包头市专项资金	内蒙古一机集团路通弹簧有限公司	50
19		内蒙古自治区科学技术奖获奖项目奖励——NTE200电动轮矿用自卸车研制（内蒙古自治区科学技术奖二等奖）	北重集团	5
20		内蒙古自治区科学技术奖获奖项目奖励——基于北斗导航的车辆智能安全管理服务平台开发项目（内蒙古自治区科学技术奖二等奖）	北奔重汽	5
21		包医二附院消化道肿瘤早诊早治院士工作站	包医二附院	20
22		包医二附院消化病学与整合医学院士工作站	包医二附院	20
23		包医二附院临床针灸研究院士工作站	包医二附院	20
24		包医二附院消化道肿瘤临床研究院士工作站	包医二附院	20
小计				530

续表 18

序号	资金名称	项目名称	项目承担单位	资金额（万元）
25	包头市本级科技计划项目资金第三批（重点领域关键技术攻关和成果转化项目）	630摄氏度机组用G115大口径厚壁无缝钢管产品开发	北重集团	73
26		包医二附院医药卫生关键技术研究	包医二附院	8
27		包头市肿瘤医院医药卫生关键技术研究	包头市肿瘤医院	12
小计				93
总计				923

【科技创新能力培育】

2019 年，青山区积极鼓励高端装备及新材料相关企业加快自主创新和科技成果转化进程。以北大包头创新研究院资源环境所为主研发的粉煤灰智能环保托盘技术纳入 2019 年度包头市重点项目，申请国内专利 8 项。该项目转让给内蒙古佳运通智能环保新材料有限公司使用。包头市天盛重工有限公司研发的第二代纯电动宽体自卸车 ET100 型运用微宏动力钛酸锂电池与超级电容技术的“超级锂电池”，可在零下 30 摄氏度低温环境下 15 ～ 20 分钟内完成充电，实现了控制、动力、高压辅助三大运行模块电动化、智能化的技术突破，授权国内专利 15 项。内蒙古一机集团北方实业有限责任公司研发的残膜回收机在提高残膜回收率的同时，可有效清除残膜上杂草及碎土等杂物，还可与秸秆粉碎机、耕整地机械联合作业。该项目获得包头市应用技术研究与开发项目资金 100 万元。包头北方嘉瑞防务科技有限公司研发的“防爆围栏研发”项目，将超高分子量聚乙烯薄膜材料大规模应用于抗爆结构，拉动超高分子量聚乙烯材料产业化应用，进一步提高国内高性能材料技术水平。青山区启动实施高新技术企业和科技型中小企业培育双倍增计划，全年组织开展 3 批高新技术企业推荐认定工作，共认定高新技术企业 10 家（见表 19）。组织科技型中小企业、重点培育企业开展相关培训，入库内蒙古自治区科技型中小企业 6 家（见表 20）。截至 2019 年年底，青山区拥有高新技术企业 39 家，科技型中小企业 11 家。驻区企业专利授权数达 235 件。（见表 21）

2019年青山区认定高新技术企业名单一览表

表19

序号	企业名称	认定时间	认定单位
1	北重集团	2019年	科技部火炬中心
2	内蒙古一机集团富成锻造有限责任公司		
3	内蒙金属材料研究所		
4	包头市北方创业有限责任公司		
5	中复连众（包头）复合材料有限公司		
6	内蒙古一机大地石油机械有限责任公司		
7	包头市万佳信息工程有限公司		
8	包头市天盛重工有限公司		
9	包头市晶澳太阳能科技有限公司		
10	包头市长城装饰装潢有限责任公司		

2019年青山区认定科技型中小企业名单一览表

表20

序号	企业名称	认定时间	认定单位
1	内蒙古一机集团神鹿焊业有限公司	第一批	科技部火炬中心
2	包头北方嘉瑞防务科技有限公司	第一批	
3	包头市超级云计算有限公司	第一批	
4	包头市助友科技有限公司	第二批	
5	包头市恒达数控设备科技开发有限公司	第二批	
6	包头市万佳信息工程有限公司	第四批	

2019年青山区驻区企业专利授权统计表

表21

专利授权			合计
发明	实用新型	外观设计	235
33	198	4	

（李娜　供稿）

教　育

【概况】

青山区教育局（以下简称区教育局）成立于 1956 年，其前身为青山区人民委员会文教科。1985 年，包头市教育局实行基础教育体制改革，同年，青山区进行机构调整，成立区教育局。区教育局是区人民政府职能部门，机构规格为正科级。负责青山区中小学管理、教师队伍建设、教育科研、招生考试等行政管理工作。2019 年，核定行政编制 6 名，内设办公室、政工股、教师工作股、规划财务股、基础教育股、政策法规和学校安全管理股 6 个股室。有所属相当于股级事业单位 6 个，分别为包头市青山区教育教学研究中心、包头市青山区教育招生考试管理中心、包头市青山区教育综合服务中心、包头市青山区学生资助管理中心、包头市青山区电化教育中心、包头市青山区教育督导评估中心，共核定事业编制 28 名。

截至 2019 年年底，青山区有区属中小学 37 所。其中，小学 20 所，初级中学 8 所，普通高中 5 所，完全中学 1 所，九年一贯制学校 2 所，十二年一贯制学校 1 所；有少年宫、青少年发展中心、特教学校各 1 所。共有教职工 4266 人，中小学生 53073 人。有各级各类幼儿园 71 所，共有教职工 1991 人，在园幼儿 12474 人，学前教育三年幼儿毛入园率 95.7%。

2019 年，区教育系统继续以中共十九大精神为指导，坚持依法办学，稳步推进改革，提升育人水平，不断推进地区教育高质量发展。先后获得全国第六届中小学艺术展演活动优秀组织奖、全国“新时代好少年”主题教育读书活动“我为祖国点赞”先进集体等荣誉。

基础教育

【学前教育】

2019 年，青山区有各级各类幼儿园 71 所。其中，青山区教育部门办幼儿园 7 所，市妇联办幼儿园 1 所，公建民营幼儿园 9 所，企业办幼儿园6所，共有在园幼儿6441人，占全区在园幼儿总数的51.6%（见表22、表23）；普惠性民办幼儿园35所，共有在园幼儿4499人，占全区在园幼儿总数的36.1%；非普惠性民办幼儿园13所，共有在园幼儿1534人，占全区在园幼儿总数的12.3%。公办幼儿园和普惠性民办幼儿园覆盖率87.7%。

青山区创新办园模式，走公办集团化、民办区域化管理模式，于2017年3月成立了内蒙古民幼教育投资有限公司。内蒙古民幼教育投资有限公司以青山区民族幼儿园为龙头，集中管理全区14所公办、公建民营、民办公助幼儿园。民办幼儿园按布局分为5个区域，设立中心园，开展教育教学及“结对帮扶”活动，全区形成“公办示范引领，民办有力补充”的学前教育办学格局。

青山区注重学前教育优质普惠性发展，积极创造条件，推动各级各类幼儿园提档升级。2019年，新创建内蒙古自治区级示范幼儿园2所、包头市级示范幼儿园4所，新认定普惠性民办幼儿园13所。截至2019年年底，共有内蒙古自治区级示范幼儿园9所，包头市级示范幼儿园13所，普惠性民办幼儿园35所。

2019年青山区公办幼儿园情况一览表

表22

幼儿园名称	办学性质	占地面积（平方米）	建筑面积（平方米）	生均占地面积（平方米）	生均建筑面积（平方米）	生均使用面积（平方米）	班级数（个）	在园幼儿数（人）	教职工数（人）
青山区民族幼儿园	公办	2043	1564.28	8.96	6.86	7.17	8	228	10
蓝天民族幼儿园	公办	3465	4918	—	—	—	—	0	15
博雅民族幼儿园	公办	1623	2413.86	6.62	9.85	5.30	7	245	12
保利民族幼儿园	公办	1680	1982.7	7.09	8.37	5.67	7	237	13
阳光民族幼儿园	公办	945	616	12.60	8.21	10.08	4	75	6
弘德民族幼儿园	公办	8130	3326.28	60.22	24.64	48.18	6	135	12
新世纪民族幼儿园第四分园	公办	6255	6255	17.09	17.09	13.67	12	366	8
迎宾幼儿园	市妇联办	2375	3800	4.90	7.90	3.30	13	481	62
润德幼儿园	公建民营	11000	7116.6	27.3	17.7	22.5	13	397	37
呼得木林幼儿园	公建民营	10427.88	2970.49	23.86	6.8	4.32	13	437	36
中青未来幼儿园	公建民营	3000	2810.8	10.56	9.9	9.03	9	284	45
新世纪民族幼儿园	公建民营	9670	4454.65	19.42	8.95	15.53	15	498	34
新世纪民族幼儿园第一分园	公建民营	4200	3585	15.38	13.13	12.31	11	273	9
新世纪民族幼儿园第二分园	公建民营	6455	5115	17.68	14.01	14.15	12	365	16
新世纪民族幼儿园第三分园	公建民营	3075	3638	10.42	12.33	8.34	10	295	14
新世纪民族幼儿园第五分园	公建民营	9524.5	10502.51	91.58	100.99	73.27	6	104	37
正翔民族幼儿园	公建民营	4227	2412	13.25	7.56	10.60	11	319	57
合计		5182.08	3969.5	21.68	274.29	263.42	157	4739	423

说明：蓝天民族幼儿园2019年未开园

2019年青山区企办幼儿园情况一览表

表23

幼儿园名称	办学性质	占地面积（平方米）	建筑面积（平方米）	生均占地面积（平方米）	生均建筑面积（平方米）	生均使用面积（平方米）	班级数（个）	在园幼儿数（人）	教职工数（人）
一机集团第一幼儿园	企业办	5400	4006	20.69	15.35	13.82	10	261	53
一机集团第二幼儿园	企业办	6800	2300	60.71	20.54	18.48	5	112	27
一机集团第四幼儿园	企业办	3813	4113	12.18	13.14	11.8	10	313	59
北重阳光幼儿园	企业办	2856	2892	8.38	8.48	10.70	11	341	64
七巧板幼儿园	企业办	7500	4296.42	26.22	15.02	26.22	11	286	52
新北方幼儿园	企业办	3000	5100	7.69	13.07	20.76	14	389	69

【义务教育】

2019 年，青山区有义务教育阶段公办小学 20 所，初中 8 所，完全中学 1 所，九年一贯制学校 2 所，十二年一贯制学校 1 所，特殊教育学校1所。义务教育阶段共有在校生43499人，其中，小学 29577 人、650 个班（见表 24），初中 13731 人、295 个班（见表 25），特殊教育学校（含福利院）191 人。

2019年青山区小学在校学生情况一览表

表24

序号	学校名称	办学性质	班数（个）	学生数（人）	其中随迁子女数（人）
1	包头市青山区文学道小学	公办	27	1284	268
2	包头市青山区哈达道小学	公办	33	1540	109
3	包头市青山区光荣道小学	公办	28	1297	487
4	包头市青山区富强路小学	公办	28	1277	217
5	包头市青山区民族路小学迎宾校区	公办	28	1367	220
6	包头市青山区民族路小学万达校区	公办	44	2012	477
7	包头市青山区幸福南路小学	公办	35	1578	141
8	包头市青山区少先路小学	公办	25	1196	696
9	包头市青山区赵家营小学	公办	24	824	655
10	包头市第三十六中学（小学部）	公办	27	1277	290
11	内蒙古一机集团基础教育中心第一子弟小学	公办	24	1089	567
12	内蒙古一机集团基础教育中心第二子弟小学	公办	32	1535	146
13	内蒙古一机集团基础教育中心第三子弟小学	公办	31	1455	97
14	内蒙古一机集团基础教育中心第四子弟小学	公办	23	1039	505

续表 24

序号	学校名称	办学性质	班数（个）	学生数（人）	其中随迁子女数（人）
15	内蒙古一机集团基础教育中心第五子弟小学	公办	24	1022	555
16	内蒙古一机集团基础教育中心第七子弟小学	公办	28	1318	127
17	内蒙古北方重工业集团有限公司第一小学	公办	29	1353	285
18	内蒙古北方重工业集团有限公司第二小学	公办	32	1496	359
19	内蒙古北方重工业集团有限公司第四小学	公办	33	1550	643
20	内蒙古北方重工业集团有限公司第六小学	公办	31	1387	247
21	中国核工业集团公司二〇二厂小学	公办	25	1130	506
22	包头市青山区三星小学	公办	11	339	292
23	包头市第五十二中学（小学部）	公办	24	1021	704
24	包头市松石学校	公办	4	191	98
合计			650	29577	8691

说明：“随迁子女”指该生户籍地在包头市以外的

2019年青山区初中在校学生情况一览表

表25

序号	学校名称	办学性质	班数（个）	学生数（人）	其中随迁子女数（人）
1	包头市第五中学	公办	24	1145	297
2	包头市第三十六中学	公办	19	822	360
3	包头市第四十五中学	公办	30	1359	641
4	包头市第四十八中学	公办	23	1087	237
5	内蒙古第一机械制造（集团）有限公司第四中学	公办	25	1168	355
6	内蒙古第一机械制造（集团）有限公司第二中学	公办	31	1519	1090
7	内蒙古北方重工业集团有限公司第一中学	公办	47	2368	339
8	内蒙古北方重工业集团有限公司第二中学	公办	36	1801	229
9	内蒙古北方重工业集团有限公司第四中学	公办	30	1431	693
10	中国核工业集团公司二〇二厂中学	公办	10	315	161
11	包头市第五十二中学	公办	12	549	388
12	包头市青山区特殊教育学校	公办	3	19	0
13	包头市青山区瑞星中学	民办	4	136	8
14	包头市青美艺术中学（初中部）	民办	1	12	3
合计			295	13731	4801

说明：“随迁子女”指该生户籍地在包头市以外的

青山区以促进教育公平、全面提高教育教学质量、办人民满意教育为宗旨，积极开展各项工作。举办青山区第六届中小学经典诵读大赛，选送 3 个节目参加包头市经典诵读大赛，获得一等奖 1 个、二等奖 2 个。推荐 14 所中小学校参加包头市文明校园评选，全部通过，通过率位居包头市第一。选送 3 个节目参加包头市乡村学校少年宫展示活动大赛，获得一等奖 1 个、三等奖 2 个。举办青山区第五届中小学班会课大赛，评出一等奖 8 名、二等奖 8 名、三等奖 6 名。举办青山区第三届中小学班主任带头人评选活动，评出班主任带头人小学组 7 名、中学组 9 名。安排青山区 5 所中学、7 所小学与固阳县、石拐区、白云鄂博矿区的 10 所小学、6 所中学开展对口帮扶结对共建活动。开展义务教育阶段校内课后服务工作督查评估和迎接包头市教育局评选工作，推荐 11 所学校参加包头市义务教育阶段校内课后服务工作示范校评选活动。其中，7 所小学、1 所中学被评选为包头市义务教育课后服务示范校，占包头市参评学校总量的 44.4%，居包头市榜首。实施阳光分班政策，做到规范招生、阳光招生。

青山区结合整体教育优势，在各校原有课程建设基础上进一步整合规划，形成了特色鲜明、品质过关的课程，进一步提升教育教学活力。（见表 26、表 27）

2019年包头市青山区九年义务教育学校课程设置一览表（小学）

表26

课程（2015年9月始执行）			一年级	二年级	三年级	四年级	五年级	六年级
国家课程		道德与法治（一年级至三年级） 品德与社会（四年级至六年级）	2	2	2	2	2	2
		语文	8	8	8	7	7	7
		数学	5	5	5	5	5	5
		英语	—	—	3	3	3	3
		科学	—	—	2	2	2	2
		体育	4	4	3	3	3	3
		音乐	2	2	2	2	2	2
		美术	2	2	2	2	2	2
	综合实践活动	信息技术教育	—	—	—	1	1	1
		研究性学习	—	—	1	1	1	1
		社区服务与社会实践	（每学年一周）					
		劳动与技术教育	（每学年一周）					
地方课程		手工制作	0.5	0.5	0.5	—	—	—
		科技小制作	—	—	—	0.5	0.5	0.5
		蒙古族民俗礼仪	—	—	—	0.5	—	—
		安全教育	0.5	0.5	0.5	0.5	0.5	0.5
		综合教育	—	—	—	—	0.5	0.5

续表 26

课程（2015年9月始执行）		一年级	二年级	三年级	四年级	五年级	六年级
地方课程	写字、书法	—	—	—	—	—	—
	备注	隔周安排一课时					
学校课程		2	2	1	1	1	1
周课时		26	26	30	30.5	30.5	30.5

说明：1. 写字、书法课在语文课教学中完成；
2. 四、五、六年级课时不足部分，可调剂使用学校课程或班团队活动课时

包头市青山区九年义务教育学校课程设置一览表（初中）

表27

课程（2012 年 9 月始执行）			七年级	八年级	九年级
国家课程	思想品德		2	2	2
	语文		5	5	5
	数学		5	5	5
	英语		4	4	4
	历史		2	2	2
	地理		2	2	—
	生物		2	2	—
	物理		—	2	3
	化学		—	—	3
	体育与健康		3	3	3
	音乐		1	1	1
	美术		1	1	1
	综合实践活动	信息技术教育	1	1	1
		研究性学习	1	1	1
		社区服务与社会实践	每学年 1 周		
		劳动与技术教育	每学年 1 周		

续表 27

地方课程	科技制作	0.5	—	—
	民族团结教育	—	0.5	—
	综合教育	0.5	0.5	—
	安全教育	0.5	0.5	0.5
	内蒙古历史与文化（或区域文化）	0.5	—	—
	内蒙古生态与环境教育（或地方资源开发与环境保护）	—	—	0.5
	书法及鉴赏	—	—	—
	备注	隔周安排 1 课时		
学校课程		1	1	1
周课时		32	33.5	33

说明：1. 书法及鉴赏在美术课程中完成；

2. 八年级课时不足部分，可调剂使用学校课程或班团队活动课时

2019 年中考，包头市状元再次花落青山区，实现“五连冠”。4 名同学进入包头市前 10 名。高分段学生比例继续领跑包头市，全市 600 分以上共有 6 人，其中青山区 2 人，占比 33.3%，居包头市第一。包头市前 100 名中，有青山区 28 人，占比 28%，其中内蒙古北方重工业集团有限公司第一中学 23 人，居包头市第一。全市 500 分以上共有 1301 人，其中青山区 337 人，占比 25.9%，比 2018 年提高 11.9 个百分点。

【高中教育】

2019 年，青山区有公办普通高中 5 所，完全中学 1 所，共有在校学生 9509 人、222 个班；民办学校 3 所，共有在校学生 631 人、28 个班。（见表 28）

普通高中持续推进多样化、特色化、优质品牌化发展。包头市第四中学与北京市第二外国语学院合作办学，实施“双轨制升学模式”，学生可自主选择国内升学或国外留学。内蒙古第一机械集团有限公司第一中学全面构建“135”课堂教学模式（“1”即 1 个载体，“3”即 3 种课堂范式，“5”即 5 项高效课堂达成要素），开设国际班、阳光班、创新班等，高考进入包头市普通理科前 10 名有 4 人，600 分以上 92 人，获得内蒙古自治区五大学科竞赛一等奖 12 人。内蒙古北方重工业集团有限公司第三中学武术队参加全国各级各类比赛，共获得金、银、铜牌 90 多枚，高考总分 600 分以上

2019年青山区高中在校学生情况一览表

表28

序号	学校名称	办学性质	班数（个）	学生数（人）
1	包头市第四中学	公办普通高中	48	1990
2	内蒙古第一机械制造（集团）有限公司第一中学	公办普通高中	54	2369

续表 28

序号	学校名称	办学性质	班数（个）	学生数（人）
3	内蒙古北方重工业集团有限公司第三中学	公办普通高中	54	2375
4	内蒙古科技大学附属中学	公办普通高中	24	1068
5	内蒙古北方重工业集团有限公司第五中学	公办普通高中	24	965
6	中国核工业集团公司二〇二厂中学	公办完全中学	18	742
7	包头市经纬中学	民办	12	340
8	包头市景泰艺术中学	民办	10	220
9	包头市青美艺术中学（高中部）	民办	6	71
合计			250	10140

100 人，获得内蒙古自治区五大学科竞赛一等奖 12 人。内蒙古北方重工业集团有限公司第五中学获得全国啦啦操大赛两项冠军、包头市中学生篮球赛亚军、内蒙古自治区中学生乒乓球锦标赛男子双打季军。内蒙古科技大学附中美术生培养是该校传统办学特色和优势项目。中国核工业集团公司二〇二中学优化小班化教学模式，强化一对一辅导特色。

2019 年高考，包头市普通理科、普通文科 600分以上共有 703 人，其中，青山区普通理科、普通普文科 600 以上共有 216 人，占包头市普通理科、普通文科 600 分以上人数的 30.7%。包头市普通理科前 10 名共有 12 人，其中青山区占 5 人。青山区本科普通理科上线 1714 人，上线率 93.2%，超出包头市本科普通理科上线率 6.8 个百分点；本科普通文科上线 758 人，上线 率 87.1%，超出包头市本科普通文科上线率 16.3 个百分点。一批次本科普通理科上线 980 人，上线率 57.2%，比 2018 年多 2.4 个百分点，超出包头市一批次本科普通理科上线率 8.5 个百分点；一批次本科普通文科上线 311 人，上线率 41%，比 2018 年多 0.3 个百分点，超出包头市一批次本科普通文科上线率 8.8 个百分点。

特殊教育

【特殊教育学校】

2019 年，特殊教育学校设 9 个年级，7 个教学班，共有在校学生 65 人，多为患有自闭症、脑瘫、唐氏综合征、多重智力障碍等残障儿童。有在职在岗教师 24 人，其中本科学历 15 人（含特教专业 5 名，心理学专业 1 名，内蒙古特殊教育网络名师暨兼职教研员 1 名，包头市学科带头人、教学能手 1 名）。设有感觉统合训练室、虚拟教室、劳动技能操作室、康复室、手工作品制作室、作品展览室、心理康复室、计算机房、个别化训练室、图书室，实现“班班多媒体，处处网络化”教学。

学校争取国家和地方特殊教育专项经费 20 万元，用于购置特殊教育专项设备。同时，加大教师培训力度，进一步提高教师政治素养和业务能力水平，开展送教上门工作。关注师生身心健康，按时组织师生体检。

学校与社区开展特定节日爱心帮扶等活动，与包头师范学院教育科学学院、包头职业技术学院联合开展“爱心基地”“爱心义卖”“爱心义演”和赠送“爱心蛋糕”等活动。

学校组织师生参加各级各类比赛。组织教师参加全国特殊教育教学康复技能大赛，组织师生参加国际少儿书画大赛，组织班集体参加评选，获得包头市级先进班集体 2 个。

校外教育

【包头市科技少年宫】

科技少年宫形成一宫两址、九大中心（幼儿艺术中心、科技中心、器乐中心、舞蹈中心、综合文体中心、声乐中心、美术中心、国际语言中心、校外联盟中心）、4 个分部（哈达道小学分部、民族路小学分部、包五十二中分部、保利社区分部）、1 个教育公司（内蒙古润德教育文化产业发展有限公司）的办学规模，共有学员 1.5 万人，教职工 300 余人，年活动量突破 100 万人次。

包头市科技少年宫成立教研部与活动部，创设“知趣创”合一的课程体系。制定《包头市科技少年宫领航教师评选办法》，推选出领航教师 8 名，加速推进名优教师和骨干教师培养。成立润德幼儿园，开设小班 2 个、混龄班 2 个、艺术班 9 个，共有学员 396 名。举办第二届科技体育嘉年华活动，营造了爱科学、爱运动、爱创新的良好社会氛围，进一步激发学员学习科技兴趣，提升当地科技体育艺术水平。首部原创蒙古族题材儿童音乐剧《魔幻那达慕之草原小勇士》面向包头市青少年儿童演出，获得好评。民乐团、合唱团、弦乐团、戏剧表演团排演的节目相继登上包头市、内蒙古自治区乃至全国各大表演平台，获得业内专家好评和观众喜爱。“包头市科技少年宫服务号”微信公众号实现微信收费，解决了现金收费排队难、效率低、不安全等问题。同时，家长可以在服务号上查看孩子所学专业、班级、上课时间、出勤情况、刷卡时间、学员卡余额与消费明细等项目。引进人脸识别安全系统，最大限度提高安全指数，降低管理成本，方便来往进出师生快速通过。

包头市科技少年宫组织师生参加各级各类比赛共计 71 项，获奖 4162 人次；组织学生汇报演出 135 场，参与演出 1.32 万人次；组织、参加各级各类活动 147 场，参与活动 12.31 万人次；4 个分部组织培训及演出排练累计达 50 余次，受益学生 6000 余人次；深入各学校开设专业 15 个，受益学生 584 人，累积参与 4.12 万人次；成立青山区社会教育志愿服务基地，深入学校 11 所，举办公益活动近 30 场，开展各专业公益课近 300 节，受益学生近 3 万人次。

包头市科技少年宫先后获得内蒙古自治区科普示范基地、内蒙古自治区科技体育先进单位、包头市教育系统“育人党建”优秀品牌、包头市教育系统先进集体、2019 年“孙敬修杯”全国语言艺术大赛组织奖、2019 年“孙敬修杯”全国语言艺术大赛推广先进单位、2019 年内蒙古大众跆拳道协会理事单位、2019 年“体彩杯”包头市青少年跆拳道品势锦标赛体育道德风尚奖、第二届包头市青少年机器人竞赛优秀组织单位奖、童声歌唱新时代第十五届中国少年儿童歌曲卡拉 OK 电视大赛优秀集体奖、阳光宝贝快乐的歌第五届幼儿歌曲大赛内蒙古西部赛区优秀集体奖等奖项。

【包头市青少年发展中心】

2019 年，包头市青少年发展中心以发展青少年文化教育产业、创新校外教育机构为核心工作，探索并形成独具特色的“1+X”文化教育综合体（综合实践、公益大讲堂、研学旅行、课后服务、学前教育、异业联盟、线上商城、线下体验多位一体，突破空间、时间限制，打造文化教育综合体）运营模式，打造一流文化教育品牌“中青未来”，“五育”（德育、智育、体育、美育、劳育）并举，持续推动地区文化教育事业蓬勃发展。

包头市青少年发展中心形成了绘画、阅读、国学、戏剧、声乐、体育、科技、思维、研学、职业体验、综合实践等300余种特色项目，引入少儿语言艺术团、国学美育、少年星工场等20多家优质课程。进一步加宽课程设置及培训渠道，搭建多元化实践教育平台。升级综合实践平台，当年开发六大系列48类240种课程体系，接待青山区34所中小学2.2万余名学生，形成包头市综合实践特色品牌。

包头市青少年发展中心坚持以活动贯穿全年，当年开展大型赛事50余项，特色活动100余场，拍摄公益微电影5部，大型院线电影1部，客流量120万人次。发起成立包头市研学旅行协会，组成会员单位74家，开通省内外研学线路20余条，设计营地活动60余种，组织开展研学旅行2000人次。

包头青少年发展中心设有中青未来幼儿园、呼得木林幼儿园。两所幼儿园依托中心场馆整体优势，融入体验式、游戏化教学特色，共开设班级24个，在册学生突破1000人，实现0～6岁早教、幼托、幼教全阶段成长教育模式。

包头市青少年发展中心主动承担社会责任，协助市、区各委办局开展大量创建、迎检、调研、交流工作，积极落实教育精准扶贫、送课下乡活动，全年新增中华优秀传统文化传承基地、内蒙古自治区科普示范基地、内蒙古自治区2019年终身学习品牌项目、包头市文明单位、包头市关心下一代教育基地等16项称号，助力青山教育品牌，全力打造包头市文化教育亮点工程。

【青山区青少年校园足球训练基地】

青山区青少年校园足球训练基地是内蒙古自治区级青少年校园足球训练基地，位于青山区110国道以北，松石学校内，建有足球训练楼、综合体育馆、魔力足球训练房等设施，设有达到国际足联认证的标准室外11人制足球场地2块、室内外8人制足球场地各1块、室外5人制足球场地3块。足球场地设施设备先进，设有103平方米多媒体显示屏、专业灯光、音响、录播系统等，可实现现场直播录制、同频互动，达到专业比赛要求。基地于2018年正式投入使用，为青山区校园足球发展打下良好基础。2019年，基地承接多项各级各类赛事集训任务。3月，承办包头市“市长杯”青少年校园足球四级联赛小学组、初中组比赛。4月，承办内蒙古“主席杯”校园足球四级联赛初中组西部赛区分区赛。5—6月，承办内蒙古“主席杯”校园足球四级联赛初中组男子总决赛以及高中女子组总决赛；承接全国校园足球夏令营内蒙古自治区（高中、初中、小学）各组别最佳阵容选拔集训。7—8月，承办2019年全国青少年校园足球夏令营初中、高中组第三营区活动。9—10月，承接第十四届全国中学生运动会足球项目预赛内蒙古代表队（男队、女队）集训服务工作，男女队双双入选全国总决赛，是内蒙古自治区代表队首次两支队伍均入选总决赛。11—12月，承接内蒙古自治区各市、县（区）集训，海南、北海等省外集训服务工作；承接内蒙古自治区级足球教师培训等工作。

【青少年校园足球】

青山区是国家首批“国家级校园足球试点区”。2019年，青山区认真贯彻上级关于足球改革工作和校园足球发展有关精神，将普及和提高校园足球作为实施素质教育和推进教育改革发展重要举措，科学谋划，狠抓落实，地区足球工作呈现出全面普及、蓬勃发展的良好态势。1—2月，组织青山区小学、初中、高中3个梯队运动员到北海参加冬训，组织内蒙古第一机械集团有限公司第一中学、包头市第四中学、内蒙古北方重工业集团有限公司第二中学到海南参加足球冬令营活动，提前做好训练安排，做好其他足球梯队在当地集训工作。3月，承办内蒙古自治区教育厅2019年主推赛事——“周末联赛”。青山区作为试点赛区共有22个学校44支队伍680人参赛，比赛贯穿整个学年历时6个月292场比赛。4月，承办“市长杯”小学、初中组比赛，内蒙古北方重工业集团有限公司第一中学获得初中男子组冠军，包头市青山区哈达道小学获得小学男子组亚军；承办“主席杯”西部赛区分区赛，内蒙古北方重工业集团有限公司第一中学获得男子组第三名，内蒙古北方重工业集团有限公司第二中学获得女子组第三名。5月，组织青山区中小学生校园足球教师上海交流专项活动。6月，承办自治区级“主席杯”高中女子组决赛，内蒙古第一机械集团有限公司第一中学获得第六名。7—8月，承办自治区级“主席杯”西部区分区赛，内蒙古北方重工业集团有限公司第一中学获得男子组第三名、内蒙古北方重工业集团有限公司第二中学获得女子组第三名；承办2019年全国青少年校园足球夏令营初中组、高中组（第三营区）活动，青山区有20人（初中6人、高中14人）参加第三营区活动，其中13人（初中5人、高中8人）入选第三营区最佳阵容，代表内蒙古自治区参加2019年全国青少年校园足球夏令营高中、初中、小学组总营活动，青山区有3人入选初中组全国最佳阵容，1人入选高中组全国最佳阵容，内蒙古北方重工业集团有限公司第一中学教练王璐被评为全国优秀教练员，成为校园足球国家队助理教练员。9—10月，承接第十四届全国中学生运动会足球项目预赛内蒙古代表队（男队、女队）集训服务工作，男女队双双入选全国总决赛，是内蒙古自治区代表队首次两支队伍均入选总决赛。10月，承办“市长杯”高中组比赛。11—12月，内蒙古第一机械制造（集团）有限公司第一中学代表包头市参加内蒙古“菁英杯”U17足球锦标赛比赛获得冠军，内蒙古第一机械制造（集团）有限公司第一中学获得2019年中国协会杯比赛第三名。截至2019年年底，全区共有25所中小学被教育部命名为“全国青少年校园足球特色学校”，4所幼儿园被教育部命名为“全国足球特色幼儿园”，10所中小学被自治区教育厅命名为“自治区校园足球特色学校”，9所幼儿园被教育厅命名为“自治区足球特色幼儿园”。青山区在“市长杯”“主席杯”“全国青少年校园足球夏令营”“U系列锦标赛”等系列比赛中均取得优异成绩。青山区被教育厅评为内蒙古自治区校园足球优秀旗县区，取得三连冠。

2019年内蒙古自治区“主席杯”校园足球四级联赛初中组西部区分区赛颁奖仪式现场（区教育局　供图）

【青山区中小学生综合实践基地】

青山区中小学生综合实践基地位于青山区110国道以北，松石学校内，于2018年5月4日正式运营。基地秉承“立德树人”理念，以“夯实素质基础、丰富特色课程、奠定多彩人生”为目标，以“三生教育”（生命、生存、生活）为核心，从学生发展需要出发，采取“1+x+y”模式多维度打造校外教育。2019年，与包头市青少年发展中心联动，依托包头市青少年发展中心师资资源，儿童剧院、科技游乐馆、手创生活馆、职业体验馆等教学场馆及松石学校实践楼、生命安全体验馆、射箭馆等设施设备，科学合理构建4年级至8年级涉及生命安全教育、爱国主义教育、生活技能与劳动技术教育、科学与艺术探究、素质拓展、研学旅行六大系列48类240项课程的完整教学活动体系，培养学生合作能力及创新能力，弘扬民族文化魅力。在课程设置上，打造“爱国主义歌曲、电影”等德育课程、“科技创新、匠心手创”等智育课程、“足球、射箭、古典剑术”等体育课程、“戏剧表演、艺术鉴赏”等美育课程、“职业体验、作物培育”等劳育课程，“五育”并举引导培养青少年学生。同时，依托青少年校园足球训练基地设施设备，聘请专业足球教练，开展足球训练活动，让专业足球训练日常化，不断地为青山区校园足球项目培养生源。截至2019年年底，共举行综合实践活动53期，接待师生近4万名，接洽外地研学18次。其中，2019年开展综合实践活动28期，参与学生两万余人。被内蒙古自治区教育厅命名为“内蒙古自治区首批中小学生研学实践教育营地”，获得“全国啦啦操星级俱乐部”“青少年机器人创客教育基地”“包头市青少年毒品预防教育基”“红十字志愿者培训基地”等称号。

民办教育

【学前教育】

2019年，青山区有注册民办幼儿园48所。其中，内蒙古自治区示范园1所，包头市示范园5所。共有在园幼儿7033人，教职工1244人。其中，专任教师580人，专任教师专科以上学历合格率100%，教师资格证持有率96.1%。

青山区规范民办学前教育发展，认真抓好民办幼儿园管理，积极落实困难家庭幼儿资助政策和民办幼儿园扶持政策，加强师资队伍培训工作。做好普惠性民办幼儿园认定工作。

青山区努力促进幼儿园内涵发展、特色打造工作。指导幼儿园制订园本培训计划，认真落实园本教研制度。对民办幼儿园进行规范办学行为督导评估。当年认真开展幼儿园去“小学化”专项治理工作，组织专题培训，做好“幼小衔接”专题活动和2019年学前教育宣传月活动。注重幼儿教师队伍建设，组织园长、骨干教师、保育员培训，园本教研、区域活动教研专题培训，开展师德礼仪、应急救护知识、消防安全、家庭教育、营养膳食、精细管理、档案资料管理等业务培训，全年培训建设2000多人次。

【校外培训机构】

2019年，青山区登记注册民办小学、初中各1所，培训机构82所。其中，学科类36所，语言类2所，艺体类29所，科普类6所，成人助学类2所，综合类2所，其他类5所。共有学员10862人，教职工675人，其中专任教师330人。

青山区不断加强校外培训机构综合治理力度。组成3个联合检查小组深入各街镇开展校外培训机构整治“回头看”工作，促进民办教育机构依法、规范办学。公布第二、第三批校外培训机构白名单。采取“看、听、查、询、议”的方法，综合评价60所登记注册校外培训机构一学年办学情况。综合治理无证培训教育机构和学前班。在“全国中小学生校外培训机构管理服务平台”及时录入校外培训机构信息并时时更新。严格公示制。在各校外教育培训机构醒目位置公示其办学资质、教师资质、收费标准、办学内容、办学承诺等内容。

师资队伍

【教师队伍】

2019年，按照《关于开展2019年包头市学科带头人评选工作的通知》（包教发〔2019〕61号）要求，在教师个人申请、所在学校、教育局逐级推荐的基础上，经资格审查、资格公示、现场笔试、评委会综合考评、入围人员公示、师德考核评价等程序，青山区共有48名中小学教师被命名为包头市学科带头人。

根据《关于加快教育现代化建设教育强市的决定》（包党发〔2019〕13号）文件精神，青山区建立“公费师范生”和“双一流”大学毕业生、硕士研究生以上学历人员和在职名优教师人才引进“绿色通道”。采取面向教育部直属重点师范院校招聘的形式补充教师45名，采

2019年青山区教职工情况一览表

表29

序号	学校名称	办学性质	教职工人数（人）
1	内蒙古第一机械制造（集团）有限公司第一中学	公办高中	271
2	内蒙古北方重工业集团有限公司第三中学	公办高中	269
3	内蒙古科技大学附属中学	公办高中	154
4	包头市第四中学	公办高中	224
5	内蒙古北方重工业集团有限公司第五中学	公办高中	118
6	中国核工业集团公司二〇二厂中学	公办完全中学	117
7	包头市第五中学	公办初中	115
8	包头市第三十六中学（小学部、初中部）	公办九年一贯制学校	164
9	包头市第四十五中学	公办初中	150
10	包头市第四十八中学	公办初中	104
11	包头市第五十二中学（小学部、初中部）	公办九年一贯制学校	121
12	内蒙古第一机械制造（集团）有限公司第二中学	公办初中	137
13	内蒙古第一机械制造（集团）有限公司第四中学	公办初中	113
14	内蒙古北方重工业集团有限公司第一中学	公办初中	183
15	内蒙古北方重工业集团有限公司第二中学	公办初中	157
16	内蒙古北方重工业集团有限公司第四中学	公办初中	120
17	包头市青山区文学道小学	公办小学	66
18	包头市青山区哈达道小学	公办小学	87
19	包头市青山区光荣道小学	公办小学	74
20	包头市青山区富强路小学	公办小学	74
21	包头市青山区民族路小学迎宾校区、万达校区	公办小学	169（其中万达校区 92 人）
22	包头市青山区幸福南路小学教育联盟第一、第二、第三校区	公办小学	227（其中第二校区 68 人，第三校区 68 人）
23	内蒙古一机集团基础教育中心第一子弟小学	公办小学	63
24	内蒙古一机集团基础教育中心第二子弟小学	公办小学	79
25	内蒙古一机集团基础教育中心第三子弟小学	公办小学	78

续表 29

序号	学校名称	办学性质	教职工人数（人）
26	内蒙古一机集团基础教育中心第四子弟小学	公办小学	52
27	内蒙古一机集团基础教育中心第五子弟小学	公办小学	67
28	内蒙古一机集团基础教育中心第七子弟小学	公办小学	71
29	内蒙古北方重工业集团有限公司第一小学	公办小学	66
30	内蒙古北方重工业集团有限公司实验小学	公办小学	75
31	内蒙古北方重工业集团有限公司第四小学	公办小学	79
32	内蒙古北方重工业集团有限公司第六小学教育联盟北重六小校区、三星校区	公办小学	100（其中三星校区 25 人）
33	中国核工业集团公司二〇二厂小学	公办小学	69
34	包头市松石学校（小学部）	公办十二年一贯制学校	26
35	内蒙古民幼教育集团	公办幼教	151
36	包头市青山区特殊教育学校	公办特殊教育学校	27
37	包头市科技少年宫	公办少年宫	45
38	包头市青少年发展中心	公办校外基地	4
合计			4266

取面向社会引进高层次和紧缺急需人才的形式补充教师 96 名。

【教师培训】

2019 年，围绕包头市教育质量提升三年计划，区教育局强化规范意识、研究意识、质量意识、效率意识，树立“学在青山”的优质发展目标。

外引内培促成长。邀请国内知名专家对全体小学语文教师进行“主题阅读实验研究课题”集中培训。与北京知名专家合作，创建包头市旗县区首个“创新人才早期培养”项目。聘请浙派名师、杭州市塘栖中学副校长、教育部校本教研专家吴江林对各级各类名师工作坊开展驱动式研修培训。启动华应龙名师基地，开展系列读书研修活动。开展首届“岗位练兵”强基固本活动。开展一线“同教研，共备课”走教送教活动。开展“基于课程标准的主题阅读实践研修”系列活动，让教师们在行动研究中完成对主题阅读课型的解读和内化。音体美工作坊分别开展“学习怎样吹陶笛”“书法教学示例谈和课标解读”“围绕国家义务教育质量检测结果进行解读式培训”等活动。

线上线下共学习。精选各学科网络优质资源，如：人民教育出版社官网各学科各年级教材的辅导，CETV 清华附小语文教学课堂，东南教科院对于大单元的解读与设计，主题阅读专家团对教材的解读及课例设计，生活德育微学园关于高校教师如何解读道法教材，对各学科教师进行线上自助餐式培训。招募实验校，开展资源创建式研修的自助餐式学习。教研中心教研员分为 6 个小组，以循环承包蹲点学校学科的方式进行巡课，重点指导教学内容备课是否充分、课标是否落实、教学评践行是否一致性、讲课进度、课堂互动、作业留批、现有教学辅助手段利用是否充分等内容，进一步优化教学过程，提高课堂教学效益。

开展多学科多层次多角度培训。如：“基于课程标准的集体备课与指导”“初高中、中小学衔接的思考与指导”“基于学情分析的案例研究”“自然拼读分级阅读”“微课制作”“小组学习机制例谈”“美术作品年展”等。

通过主题化、系列化、层级化的“上好职业第一课”“典型课型研究”“学科建设指导”“专业书籍互讲”“从问题到课题的跨越”等研究活动，优化区域教师专业提升发展路径，全面建设高素质、专业化、创新型教师队伍发展体系。

名师工作室开展“中高考备考在线”“大阅读读书研讨”“体育中考考前指导”“读写联动文献研究”“欣赏、歌唱、律动、戏曲学习”“国画、书法、工笔、写意创作”“思政课与新课标对接”等有任务驱动式培训活动，不断发挥名师辐射引领作用。

教育投入与设施设备

【教育投入】

青山区持续完善义务教育保障机制、高中助学金及“两免”（免缴学费、免费提供教科书）政策，切实落实学前教育阶段、义务教育阶段和高中学生资助工作，资助低保家庭贫困大学生，得到社会一致好评。

2019 年，青山区财政经常性收入 237356 万元，比 2018 年的 205456 万元增长 15.53%。青山区一般公共预算教育支出 67024.72 万元，比 2018 年 55421.66 万元增长 20.94%，资金用于改善办学条件和新增教学设备。小学生均教育事业费 6724.82 元，比 2018 年的 6380.02 元增长 5.4%；初中生均教育事业费 11148.38 元，比 2018 年的 10788.3 元增长 3.34%；高中生均教育事业费 15448.48 元，比 2018 年的 13819.64 元增长 11.79%。

【设施设备】

2019 年，通过公开招投标，投资 3576480 元完成高中教室照明设备采购工作，并全部安装完毕，包括包头市第四中学教学班 61 个、内蒙古北方重工业集团有限公司第三中学教学班 59 个、内蒙古北方重工业集团有限公司第五中学教学班 24 个、内蒙古第一机械制造（集团）有限公司第一中学教学班 62 个、中国核工业集团公司二〇二厂中学教学班 27 个、内蒙古科技大学附中教学班 27 个，共 260 个教学班。义务教育阶段学校教室照明设备改造工程有序推进。通过公开招投标，投资 7930000 元完成 6 所高中 260 个教学班智慧黑板采购工作，并全部安装调试完成。推进小学、初中智慧黑板采购安装工作。通过公开招投标，投资 2899775 元完成 22 所小学、10 所初中、6 所高中网络扩容改造工程，共安装汇聚级交换机 42 台，接入级交换机 278 台，并对个别学校的网络链路进行检测及维修。配合市教育局完成包头市第四中学、内蒙古第一机械制造（集团）有限公司第一中学、内蒙古北方重工业集团有限公司第三中学、包头市第五十二中学、包头市青山区富强路小学、包头市青山区幸福南路小学、内蒙古一机集团基础教育中心第五子弟小学、内蒙古北方重工业集团有限公司第六小学、内蒙古北方重工业集团有限公司第六小学教育联盟三星校区等多所学校和青山区教研中心建设同频互动教室工程。

教育教学改革与信息化

【课程体系建设和主题阅读研究】

重点创建推进课程建设共同体项目。构建“研究—实践—改进—追踪”项目研究机制，出台《青山区中小学课程体系建设实施方案》，印发《青山区中小学课程体系建设项目共同体实施方案》，组建青山区中小学课程体系建设项目共同体 4 个。组织召开基于核心素养下的课程与课堂建设交流展示现场会和基于课程标准的多学科融合课程研修活动，各级各地代表近百人参加。以“桥”“故乡游”“传统文化”为主题的跨学科整合、项目式学习让学生的核心素养在同一主题任务群中得到提升。

通过研修带动“基于课程标准的主题阅读”项目。邀请国内知名专家，针对小学语文教师开展“主题阅读实验研究课题”第二期集中培训，提高教师阅读素养、知识涵养、文化修养。开展“基于课程标准的主题阅读实践研修”系列活动，促使教师在行动研究中进一步解读和内化主题阅读课型。选派主题阅读三人行名师工作室（坊）优秀成员 8 人赴青岛、贵州等地参加全国主题阅读教学研讨会现场课展示和讲座，均获得优异成绩。

2019 年年初，包头市青山区富强路小学、内蒙古北方重工业集团有限公司实验小学、中国核工业集团公司二〇二厂小学成为首批基于课程标准的主题阅读实验校。包头市青山区富强路小学“基于课程标准的主题阅读”首创“辩研式”教研；内蒙古北方重工业集团有限公司实验小学研究新理念，实践新策略；中国核工业集团公司二〇二厂小学由初识到实践，实现教师理念及课堂面貌初步改变。年底，包头市青山区文学道小学、包头市青山区光荣道小学、内蒙古一机集团基础教育中心第五子弟小学成为第二批实验校。青山区教育基金会拨付实验项目支持资金 12 万元。

【教学管理与研究】

实施零距离常规管理。青山区教研中心秉承“教研员在身边”的指导思想，致力于“三级课程”（国家课程、地方课程、校本课程）有机融合，“教学评一致性”技术学习和实践，通过学期初教学工作检查、主题“教研周”、教学六认真考核、教研员“送教进校”、年度目标管理考核、推进教学改革表彰会等系列教育教学活动，走到教师身边，参与备课、同听共评，从集体备课、课标解读、目标叙写、评价设计、师生活动创建、反思不足等环节予以悉心指导，进一步规范备、教、学、评、研、思六大环节。

创建有创新的深度教研。创新赛讲形式，开展首届“岗位练兵”强基固本活动。该活动基于课标、基于课改、基于问题，以题引研、以研聚智、以智促行，形成上下联动、全员参与、运转高效、有序开展的浓厚研学氛围。在此次“岗位练兵”中，每名参赛教师既是选手，也是评委，在研教材、磨课堂、展技能、亮风采的比赛过程中，教师们边积极备课，边认真观摩学习，并结合不同角度的评价点，对听评的一节课例进行剖析，从“教学评一致性”理念到对课堂设计的评价，进一步提高了教师适应统编教材所要求的专业能力，不断提升教师整体素质。创新教研范式，进行一线“同教研，共备课”走教送教活动。基于学科核心素养，教研员引导教师改进教学设计视角；加强课程标准研究，引导教师过好“教材关”；加强学情、学法研究，引导教师关注学生思维发展；搭建开放平台，引导教师拓宽视野、共建共享优质教育资源；立足高位，与一线教师共同开展“沉浸式教研”。

开展项目式研训活动。为有效提升教师培养学生核心素养的意识，教研员采取以练代训、以赛促研、以评促学的方式，开展“基于课程标准的集体备课与指导”“初高中、中小学衔接的思考与指导”“基于学情分析的案例研究”“自然拼读分级阅读”“微课制作”“小组学习机制例谈”“美术作品年展”等活动。通过示范课展示、校际观摩、专家评价等交流平台，诊断培训效果，提高教师水平。

形成有特色教研成果。在“基于课程标准的教学”项目研究持续推进过程中，青山区教研中心采取梳理问题、搭建框架、研制工具等方法，取得初步成果。内蒙古北方重工业集团有限公司第一小学教师和学生共学共研共发展；内蒙古一机集团基础教育中心第二子弟小学“以研兴校，以质强校”；包头市青山区幸福南路小学教育联盟第一校区力推思维型课堂；内蒙古一机集团基础教育中心第一子弟小学借助“五课三研”师生深度互动；内蒙古北方重工业集团有限公司第六小学利用“三单六环”推动教研向纵深发展，内蒙古北方重工业集团有限公司第六小学教育联盟三星校区“嫁接孵化”内蒙古北方重工业集团有限公司第六小学经验，成功逆袭。内蒙古第一机械制造（集团）有限公司第一中学查找问题、苦练内功，学业质量逐年攀升；内蒙古北方重工业集团有限公司第一中学秉承“成就教师”理念，形成名优教师立体培养网；包头市第三十六中学在转变理念上下功夫，教学成绩从最后提升到全区第八名；包头市第五十二中学规范教学每一个环节，教学成绩与前一名的差距从 15.53 分缩小到 0.43 分。举办高质量高规格“峥嵘七十载　丹青绘盛世”师生书画展，庆祝中华人民共和国成立 70 周年。在内蒙古自治区中小学青年教师教学技能比赛中，选派的 10 名选手成绩优异。其中，6 人获得一等奖，3 人获得二等奖，1 人获得三等奖。

推进有质量课题研究。青山区教研中心向内蒙古自治区“十三五”课题组申报并成功立项“青山区中小学教学增值性评价实验研究”课题，课题组探究了中小学教学质量增值性评价的途径与方法，对初中各学期教学质量抽测、中考一、二模等数据进行五级增量分析。“基于课程标准的小学数学学习单的设计与使用研究”结合不同内容设计了可操作、可检测的《数学学习单》，涵盖人教版 12 册、北师大版 7 册所有章节的新授课内容。小学语文“大阅读”课题结合不同读本研发出可供参考借鉴的《整本书阅读指导手册》。中小学“音乐合唱课有效教学”总结提炼 10 种音乐素养教学策略。在包

2019年青山区“十三五”包头市级教育科研规划课题结题汇总一览表

表30

序号	课题立项号	工作单位	课题名称	学科	课题类别	主持人	成员
1	BTJKYGHP201511	包头市青山区光荣道小学	小学语文阅读教学中“读中学写，读写结合”的实践研究	小学语文	一般课题	张建华	吴小娟 王艳 李柿桦 吴丽霞 徐珍媛 韩致梅 朱雁云 贾明艳 张海霞 李雅婷 菅芳 边彦婷
2	BTJKYGHP201512	内蒙古北方重工业集团有限公司第一小学	小学语文中高年级阅读教学“先学后教”教学策略的研究	小学语文	一般课题	王华平	徐珍媛 韩致梅 鲁仁奈 刘爽 李文丽 段学敏 崔玉文 许立慧 王阅虹 陈爱霞 邱霞
3	BTJKYGHP201513	内蒙古一机集团基础教育中心第三子弟小学	小学数学自主探究能力的培养研究	小学数学	一般课题	李淑梅	任海燕 王英 王春杰 杨金龙 林海杰 常喜云 吕耀华 张秀丽 武英 王丽 高伟
4	BTJKYGHP201514	内蒙古一机集团基础教育中心第五子弟小学	小学中段数学课堂自主探究策略的研究	小学数学	一般课题	霍美琴	赵萍 朱岩岭 吕爱清 李文学 华莎 段亚荣 冯晓元 罗丽卿 马原驰 张俊梅 翟志刚
5	BTJKYGHP201515	中国核工业集团公司二〇二厂小学	小学生天天美读策略研究	小学语文	一般课题	马丽娟	徐珍媛 韩致梅 张翼远 余金凤 袁之鉴 侯红梅 戢运娣 张翼高 董连京 莎丽娜 张砚玲 赵慧艳 冯丽君 刘玺
6	BTJKYGHP201516	包头市青山区赵家营小学 青山区教育教学研究中心	小学合唱课有效教学的实践研究	小学音乐	一般课题	刘静 王英	赵敏 梁东晓 于颖 解慧芳 吴婧 路霞 商羽青 王伟 华凌 丁欣 张庆军 张琳珠 崔芳卿

续表 30

序号	课题立项号	工作单位	课题名称	学科	课题类别	主持人	成员
7	BTJKYGHP201518	包头市第四十五中学	“先学后教、少教多学”模式在初中课堂教学中的实践研究	部分学科	一般课题	高海章	高常 李庆章 高燕 邢美玲 张雪阳 田建军 张艳容 郝君 孙丽洁 曲捷 张雪娇 赵洁 贾梅 黄文成
8	BTJKYGHP201519	包头市第五十二中学	“1+1”互帮学教模式下展示与评价的研究	全学科	一般课题	于丽萍	徐利 李涛 张建月 徐燕 潘晓 王芳 郭艳 初文利 王巍 何红梅 秦燕 张晓婷 任亚涛 梁云霞
9	BTJKYGHP201521	内蒙古北方重工业集团有限公司第三中学	基于探究式学习的高中政治课堂教学研究	政治	一般课题	吴兴华	王忠飞 张坤 杨锐 樊凌娜 张玥 李敏 韩立娟 贾英飒 林思宏 靳晶 王亚丽 王丽芳 石岩 于瑞杰
10	BTJKYGHP201564	包头市青山区民族幼儿园	基于体验式学习的幼儿园实践活动研究	综合	一般课题	刘建琴 李宏	李宏 王改梅 赵绥红 孟增慧 史慧楠 斯琴高娃 杨欣 张荣 吴静 雷通
11	BTJKYGHZ201502	青山区教育教学研究中心	基于课程标准教学下小学数学学习单设计与使用的研究	小学数学（总）	重点课题	田红霞 陈志芳	高桂梅 鞠萍
12	BTJKYGHZ201502-1	内蒙古北方重工业集团有限公司第六小学	小学数学“图形与几何”领域学习单设计的研究	小学数学（子）	重点课题（子）	张宝凤 田红霞	陈志芳 鞠萍 边玉峰 武军 刘俊 石丽丽 王红梅 李晨哲 王鹏 王蓉
13	BTJKYGHZ201502-2	内蒙古北方重工业集团有限公司第一小学	小学数学“图形与几何”领域学习单设计与使用的研究	小学数学（子）	重点课题（子）	王华平	田红霞 陈志芳 李文丽 李书瑜 张瑜 李善姝 张喜凤 赵越
14	BTJKYGHZ201502-3	包头市青山区文学道小学	基于课程标准教学下小学数学“图形与几何”领域学习单设计与使用的研究	小学数学（子）	重点课题（子）	刘美丽	田红霞 陈志芳 武建华 解恒军 杨怡琳 郑广伟 王红霞 苏晓娟 生若楠 郁琼 惠建玲 张晓雪 耿云凤
15	BTJKYGHZ201502-4	包头市青山区民族路小学	基于课程标准教学下小学数学“数与代数”领域学习单设计与使用的研究	小学数学（子）	重点课题（子）	屈美香	田红霞 陈志芳 高桂梅 田丽 宋方芳 李静林 张晓红 王璐 雷妙杰 张娜 赵颖 郝艳枫 曲颖异 鄂俊成
16	BTJKYGHZ201502-5	包头市青山区幸福南路小学	小学数学“图形与几何”领域学习单设计与使用的研究	小学数学（子）	重点课题（子）	张国卿	田红霞 陈志芳 任巧燕 张宏娥 周敏 娜日莎 仲艳玲 马裕 许晓娜 于凌云 韩帅 王晓芬 李婉双 李靖
17	BTJKYGHZ201502-6	内蒙古一机集团基础教育中心第七子弟小学	小学数学“数与代数”领域学习单设计与使用的研究	小学数学（子）	重点课题（子）	周培山	田红霞 陈志芳 刘荣芳 张雪波 郭飞 贾娜娜 季红英 刘舒兰 邓志凤 韩飞琴 牛慧 徐璐 王晓敏 高洁

2019年青山区关于内蒙古自治区教研室“十三五”增值性评价已立项专项课题一览表

表31

序号	课题立项号	课题名称	学科分类	课题类别	姓名		工作单位	所在高校/盟市
					主持人	课题成员		
1	BTJKYGHP201511	青山区中小学教学增值性评价实验研究	全科	专项	王云峰	白云 王俊华 牛素珍 杨锐 李宝梅 刘志忠 郭雪梅 张玉柱 董空鹏	包头市青山区教研中心	包头市

头市教育局组织举办的“2017 年义务教育质量监测报告解读”活动中，青山区中小学科学、思政、数学、体育学科教研员借助2017年度青山区在国家义务教育质量监测中的结果和数据，精准分析当地教学工作亮点、存在问题，制定了科学、合理、有效的改进措施。为国家义务教育质量监测专家组、包头市各旗县区主管教学的成员、各中小学校长做了“青山区科学、思政、数学、体育学科的国家义务教育质量监测分析报告”的汇报和“基于质量监测结果下的实验教学演示汇报”（地理学科）。

【教育信息化】

2019 年，按照教育部《教育信息化 2.0 行动计划》要求，青山区进一步做好智慧校园建设工作，构建信息化教学环境、信息化教研环境、信息化管理环境、信息化生活环境，使全区师生在教育信息化中受益，教育教学质量得到更进一步提升。

假期，运用同频互动教室开展初、高中“名师视界”直播课堂活动，实现优质教育资源最大化共享。开展全区各校骨干教师东北师范大学东师理想教育云平台资源应用、内蒙古教育云平台应用、智慧教室使用、同频互动教室使用相关培训，并组织参加各类基于以上平台、设备的活动和比赛。推动钉钉应用，完成组织框架构建、公文传输等功能与钉钉有效融合，并开展相关应用培训。

全国教育科学“十三五”规划教育部重点课题“中小学智能实验教学系统的构建与应用实践研究”在青山区顺利实施。其中，内蒙古第一机械集团有限公司第一中学的“基于深度融合智能技术下的高中化学项目式学习”和内蒙古北方重工业集团有限公司第六小学的“大数据在学校精准管理中的应用研究”2 个子课题通过结题验收。

青山区落实教育部《教育信息化“十三五”规划》相关部署，积极参与“一师一优课，一课一名师”活动，获得部级优课 6 节、自治区级优课 19 节、市级优课 46 节。上传资源数量、质量在包头市均处于较高水平。积极参与第十七届全国中小学信息技术创新与实践活动（NOC），获得教师赛项总成绩包头市第二名，在学生赛项中共获得一等奖 25 人次、二等奖 44 人次、三等奖 11 人次。积极参与第三届包头市中小学实验教学说课活动，获得市级特等奖教师 5 人次、一等奖教师 8 人次、三等奖教师 17 人次。其中，内蒙古北方重工业集团有限公司第三中学教师秦培文获得自治区级一等奖，包头市第四中学教师任宏利、内蒙古一机集团基础教育中心第五子弟小学教师李卓林获得自治区级二等奖。

招生考试

【成人、高中招生考试】

截至 2019 年年底，青山区教育招生考试管理中心共承担 4 类 5 次学生类、成人类报名和考试。1月，组织高中学业水平考试，高三年级 3854 人、高二年级 3847 人报考，设内蒙古北方重工业集团有限公司第三中学、内蒙古第一机械集团有限公司第一中学、包头市第四中学 3 个考点 132 个考场，264 名监考教师、92 名工作人员参与组考。4 月，组织教师资格认定教育学、教育心理学考试，设包头市第五中学、内蒙古北方重工业集团有限公司第四中学、内蒙古第一机械集团有限公司第二中学、包头市第四十五中学、内蒙古北方重工业集团有限公司第二中学 5 个考点 137 个考场，4110 名考生参考，274 名监考教师、118 名工作人员参与组考。6月，组织普通高校招生考试，报名3543人，参加考试 3175 人，设内蒙古北方重工业集团有限公司第三中学、内蒙古第一机械制造（集团）有限公司第一中学、包头市第四中学 3 个考点 107 个考场，214 名监考员、93 名工作人员参与组考。同月，组织高中学业水平考试，高二年级 3850 人报考，设内蒙古北方重工业集团有限公司第三中学、内蒙古第一机械制造（集团）有限公司第一中学、包头市第四中学、中国核工业集团公司二〇二厂中学 4 个考点 131 个考场，262 名监考员、107 名工作人员参与组考。同月，组织初中升学考试，初三年级 3606 人报考；组织八年级生物、地理结业考试，4824 人报考，设包头市第四十五中学、内蒙古第一机械制造（集团）有限公司第二中学、内蒙古北方重工业集团有限公司第二中学、内蒙古北方重工业集团有限公司第四中学、包头市第五中学、中国核工业集团公司二〇二厂中学 6 个考点。其中，初中升学考试设 116 个考场，八年级地理、生物结业考试设 154 个考场，共有 310 名监考教师、153 名工作人员参与组考。

（任伟东 供稿）

东达沟美丽乡村（区委宣传部　供图）

文化 体育 旅游

文 化

【概况】

2019 年，青山区实施机构改革，按照中共青山区委办公室、青山区人民政府办公室《关于印发〈青山区机构改革实施意见〉的通知》（青党办发〔2019〕3 号）文件要求，将区文体广电旅游局的职责整合，组建区文体旅游广电局（以下简称区文旅局），是区人民政府职能部门，机构规格为正科级。负责青山区文化艺术、体育、文物和旅游管理工作。2019 年，核定行政编制 6 名，核定科级领导职数 3 名（1 正、2 副）。内设综合办公室、文化文物股、体育股和旅游股 4 个股室。有所属事业单位 5 个，分别为相当于副科级参照公务员法管理事业单位青山区文化市场综合执法大队，相当于股级事业单位青山区文化馆（以下简称文化馆）、青山区图书馆（以下简称图书馆）、青山区体育管理中心、青山区文物管理所，共核定事业编制 47 名。

2019 年，区文旅局深入贯彻落实中共十九大精神，围绕中心，服务大局，坚持改革创新，坚定文化自信。以“庆祝中华人民共和国成立 70 周年”为主线，以建设文化强区为目标，着力完善公共文化服务体系、文化体育旅游产业体系、文化市场体系建设，加大文化遗产保护力度，落实文旅精准扶贫，实施乡村振兴战略，使青山区文化、旅游、体育工作扎实推进。强化思想建设和队伍建设，凝心聚力，牢记使命，被内蒙古自治区体育局命名为“内蒙古自治区全民健身示范区”，成为包头市唯一获此殊荣的旗县区。参加第十六届“全国武术之乡”比赛，获 2 金 5 银 7 铜，武术事业得到了长足发展。内蒙古自治区 2015—2019 年图书馆先进单位。在 2019 内蒙古首届文化创意旅游商品展览洽谈会上，“草原的礼物”系列产品获得银奖。乌素图地区成功申报自治区级历史文化街区。被评为包头市“扫黄打非”工作先进集体。创作歌曲《巍巍青山》、广播剧《筑梦军工》，中央、内蒙古自治区、包头市人民广播电台等多家媒体争相报道，反响热烈，使“不忘初心、牢记使命”主题教育活动主题得到进一步升华。在“我和我的祖国”包头市第三届合唱大赛总决赛中，获“优秀组织奖”。

【国家公共文化服务体系示范区】

青山区从 2017 年开始试点建设，多次组织召开会议进行安排部署，将所有的文化站（室）根据“综合文化服务中心”的标准进行资源整合，对内部装饰、牌匾、公示栏进行更换。2019 年，完成 70 个综合文化服务中心的建设任务，通过资源整合实现基层公共文化服务设施有效利用、基本公共文化服务有效供给、广大群众基本文化需求得到有效满足。继续完成 6 个文化馆分馆、4 个图书馆分馆的建设。

【节庆文化】

青山区庆祝改革开放 40 周年暨 2019 年新年民族音乐会在包头大剧院举办。通过继承和弘扬中华优秀传统文化，激发全区人民群众坚定文化自信、建设美好青山的热情，为 2019 年全区各项工作的开展唱响主旋律，1000 余名干部职工和社区居民观看演出。春节前，制作的“祝福祖国”大型 LED 花灯，参加了包头市在阿尔丁广场举办的花灯展示活动。2 月 18 日（正月十四）下午，组织一机集团和各街镇的文艺队伍，在第一工人文化宫门前举办包头市第十一届鹿城元宵文化节青山区街头民间文艺会演，充分展示传统文化的魅力，2 万多市民观看演出。参加演职和服务的人员达 1000 多人。2 月 18 日晚上，举办以“春华秋实七十载 再创辉煌向未来”为主题的包头市第十一届鹿城元宵文化节青山区焰火晚会，全区广大干部职工和人民群众 3 万多人一同享受礼花绽放的喜庆和欢乐。2 月 19 日（正月十五）下午，组织 5 支民间队伍，代表青山区参加包头市街头民间文艺调演展示活动，展示了群众文化活动的风采。

【文化艺术节】

2019 年端午节期间，在东达山艺术区成功举办了“青山区第三十四届鹿城文化艺术节暨第十一届兵工旅游文化节”开幕式及主会场 8 场演出活动。7 月底，会同政法委、纪委等单位，以进军营、进广场、进社区、进农村的形式，举办送文艺演出进军营、第十一届社区合唱节、小小说青山区创作基地启动仪式、廉政文化、平安青山消夏晚会等主题鲜明的分会场演出，150 多场内容丰富的演出，惠及群众 4 万人，一直持续到 9 月底。对双拥工作、健康社会、扫黑除恶、党建廉政等内容同步进行了宣传服务。

【中华人民共和国成立 70 周年文化活动】

9 月，为庆祝中华人民共和国成立 70 周年，青山区举办机关干部合唱比赛暨《我的美丽青山》音乐专辑首发仪式。各机关单位和办事处组成了 8 支联队进行了激烈的角逐，组织 24 个机关单位和部门观看演出，既展示了青山区机关干部的风采，又营造了共庆祖国华诞、共享伟大荣光的浓厚氛围。举办“祖国颂·青山情”朗诵大赛，经过海选、初赛、复赛、决赛，由机关工委 25 家单位、8 个办事处、2 个镇共 50 个作品进行角逐，评出奖项。

【文化下基层】

新年前后，区文旅局组织带领“草原综合服务轻骑兵”小分队，开展“文化进万家”综合文化服务活动。携带挂历并组织文艺节目深入社区、农村，完成 20 场演出服务。

【文艺创作】

区文旅局大力提升文艺创作水平，创作歌曲《巍巍青山》，收录在《我的美丽青山》专辑当中；以一机集团公司副总工程师杜慧昌的典型事迹为原型，创作广播剧《筑梦军工》，讲述了军工人为祖国的军工事业做出的贡献，为树立青山区兵工文化品牌、弘扬兵工精神起到积极的推广作用。广播剧在包头广播电台、内蒙古新闻综合广播、中央人民广播电台中国之声《记录中国》播出。

【文物保护】

2019 年，根据上级部门划定的不可移动文物保护范围，整理记录档案，设立标志碑说明，上报文物保护单位名录和基础信息登记表。定期到各级文物保护单位进行巡查。制定长城保护员管理办法，聘请战国赵北长城保护员 4 名，每周至少一次进行巡护，负责当地长城的保护工作。对赵北长城青山区段遗址沿线的青福镇和兴胜镇的 9 个村保护范围内建筑情况进行排查登记。6 月，在文化遗产日开展宣传活动。在自治区级文物保护单位北方兵器城，通过制作文物保护宣传展板、发放宣传折页等方式向大家讲解宣传文物的历史。在东达山艺术区美术馆举行老报纸展，通过老报纸这种记录时代变迁轨迹的独特形式，真实再现中华人民共和国成立 70 年来的新发展、新变化、新成就。参加自治区文物局在赤峰市召开的为期两天的文物安全培训会。参加包头市文物局举办的关于“四有”、文物保护与鉴定业务的培训，以及包头市文化旅游广电局举办的文物安全工作培训班。

【文化市场管理】

2019 年，青山区文体旅游广电局文化市场综合执法大队（以下简称文化执法大队）认真贯彻执行国家、内蒙古自治区和包头市文化市场管理规定，切实加强文化市场经营场所的执法监管。网吧、歌舞娱乐、图书、印刷等行业领域继续保持安全平稳态势，各项工作均走在全市前列，圆满全面完成了年度目标任务。区文化执法大队先后开展 5 次安全生产大检查，全年未发生一起安全生产事故，确保全年文化市场安全稳定。主要包括元旦、春节、“两会”、校园周边、“五一”、国庆期间集中专项整治，共检查各类文化经营单位 2526 家次，消除 229 项安全隐患，安全生产工作连续多年被考核为优秀。2019 年，青山区“扫黄打非”工作发生变动，区文旅局不再承担区“扫黄打非”领导小组办公室、电影、版权等职能，移交区委宣传部。作为成员单位，区文旅局执法大队继续开展日常相关执法监管，全年未发生非法违法案件。

【非物质文化遗产】

截至 2019 年年底，青山区共有针灸（白氏传统针刺法）、核雕 2 项非物质文化遗产项目列入自治区级名录；面塑、糖塑、核雕、麦秸画、传统童鞋帽制作技艺（鲁氏）、传统饮食（活捉酸粥）制作技艺、针灸（白氏传统针刺法）、白氏形意拳、古法卤肉制作技艺、清真便三元“八大碗”蒸锅制作技艺、大福林包子制作技艺、传统老浆凉糕制作技艺、传统粮食醋手工制作技艺等 13 项非物质文化遗产项目列入包头市级名录。确立白金龙 1 人为自治区级代表性传承人；确立王富荣、李部、王龙刚、焦峰、肖俊光、张勇飞、郭兰英、许青梅、白金龙、白如冰 10 人为包头市级代表性传承人。连续 6 年开展“剪纸进校园”活动，连续 3 年开展青山区“面塑进校园”活动，连续 3 年参加东达山艺术节活动。6 月 6 日至 6 月 9 日，在东达山“茗盏雅集”艺术节期间举办“非遗”项目展示与体验活动，并于 6 月 7 日成功举办“文化和自然遗产日”青山区系列活动启动仪式，仪式上颁发了 6 个青山区第六批“非遗”项目牌匾和 4 个青山区非物质文化遗产传承示范基地牌匾。整合青山区 11 项食品类优秀“非遗”项目打造的“非遗”小吃街，得到广大群众的赞誉和各级新闻媒体的广泛宣传报道。全年共组织参加“文化和自然遗产日”、面塑技能培训、面塑作品大赛等各种大型“非遗”宣传展示活动 10 次。

（李琛　供稿）

青山区文学艺术界联合会

【概况】

青山区文学艺术界联合会（以下简称区文联）成立于 2007 年 4 月，为区委宣传部所属相当于副科级事业单位。2019 年，经区委编委 2019 年第三次会议研究，同意成立包头市青山区文学艺术界联合会（以下简称区文联），为使用事业编制的群众团体，机构规格为正科级，核定科级领导职数 2 名（1 正、1 副），核定人员编制 2 名（从区委讲师团、区融媒体中心各调剂 1 名）。下设文艺志愿者协会、文学创作协会、美术协会、书法协会、音乐协会、舞蹈协会、民间文艺协会、摄影协会、包头版画协会 9 个协会，共有会员 836 名。其中，国家级会员 60 余名，自治区级会员 90 余名，包头市级会员 300 余名。拥有青山区文艺志愿服务基地 8 个，艺术家创作基地 8 个，文艺协会活动阵地 9 个，各文艺协会团体会员 9 个，街镇文联 4 个。

2019 年，区文联深入贯彻落实习近平新时代中国特色社会主义思想，坚决贯彻执行党的文艺方针政策，团结带领全区文艺工作者深入生活、扎根人民，为推动地区文艺事业的繁荣发展做出了积极贡献。摄影作品《以梦为马》荣获第十二届自治区艺术“萨日纳”奖，《包头军工城访谈录》获包头市“五个一工程”优秀作品奖，舞蹈《塔林呼和得》、历史文化书籍《成吉思汗》、文学集《鸢尾集》、油画《开拓未来》《塞上骊》《芥子园山水册页·云影》、摄影《以梦为马》等 7 个文艺作品荣获包头市第十一届文艺振兴优秀作品奖。

【组织建设】

2019 年，召开区文联二届二次全委（扩大）会议，成立了科学路街道文联，内蒙古小小说青山区创作基地在科学路街道纺织社区挂牌成立，进一步夯实区级文联、街镇文联、社区文艺组织三级管理体系。发挥区文联非建制党委的领导作用，加强各协会党支部建设，强化党员教育管理，把开展“不忘初心、牢记使命”主题教育作为重大政治任务来抓。制定《青山区文学艺术界联合会落实意识形态工作责任制管理规定》，切实把牢文艺工作的正确政治方向、创作导向和价值取向。积极与包头大剧院协调场地和档期，扶持青年歌手田正举办“推新人、推新作”音乐成果汇报演出，进一步发展壮大青山区文艺人才队伍。

【文艺创作】

2019 年，区文联与包头市科技少年宫推出精品儿童音乐剧《魔幻那达慕之草原小勇士》，与包头大剧院推出儿童芭蕾舞剧《草原英雄小姐妹》，出版《包头军工城访谈录》（全四卷）书籍，完成 86 名军工人物篆刻印章的创作。组织开展军工题材雕塑、绘画、书法、音乐作品创作和写生采风、文学创作培训、雕塑设计研讨等主题创作活动。

【文艺活动】

2019 年，区文联先后举办“绿染青山”——青山区档案纪实摄影大赛优秀作品巡展、首届“蒙古马精神”主题优秀美术作品展、青山区“巾帼风采”女性摄影活动、“百城万卷绘中华”青少年传统文化公益活动、“礼赞新中国奋进新时代”庆祝中华人民共和国成立 70 周年青山地区群众合唱展演、“新华杯·我与祖国共成长”征文、摄影作品比赛、“守初心、担使命，弘扬传承中华传统文化”——2019 年包头版画协会年会暨 2020 年版画台历首发仪式等各类活动 40 余项；举办笔会、读书会、展览、讲座、培训等各类活动近 100 场。精心打造地区文化品牌，举办了包头市文化、科技、卫生“三下乡”集中活动暨 2019 青山区东达山“茗盏雅集”艺术节，共有活动 146 项、文艺组织 20 个、文艺形式 40 种、参与文艺人才 200 多名，4 天时间群众参与共有 6 万人次，极大地丰富了地区人民群众的精神文化生活。

（王佳睿 供稿）

会　展

【概况】

包头市国际会展管理中心（以下简称会展中心）成立于 2008 年，是区人民政府直属事业单位，机构规格为副县级。会展中心秉持“公益为先，服务为上，创新为主，品质为王”的企业宗旨，采取事业单位企业化运作的模式，负责会展业发展信息收集和统计分析；会展业发展提供政策咨询，负责承担有关大型展会、演出的招商和协调服务工作；组织企业参加国内外有关展会，策划举办有关展会、演出活动。2019 年，核定事业编制 22 名，核定领导职数 14 名（副处级 1 名，科级正职 9 名、副职 4 名）。内设综合办公室、事业策划部、展览管理中心、大剧院管理中心、物业管理中心、会议管理中心 6 个部门。

在 2019 年中国会展产业年度评选中，会展中心获得“建国 70 周年·70 个品牌会展中心金手指奖”殊荣；获得“2019 中国会展最佳城市形象场馆”称号。包头大剧院被评为“中国西部演艺院线首届理事单位”，并在《人民日报》以《包头有个大剧院》为题进行专题报道。物业中心被评为“自治区物业管理优秀项目”。

【展会活动】

2019 年，会展中心举办展会 70 场，同比增长 1.45%；展出面积 40.89 万平方米，参展商数量 3701 家，接待观众 98.88 万人次，交易额达 13.75 亿元。

【演出活动】

2019 年，包头大剧院共举办各类演出活动 211 场，同比增长 4.9%；接待观众 26 万人（次），同比增长 9.2%；实现营业收入 1555.2 万元，同比增长 14.1%；利润 715.8 万元，同比增长 28.3%。

【缤购全球精品直营展示中心】

2019 年，缤购全球精品直营展示中心（以

2019年会展中心大型展会活动情况一览表

表32

时 间	名 称	展览面积（平方米）	成交额（亿元）	人流量（万人）
4月13日	2019年自治区“春风送暖”就业创业服务暨民营企业招聘月包头市毕业生春季大型招聘会	4832	—	0.9
6月7—9日	“我们结婚吧”2019婚庆博览会	10832	0.037	3.05
7月26—28日	第六届中国包头牛羊肉产业大会包头绿色农畜产品博览会	35730	0.048	7
8月30—31日	第七届内蒙古“草原英才”高层次人才合作交流会暨呼包鄂人才创新创业周	14066	—	—
9月12—16日	2019年第九届包头国际车展暨装备制造业博览会	45730	5.35	15
10月26—28日	2019年包头民间文化艺术藏品博览会	10664	0.24	3

下简称缤购直营中心）实现销售运营总收入602万元，有会员1594人，会员充值117.4万元，累计会员总数达到13165人，接待顾客14.37万人次，平均日营业额1.65万元，日均接待顾客1594人次。新增开包头市美林餐饮和松鼠拼拼两家加盟店。

2019年包头大剧院大型演出情况一览表

表33

时 间	演出名称	观众数（人）	票房收入（万元）
1月1日	2019年意大利爱乐乐团新年音乐会	1358	354137.2
3月2—3日	舞剧《人生若只如初见》	806	53811.11
3月22日	织谣——斯琴格日乐全国巡回演唱会	584	70317.4
4月13日	开心麻花舞台剧《窗前不止明月光》	964	248781
5月4日	陕西人艺话剧《白鹿原》	1181	194021
8月9—10日	北京人艺话剧《她弥留之际》	815	48751.5
8月31日	中国三大男高音携内蒙古交响乐团音乐会	898	263173.82
9月27日	开心麻花舞台剧《谈判专家》	821	168134.4
10月5—6日	驻场芭蕾舞剧《草原英雄小姐妹》	2635	公益演出
12月13日	中国经典歌剧《伤逝》	418	18163.52

2019年会展中心大型活动情况一览表

表34

时间	活动名称	销售额（万元）	接待顾客（人）
1月1—31日	年货节	51	4389
8月1—31日	开学有礼	36	3126
12月1—15日	“双12”特惠节	18	2052

【包头大剧院少儿芭蕾舞团】

2019年，包头大剧院少儿芭蕾舞团新增12个教学班，143名学员。截至2019年年底，芭蕾舞团在册学员共计449名。10月5日，少儿芭蕾舞团与中央芭蕾舞团携手打造的儿童芭蕾舞剧《草原英雄小姐妹》作为国庆献礼作品，圆满完成首演。12月29日，《草原英雄小姐妹》作为驻场剧目，再次登上包头大剧院舞台。

（崔薇 供稿）

档 案

【概况】

2019年，青山区实施机构改革，按照中共青山区委办公室、青山区人民政府办公室《关于印发〈青山区机构改革实施意见〉的通知》（青党办发〔2019〕3号）文件要求，将区档案局（档案馆）的行政职能划入区委办公室，区档案馆是区委直属事业单位，机构规格为正科级。负责主管档案工作，承担着对全区档案工作的统筹规划、组织协调、监督检查和业务指导等职能，其主要工作职责为宣传和贯彻执行党和国家关于档案工作的方针、政策、法律、法规并提出具体实施意见；制定全区档案事业发展规划、年度计划和档案工作规章制度，并组织实施；实行统筹规划、协调指导，制定全区档案事业发展规划和档案工作规章制度，并组织实施；对区属及有关驻区单位的档案工作进行检查、监督和指导；依照《中华人民共和国档案法》行使档案执法检查权，对违反档案法律、法规行为进行查处；收集、接收、保管和利用好馆藏各门类档案资料，维护档案完整，确保档案资料的安全；负责本区域内档案人员的培训工作。2019年，核定事业编制13名，核定科级领导职数2名（1正、1副）。内设办公室、管理利用股。

【馆藏档案与资料】

区档案馆馆藏档案与资料主要来源于青山区党政机关、事业单位、人民团体、办事处、镇的档案材料。馆藏档案包括文书档案、会计档案、婚姻档案、声像档案、科技档案、人物档案、专门档案7个门类；馆藏资料包括公共图书、文件汇编、报纸、期刊、特种载体等。截至2019年年底，区档案馆馆藏全宗单位已达85个，馆藏档案总量172634卷（件）。其中，婚姻档案70670卷，声像档案760卷（盘），会计档案19278卷，拆迁档案1972卷。

【档案信息化建设】

2019年，区档案馆加大文书档案数字化服务，在区党政大楼内实现档案信息化网络平台服务。全方位服务共计39家单位，指导文书档案数字化服务30余次，对区档案馆DARMS电子文档数据中心管理系统v1.3进行维修升级共计3次，确保全区数字档案管理系统正常运转。为方便居民便捷查询档案，10月下旬，委托内蒙古精益档案技术服务有限公司对馆藏永久档案进行数字化全文扫描，扫描率达馆藏档案的65%。

为更好地落实青山区委、区政府深化改革，更好地服务基层、贴近群众的精神，通过前期的试点试行，6月26日，区档案馆召开由包头超级云计算有限公司以及 10 个街镇参加的婚姻档案下社区推进会，标志着婚姻电子档案下社区工作在全区开展。

【名人档案征集】

为发挥档案的宣传和利用价值，扩大名人在地区的影响力，更好地宣传他们的先进事迹，2019 年年初，区档案馆加大对全区名人档案摸底、征集力度。截至 2019 年年底，已征集 16 位名人档案，奖状证书等实物 39 件，并向捐赠者颁发了名人档案征集荣誉证书。

【档案资料保护】

2019 年，对馆藏档案的 85 个全宗单位档案案卷完成区分清楚、档号编制规范、资料分类科学的整理工作。对文书库内档案进行了普查，重点对 20 世纪 50—60 年代字迹模糊、纸张变黄的档案采取抄写、裱糊、复印等方式进行了抢救。

【安全管理和依法治档】

加强常态化档案安全管理工作，杜绝档案安全事故发生。2019 年年初，与 9 家区属单位签订保密协议，定期开展全馆人员的保密法律法规宣传教育；严格遵守档案查借阅管理制度，把好利用开放关；加强档案查询系统和涉密文件资料的管理，严防失泄密事件发生；按照库房“十防”要求做好库房管理工作，随时监控库房温湿度，按时完成检查、记录和分析。每季度开展一次卫生清扫、安全检查，节假日做好安防工作。

3 月，区档案馆迎接包头市档案馆的档案安全检查，对检查组指出的问题及时进行整改落实，已对婚姻库、检索库档案重新进行清点、目录重新编排，婚姻库检索目录已编排完毕；同时，为了促使全区各部门依法建档管档，区档案馆 10 月底联合区委办、区人大教科文卫委、区司法局等部门对区住建局、富强路锦林社区、区执法局、区人社局 4 家单位进行了档案联合执法检查，对发现的问题出具整改通知书，以促进各家单位的档案管理规范和安全完整。

【档案宣传】

5 月，区档案馆与区委宣传部共同举办了“绿染青山”纪实摄影大赛作品展颁奖活动，获奖作品制成画册永久收藏。6 月 9 日，在娜琳步行街开展了以“新中国的记忆”“6·9”国际档案日宣传活动，现场发放档案宣传资料 1500 份，提高公众对档案工作的认知度。10 月，在包头国际会展中心举办了“不忘初心、牢记使命”主题教育档案展和“中国共产党人的家风家训”档案文献展，发挥了红色档案图片的宣传力量，全区及周边旗县区各单位积极观展，引起了强烈的反响。

【档案业务培训】

2019 年，面向全区共举办档案业务培训 4 次：6 月，举办婚姻档案下放社区业务培训会，100 余人参加；7 月，举办涉改单位档案整理培训会，20 余人参加；10 月，在区住建局举办小型档案业务培训会，10 余人参加；11 月，举办档案业务管理培训会，邀请包头市档案局业务科科长张莉为大家做讲解，100 余人参加。通过举办全员培训和专题培训提高了各单位档案管理人员的业务水平，确保档案服务适应经济社会发展需要。

【档案查阅】

为做好档案利用工作，区档案馆根据查档规律，进行节假日查档值班制度，做到了根据需要随时查档。2019 年，共接待查档 1253 人次，查阅档案 2426 卷。档案查询主要集中在婚姻档案、招工票据、职工调转介绍信及会计凭证等，极大方便了人民群众，也服务了辖区机关及企事业单位，提高了档案的利用率，赢得了一致好评。

（李璐 供稿）

党史工作

【概况】

2013 年，根据工作需要将青山区党史办公室（以下简称区党史办）机构职能由区委组织部整体划转至区委办公室，为区委办公室所属相当于副科级事业单位。负责征集、整理、编纂和研究青山区党史资料，加强对党史资料的保护、开发和利用工作；加大对党史遗址的保护和利用；向全区广大党员干部群众进行党史宣传教育和工作指导；运用党史资料为青山区委、区政府提供资政服务，推动党史成果转化。2019 年，区党史办核定事业编制 5 名。其中，核定副科级领导职数 1 名，有在编人员 3 人。2019 年 1—5 月，王冬波任区党史办主任。5—12 月，区党史办主任职位空缺。

2019 年，区党史办紧紧围绕中心，服务大局，认真履行以史鉴今、资政育人的职责使命，较好完成了全年的工作任务。

【主要工作】

严格落实青山区委领导责任。青山区委书记认真履行第一责任人职责，要求抓紧抓实抓好党史工作。通过召开区委十届六次全会、“不忘初心、牢记使命”主题教育动员会议、组织宣传统战政法信访工作会等会议，认真传达学习习近平关于党史的重要论述精神和党的最新理论成果，安排部署工作任务。全力支持党史工作开展，把党史工作纳入党建和意识形态工作责任制范畴同检查同考核，纳入区财政预算予以保障。持续狠抓以史鉴今、资政育人根本任务。不断深化党史学习、宣传教育，充分依托区委常委会、区委中心组、区委党校和“青山人·青山事”等新媒体平台，深入学习党章、党史、新中国史、中共十九届四中全会精神和习近平新时代中国特色社会主义思想，区级层面全年共开展相关学习教育活动 10 多次。充分挖掘地区资源和宣传资源，联合区委组织部、区委宣传部、区委政法委等相关部门，先后拍摄制作了“我眼中的优秀共产党员”系列视频展播，创作了《筑梦军工》《红色家书》《我与祖国 70 年》《城事》等优秀作品。特别是拍摄的城市基层党建宣传片《暖城》在“不忘初心、牢记使命”主题教育微视频全国评选中获得优秀作品奖，在第四届自治区党员教育电视片评选中成为包头市唯一获得一等奖的旗县区级作品。配合推进青山区年鉴编撰任务，完成所承担的区委历史沿革、大事记等收集和整理工作。切实加强青山区党史党建展厅等党史场馆的利用，全年累计接待 29 批次、550 多名党员参观学习，成为全区党员干部党史宣传教育和爱国主义教育重要基地之一。做好一机集团公司、中核北方元件公司、内蒙古电建三公司 3 处主席像和北方兵器城、青山宾馆一号楼、包头市第一工人文化宫等党史遗址保护工作。

【自身建设】

加强党史工作队伍建设，通过公开招考和基层遴选新增工作人员 2 人，进一步充实工作力量。扎实做好事业单位岗位聘用和区党史办法人登记工作，切实保证单位、岗位的稳定性。持续深化理论武装，结合办内例会学习制度，深入学习党的最新理论成果，不断提升思想政治理论水平和业务素质能力。始终坚持以人民为中心的发展思想，结合全区“党建·爱心公益汇”、博爱一日捐、党员到社区报到开展志愿者服务等平台和载体，积极参与扶贫济困和献爱心活动，共捐款 1000 多元。

地方志

【概况】

青山区志史办公室（以下简称区志史办）成立于 1983 年。1997 年，明确区志史办为区人民政府办公室所属相当于副科级事业单位。2019 年，区志史办为区人民政府办公室所属相当于副科级公益一类事业单位，核定事业编制14 名。内设办公室和业务股。负责组织编纂青山区志、青山年鉴，组织开发利用地方志资源。

2019 年，区志史办认真贯彻执行《内蒙古自治区地方志事业发展实施方案（2016—2020年）》，围绕青山区中心工作，依照“存史、资政、宣教”工作目标，积极开展综合性地方年鉴编纂工作。经过全体工作人员的共同努力，年鉴编纂质量、速度进一步提高。年内，出版发行年鉴 2 部，完成《青山年鉴（2019）》样稿，完成《内蒙古年鉴》《包头年鉴》青山区入鉴资料供稿任务及上级业务部门部署的其他工作，协助多家区属单位查阅资料。

【《青山年鉴（2018）》出版】

《青山年鉴（2018）》是由区人民政府组织，青山年鉴编纂委员会主持，青山区各单位、部分驻区单位共同参与，青山区志史办公室承编的综合性地方年鉴。11 月，由内蒙古人民出版社出版发行。该年鉴记述 2017 年 1 月 1 日至12 月 31 日（部分内容根据实际情况，时限略向前或向后延伸）青山区行政区域内自然、政治、经济、文化和社会等领域发展情况。全书采用分类编辑法，由类目、分目、条目组成框架结构主体部分，在少数分目中设有次分目。依序设置青山概况、中国共产党包头市青山区委员会、人民代表大会、人民政府、人民政协、民主党派、群众团体、武装、法治、经济综述、综合经济管理与监督、城区建设与管理、环境保护与生态建设、工业、装备制造业、农牧林水、交通邮电、商贸服务业、财税金融、科技教育、文化体育旅游、医疗卫生与计生服务、社会服务与管理、街道和镇、统计资料共 25 个类目，约 78 万字。为便于读者了解青山区基本情况，在卷首设置“数字青山”“青山区概貌”“政治”“经济”“文化”“社会”“生态”等彩色专版。

（印慧娟 供稿）

体　育

【群众体育】

2019 年，区文旅局以增强人民体质为宗旨，落实各级体育工作会议精神，不断加强体育基础设施建设，广泛开展全民健身活动，各项工作取得了新进展。依据有关法规，对新建的住宅小区按照建设面积和人口，配套建设相应的体育活动场所，完善小区综合配套功能，共配备室内健身器材 62 件，室外健身器材 20 套。4 月 30 日，举办为期 3 天的“祖国颂·青山情”2019 年全民健身系列活动——“奥莱杯”男子 3V3 篮球嘉年华活动。5 月 8 日，举办2019 年青山区职工广播操暨三级社会体育指导员培训，有 80 名学员参加；推荐 20 名学员参加包头市举办的二级、一级社会体育指导员培训。5—9 月，举办 20 场“美丽青山健康行，中体相约一起走”健步行活动，吸纳 30 支队伍约 2000 人参加。5 月 11 日，举办青山区第十一届老年风筝展示活动，有 200 多人参加。6 月，青山区被内蒙古自治区体育局命名为“内蒙古自治区全民健身示范区”，是包头市唯一一个获此殊荣的旗县区。6 月 8 日，举办青山区第三十四届鹿城文化艺术节暨第十一届兵工旅游文化节全民健身展示专场活动。6 月 26 日，举办青山区武术（太极）展示活动，有 260 余名老年人参加。6 月 29 日，举办“祖国颂·青山情”2019 年青山区全民健身系列活动——青山区第一届全民健身体育节启动仪式，并召开“体彩杯”趣味运动会。6 月 30 日，举办“初心奋进七十载，兴胜聚力创辉煌”首届全民健身趣味运动会。8 月 6 日，举办以“健康中国，你我同行”为主题的青山区 2019 年全民健身日活动暨第六届广场舞大赛，有 18 支舞蹈队伍共 420 人参加比赛，有 200 人参加表演展示活动。9 月 21 日，举办第三十六个民族团结进步活动月暨包头市职业技术学院校园民族体育节启动仪式，设立5项传统性民族体育项目，有1300人参加。9月21日，举办“美丽青山健康行、体彩助力骑行游”大型骑游活动，600多名骑行爱好者参加，以骑行方式宣传倡导“魅力单车、低碳环保、骑乐无穷”的健康生活。11月21日，举办“祖国颂·青山情”2019年青山区全民健身系列活动——青山区毽球比赛，有53个代表队200多人参加。

【竞技体育】

青山区1992年获得“全国武术之乡”称号以来，武术活动持续开展，开展武术“六进”工作，武术事业得到了长足的发展。7月22日，2019年“全国武术之乡”比赛在河南落下帷幕。本次比赛青山区派出内蒙古北方重工业集团有限公司第三中学武术代表队的7名队员参加14个项目的角逐，获得2金5银7铜。

【校园足球事业】

普及足球课程，开展足球教研教改。青山区中小学每周安排1节足球课，小学低年级开设足球鉴赏课，小学高年级、初中和高中开设足球基本技能课、体能训练课、技术战术课，在幼儿园开设足球兴趣课。为中小学配备足球教材和教育部印发的《学生足球运动技能等级评分标准》《全国青少年校园足球教学指南》。由青山区校园足球工作站牵头，组织体育学科足球进课堂知识讲座和现场教学研讨活动。重视足球文化渗透，营造良好的校园足球氛围。通过营造足球文化氛围，使每一位教师、每一名学生积极参与校园足球，让每一位家长支持孩子参与校园足球，感受足球精神，增强集体荣誉感。

健全完善校园足球竞赛体系。为检验校园足球训练水平，达到以赛促训的目的，青山区4月被教育厅确立为“周末联赛”试点旗县区。比赛历时5个月，44支球队共进行280场比赛。“周末联赛”是推广内蒙古校园足球“赛、训、选、培、学”五位一体工作理念的有力措施。青山区校园足球实现“周周有比赛，月月有活动”。着力培养高水平足球运动员，制定校际、区际足球运动员流动政策，建立校园足球信息管理服务系统，全面准确掌握校园足球的教学、活动、训练、竞赛等信息，实时动态管理足球运动员的升学和流动情况。区教育局为加大教练员、裁判员培养力度，与驰扬足球俱乐部签署合作协议，利用俱乐部的足球外籍教练专业教育资源，协助青山区培养教练和裁判。将足球教师培训纳入全区教师培训计划，每学期至少开展1次全区性的足球教师培训。截至2019年年底，近160人次参加了国家级、内蒙古自治区级、包头市级的省外足球教练员及裁判员培训。青山区被教育部命名为“全国青少年校园足球试点区”以来，已有25所中小学被教育部命名为“全国青少年校园足球特色学校”，10所中小学被教育厅局命名为“自治区校园足球特色学校”，4所幼儿园被教育部命名为“全国校园足球特色幼儿园”，10所幼儿园被教育厅命名为“内蒙古自治区校园足球特色幼儿园”。

发挥优势，组织大型赛事活动，交流合作新突破。2019年3月29日至4月4日，承办2018—2019学年包头市“市长杯”青少年校园足球四级联赛初中组比赛，内蒙古北方重工业集团有限公司第一中学男足获得冠军，包头市第五中学女足获得第三名；4月16—22日，承办2018—2019学年包头市“市长杯”青少年校园足球四级联赛小学组比赛，包头市青山区哈达道小学男足获得亚军；4月22—29日，承办2019年内蒙古自治区“主席杯”校园足球四级联赛初中组西部区分区赛，内蒙古北方重工业集团有限公司第一中学男足、内蒙古北方重工业集团有限公司第二中学女足获得分区赛第三名；6月12—21日，承办2019年内蒙古自治区“主席杯”校园足球四级联赛高中女子组总决赛，内蒙古第一机械制造（集团）有限公司第一中学女足获得分区赛第六名；7月8—15

日，内蒙古自治区“主席杯”校园足球四级联赛小学组选拔集训活动、初中男子组总决赛同时在青山区进行。

（陈丽华　供稿）

旅　游

【旅游资源特色】

青山区依工而建，因工而兴，是典型的工业区。北方兵器城、军工大道、军品试验场等军事旅游资源丰富。城区东部相继建成了会展中心、大剧院以及占地333.33公顷的奥林匹克公园，乒羽馆、游泳馆、网球中心2019年也投入使用。无论是承接国际赛事和大型展览，还是发展全民户外运动，青山区都具有独特优势。

青山区拥有A级景区2家。北方兵器城是集爱国主义教育、国防科普教育、军工文化传播、休闲娱乐于一体的大型火炮主题公园，是国家AAAA级旅游景区、全国工业旅游示范点、国防军工文化教育基地、全国科普教育基地和内蒙古自治区爱国主义教育基地。包头轻工职业技术学院是国家AA景区示范校园。青山区注册旅行社35家，旅行社分社9家，门市部92家。北方兵器城旅游纪念品“新99式主战坦克”“88式步兵战车”获得“内蒙古博乐歌”称号，进入自治区旅游商品推荐目录。

青山区现代服务业发展和城区建设水平较高，住宿条件优越，出行、购物、就餐、娱乐极为方便。在引入沃尔玛、万达广场的基础上，建成了奥特莱斯名品折扣城、缤购国际直营中心等新型购物场所。青山区拥有星级饭店5家，其中五星级1家（香格里拉），四星级、三星级各2家；乡村接待点2家。游园广场50多处，形成了15分钟的休闲娱乐、健身活动圈。绿化水平和路网通行能力都比较高，绿化覆盖率达43%，人均公共绿地面积达20平方米，被评为“全国绿化模范单位”。

【美丽乡村游】

东达山艺术区位于青山区兴胜镇东达沟新村。自2007年以来，经过11年多的努力，建成占地5.67公顷的艺术园区，包括当代美术馆、民间美术馆、鹿文化研究院、艺术家工作室、艺术大讲堂、艺术体验中心、鹿文化艺术馆7个主题活动场所。举办2019年青山区东达山“茗盏雅集”艺术节。

【景区与旅行社监管】

2019年，青山区有国际国内旅行社35家，其中国际社10家、国内社25家。旅游局主要监督管理旅游服务质量和市场秩序，指导旅游精神文明建设和诚信体系建设；承担旅游标准的有关工作；指导旅游行业组织的业务工作；监督检查旅游市场秩序和服务质量；受理旅游者投诉，维护旅游者和旅游经营单位合法权益；指导旅游安全、保险工作；组织青山区旅游整体形象宣传；组织青山区旅游节庆、会展工作；组织旅游资源的普查，做好青山区旅游统计工作；做好旅游行业精神文明建设和职业道德教育。

【旅游产业发展】

开展项目攻坚，加大建设力度。北方兵器城项目。在AAAA级旅游景区北方兵器城举办各类社会实践、各种参观和研学活动，充分发挥国防军工文化教育基地、全国科普教育基地、内蒙古自治区爱国主义教育基地的作用，使景区成为集爱国主义教育、国防科普教育、军工文化传播、休闲娱乐于一体的工业旅游示范点。兵工文化主题公园项目。在兵工林带中段打造了占地面积约为11.3万平方米的军工文化主题广场，拟增设部分军工题材城市雕塑及景观文化小品。花圪台国际露营区项目。2019年，加大力度支持花圪台国际露营区建设，加强运营管理，积极争取资金在花圪台国际露营区建成4个旅游厕所。开发农业特色旅游项目。打造都市休闲品牌，在青福镇色气湾村打造了色气湾红色旅游园，将窑洞文化、农村生活元素充分融合；在润友食品加工园区建成了酸得甜醋文化博物院，实现非物质文化遗产工艺制作的传承。此外，与旅游企业签订《安全生产责任书》；开展保健市场乱象整治行动；完成星级酒店、旅行社季度报表的审核上报和旅行社旅游责任险上缴工作；开展“防风险，保平安，迎大庆”消防安全执法检查专项行动和包头市“黑旅游”专项整治行动，确保旅游行业安全稳定发展。

（杨依东 供稿）

青山区天鹅湖公园（区委宣传部　供图）

医疗卫生

医疗保障

【概况】

2019 年，青山区实施机构改革，按照中共青山区委办公室、青山区人民政府办公室《关于印发〈青山区机构改革实施意见〉的通知》（青党办发〔2019〕3 号）文件要求，将区人力资源和社会保障局的城镇职工和城乡居民基本医疗保险、生育保险职责，区市场监督管理局的药品和医疗服务价格管理职责，区民政局的医疗救助职责等整合，组建青山区医疗保障局（以下简称区医保局），是区人民政府职能部门，机构规格为正科级。负责城镇职工和居民基本医疗保险、生育保险、基金财务、医疗救助、基本药物采购、稽查管理等工作。2019 年，有干部职工 29 人。内设办公室、医药管理和招标采购股、规划财务和基金监管股 3 个股室。有所属相当于股级事业单位医疗保险中心，核定事业编制 4 名。

【医疗救助】

2019 年，救助低保、低收入等困难人群 1671 人次，救助金额 117.13 万元（包括医疗救助、参加居民医疗保险救助、参加商业保险救助）。

【药品和医用耗材采购管理】

对青山区 207 家民营医药机构的药品、耗材购入价格进行监测，月统计信息 6 万多条；统计 16 家网采机构医保支付药品采购数据，有序开展青山区医院药品采购合同备案工作，进行日常监督管理；进行网络议价、结算工作，全年议价 157 个品规药品，结算 8.2 万元。

【“两定”医药机构稽查管理】

对青山区 190 家“两定”医药机构（138 家药店、52 家医疗机构）现场稽查 378 次，限期整改 33 家，上报市局停网整顿药店 20 家（停网 1～2 个月），2 家医疗机构主动暂停住院结算系统（淞雅医院和锦林社区卫生服务中心）。

【医疗保险】

2019 年，青山区参保人数为 23.68 万人，包括城镇职工医保、生育保险、城乡居民医保，全年基金收入 1.95 亿元（市级统筹）；报销审核医疗保险和生育保险共计 4162 人次，统筹支付费用 4252 万元；审核一级医疗机构结算费用 14517 人次，总费用 149 万元；门诊慢病审批 497 人次；异地就医备案 121 人次；办理职工医保异地关系转移 623 人次；部分退役士兵医保接续核查 687 人。

【亮点工作】

拓展服务模式，实现居民医保网上查。通过微信公众平台定期公布居民基本医疗保险待遇电子结算单，为居民群众提供高效便捷的线上服务。

优化窗口设置，服务提质增速。将原有按险种和经办业务划分的 6 类窗口调整为三大类，分别为：综合业务窗口、待遇核算及对公窗口、基金财务窗口。通过窗口的合理整合，进一步压缩了办理时间，提高了办事效率。例如，居民医疗保险报销业务从原有收材料到支付 2 个月时间，缩短至当月办当月结，提速 50%。

创新宣传手段，开展医保政策宣传活动。在社区开展青山区“携手共进、筑梦同行”医保政策大型宣传活动。启动了“医街社”服务模式。通过街镇、社区提需求，医药机构做服务，居民群众广受益，建立了长效合作机制。开拓“创新型”宣传形式。开设了青山区首家“医保政策微课堂”，定期由医院专家、医保工作人员为居民群众讲解医保新政策。聘请雷锋车队志愿者为医保义务宣传员，向乘客广泛宣传医保政策。通过以上措施，进一步提升了居民群众对医保政策的知晓率。

深化服务途径，延伸街镇社区服务。区医保局筹备借助民政“一口式”服务平台，于 2020 年将居民基本医疗保险参保人员基本信息修改、居民基本医疗保险个人停保、外埠就医备案、居民慢性病申报、职工医保卡个人账户一次性返还、职工医疗保险关系转移这六项业务延伸到各社区服务站，实现参保人员就近能办、多点可办、少跑快办的便民方式，形成社区服务站前台经办，医保中心后台处理经办业务的模式，让广大群众办理医保业务更方便更快捷。

（苏宁　供稿）

卫生与健康服务

【概况】

2019 年，青山区实施机构改革，按照中共青山区委办公室、青山区人民政府办公室《关于印发〈青山区机构改革实施意见〉的通知》（青党办发〔2019〕3 号）文件要求，将区卫生和计划生育局的职责，以及区民政局的老龄事业管理职责、区安全生产监督管理局的职业安全健康监督管理职责、区人民政府办公室的爱国卫生管理职责等整合，组建青山区卫生健康委员会（以下简称区卫健委），是区人民政府职能部门，机构规格为正科级。加挂区蒙中医药管理局、区爱国卫生运动委员会办公室牌子，不再保留区卫生和计划生育局。负责青山区卫生健康工作，制订青山区卫生健康事业发展计划和目标，依据卫生健康事业发展的相关政策规定对传染病和地方病防治、公共卫生、生活饮用水卫生、学校卫生等行使监督和监测，实施医务人员资格认定、医疗机构执业许可、妇幼卫生保健、医疗机构管理、国家基本药物采购、蒙中医药事业发展和计划生育管理服务等工作。2019 年，核定行政编制 9 名，核定科级领导职数 4 名（1 正、3 副），工勤编制 3 名。内设综合办公室、医政医管与基层卫生管理股、政策法规股、疾病预防控制与妇幼保健股（应急办公室）、人口信息监测与家庭发展股、宣传与健康教育股（健康教育所）6 个股室。有所属事业单位 11 个，分别为相当于副科级参照公务员法管理事业单位青山区卫生计生综合监督执法局；相当于正科级事业单位青山区中医医院（以下简称区中医院）和青山区二〇二医院（以下简称区二〇二医院）；相当于副科级事业单位青山区疾病预防控制中心；相当于股级事业单位青山区妇幼保健计划生育服务中心、青福镇卫生院、青山区计划生育流动人口办公室、青山区计划生育协会、青山区家庭健康指导中心、青山区爱国卫生指导中心、青山区老龄委员会办公室。

截至 2019 年年底，青山区有医疗卫生机构 387 个。其中，医院 23 个，社区卫生服务中心（站）40 个，卫生院（室）61 个，门诊部 46 个，诊所、卫生所 207 个，医务室 3 个，急救中心（站）1 个，妇幼保健院（所）2 个，疾病预防控制中心 2 个，卫生监督所 2 个。

2019 年，青山区卫生健康系统本着健康先行的总目标，加强党的领导，坚持稳中求进工作总基调，以党的政治建设为统领，深入推进“健康青山”建设，不断完善医疗卫生服务体系，全面深化医药卫生体制改革，落实基本公共卫生服务，完善疾病预防控制体系，强化综合监督执法，着力构建符合青山区居民健康需求的医疗卫生服务体系。积极探索业务工作新模式，加强人口监测和形势分析，促进人口均衡发展与健康老龄化，严格执行母婴安全制度，完善典型宣传常态化，全面保障居民身心健康。

2019 年，青山区被内蒙古自治区卫生健康委员会评为内蒙古自治区健康促进旗（县、区）；青山区被评为包头市 2019 年度青少年烟草流行监测优秀地区；区卫健委被包头市公民无偿献血委员会评为 2018 年度无偿献血工作先进地区。

【城市医院公立改革】

2019 年，区卫健委继续深化公立医院改革，制订《青山区城市公立医院综合改革实施方案》，成立青山区城市公立医院管理委员会，拟订《青山区加快现代医院管理制度建设实施方案》。城市公立医院改革涉及区中医医院和区二〇二医院，2 所区属医院完成了医疗服务价格系统切换工作。积极推进青山区医联体及分级诊疗工作，2 所区属医院、1 个卫生院以及 40 个社区卫生服务机构纳入城市医疗集团管理。全年上转病人 731 人，下转病人 118 人，到上级医院进修专家 6 人，下派专家 36 人。

【医疗护理】

2019 年，区卫健委成立医疗质量安全检查工作领导小组。定期举办医疗机构医疗质量安全知识培训，对各医疗机构进行检查，加强医疗机构日常管理，按期完成各医疗机构变更和年检相关手续。

【疾病预防控制】

继续巩固和扩大艾滋病示范区建设成果，扩大宣传覆盖面，创新艾滋病管理模式，管理 304 例感染者及病人，实际接受抗病毒治疗人数 257 例，抗病毒治疗率 85%，艾滋病增长速度趋于平稳态势。加大结核病防治工作，推进结核病患者三项免费检验。开展防鼠灭鼠工作，对辖区 2300 公顷空地开展鼠密度监测工作，及时掌握全区鼠间疫情动态，针对鼠密度较高的 190 公顷空地投药 1200 余千克。不断加强预防接种规范化管理工作，完善预防接种异常反应处置程序，接种率达到 95% 以上。积极创建自治区慢性病综合防控示范区。持续推进精神卫生综合管理，积极落实严重精神障碍患者监护人“以奖代补”工作，青山区在册患者 2266 人，规范管理率 84.73%，严重精神障碍患者管理工作全部指标均达到国家要求；建设 4 所精神障碍康复站。卫生应急综合救治能力显著提升，投入 8 万余元用于应急储备库进行规范化、标准化、精细化建设，储备物资主要分为传染病控制、中毒处置及后勤保障三大类 120 余项，储备共计 15 万余元。

【妇幼保健】

2019 年，青山区扎实推进妇幼健康服务工作，全面落实“两纲”卫生保健目标。推进妇幼卫生服务项目实施，大力推进免费婚检、孕检工作。建立多渠道叶酸发放网点。全面开展孕产妇艾滋病、梅毒和乙肝筛查项目，加强新生儿疾病筛查。婚检率 83.99%，目标人群免费孕检率 83.82%；为 3494 名妇女发放叶酸 14618 瓶；孕产妇艾滋病、梅毒和乙肝检测率 100%；新生儿遗传代谢筛查率 99.71%；新生儿听力筛查率 87.34%。规范孕产妇、儿童健康服务，孕产妇系统管理率 90.07%，早孕建册率 92.90%，3 岁以下儿童系统管理率 92.44%，产后访视率和新生儿访视率 92.87%。全面落实高危孕产妇五项制度，实施全程、分级和动态管理。对辖区 6 家助产医疗机构开展了母婴安全管理和产科质量管理工作督查指导。加强托幼机构儿童保健指导。加快推进公共场所母婴设施建设，包头市第四医院打造了包头市医疗系统规范化母婴设施建设。全面落实免费计划生育技术服务基本项目，积极推进以生殖健康为目的的妇女病普查工作，推进药具自取机提标扩面工作。免费药具自助率达 72%。

【家庭医生签约】

加强家庭医生团队建设，积极开展线上家庭医生签约服务。截至 2019 年年底，青山区常住居民家庭医生签约率 41.38%，重点人群签约率 84.7%，线上签约 194461 人。

【卫生监督】

2019 年，辖区有各类公共场所 963 户，卫生档案双向建档率 100%，完成有效监督 1529 户次。对旅店、游泳馆、公共浴室、美容美发店共 924 家单位开展量化分级管理，量化管理率 95.9%。对 13 家集中空调通风系统单位开展监督检查，12 家完成清洗消毒检测工作。青山区监管医疗卫生机构 352 家。对城中村、城乡接合部、集贸市场、商圈公寓等重点区域开展了 43 次非法行医巡回检查，查处无证诊疗场所和非法游医 16 户。全年处理投诉举报 58 起，卫生行政处罚立案 27 件，申请法院强制执行

3 件。

辖区各级各类学校、托幼机构 117 所（高校 4 所，中小学校 41 所，托幼机构 72 所），建档率 100%。学校各项卫生工作制度健全，落实晨午检、病因登记追踪和消毒管理工作。制定饮用水卫生管理制度和应急预案，涉水产品索证齐全，开展定期清洗消毒并记录。完成 7 所考点学校监督检查，组织保健医疗宣传培训 1 期，107 人参加培训。

辖区供水单位 40 户（二次供水 10 户，分质供水 29 户，自备式供水单位 1 户），水质检测合格率 100%。对 5 个村 10 口饮用水井开展监督检查，规范农村饮用水卫生管理。完成自动售水机水质抽检 4 份，合格率 100%。

监督检查职业卫生技术服务机构 4 户，人员资质、质量管理体系、仪器设备使用维护等符合规范要求，全年未检出职业病患者。组织监督员、协管员及企业管理人员职业卫生法律法规培训 3 期，召开矿山、冶金、化工等行业负责人工作会议 2 次。开展用人企业摸底调查，督促企业尽快开展职业危害项目申报、接害职工体检、职业危害因素检测及企业负责人与管理人员、接害职工培训等工作。全年摸底调查 49 户，职业危害项目申报 6 户。

【“个十百千”工程】

按照《青山区卫生健康惠民“个十百千”工程实施方案》的要求，区卫健委组织相关医疗卫生单位有序开展一个慢病防控示范区和疾病远程会诊中心平台，打造 10 家社区卫生服务中心医养结合服务和卫生健康管理示范试点、为百名空巢孤寡老人和“三无”“五保”人员送医疗送健康，为千名计划生育特殊人群和低保人员送健康管理服务工作。截至 2019 年年底，区二〇二医院已建立疾病远程会诊中心平台。10 家社区卫生服务中心积极与民政等相关部门进行沟通协调与养老机构功能相结合，设立养老床位和日间照料等；为空巢、孤寡老人，“三无”“五保”人员建立健康档案 47 人，健康体检 23 人，提供免费基本公共卫生服务 48 人次，家庭医生签约 42 人，提供上门服务 54 人次，送医送药 31 人次；为计划生育特殊人群、低保人员建立健康档案 895 人，健康体检 315 人，提供免费基本公共卫生服务 595 人次，家庭医生签约 723 人，提供上门服务 270 人次。

【宣传教育】

开展“两月一周”（爱国卫生月、健康促进月、爱国卫生宣传周）、世界无烟日、全国爱眼日、全国爱牙日、联合国糖尿病日等大型主题宣传日活动 20 余场，开展健康巡讲 400 余场。积极组织参加青山区“弘扬乌兰牧骑精神”到人民中间去基层综合服务活动 40 场，被区委宣传部授予优秀组织单位。建立控烟长效工作机制，统一制作并向全区各单位、公共场所下发禁烟标识 1000 余块。持续开展“内蒙古好医生、好护士”群众性推荐评议活动，大力宣传基层卫生健康先进典型案例，实现宣传常态化。通过“鹿城健康 365”“青山人青山事”“健康青山人”等微信公众平台新媒体，广泛宣传卫生政策、健康常识、社会服务、医改动态等内容。全年共在各级各类媒体发表信息 115 篇。

【计生服务】

2019 年，发放失独家庭一次性扶助金 311.28 万元，伤残家庭一次性扶助金 112.62 万元，特别扶助金 375.55 万元，奖励扶助金 30.26 万元。春节、中秋之际，为 30 户计划生育特殊家庭送去价值 7000 余元的米、面、油等慰问品。

6 月，联合青山公安分局、区市场监督管理局等部门对区属 5 家药店和 4 家妇科诊所进行了打击“两非”专项检查。

2019 年，青山区深化实施全面两孩政策，推动生育政策平稳有序实施。青山区居住人口出生人数 3757 人，出生率 7.12‰，符合政策生育率为 99.04%。其中，一孩出生 2229 人，占出生人口比重 59.32%；二孩出生 1472 人，占出生人口比重 39.18%；多孩出生 56 人，占出生人口比重 1.5%。

【健康促进区创建】

2019 年 2 月，青山区顺利通过自治区级健康促进区验收工作。继续加强对各类健康场所的督导检查，促进已建成的试点提档升级，不断推进健康场所新试点的创建，确保健康促进区建设成效。积极协调区住建局打造青山公园为健康主题公园，创建了包头市口腔健康教育培训基地、包头市青少年健康教育培训基地和青山区健康教育培训基地。截至 2019 年年底，累计建成健康社区 27 个，健康村 10 个，健康促进机关 34 个，学校 18 个，医院 13 个，企业 11 个，健康家庭示范户 100 户。

【爱国卫生】

2019 年，印发《青山区第 31 个爱国卫生月活动方案》，组织 3 个代表队 200 余人的青山代表队，积极参加全市第 31 个“爱国卫生月”活动集中启动仪式工间操展示活动。“爱国卫生月”期间，组织开展 2 次义务劳动，1000 余人参加。两镇开展春季环境卫生整治活动，累计清理积存垃圾 30 余车、50 余吨，在全区医疗机构开展“厕所革命”，努力营造良好的如厕环境；以城区环境卫生薄弱地段和城乡接合部为重点，保持常态化，开展监督检查按每月一轮进行社区、村环境卫生常态化督查，已下发督查通知 48 期。同时，协助效能室进行督查，并回查落实各类问题 720 余项；强化病媒生物防制工作，6 月 12 日，开展世界害虫日宣传活动，累计发放相关病媒生物防制宣传资料 2 万余份，发放居民健康礼包及灭害药品 6 种，约 500 份。7 月 7 日，青山区迎接国家卫生乡镇（旗县）复审考核组检查，并发放灭害药品共 6 种 2000 余份。9 月 4 日，举办 2019 年青山地区病媒生物防制工作培训会，各街道（镇）、各大商场、各大企业、餐饮行业、公共场所及各物业管理公司相关工作人员近 200 人参加了培训；完善细胞试点打造，推动健康城市建设，对照健康细胞标准对重点行业、单位、社区、农村、学校等实际情况进行调研，确定兴胜镇、自由路街道、富饶社区、昌福新村等五大类 40 余个 2019 年度“健康细胞”试点。同时，向部分机关及各街道（镇）共发放 1200 余套健康礼包。青山区 2 个镇全部申报“国家卫生县城（乡镇）”的创建。7 月 7 日，自治区“国家卫生县城（乡镇）”复审考核工作组对兴胜镇作为新申报“国家卫生县城（乡镇）”检查点进行了考评。8 月 7—9 日，健康城市建设工作领导小组组织区爱卫办、区卫健委相关人员组成青山区 2019 年度健康食堂考核组，按照《包头市健康细胞标准（试行）》，采取听汇报、查资料、看实地相结合的方式，对青山区 2019 年度新上报的 12 个健康食堂试点创建情况进行了全面考核验收，并根据考核验收情况进行汇总。

（刘静 供稿）

青山区计划生育协会

【概况】

青山区计划生育协会（以下简称区计生协会）成立于 1987 年，为区卫生健康委员会所属相当于股级事业单位。2019 年，核定事业编制 2 名。

2019 年，围绕上级计生协会的工作部署，区计生协会创新工作品牌、加强组织建设、提升服务能力、推动落实“六项重点任务”再上新台阶，不断增强计划生育群众的获得感、幸福感和安全感。

【群众性宣传服务特色活动】

2019 年，区计生协会以“5·29”会员活动日、母亲节为契机，做好“四个带头”工作（带头讲计生协会工作、带头讲中共十九大精神、带头讲政策法规、带头讲健康知识）。开展以“5·29”、中共十九大为主题的宣传活动 60 余场，参加人数 2000 余人；面向辖区单位宣讲卫生健康政策和知识共计 180 余场，受益者达两万余人；广泛开展义诊、慰问活动，受益人群近 500 人。会员活动期间共悬挂横幅 51 条、宣传版面共 16 块，张贴宣传健康保健知识、中共十九大精神、幸福家庭等标语 100 多张，发放宣传资料 3000 余份。

【公益金关怀工作】

2019 年，区计生协会统筹做好圆梦女孩、特殊家庭、流动人口、计生困难家庭帮扶工作。将母亲节与计生协会员日有机结合，开展关怀服务活动：走访慰问计生困难家庭、计生特殊家庭、计生协困难职工、流动人口和“三留守”人员，帮助他们解决实际困难和问题；慰问了辖区生活困难母亲 10 人，发放慰问金、慰问品共计约5000元。同时，资助2名来自流动人口、困难家庭品学兼优的中学生，发放资助金 2000 元；面向流动人口，在公共场合开展义诊 30 余场，受益人数达 200 余人；关怀基层计划工作者，帮助计划生育工作者解决她们在工作生活存在的实际困难，定期发放 10 年离职计生助理补贴 4.8 万元。

【计划生育保险工作】

2019 年，区计生协会与中国人寿保险股份有限公司包头分公司联合召开了计划生育家庭保险工作培训会，向辖区 100 余名家庭意外保险工作人员详细解读了 2019 年计生家庭保险项目的基本原则、参保对象、缴费标准、出单流程、理赔流程等相关内容。培训后，协会保险工作人员通过张贴通知、入户宣传、微信公众平台公布等多种渠道，广泛宣传家庭保险，并于 4—5 月全面开展了家庭保险投保工作。保险工作开展期间，区计生协会针对保险工作改革出现的新问题进行了走访调研和业务指导，解答了保险工作相关问题。5 月底，家庭保险工作圆满结束，全区共有 4622 人参保。

【监测调查】

为全面系统了解“十三五”规划期间城乡老年人生活状况和养老服务需求现状与变化情况，国家计生协会承接了城乡老年人生活状况监测调查工作。青山区 4 个街道办事处 16 个社区参与了此次调查，圆满完成了 73 户样本户的访问与审核上报。

（杨阳　供稿）

青山区红十字会

【概况】

青山区红十字会（以下简称区红会）成立于 1960 年。2006 年，由区卫计局分管调整为区人民政府直接领导的独立社会团体，机构规格为正科级，负责宣传、贯彻、落实《中华人民共和国红十字会法》，开展人道主义救援服务，普及卫生救护和防病知识等工作。内设办公室、业务科，核定参照公务员法管理事业编制 4 名、事业编制 1 名，实有工作人员 11 人。2019 年，区红会按照“强党建、精队伍、抓作风”的工作思路，大力开展“三救、三献”（救灾、救助、救护，捐献造血干细胞、捐献遗体或器官、献血）工作，持续举办救灾、帮困和送温暖等活动，努力推进区红会各项事业不断深入。青山区人民政府荣获中国红十字奉献奖章，刘景慧被自治区人力资源厅、自治区红十字会评为全区红十字系统先进个人。

【救助帮扶】

2019 年，区红会累计投入救助资金 43.4 万元。春节期间，为贫困家庭发放米、面、油等救助物资 1500 份，投入人道救助资金 23.86 万元。与敬老院举办捐赠活动，发放慰问金 2.46 万元；救助大病、困难群众 22 人，发放救助资金 9.58 万元；对火灾受害人员进行慰问，发放慰问金 3.5 万元；救助困难学生 20 人，发放慰问金 4 万元。开展白内障患者免费手术和造血干细胞采集工作，参与自治区红会发起的“红十字光明行”救助活动，2019 年“光明行”已登记 22 人，同时完成 2018 年光明手术的回访工作（30% 的入户，100% 电话回访），并进入包头装备制造产业园区企业进行眼部体检筛查，惠及企业13家、职工179名。积极开展造血干细胞的宣传和采集工作，当年完成40名造血干细胞志愿者采集血样及信息登记，存入了中华骨髓库，超额完成了市红会下达的目标任务。

【应急救护】

2019年，区红会分别为包头师范学院、楼宇非公企业、兴胜东方蓝盾、繁荣社区、哈达社区、传化物流有限公司等进行专题性普及性培训16期，累计培训3500余人。为文体旅游行业、香格里拉大酒店、富强路街道、朝阳社区、包头轻工职业学院及二〇二中学、兴胜镇卫生服务站、社区志愿者等进行急救员培训，累计开展培训15期，共培训711人。2019年，区红会新增师资6人，截至年底，全区共有师资力量65人。

【"博爱一日捐"】

2019年，区红会组织全区130个单位及个人捐赠款物，总计146.5万元。其中，"博爱一日捐"捐款98.4万元；"党建·爱心公益汇"捐赠捐款10.2万元；企业定向捐赠款物37.9万元。聘请审计公司对2018年度募捐款的收支情况进行专项审计，无违规情况。

【理事会召开】

2019年5月，区红会召开青山区红十字会第五届二次理事会会议，审议通过2018年区红十字会工作报告、2018年度捐赠款物接受和使用情况报告及关于调整会长、理事、常务理事、监事的报告。

【基层组织建设】

2019年，全区共有10个街（镇）、74个社区（村）全部成立红十字会。各中、小学校红十字建会率达100%。同时，青山区出台《关于进一步加强红十字会基层组织建设的意见》，充分发挥基层组织力量，不断激发基层红十字组织活力。2019年，区红会成立医疗志愿者服务队共计113人，并在2019年包头首届国际马拉松赛事活动中完成了红十字志愿者应急救护服务工作。

【网上红十字建设】

2019年，区红会积极探索"一口式"工作模式，以"前台一口受理、后台协同处理"的行政服务模式来满足公众需求和减轻基层重复事务性工作负担为目标，通过服务渠道的建设和完善，按照办事流程"材料简洁、时间简短、程序简便、方便群众"的原则，逐一明确服务事项的政策依据、受理条件、申请材料、办理程序、办结时限和基本流程，缩短办理时间。12月，有11人通过网上平台申请救助，发放救助金额2.4万元。

（王淇 供稿）

社会服务与管理

人　口

【人口规模】

2019 年，青山区年末常住总户数 20.45 万户，常住总人口 52.35 万人。

【人口构成】

2019 年，青山区年末常住人口中女性 25.64 万人，男性 26.71 万人；按城乡划分，城镇人口 51.71 万人，农村人口 0.64 万人，城镇化率达 98.78%。

【人口变动】

2019 年，青山区有户籍人口 37.2 万人、13.1 万户。其中，男性 18.3 万人，女性 18.9 万人，男女比例为 97:100。出生落户人口 2995 人，死亡注销人口 1053 人，省外迁入人口 1049 人，迁出省外人口 2096 人，人口自然增长率为 5.14‰。流动暂住寄住人口（市外及市内旗县流入）16.9 万人。

（区统计局　青山公安分局　供稿）

民族和宗教

【概况】

2019 年，青山区实施机构改革，按照中共青山区委办公室、青山区人民政府办公室《关于印发〈青山区机构改革实施意见〉的通知》（青党办发〔2019〕3 号）文件要求，在区民族宗教事务局的民族工作等职责基础上，组建青山区民族事务委员会（以下简称区民委），是区人民政府职能部门，机构规格为正科级。归口区委统战部领导，加挂蒙古语文工作委员会牌子，不再保留区民族宗教事务局。负责贯彻中共中央关于民族事务工作的方针政策；组织开展民族理论、政策、少数民族语言文字的宣传教育工作；做好少数民族发展资金管理工作；承担“清真食品准营证”的审批及清真食品日常监督检查；负责蒙古语言文字政策、法律、法规贯彻执行情况的监督检查；承办民族成分的更改审核工作；开展民族团结进步创建工作，承担民族团结进步和学习使用蒙古语言文字的表彰等工作。2019 年，核定行政编制 5 名，核定科级领导职数 2 名（1 正、1 副）。内设办公室、民族事务股 2 个股室。有所属相当于股级事业单位蒙汉文翻译中心，核定事业编制 2 名。

2019 年，区民委紧紧围绕“中华民族一家亲，同心共筑中国梦”这一目标，以开展“不忘初心、牢记使命”主题教育为契机，积极创新宣传活动载体，“一周两月”活动掀起各民族团结、互助、和谐新高潮；深入开展民族团结进步创建“八进”，不断铸牢中华民族共同体意识；推树民族团结进步示范典型，达到以表彰促创建，以创建促表彰；强化工作举措，民族事务治理能力和水平不断提高；强化意识形态责任，有效规范整治普及蒙古语文工作，有力地促进了地区蒙古语文工作健康持续发展，积极推进全面建成小康社会。

【民族】

2019 年，青山区居住着汉族、蒙古族、回族、满族等 43 个民族，汉族 340224 人，少数民族 31628 人。其中，万人以上少数民族有蒙古族 16929 人；千人以上少数民族有回族 5884 人，满族 7598 人；百人以上少数民族有朝鲜族 248 人、达斡尔族 351 人；不足百人少数民族有藏族、维吾尔族、彝族、壮族、布依族、侗族、白族、哈尼族、傣族、黎族、傈僳族、畲族、拉祜族、东乡族、纳西族、柯尔克孜族、土家族、仫佬族、羌族、锡伯族、乌孜别克族、俄罗斯族、鄂温克族、裕固族等，共 618 人。

【民族政策法规宣传】

2019 年，区民委按照包头市“民族政策宣传月”“民族宗教蒙古语文法制宣传周”“民族团结进步活动月”的统一安排部署开展活动。4 月，举办青山区第十一个民族政策宣传月活动启动仪式暨民族政策答题闯关主题活动。7 月，开展青山区第十一个民族宗教蒙古语文法制宣传周集中宣传活动，举办“新时代民族理论与政策”专题讲座；8月，承办全市民委系统的“不忘初心、牢记使命”主题演讲比赛；9月，举办青山区第36个民族团结进步活动月启动仪式暨民族体育节活动；10月，组织包头市新中国成立70周年民族团结进步征文活动，区民委获优秀组织奖，促进了各民族交往、交流交融，不断增强中华民族共同体意识和凝聚力。

“一周两月”期间，以“八进”“十活动”为切入点，深入广泛开展民族政策宣传和民族团结进步教育活动。制作民族政策宣传展板40块，发放宣传手提袋6000个、课程表2000个、车辆提醒卡5000个、扇子5000个、宣传资料10000余份，举办了民族政策专题讲座2次，开展“民族宗教蒙古语文政策法律法规有奖知识竞赛答题”活动，发放并收回试卷1200余份。慰问少数民族困难家庭21户、少数民族困难退役军人2户、少数民族困难学生10人，共发放慰问金2.1万元，送去价值1000元的慰问品，在王应基村开展扶贫义诊活动，为130余名村民进行了体检、问诊，营造了浓厚的民族团结进步社会氛围。

9月27日，青山区庆祝新中国成立70周年暨第十三次民族团结进步表彰大会召开（区民委　供图）

【少数民族事业发展】

2019年，积极落实民族助理员补助政策，共为70名社区（村）民族助理员发放补助12.6万元。积极探索城市民族工作进社区、进学校新模式，打造城市示范社区2个、示范学校1个。在万青路街道春光社区打造民族之家服务基地，乌素图街道利民社区打造少数民族服务驿站，内蒙古北方重工业集团有限公司第三中学成立少数民族体验中心，将民族团结、服务融入最基层并传承和弘扬少数民族文化。积极争取包头市级少数民族发展资金，科学规划，突出重点，与青山区经济发展规划和民族工作相结合，及时补充项目，动态管理区级少数民族发展资金项目库，制订《青山区民族事务委员会少数民族发展资金项目报备实施管理工作流程（试行）》。7月，召开青山区少数民族发展资金项目评审论证会，对5个申报项目进行了评审论证。组织上报市级项目5个，变更自治区级项目3个，拨付少数民族发展资金270万元，通过实施少数民族发展资金项目，切实发挥了项目的经济社会效益，扎实推进了民族团结和边疆稳定。

【清真食品管理】

2019年，区民委按照《包头市清真食品管理条例》相关要求，积极开展清真食品年报、审批及监督检查。组织街镇民族政策宣传分队，开展《包头市清真食品管理条例》宣传活动，共发放宣传资料500余份，现场讲解“清真食品准营证”办理程序。开展摸底登记，建立台账，一户一表，圆满完成清真食品年报工作，年检个体商户98家，经营企业7家，新审批核发29家。同时，启动使用青山区协同监管平台，开展清真食品网点（企业）“双随机一公开”监督检查，检查覆盖率达到95%以上。

【民族团结进步创建】

2019年，以民族团结进步创建“八进”为载体，开展创建中央、自治区、包头市的民族团结进步示范单位活动。在区民委的积极组织推荐下，先锋道街道被国家民委命名为第七批全国民族团结进步示范单位，包头仅此1家。9月，召开青山区庆祝新中国成立70周年暨第十三次民族团结进步表彰大会，表彰民族团结进步模范集体20个、模范个人41名；学习使用蒙古语文先进集体10个，先进个人15名；民族团结和谐社区（村）15 个，达到以表彰促创建，以创建促表彰。

【蒙古语文】

2019 年，区民委大力开展蒙古语言文字的推广使用，在城市民族示范社区万郡社区开办了区民委首期“蒙古语言文字学习培训班”，参学人员 170 余名，鼓励、提倡各民族群众学习使用少数民族语言文字，增进民族文化交流交融，促进相互了解、团结和睦。结合全区机构改革，加大监督检查力度，在青山区范围内开展行政机关、事业单位、社会市面蒙汉两种文字并用及“扫黑除恶”“建国 70 周年”宣传标语蒙汉文并用治理整顿工作，累计检查审核 1300 余份。完成青山区人民政府系统蒙古文政务网站相关内容蒙古语翻译审核 200 余篇。积极配合完成“两会”“融媒青山行”等大型会议活动翻译任务，翻译准确率 100%。组织参加包头市第五届教师蒙古语标准音暨才艺大赛，民委获优秀组织奖。

（鲁春梅　供稿）

人事劳动和社会保障

【概况】

青山区人力资源和社会保障局（以下简称区人社局）成立于 1984 年，是区人民政府职能部门，机构规格为正科级。负责青山区人事人才、就业创业、社会保险、劳动保障等民生工作。2019 年，核定行政编制 9 名。内设办公室、事业单位和专业技术人员管理股、人力资源和人事人才管理股、劳动关系和劳动保障股、就业社保和基金监督管理股 5 个股室。有所属事业单位 6 个，分别为相当于副科级参照公务员法管理事业单位就业服务局、社会保险中心、劳动和社会保障监察大队；相当于股级事业单位劳动人事争议仲裁院、退休人员管理服务中心、人力资源服务中心，共核定事业编制 66 名。

2019 年，青山区基本养老保险参保 6.57 万人，比上年增长 3.5%。退休人员基本养老金按时足额发放，实现退休人员养老金“十四连涨”，第二次实现了企业与机关事业单位退休人员养老金同步调整。

人　事

【档案管理】

2019 年，机构改革将公务员管理职能划转，整理公务员及参公人员档案移交至组织部 663 本。其中，公务员 198 本，参照公务员管理 158 本，工勤 40 本，公务员及参照公务员退休人员 267 本。

【专业技术人员管理】

2019 年，青山区专业技术人员职称申报共 413 人。其中，非教师系列专业技术人员职称申报 95 人（高级职称 16 人，中级职称 18 人，初级职称 61 人）；中小学教师系列职称申报 318 人（高级 44 人，中级 165 人，初级 109 人）。特别是 2019 年中小学中初级评审权下放后，青山区自主评审中级 165 人、初级 1 人。

【高层次和紧缺急需人才引进】

2019 年，为深入实施人才强区战略，适应地区经济社会发展对人才的迫切需求，面向社会公开引进 117 名高层次和紧缺急需人才，赴教育部直属 6 所师范类院校外招优秀教师 45 名，有效缓解青山区人才紧张，进一步优化人才结构。

【工作人员考核奖惩】

2019 年，按照《内蒙古自治区事业单位工作人员考核实施细则》《青山区关于加强工作人员管理的暂行办法》等文件要求，认真开展机关事业单位及协管单位 2018 年度考核工作，根据考核结果兑现工资正常晋升、年终一次性奖金、合同制聘用人员工龄补贴等待遇，为 56 名年度考核评优人员月增资 200 元，对 4 名累计

3 次考核评优人员比照事业单位同类人员待遇兑现工资。

劳　动

【劳动保障监察】

2019 年，青山区劳动和社会保障监察大队共协调处置监察案件 239 件，涉及劳动者 1131 人，涉及金额 1770.28 万元。其中，一般案件 145 件，涉及人员 236 人，涉及金额 164.09 万元；农民工案件 94 件，涉及人员 895 人，涉及金额 1606.19 万元。

【劳动争议仲裁】

2019 年，青山区劳动争议仲裁委员会共受理劳动仲裁案件 964 件，结案 963 件，结案率 99.89%。裁决 437 件，其中一裁终局 207 件；调解 167 件；撤诉 192 件；不予受理 167 件。一裁终局率 47.58%，调解率 60.45%，线上办案率 99.06%。964 件劳动争议案件中，涉及追索劳动报酬案件 595 件，工伤保险待遇案件 18 件，不签订书面劳动合同案件 26 件，解除和终止劳动合同案件 241 件，案件共涉及人员 880 人，为劳动者挽回经济损失 739.16 万余元。打造了青山区仲裁院“数字化仲裁庭”，实现仲裁案件证据同步展示、庭审笔录同步显示、录音录像同步留存等功能，提高了办案质量和效率。制定《劳动人事争议仲裁巡回庭审制度》，将庭审现场移至案件发生地公开进行审理，更加方便企业与群众。

【退休审批】

2019 年，区人社局共为 787 人办理退休审批手续。其中，正常退休人员 302 人（企业 109 人，个体 193 人）；特岗退休人员 33 人（企业 13 人，个体 20 人）；病退人员 8 人（企业 2 人，个体 6 人）；“98 灵活退休人员”221 人；“98 企业退休人员”40 人；“98 灵活病退人员”2 人；“98 灵活就业”找到档案重新核算待遇人员 3 人；包头装备制造园区退休人员 2 人；被征地农牧民退休人员 146 人；集体工退休人员 2 人；正常退休重新核算待遇 8 人；补视同缴费人员 20 人。

【工伤认定】

2019 年，及时受理企业及个人工伤认定申报材料，对符合要求的，赴事故现场进行实地调查核实，要求企业按期提供证据材料，询问双方证明人并制作调查笔录。全年共受理工伤认定申请 124 件，不予受理 4 件；认定工伤 100 件，非工伤 6 件。

【构建和谐劳动关系】

2019 年，办理劳务派遣业务许可 5 件、民办职业培训学校设立审批业务 1 件，公布“红名单”（和谐劳动关系单位）69 家。装备制造产业园区被认定为自治区级“和谐劳动关系工业园区”，是包头市 9 个工业园区中的唯一。园区 69 家企业被认定为自治区级“和谐劳动关系单位”，所属企业均已建立工会，建会率达 100%，职工入会率达到 95%。园区现有党组织 44 家，覆盖 63% 的企业，党组织应建必建率达 100%。劳动用工备案率达到 100%，社保覆盖面达到 98%。

【退休人员管理】

2019 年，开展养老保险待遇领取人员“属地化”认证与推广手机 App 认证，采集认证共计 4.82 万人。其中，网点认证 4 万人，通过手机 App 认证 0.82 万人。协助异地退休职工进行生存认证 223 人。编号归档并录入电脑退休人员档案共计 2773 件。

社会保障

【社会保障】

截至 2019 年年底，青山区城镇职工养老保险参保 5.66 万人，其中在职职工 4.1 万人（含企业 3.4 万人、机关事业单位 6912 人）、退休职工 1.56 万人；城乡居民养老保险参保 9150 人（含退休 2800 人）。全年征缴养老保险 5.4 亿余元，其中企业 3.07 亿元、机关事业 2.32 亿元、城乡居民 248 万元；支出养老金 6 亿余元，其中企业 3.1 亿元、机关事业 2.9 亿元、城乡居民 930 万元。

【基本养老保险】

2019 年，青山区在按时足额发放退休人员养老金待遇的同时，对符合条件的退休人员进行调待和补发，实现退休人员养老金“十五连涨”，第四次实现企业与机关事业单位退休人员养老金同步调整。此次调整共惠及企业退休人员 1.14 万人，机关事业退休人员 3914 人，人均月增资 165 元/月。对用人单位申报的参保人数、缴费金额以及劳动合同签订情况开展拉网式排查，做到应保尽保，实现扩面 4646 人。

【推进机关事业单位养老保险制度改革】

2019 年，积极落实机关事业单位工作人员养老保险制度改革，细化流程、明确分工、强化部门责任。一方面加大对教育系统、公安系统、党政机关的业务培训。另一方面积极调配业务骨干成立两个改革专项审核小组，认真审核上报材料，将抓重点、审细节、一次性告知制等工作内容作为审核材料的标准。完成改革 198 户 10070 人，新机关养老保险系统发放待遇 139 户 3801 人。

（柳植媛　供稿）

就业服务

【概况】

青山区就业服务局（以下简称区就业局）成立于 1997 年，是区人民政府直属参照公务员法管理事业单位，机构规格为副科级。负责落实国家、自治区、包头市、青山区制定的就业创业政策，承办职业介绍、技能培训、就业困难人员认定、创业担保贷款、创业培训、就业困难人员社保补贴、失业保险、创业园孵化基地管理、家庭服务机构管理等业务。2019 年，有在职职工 24 人。内设办公室、综合服务股、培训股、项目股、就业股、失业保险股、职业介绍股 7 个股室。

2019 年，全区城镇新增就业 11708 人，完成年度目标任务 10600 人的 110.5%；城镇失业人员再就业 4123 人，完成年度目标任务 2000 人的 206.2%；就业困难人员再就业 1969 人，完成年度目标任务 1880 人的 104.7%；城镇登记失业率控制在 3.6%。

【通过全国人大的《中华人民共和国就业促进法》执法检查】

2019 年，制作《中华人民共和国就业促进法》宣传栏，印发《中华人民共和国就业促进法》单册 1000 册、《中华人民共和国就业促进法》应知应会 500 册、宣传单 3000 余份，发放给社区居民，大力营造良好的宣传氛围。对社区保障平台窗口工作人员培训 8 项就业创业服务共 28 人次。完善、补充 2015—2018 年“就业困难人员认定”“创业贷款”等台账 22 册。6 月 5 日，通过全国人大常委会执法检查组开展的《中华人民共和国就业促进法》执法检查。

【“就业青山 5A 智慧平台”上线】

2019 年 1 月 1 日，“就业青山 5A[即任何人（Anyone）在任何时间（Anytime）任何地点（Anywhere）均能享受全方位（Any Service）的就业创业服务（Any Business and Employment）] 智慧平台”正式上线。该平台是包头市首个关联动态数据可实现网上公共就业、创业服务的平台，通过互联网提供企业招聘、个人求职、线上对接、创业贷款申报、就业失业证办理、档案查询等 11 项服务。

2019 年，为全国范围内 800 余家用人单位发布用工信息 2 万个，召开线上招聘会 10 余场，登记个人求职信息近 8000 条，通过平台达成初步就业意向 1400 余人。

【就业创业服务平台建设】

依托“包头市青山劳务市场”“青山区优创创业园”“就业青山5A智慧平台”“青山区创业者协会”“青山区家庭服务业协会”五大平台，引领辖区10个劳动保障事务所、50个社区，为周边5.8万城镇失业人员、农村富余劳动力转移就业创业，为其提供高效、便捷、优质的就业创业服务。

2019年，举办“就业援助月”“春风行动”“发展家庭服务业暨促进赵家店村居民就业专场招聘会”等各类招聘会30场，提供就业岗位2万余个，就业服务人数3万人，达成就业意向2000余人次。

【加快培育创业园孵化基地】

2019年，引领创业园孵化基地建设，营造“创业青山”浓厚氛围，培育20家创业园孵化基地累计面积241万平方米，带动就业7766人。其中，入驻高校毕业生370人；申请创业园孵化基地以奖代补资金2050万元，运营补贴335万元；举办创业义诊、路演、资金项目对接会等活动24场，受益企业近500家次；先后出台《包头市青山区家庭服务业行业公约》《三统一、一保障、八规定服务标准》《青山区家庭服务业行业指导价格》等一系列标准，开创全市先河；组织家政服务业行业研讨会、家政主题沙龙活动等大型活动12场。

【援企稳岗工作】

2019年，为足额缴纳失业保险一年以上，且不欠费，2018年度未裁员或裁员率低于包头市城镇登记失业率的企业办理援企稳岗补贴；对面临暂时性生产经营困难且有望恢复的企业返还6个月上年度缴纳社会保险金。对包头晶奥太阳能科技有限公司、包头市太阳满都拉电缆有限公司、内蒙古小尾羊餐饮连锁有限公司等56户企业申报援企稳岗补贴124.16万元，惠及职工4135人；为内蒙古第一电力建设工程有限责任公司申报返还社保资金734.81万元，惠及职工1220人。

【创业担保贷款】

按照要求降低贷款门槛、提高贷款额度，点燃创业者的热情。进一步强化创业培训工作，积极开展创业意识培训，提升技工、中职院校毕业生创业意识。截至年底，发放创业担保贷款9001万元；开设创业培训班67个，培训1770人。

【技能培训工作】

2019年，推进“终身技能培训制度”，将培训工作推向制度化、规模化、品牌化。进一步加大实训基地建设，重点打造一批高起点、高标准、高层次的实训基地。指导培训机构进一步提档升级，贴近市场需求，实现培训内容与市场需求“无缝对接”。城镇就业再就业培训3408人；农牧民工转移就业技能培训2262人；家庭服务业从业人员培训2099人。

【就业困难人员认定及社会保险补贴发放】

2019年，坚持以群众的生活现实困难为导向，着重做好重点群体就业创业帮扶工作。截至2019年年底，认定就业困难人员1521人，办理“就业失业登记证”3095册；开发社区公益岗位16个，安置“零就业家庭”成员4人，“零就业家庭”动态清零；为就业困难人员5672人申请社保补贴3215万元；为公益性岗位、民生志愿者、大学生公益岗位544人申报社保补贴576万元，发放岗位补贴777万元。

【发展家庭服务业工作】

2019年，进一步完善家政服务体系，在包头市率先出台“家庭服务行业公约”“指导价格”“服务标准”“规范化协议”等一系列规范化标准。探索发展家政服务“专业化小市场”模式，为雇主与家政人员提供良好的交流、沟通、应聘的平台。全年新申报家庭服务机构14家，社区家庭服务站4个。截至2019年年底，新申报家庭服务小市场3家。

（王岩　供稿）

民　政

【概况】

青山区民政局（以下简称区民政局）成立于1978年9月，是区人民政府职能部门，机构规格为正科级。2019年，青山区实施机构改革，按照中共青山区委办公室、青山区人民政府办公室《关于印发〈青山区机构改革实施意见〉的通知》（青党办发〔2019〕3号）文件要求，区民政局将老龄事业管理职责划转到区卫生健康委员会；退役军人双拥优抚安置职责划转到区退役军人事务局；医疗救助职责划转到区医疗保障局；救灾职责划转到区应急管理局。随职责人员转隶5名，其中转入人员1名、转出人员4名。负责青山区城乡基层群众自治组织和社区建设及服务管理工作；推进社工人才建设和志愿者队伍建设。负责城乡低保、社会救助；社会组织服务、全区性社会团体登记和年检指导；区划地名，负责与相邻地区的界线划定和竖桩工作，负责区内道路、街坊、小区命名的审核报批工作；负责殡葬改革、婚姻登记、养老服务和儿童福利等工作，肩负着调解社会矛盾、促进社会公平、维护社会稳定、促进社会发展的重要使命。2019年，核定行政编制5名，有干部职工61人。内设办公室、财务股、基层政权和三社联动股、社会组织和地名股、农村社区股、社会事务股、养老服务和儿童福利股、社会救助股8个股室。有所属事业单位6个，分别为相当于副科级事业单位最低生活保障中心；相当于股级事业单位社区管理服务中心、殡葬管理所、青山区城镇居民家庭经济状况核对工作中心、青山区婚姻登记管理中心和青山区社会组织服务中心，共核定事业编制23名。

2019年，包头市青山区弘仁社会工作服务中心获批国家“三区”计划定向帮扶国家贫困县社工人才输出单位。区民政局在市级民政系统2019年度重点工作综合评估中获评96分，位居第一名。

【巡察整改】

2019年4月，区民政局接受十届青山区委第六轮巡察工作，巡察出四个方面8项问题，形成建立整改措施34条。在整改阶段建立、完善制度20条，形成《青山区民政局巡察整改制度汇编》。

【扫黑除恶】

印发《青山区民政局关于开展扫黑除恶专项斗争三年行动实施方案》《2019年青山区民政局扫黑除恶专项斗争工作要点》和《青山区民政局扫黑除恶专项斗争制度汇编》。对养老、殡葬、社会救助、基层政权建设等职能工作领域进行涉黑涉恶线索摸排，未发现“村霸”、腐败和把持基层政权的行为。对标《包头市关于中央扫黑除恶专项斗争第15督导组第一阶段督导反馈意见的整改方案》要求，强化主体责任，聚焦突出问题，推进各项问题整改落到实处。7月1日，举办民政系统扫黑除恶暨乡村振兴培训会。

【社区治理成果】

推动社区民主协商治理创新。5篇民主协商案例入选内蒙古自治区《基层民主协商典型案例选编》，3篇民主协商典型案例在5月《社区》杂志上广泛宣传。万青路街道春光社区“五位一体”民主协商社区物业管理获得首届“中国城市治理创新奖（2018—2019）”入围奖，是内蒙古自治区唯一入围的社区治理创新经验项目。进一步加大网格员入户和信息采集系统的监管力度，对10个街道（镇）开展网格员入户、综合治理排查、居民采集信息情况督查，对排名后10名的工作人员予以扣除全年绩效考核工资、辞退等处理决定。推行“一口式”受理服务，梳理了63项公共服务事项，2019年共办理业务18400件，达到“信息多跑路，居民少跑腿”的目标，增强政府为民服务的工作效率。

【三社联动多元发展】

推动“三社联动”提升多元治理。出台《深入推进“三社联动”服务的实施意见》等相关制度，支持各街镇“一特一品”三社联动品牌项目启创，与自由路办事处共同推进“居民提案人”金点子工作。代表青山区申报获批国家“三区”计划定向帮扶国家贫困县社工人才输出单位，是全市唯一获此殊荣的单位。“三社联动”基地社工人才输出结对帮扶国家贫困县项目，入围国家“三区”计划。孵化培育的“党建•爱心公益汇”项目与腾讯合作开展“99 公益日”配捐活动，共筹集资金 30.7 万元，开展 19 个子项目助力脱贫攻坚。

【社会组织审批】

探索优化社会组织登记管理工作，出台《青山区社会组织容缺预审登记管理暂行办法》。2019 年，完成 72 家社会组织登记和 81 家社会组织的注销、变更、换证工作。5 月，组织 200 余家社会组织开展意识形态工作和年检专项培训。

对 169 家社会组织采取网上办理和现场办理相结合的方式进行年检，合格率为 100%，未年检 36 家。全区单独成立党支部的社会组织 11 家，党员 80 余人。年检情况通过网上公示，公开年检结果。

【清理整治公开募捐箱】

按照市民政局《关于对无公开募集资格社会组织设立募捐箱开展专项清理整治》的相关部署，青山区以各街镇、社区为工作主体，全面排查辖区内公开募捐箱设置情况。旧物回收箱排查工作于 4 月 30 日全部完成。经统计，共有旧物回收箱 823 个，其中非法回收箱 511 个、合法回收箱 312 个。此次清理工作共投入人力 200 余人次，车辆 60 余台次。

【行业协会商会与行政机关脱钩】

按照《包头市行业协会商会与行政机关脱钩实施方案的通知》要求，与业务主管部门对接，对业务管理范围内的行业协会商会与行政机关机构分离、职能分离、资产财务分离、人员管理分离、党建分离的事项进行逐个梳理排查。经排查，4 家社会组织不在脱钩范围。

【清理规范党政干部兼职】

结合年度检查，对未年检、没有任何活动及由财政、业务主管单位下拨专项资金的社会组织，统一进行党政领导干部兼职社会组织职务清理规范。依法登记的 7 家社会团体中，4 家全部通过区组织部门审批同意，2 家已经注销完毕，1 家在注销中。

【宗教场所类社会组织排查】

根据《关于宗教活动场所办理法人登记事项的通知》（国宗发〔2019〕1 号）、《关于规范宗教活动场所法人登记工作的通知》（内民政发〔2019〕86 号）的要求，对青山区 8 家宗教类社会组织排查，1 家符合登记要求。对不符合要求的 7 家宗教场所类社会组织进行注销登记。

【业委会法人登记工作】

按照“先试点、后推广、边探索、边总结”的整体思路，联合住建局物业管理中心，对青山区 2018—2019 年登记备案的 55 家业主委员会的运行和小区服务情况进行逐一了解、实地调研。将业主委员会社会团体注册资金由原来的 1000 元降低为 1 元。2019 年完成 11 家业委会的法人登记工作。

【地名普查】

地名普查工作进入最后成果转化阶段，按照国务院地名普查办地名普查成果数据复验审核结果，对成果数据进行移交、继续开展地名普查成果转化工作，对《青山区地名志》、行政区划图、街镇区域图册进行修改完善并印刷。

完成《包头市地名志》青山部分词条内容的填充及完善。青山部分共 384 页，涉及全区街道、乡镇、自然实体地理、纪念地与旅游景点、具有地名意义的单位、城市交通枢纽、水利、电力设施等 20 项内容。

【殡葬服务管理】

围绕“推行文明殡葬，构建和谐社会”主题，在街道社区、村组织开展殡葬知识与法规宣传30次。在清明节期间，积极向居民们发放《清明节文明祭祀倡议书》，宣传册1000余份、宣传页2000余份；大力开展封建迷信祭祀用品销售检查，对青山区内经营祭祀用品的门店和临时摊点进行整治；开展为期三天的公墓巡查和城区夜间巡查。进一步开展违法违规私建“住宅式”墓地等突出问题专项摸排工作，对3处历史集中墓葬点（青福镇色气湾村、兴胜镇羊山窑村、当铺村）和2个农村公益性公墓点（银匠窑村、二海壕村）的管理问题进行整治。起草下发《关于进一步开展青山区殡葬领域突出问题专项整治行动“回头看”工作的通知》，进一步规范和加强殡葬管理服务，有效解决殡葬领域群众反映强烈的突出问题，着力维护人民群众切身利益。

【流浪乞讨救助管理】

认真贯彻落实中共中央办公厅、国务院办公厅《关于加强和改进生活无着的流浪乞讨人员救助管理工作的意见》精神，强化协助包头市救助站开展生活无着的流浪乞讨人员救助管理服务工作。全年共救助流浪乞讨人员8人，均已送至包头市救助站进行救助。2019年10月，区民政局救助1名流浪汉，联合包头市救助站、公安局充分利用信息化手段，依法依规进行核查，认定该流浪人员是在逃26年的杀人犯，最终将其遣返原籍移交当地公安部门。

【“老少乐园”建设】

区民政局认真落实区人民政府2019年《政府工作报告》中提出的“探索引进知名品牌养老机构连锁运营日间照料中心，建立10个‘老少乐园’，实现社区养老全覆盖”要求，积极对接和引进养老服务机构和相关社会组织。区人民政府出台《青山区“老少乐园”建设运营管理试行办法》。截至2019年年底，共建成14个“老少乐园”，分别是幸福路街道阳光社区、科学路街道迎二社区、纺织社区、自由路街道欧鹿社区、乌素图街道建华社区、长征社区、青福镇保利社区、先锋道街道青园社区、哈达社区、北嘉社区一站、北嘉社区二站、富强路街道富达社区、青山路街道都兰社区、北新社区。其中，阳光社区打造成为青山区“老少乐园”社区养老模式高标准示范点，争取到“草原英才”项目建设资金30万元。

【社区日间照料中心和农村养老服务站建设】

2019年，共新建社区日间照料中心5所（学院社区、光明社区、欧鹿社区、文昌社区、青山区老年综合养护院日间照料中心），新建农村养老服务站10所（赵家店、银匠窑子、二海壕、银海社区、色气湾、后营子、羊山窑子、永和窑子、笸箩铺、西边墙），推动公共服务资源向农村养老服务倾斜。

【养老儿童工作】

2019年，80岁以上老人高龄津贴每人每月100元，百岁老人高龄津贴每人每月600元，共为13001名老人发放高龄津贴1470.19万元。

对全区留守儿童进行摸排，排查建档立卡享受低保的留守儿童36人；流浪乞讨、失学辍学等未成年人1人。对青山区孤儿进行入户了解并更新全国儿童福利信息系统，实现对全区孤弃儿童养育基本情况动态掌握。青山区有孤儿4人，事实无人抚养儿童5人。孤儿养育金每人每月1700元，全年共发放19.24万元。

【全国社会救助综合改革】

青山区着眼于解决“程序不到位、责权不对等、救助缺位”等问题，持续推进以“精管理、细服务、多元救助升温度”为主题的社会救助综合改革工作。5月1日起，将低保、临时救助审批权限委托下放到村镇和社区，实现一级办结，真正实现了“群众少跑路、最多跑一次”的改革初衷。修改下发《最低生活保障认定办法》《临时救助实施细则》等5个配套政策中的审批流程，进一步完善社会保障体系。

实现了社区网格评估、高效转介、按需救助的目的。购买“社会救助核查服务”“社会救助多元化服务”共计投入47万元，以提升社会救助工作两端延伸服务水平。

【最低生活保障与特困供养人员救助】

1月起，低保标准每人每月提高40元，达到每人每月710元。对低保对象中的老年人、重度残疾人和重病患者等，按照不超过低保标准30%的比例提高补助水平。全年共计发放低保金580.62万元。

1月，分散供养人员生活补贴标准每人每月提高400元，达到每人每月1600元，涨幅达33.3%。全年为特困供养人员发放生活补贴金、护理补贴金共计124万元。

【临时救助】

用心用情关心困难群众，统筹全区12个委办局、10个街道（镇）开展春节特困救助慰问工作，形成了长效机制和规范流程，为2021户发放春节临时救助金383.39万元。2019年，为各街道（镇）预留临时救助资金1万元，全面落实急难救助“先行救助”的救助措施。

【医疗救助】

累计为791人次低保对象、特困对象全额资助参加城镇居民医疗保险、合作医疗、商业医疗保险20.7万元；为57名低收入患病家庭发放医疗救助金26.59万元。因机构改革职能划转，此项工作于2019年5月正式移交青山区医保局。

【慈善事业】

搭建政府部门救助资源、社会组织救助项目和公民个人救助意愿与急难对象救助需求对接的信息平台，大力扶持公益服务类社会组织建立公益创投项目，撬动社会公益资本，形成“救急难”合力。青山区慈善总会用21万元购买2个项目，为贫困学生、孤寡老人等弱势群体开展服务。同时，对特困家庭患重特大疾病的人员开展慈善医疗救助，为7户患有重特大疾病的特困家庭发放医疗救助金19.8万元。

【婚姻登记】

2019年，婚姻登记处共办理结婚登记2275件，办理离婚登记1399件；补发婚姻登记证明书结婚1950件、离婚147件，出具无婚姻状况证明1条。办理登记合格率100%。

【婚姻历史档案补录】

按照民政部《关于加强婚姻登记历史档案数据补录工作》要求，婚姻登记处集中力量，历时三个月，于4月底前圆满完成了1979—1989年婚姻档案历史数据的补录工作，共补录结婚档案24567卷、离婚档案236卷，使青山区现存婚姻历史档案全部录入内蒙古婚姻登记系统。9月初，通过各街道（镇）社区张贴公告，采集1950—1978年登记结婚的当事人信息，于9月底补录完成193卷。

【婚姻家庭社会化服务】

继续开展婚姻家庭社会化活动，强化全民健康婚姻理念。5月20日，在办理登记现场，面向100对新人进行了新婚心理测试问卷，并邀请专业婚姻心理咨询师分别为12对新人现场开展免费婚前教育培训。6月，区民政局、包头师范学院政法学院社工系、包头婚姻家庭协会共同举办的“当青春遇上爱情”——青山区大学生婚恋观主题教育活动，在包头师范学院成功举办。面向自由路街道及先锋道街道哈达社区开展了2期“家庭生活与工作压力心理解压疏导”小组活动。与团区委、哈达社区联合举办“甜蜜鹿城青春有约”青年交友联谊会。

【社会组织党建和孵化创投】

2019年，打造青山区社会组织党群服务中心，搭建一个党建指导、孵化支持、人才培育、项目扶持的综合服务平台，提供社会组织登记注册引导、社会组织党建咨询办理、党群活动组织、资源需求对接、组织孵化培育、能力建设培训及种子扶持基金等日常服务。投入30余万元用于公益慈善创投项目大赛，支持15个优秀项目落地社区为居民群众提供点单式“菜单服务”，1400 余人受益。为 10 家社会组织提供机构发展优势、战略发展规划等方面的个性化咨询诊断，举办社会组织“社会组织与服务品牌建设”等专题能力建设培训 10 期，500 余人次受益。组织 33 家社会组织响应腾讯“99 公益日”联合募捐行动的倡议，参与脱贫攻坚行动，共捐助资金 7518.6 元。

【完成村民委员会缺额成员补选】

对村民委员会缺额成员进行差额补选。青福镇赵家店村开展村委会委员补选，产生村委会委员 1 名；兴胜镇二相公村开展村委会委员补选，产生村委会委员 2 名。9 月 30 日，补选工作圆满完成。

【加强苏木乡镇政府服务能力建设】

结合中共包头市委办公厅、包头市人民政府办公厅联合印发的《包头市关于加强苏木乡镇政府服务能力建设的实施方案》，出台《青山区加强乡镇政府服务能力建设三年行动计划》。征求文件涉及 29 家部门意见，并将青福镇、兴胜镇设为苏木乡镇政府服务能力建设试点，进一步推动苏木乡镇政府服务能力建设顺利开展，推进苏木乡镇政府职能转变，加强苏木乡镇政府服务功能，不断提升苏木乡镇政府服务能力水平。

【规范完善青山区村规民约】

全力推进青山区农村社区服务标准化建设工作。民政局、组织部、政法委、文明办、司法局、农牧局、妇联 7 个部门联合印发《关于进一步做好青山区村规民约（居民公约）修订和完善工作的实施方案》，完成村规民约的制定或修订覆盖率达 100%。提升青山区城乡社会治理和群众自治水平，助力乡村振兴战略实施发展。

【离任村干部补贴发放】

按时发放离任村干部补贴并开展督查工作。为全区 30 名离任村干部发放生活补贴 31.2 万元，所有款项及时足额发放到位。妥善解决离任村干部生活困难，加强了农村基层组织建设，维护了基层社会稳定。

（杜娟　供稿）

青山区残疾人联合会

【概况】

青山区残疾人联合会（以下简称区残联）成立于 1989 年，是中共青山区委员会、青山区人民政府联系残疾人的群众团体。下属 8 个街道和 2 个镇残联、54 个社区和 21 个村残协、5 个专门协会。2019 年，有在岗职工 8 名。其中，公务员 2 人，参照公务员法管理人员 4 人，事业编制 1 人（已于 2019 年 8 月调到财政局），合同制聘用 1 人。

2019 年，区残联结合“不忘初心、牢记使命”主题教育，抓好残疾人康复、扶贫、无障碍改造等各项惠残工作。在残疾人“温馨家园”建设、精准康复服务、无障碍改造服务、残疾人证办理等方面创新服务方式，受到多方好评。截至 2019 年 12 月底，青山区持第二代残疾人证残疾人共 6809 名。其中，一、二级重度 2264 人，三、四级 4545 人；肢体残疾 4093 人，视力障碍 705 人，听力障碍 654 人，智力障碍 594 人，精神障碍 529 人，言语障碍 66 人，多重残疾 168 人。当年投入 230 余万元用于重度残疾人补贴和困难残疾人补贴；下拨其他各类惠残资金 295 万余元，用于残疾人基础服务建设和民生保障项目。

【残疾人证办理工作】

2019 年，区残联在全市率先改革创新工作方式，将残疾人证的申请及发放证件下沉到社区（村）服务站办理，解决残疾人办证难问题。邀请专家为出行困难的重度残疾人、老年残疾人提供上门评定服务，全年上门服务 76 人。为缓解残疾证十年大换证评定的人流压力，区残联积极与北方医院对接，增加其为残疾评定定点医院，加快办证工作进度。对评定中存在的问题，与医院及时沟通。制定了《残疾人定点评定机构管理办法》，规范评定流程，加强有效监督。办证下沉社区（村）有效促成了残疾人口数据在“云计算”平台实现共享行政审批。全年到期换证 1616 个，新申请 386 个，为 83 名贫困残疾人减免评定费 27550 元。通过调研跟踪办证下沉工作效果，得到残疾人全面满意的良好反馈。

【残疾人“温馨家园”建设】

2019 年，区残联利用自治区拨付的 50 万元资金打造 4 个“温馨家园”（分别位于自由路街道朝阳二社区、幸福路街道阳光社区、先锋道街道哈达社区、乌素图街道长征社区）。通过公开招投标，将康复设备全部安装到位。12 月 17 日，在青山路街道举办了青山区残疾人“温馨家园”启动仪式，与社区“老少乐园”统筹规划、资源共享、同步打造，为残疾人提供康复训练、技能培训、日间照料等多元融合的综合性服务。

【残疾人辅具评估及适配服务】

2019 年，青山区与包头市残联辅具服务中心实现资源共享，成立了青山区残疾人辅具服务工作站，为地区残疾人提供更专业的辅具评估、适配及其他服务。依托残疾人无障碍管理系统和残疾人精准康复系统，完成对青山区残疾人辅具需求的筛查及评估适配工作。12 月，区残联在青山区 4 个残疾人“温馨家园”的集中启动仪式上，为符合条件的 275 名青山区残疾人全部配发了辅助器具，适配率达 82%。

【青山区肢体残疾康复中心】

2019 年，为向占全区残疾人总数 61% 的肢体残疾人提供更优质的康复服务，区残联与区中医院共同打造了青山区肢体康复中心。以政府购买服务的形式，投入 75 万元为 250 名肢体残疾人进行了康复与治疗。专业医师针对不同残疾人的状况和需求提供个性化、精准化治疗方案，采用针灸、推拿、按摩、磁疗、艾灸等传统中医手法提供专业康复服务。该项目已列为 2020 年青山区好事实事项目。

【残疾人家庭无障碍改造工作】

2019 年，区残联用青山区投入的 60 万元为全区 100 户残疾人家庭进行个性化无障碍设施改造。在优先保障一、二级重度残疾人家庭同时，对三、四级贫困残疾人家庭进行了无障碍需求扩面摸底。对出入坡道及扶手、厨卫设备及生活用品等 70 项 1000 余件无障碍设施进行改造，提高了残疾人生活质量。

【残疾人精准康复服务】

2019 年，区残联树立“大康复”理念，扎实开展个性化、广覆盖的精准康复服务。通过统筹共享卫生、民政、街道（镇）、社区卫生服务机构的人力、物力、财力及信息传达资源，理顺机制、提高效率，及时布置、指导和通报精准康复服务工作，有效推动了残疾人家庭医生签约服务工作的落实。当年为全区 2415 名残疾人提供基本康复服务，服务覆盖率达 83%；为近 3000 名残疾人提供家庭签约服务，签约率达 80% 以上。为贫困白内障患者免费实施复明手术 15 例，补助 1.5 万元；对残疾儿童康复救助做到应救尽救，0 ～ 10 岁儿童救助率实现 100%。当年全区新增审批肢残、智力、自闭症等残疾儿童共 39 名，向包头市昆都仑区天使家园自闭症儿童康复中心、包头市稀土高新区益捷康儿童康复中心、包头市儿童脑瘫康复中心、包头市低视力康复中心 4 家机构拨付康复经费共计 39 万余元。

【残疾人社会保障】

2019 年，区残联投入 3.12 万元为青山区 520 名三、四级残疾人办理了 2019 年残疾人意外伤害保险，最高赔偿金额 6 万元；由自治区为符合条件的 2529 名一级、二级重度残疾人统一承担保费，条件符合的残疾人全部参加了此项保险。当年协助区民政局对 2417 名残疾人进行资格审核，并由区残联划转到区民政局发放两项补贴资金 230 余万元。不断推进残疾人就业服务，当年对 5 家总计安置残疾职工 138 人的福利企业发放扶持残疾人就业创业补贴资金 89 万元。

【残疾人帮扶救助】

2019 年，区残联在春节前投入资金 21.7 万元，走访慰问残疾人 203 名；配合区扶贫部门对兴胜镇 3 名农村户籍的残疾人进行了青山区扶贫基金申请人员资格认定；落实区扶贫办 2019 年度相对困难农户帮扶工作，端午节对兴胜镇二相公村 6 户相对困难农户发放慰问金 6000 元。在教育助学方面，当年对 31 名残疾人大学生及残疾人家庭子女大学生发放助学金 7.45 万元；对青山区两家学前教育机构发放中央彩金学前教育补贴资金 6000 元；协助区委统战部、区教育局进行“泛海助学行动”资格审核 41 人；为青山区 3 名应届录取残疾人大学生申请自治区助学金。

【残疾人就业保障金征收】

2019 年，区残联对网上申报和现场申报的企业进行及时沟通、认真核定。经过五个多月的努力，残疾人就业保障金核定征收工作圆满完成，当年核定征收 1887.87 万元，为残疾人工作资金提供了有力保障。

【残疾人宣传文体活动】

2019 年，区残联开展丰富多彩的残疾人文体活动。在“全国助残日”期间，举办“心手相牵，共享荣光”喜迎祖国 70 华诞暨第 29 次全国助残日主题活动、“听见春天，残健融合”等系列活动。8 月，组织 9 名残疾人轮跑爱好者参加包头首届国际马拉松赛。开展新闻宣传报道工作，向上级报送信息42篇。助残日期间，通过“直播包头”栏目、《包头日报》对青山区系列活动进行了专题报道，营造扶残助残的良好社会氛围。

【维护残疾人合法权益】

2019 年，区残联保障残疾人反映问题权利，做好来电来访接待工作。全年接待来访在案 58 件，市政府热线回复 3 件，行风热线 2 件，来电来访咨询解答数件。积极落实依法治区相关工作，做好残疾人法制宣传，与相关部门协调沟通，为残疾人涉法涉诉问题提供法律咨询服务。

（朱巧玲 供稿）

退役军人服务

【概况】

2019 年，青山区实施机构改革，按照中共青山区委办公室、青山区人民政府办公室《关于印发〈青山区机构改革实施意见〉的通知》（青党办发〔2019〕3 号）文件要求，将区民政局的退役军人优抚安置职责，区人力资源和社会保障局的军官转业安置等职责，以及军队有关职责整合，组建青山区退役军人事务局（以下简称区退役局），为区人民政府职能部门，机构规格为正科级。负责贯彻落实退役军人思想政治、管理保障等工作政策法规，负责全区军队转业干部、离退休干部、退役士兵的移交安置和自主择业退役军人服务管理、待遇保障工作，组织开展退役军人教育培训、优待抚恤，组织指导全区拥军优属工作，负责烈士及退役军人荣誉奖励、纪念活动等工作。内设办公室、拥军优抚和权益维护股、移交安置管理股 3 个股室。有所属相当于股级事业单位退役军人服务中心。

2019 年，区退役局坚持以习近平新时代中国特色社会主义思想为指导，全心全意为退役军人服务，圆满完成各项工作。

【拥军优属褒扬纪念】

2019 年，为切实强化退役军人服务保障体系建设，推进退役军人服务管理工作向基层延伸，青山区成立青山区退役军人服务中心、10 个街道（镇）退役军人服务站、50 个社区（村）退役军人服务站，完成青山区退役军人服务保障体系建设，实现全区退役军人服务网络全覆盖。

4 月 22 日，青山区举行为烈属、军属和退役军人悬挂光荣牌启动仪式。2019 年，为全区符合悬挂标准的烈属、军属和退役军人家庭悬挂光荣牌，悬挂率 82%。各项抚恤补助经费及时足额到位。严格按照标准社会化足额发放在乡复员军人、“三属”、伤残人员、带病回乡退伍军人、参战参试退役人员、农村 60 岁以上退役士兵等优抚对象定期抚恤金和生活补助金，有力保障优抚对象生活，维护社会和谐稳定。优抚对象医疗补助政策得到落实。全年共为 15 名优抚对象报销住院医疗费用 1.26 万元，发放优抚对象门诊补贴 194 人、36.37 万元。通过医疗保障制度的落实，保证优抚对象现有医疗待遇不降低，给优抚对象医疗优惠和照顾，减轻了优抚对象的负担。确保“两金”资金足额到位。根据农牧民人均纯收入和城镇居民可支配收入数据的变化，及时调整当年度的“两金”标准。“八一”建军节前，共发放义务兵家庭优待金 329.9 万元。7 月 10 日，区退役局与中国银行青山支行签署了拥军优抚合作协议。协议签订后，中国银行青山支行各网点将为军人军属、退役军人和其他优抚对象开辟“绿色通道”，提供优先、优质和个性化专属金融优惠服务，大力营造浓厚的“双拥”氛围。为庆祝中华人民共和国成立 70 周年，7 月 24 日，由青山区委、区人民政府主办，区委宣传部、区退役局、区妇联联合承办“讲最美军民共建事，传青山双拥好传统”主题宣讲活动，并对优秀退役军人、最美军人家庭、好军嫂进行了表彰。青山区四大班子领导组成 4 个拥军慰问组，分别走访慰问驻青山区部队和武警官兵，代表青山区委、区人民政府和全区人民，向全体驻区部队官兵及其家人致以节日祝贺、诚挚慰问和崇高敬意。此次活动，共为 13 支驻区部队送去慰问品价值 30 万元，慰问重点优抚对象、伤残军人、生活困难退役军人、模范退役军人共 23 人、11500 元。积极做好青山区士兵在服役期间荣立军功的奖励金发放工作，“八一”建军节前夕，由各街道（镇）将奖励金与喜报一并送达士兵家中，三等功 1000 元，优秀士兵 500 元，共发放军功奖 48 人、32500 元，营造了“一人立功受奖，全家光荣”的氛围。9 月 30 日是国家第六个烈士纪念日，为弘扬烈士精神、缅怀烈士功绩，开展了形式多样、内容丰富的系列纪念活动。慰问烈士家属，真情温暖人心，为烈士家属赵玉梅送去慰问金 3000 元；以走访慰问的形式为 18 名中华人民共和国成立前入伍的伤残军人、复员军人发放中华人民共和国成立 70 周年纪念章，把中共中央的关怀送到每一位获得者的心坎上；青山区四大班子领导、区退役局党员干部、退役军人代表在井坪公园革命烈士纪念碑前参加烈士纪念日公祭活动，向革命烈士纪念碑敬献花篮，共同缅怀烈士功绩、弘扬烈士精神；开展《中华人民共和国英雄烈士保护法》宣传活动，悬挂“继承英雄传统，弘扬英烈精神”的宣传标语，工作人员为群众讲解英雄烈士保护的意义，并发放宣传折页 500 多份。

【社保接续】

8 月，按照包头市部分退役士兵社会保险接续工作要求，接收申请材料，审核养老保险和医疗保险，进行申请表打印、缴费通知单打印工作。

【创业就业】

10 月，落实《关于促进新时代退役军人就业创业工作的实施意见》《包头市退役军人事务局关于做好退役军人就业创业、部分退役士兵社保接续相关工作的通知》精神，区退役局开展自主就业退役士兵社会适应性培训 1 次。

【退役士兵安置】

2019 年，接收报到自主就业退役士兵，核算发放退役补助金。为 6 人核算发放待安置期间生活费共 2641 元，无军籍人员 12 人生活费（含取暖费、防暑降温费、全年福利）共 673950 元，无军籍人员 1 人核算发放医疗补助共 2671.65

元，复员干部3人核算发放生活补助共2880元，取暖补贴3人共3600元，复员干部医疗养老保险报销1人8219.06元。

（曹昱晟　供稿）

精准扶贫

【扶贫情况】

2019年是脱贫攻坚关键年，按照中央、自治区、包头市脱贫攻坚工作会议的决策部署，青山区始终坚持把扶贫开发作为决胜全面建设小康社会的基础性工作来抓，坚持精准扶贫、精准脱贫基本方略，巩固脱贫成果，精准识别，精准施策，严防农户因病、因灾、因事故致贫，全区扶贫各项工作扎实有序推进。

【扶贫开发】

青山区高度重视扶贫工作，多次召开精准扶贫、精准脱贫专题会议，及时安排部署。2019年，重新调整领导小组和脱贫攻坚专项工作推进组，各专项工作推进组在区扶贫开发领导小组的统一领导下，按照职能分别牵头负责各自领域的专项扶贫工作；继续按照包村责任制，实行一个县级领导和两个区属行政事业单位包一个村，镇里每名科级领导及工作人员包一个村的双重包村责任制，构建“领导带头、部门包村、干部包户”的帮扶体系，增强帮扶精准性。

【扶贫救助动态识别】

扎实做好精准识别动态管理工作。按照扶贫对象动态管理原则，对常住农户实行每半年识别一次，实时进行全区贫困人口动态监控，及时将贫困对象识别出来，做到应纳尽纳、应扶尽扶。同时，开展每月一次动态监管机制，各村每月开展一次困难农户排查工作，重点排查有无贫困户、边缘户、相对困难农户及大病家庭情况。截至2019年年底，青山区未发现贫困户、边缘户。

筑牢兜底保障工作。坚持“大扶贫”工作格局，与检察院联合制订《关于检察机关结合脱贫攻坚深入开展国家司法救助实施办法（试行）》；与区委组织部等部门联合举办了“不忘初心 凝心聚力 携手济困”国家扶贫日主题活动，为8户相对困难农户申请公益之家，捐助生活用品90件。截至2019年年底，组织相对困难农户开展大病救助及扶贫基金救助工作，对两镇上报的救助对象逐户走访、摸底筛查，确保应纳尽纳。2019年度救助相对困难农户31户，救助金额17.8万元，确保困难群众不会因病、因残、因学等情况致贫，进一步巩固了青山区脱贫成果。

2019年10月14日，青山区扶贫办开展国家扶贫日活动（区农牧局 供图）

【强化扶贫政策宣传工作】

组织区、镇、村三级扶贫干部举办全区脱贫攻坚专题培训会，提升扶贫干部工作能力和水平。成立了“乌兰牧骑”扶贫小分队，深入农村、社区开展了40余场扶贫政策宣传活动。深入各村进行宣传，发放扶贫政策宣传单1万余份，录制精准脱贫政策宣传音频，在村村通广播进行播放，让新思想新政策传遍乡村角落。

（乔帅　供稿）

信　访

【概况】

青山区信访局（以下简称区信访局）成立于2010年，是区人民政府职能部门，机构规格为正科级。负责受理、交办、转送信访人提出的信访事项；承办上级和本级交办的信访事项；研究、分析信访情况，及时向本级人民政府提出完善政策和改进工作的建议等。2019 年，核定行政编制 9 名。内设办公室、综合股、来访和网信股、督查股 4 个股室。有所属事业单位 2 个，分别为相当于副科级事业单位信访接待服务中心、相当于股级事业单位机关事务管理中心，共核定事业编制 13 名。

2019 年，全区信访工作在区委、区政府的高度重视和坚强领导下，经过全区各部门、各单位、街镇的共同努力，圆满完成了各项目标任务，在全市各旗县区年度信访工作考评中位列第一，被评为信访工作优秀地区，为维护群众合法权益、促进全区社会和谐稳定做出了积极贡献。

【来信来访】

2019 年，区信访局共受理群众来访 400 批次、2199 人次，同比分别下降 15.96%、27.11%。全年开展网上信访宣传活动 5 次，积极引导群众更多通过网上渠道反映诉求，网上信访案件占比由 56.64% 上升到 75.93%，网上投诉“管用”正逐步被人民群众接受。5 月，青山区办理的一件网上信访案件得到国家信访局的表扬，并在国家信访局微信公众号上进行宣传。

【案件分析】

结合信访矛盾化解攻坚战及社会矛盾纠纷排查化解专项行动、市级领导包案化解重点信访事项等重点工作的开展，对 52 件重点案件由区级领导牵头包案，落实“五包”责任，直至案结事了，区领导包案的 52 件重点信访案件均已全部办结。强化部门责任，努力实现群众“最多访一次”目标。2019 年，共有 21 件信访问题被纳入“最多访一次”案件，并在规定时间内全部办结。强化督查问责，将重大疑难复杂信访问题列入青山区委、区人民政府督查范围，先后对 16 家单位进行专项督查，共督查案件 60 件，推动信访事项案结事了。

【制度改革】

落实国家信访局《关于进一步规范信访事项受理办理程序引导来访人依法逐级走访的办法》，进一步压实属地责任，规范工作程序，提高工作效能，引导群众依法逐级走访。严格推行诉访分离，在信访工作实践中，始终坚持“依法处置”的原则。对于应通过法律途径解决诉求的案件，积极引导信访群众寻求法律途径解决，并多次协调青山区人民法院、青山区人民检察院、公安机关的专业人员和政府法律顾问与信访群众见面，对于案件的性质进行了清晰的解释。同时，规范信访人的行为，引导群众依法逐级走访，理性反映诉求。对不依法逐级走访的，明确不予受理，并引导来访人走复查（复核）程序。

【案件化解】

2019 年，上三级交办的 301 件信访事项、中央扫黑除恶第十五督导组移交的 113 件信访事项和上级主题教育“开门纳谏”交办的 123 件信访事项均在规定时限内全部办结。全区 27 名区级领导共接待来访群众 187 批次、877 人次，所有领导干部坚持亲自接待、亲自协调、亲自化解，一大批涉及群众切身利益的问题得到妥善解决。共排查各类矛盾隐患 156 件，均已全部化解；上三级交办的 6 件信访案件、区本级排查的 1 件信访案件和市委常委包案化解的 3 件重点信访事项已全部办结。

【“互联网 +”信访】

青山区 44 家单位已开通了网上信访信息系统，基本实现了全覆盖。信访事项办理过程、方式和结果全部在网上公开，信访群众可查询、跟踪、评价。2019 年，青山区网上信访信息系统共受理来信 53 件，同比增长 165%；受理网上投诉 263 件，同比下降 25.5%，网上信访案件占比由之前的 56.64% 上升到 75.93%；信访部门、责任单位及时受理率和按期办结率均保持在 100%，群众满意率保持在 96% 以上。网上投诉“管用”正逐步被人民群众接受。通过信访大数据加强综合分析和精准研判，注重从信访事项中发现带有普遍性、倾向性问题，提出改进工作、完善政策的前瞻性意见建议，促进了信访工作质量的提升。

利用微信公众号、今日头条号开展法律政策、信访案例、办信办案流程等方面的宣传，引导群众由“走访”向“网访”转变，使青山区的信访宣传影响力不断增强。2019 年，共推送各类信息 21 期 79 条，累计阅读量 4.5 万次；今日头条号推送信息 79 条，累计阅读量 30 万次。

（杨文裕 供稿）

政务服务

【概况】

2019 年，青山区实施机构改革，按照中共青山区委办公室、青山区人民政府办公室《关于印发〈青山区机构改革实施意见〉的通知》（青党办发〔2019〕3 号）文件要求，组建青山区政务服务局（以下简称政务服务局），是区人民政府工作部门，机构规格为正科级，由区人民政府办公室统一管理和协调。负责贯彻中共中央关于政务服务工作的方针政策，落实自治区党委、包头市委、青山区委相关工作要求，主要职能是负责青山区政府政务服务、电子政务及政务公开等工作；推进政府职能转变和“放管服”改革工作，指导全区政务服务工作，构建统一的政务服务体系；统筹指导青山区政府系统电子政务工作，规划监管全区政府网站，负责青山区政府门户网站的建设管理工作；负责青山区本级政府信息公开和政务公开工作；指导青山区实体政务大厅运行管理，组织协调、监督、管理政务服务事项的办理，负责开展政务服务质量评估工作；负责全区政务服务、电子政务、政务公开工作的日常监管和年度考核工作。负责对全区政务服务和行政审批的统筹管理、督促检查、效能评估、政风纠察，受理相关咨询、投诉、建议；负责全区“互联网+”政务服务的组织管理工作，推进“互联网+”监管应用；完成青山区委、区人民政府交办的其他任务。2019 年，核定行政编制 5 名。内设综合股、改革推进股和效能监察股 3 个股室。有所属事业单位 2 个，分别为相当于正科级事业单位政务服务中心和相当于股级事业单位政府采购中心，共核定事业编制 11 名。

2019 年，政务服务局充分发挥“放管服”改革牵头抓总作用，推进政务服务“一站式”集中办理，全面梳理出区级政务服务事项共 6270 项，收集并梳理出可进驻大厅事项 298 项；优化营商环境，深入走访了 7 个行业 14 家民营企业收集意见和建议，在市民大厅设立“青山区民营企业发展服务平台”；加强政务服务“一体化平台”建设并在全市居领先地位；推进门户网站建设及政务公开，2019 年更新区政府门户网站栏目信息 2542 条，发布蒙文政府信息 284 条；推进政府采购全流程电子化运作，采购中心获得 2018—2019 年度包头市唯一“全国政府采购百强区（县）”称号。

【市民大厅】

青山区市民大厅（以下简称市民大厅）成立于 2014 年 8 月，是全市率先挂牌设立的面向地区企业和居民的综合性政务服务大厅。市民大厅地上建筑面积 1.28 万平方米，地下停车场面积 1.2 万平方米。地理空间是以劳动路为中线，环形分布在大连新型小区周边的 A、B、C、D 4 座两层办公楼宇。主要功能为：窗口行政审批及便民服务、部门行政办公、群众文娱活动、医疗卫生妇幼保健以及社会救助、法律援助。大厅进驻部门 25 家，进驻事项 286 项，共设置146个服务窗口。窗口工作人员 159 人，行政办公人员 219 人。近三年大厅办件量年均为 110 万件，是包头市办件量（含市市民大厅）最大的市民大厅。日均接待人流量在 3000 人次，高峰期接待人流量在 5000 人次。主要业务板块分布为：A 座一层的市场监管局商事登记服务专区，公安分局的出入境、户籍、车驾管服务专区，二层的民政局婚姻登记服务专区以及卫计委的妇幼保健门诊；C 座一层的税务服务专区；D 座一层的社保、医保服务专区；B 座以文化文娱活动专区为主。企业群众高频办理事项依次为：税务登记、社保缴费、商事登记、婚姻登记、医保缴费、出入境护照办理、车驾管、身份证户籍事项。作为全市最早挂牌成立的集中式办事服务大厅，无论是在事项进驻的集中度，还是进驻事项的关联度上已经基本满足了企业和群众的办事需求，特别是近年来采取的一系列优化服务的举措，以及优越的地理位置、便利的交通条件，使得企业和群众对青山区市民大厅的认可度不断增高。先后获得“国家级政务服务标准化试点示范单位”“包头市创先争优先进基层党组织”“内蒙古自治区政务公开示范点”等称号。2019 年，累计受理并办结政务服务事项 1650229 件，代收费用 22832.87 万元。市民大厅成立以来，在优化经济发展环境、方便人民群众、服务市场经济、深化“放管服”改革、提高行政效能、加强廉政建设等工作中发挥了积极作用，有效发挥了全区综合政务服务平台的整体联动效能。

【推进“放管服”改革】

发挥“放管服”改革牵头抓总作用，迎接国务院大督查、市人大调研、政协民主评议，接待上级部门的业务检查及承办相关的经验交流座谈会 20 余次。推进政务服务“一站式”集中办理，依据国家级通用目录，全面梳理出区级政务服务事项共 6270 项。其中，依申请事项 561 项，依职权事项 5616 项，公共服务事项 93 项。同时，制作《政务服务事项进驻反馈表》，收集并梳理出可进驻大厅事项 298 项，确定应进驻事项清单，推进各部门政务服务事项集中进驻。开展社区政务服务标准化建设，结合全区 54 个社区的实际，把 64 项政务事项下放到每个社区，建立“一门受理”服务窗口。开展社区政务服务标准化调研，收集群众办事需求以及标准化建设中的 7 类问题，起草《社区政务服务标准化建设意见》，提出相关整改措施。提升群众办事体验，联手工会将企业建会以及职工互助保障申办两项高频重点事项入驻市民大厅，扩大政务服务事项的涵盖面。利用 8 台自助互联网终端和二维码办事攻略矩阵墙，集合公安、交通、税务等部门的自助服务设备打造自助服务专区，实现“一站通办”。

【优化营商环境】

主动调研走访企业、开展优化营商环境服务月活动，接受市委营商环境专项巡查，市民大厅继续保持市民办事的首选地。开展服务民营企业走访调研，深入走访了 7 个行业 14 家民营企业，召开座谈会 3 次，收集意见建议及企业在生产经营中遇到的问题 17 条，并协调相关部门解决。建立民营企业反馈会商机制，在市民大厅设立“青山区民营企业发展服务平台”，公开受理民营企业在政务服务领域的诉求和建议，并协同相关部门会商解决，2019 年解决反馈问题 22 件。提升窗口工作人员服务，举办“优化营商环境”系列业务知识及政务服务礼仪等专题培训。推行“六个一”便民服务举措，配合区纪检监察部门对大厅窗口工作作风等情况进行集中专项督查，出台《青山区关于进一步加强政务服务窗口单位及工作人员管理的实施意见》。

【“互联网 +”政务服务】

把推进政务服务“一体化平台”建设和门户网站安全运行作为重点突破任务，举全局之力，见到成效，“一体化平台”建设占据全市领先地位。全区 31 个区直部门已通过自治区政务服务平台认领《国家通用目录》事项 277 项，应编实施清单 251 项，实编实施清单 246 项，其中能够在网上办理事项 196 项；梳理出 12 家单位 39 种各类电子证照信息，完善电子证照系统建设。22 个涉及监管事项的单位认领监管事项子项 511 项，发布检查事项实施清单 428 项，完成比例 83.76%。优先开放没有自主平台单位的政务服务事项实现网上申办。2019 年，一体化在线政务服务平台已受理并办结业务 106 件。

【政府网站建设】

加强政府网站建设，规范网络安全及网站信息更新制度，重新修订《青山区政府门户网站建设管理办法》及《网络安全管理规范》等相关管理制度。加强政务服务局机房物理环境的维护升级，委托第三方网络安全检测公司对政府门户网站的物理环境、主机、网络、业务应用系统、安全管理制度和人员进行了检测，达到了安全等级第二级，并顺利通过自治区、包头市有关部门的安全检查和效果评估，提升市民大厅整体网络的安全性。持续做好政府门户网站及蒙文网站的信息更新工作，政府门户网站 2019 年更新 6 大板块、454 个子栏目信息 2542 条，蒙文网站发布蒙文信息 284 条。

【政务公开工作】

推进政务公开工作，持续做好政策文件的发布及解读工作。2019 年，共发布本级政策文件信息 38 条，政策解读文件信息 38 条。深化重点领域信息公开，公布就业、教育、医疗、养老、征地、公共文化等重点领域信息 426 条。积极回应社会关切，共接受依申请公开 2 件，并按照规定时间及时有效处理，及时回复网络留言和热线咨询 108 条，实现政务公开的权威、及时和高效。

【政府采购工作】

政府采购中心紧紧围绕“依法采购、优质服务、规范操作、廉洁高效”的服务宗旨，在政府采购组织形式和采购方式的确定上，严格依法办事，规范采购程序、增加工作透明度，推进政府采购全流程电子化运作，最大限度减少人为干扰，服务质量和公信力不断增强。2019 年，采购中心共受理采购业务咨询约 230 件，完成全区政府采购项目 27 宗，节约金额 184.23 万元，节约率达 12.59%。

（刘淑君　供稿）

笸箩铺村高效农业示范基地（区委宣传部　供图）

街道和镇

街　道

富强路街道

【概况】

青山区富强路街道办事处（以下简称富强路街道）成立于1958年，位于青山区西北部。东起赛音道，西至迎宾道，南临繁荣道，北接110国道，辖区面积4.12平方千米。2019年，下辖锦林社区、丰产社区、富润社区、富饶社区、富源社区、富达社区6个社区，辖区居民22928户、66800人。12月，富强路街道进行了深化街道改革推进整合审批服务力量的工作，内设党政综合办公室、基层党的建设办公室、城市管理办公室、社会事务办公室、平安建设办公室5个党政机构，有所属相当于副科级事业单位党群服务中心（挂便民服务中心、退役军人服务站、新时代文明实践所牌子）。有机关工作人员23人，6个社区共有社工27人、居委会干部41人。有所属建制性党组织87个，其中机关党支部1个、社区党委6个、非公企业与社会组织党组织1个。社区党委下设党支部79个，共有党员3337人。

2019年，富强路街道通过坚持不懈抓思想引领，着力打磨新时期干部队伍；持之以恒抓民生引领，着力开展新形势下社会工作；矢志不渝抓服务引领，着力推进基层载体创新，初心使命进一步筑牢，各项工作再上新台阶，实现新跨越。

【社会综合治理】

2019年，富强路街道强化综合治理基础，建立多元矛盾排查化解机制。2019年年初，与6个社区、23个辖区单位签订《综治工作责任书》，建立“网格员＋楼栋长＋物管员＋志愿者”的安全网模式，组建“小红帽”志愿巡逻队6支，发现举报各类隐患500余处，调解居民矛盾纠纷40余起。开展信访“大接访”工作，建立健全渠道畅通的民意表达机制，实行信访包案制度，重要节点24小时值班，确保无非法上访、群体性事件发生。全年共开展扫黑除恶、法律知识、安全防范等讲座20余次，发放宣传资料万余份，受益群众8000余人。开展人大代表视察、接待日等活动10余次。统战、民族、宗教工作深入推进，开展少数民族创益发展项目活动14期，受益少数民族300余人。

【民生服务】

2019年，富强路街道共帮扶救助低保、高龄、残疾、特别扶助等3185人，发放各类救助金、补贴527万元。常态开展征兵宣传活动，圆满完成征兵工作及器材库规范化建设，上报民兵基本信息，发放民兵保障卡；建立7个二级退役军人服务站，悬挂光荣牌1680户，发放退役军人续保、伤残及抚恤金25万元。

【劳动保障】

2019年，富强路街道充分发挥基层劳动保障平台作用，切实帮助辖区失业人员及特困人员走出困境。全年共为285人办理“就业失业登记证”。为233人进行就业困难人员审批申请认定。就业困难人员享受养老保险补贴868人，补贴金额3494143元，享受医疗保险补贴561人，补贴金额1517076元；为60岁以上无养老金的城镇居民办理城镇居民养老保险22人，办理居民养老缴费32人，为低保、重残人员投保63人。办理包头市城镇居民医疗保险集中缴费4931人。为36人申请申报慢性病。办理失业金报销医疗保险补贴29人，为58人办理申领失业救济金手续。为1998年个人缴费达到退休年龄办理退休35人。开展对企业、机关事业单位及城乡居民待遇领取人员资格认证3645人。

【社区基础管理】

2019年，富强路街道注重在拆违、防汛、安全、化解矛盾的第一线，以及服务群众、保障民生的最前沿，砥砺人员品质，提高干事本领，在相互支持中增进团结，形成团队整体合力。设立学习积分手册，每月全员专题培训、每季考试考核、半年档卡民情日志比拼、全年技能大赛，不定期“点穴式”检查，安装网格电子巡逻系统，建设全要素网格，打造全科社工。全年累计报送便民服务系统信息1654条，更新住户信息14万条。向全体职工征集“金点子”157个。设立“马上办”窗口6个，建立事项清单21项。推行预约服务、代办服务、上门服务等便民事项。

【社区建设】

2019年，富强路街道创建健康居住环境，全年联合执法33次，拆除20世纪80年代违建房屋4处，私搭乱建等856处、1.2万余平方米。累计投入1723人次清理卫生死角7269处，清理粉刷小广告1553栋、5672处，修复路面112处。完成110国道新增拆迁任务，拆除底店218.97平方米，围墙12.73米。推进物业服务提档升级，建成绿苑豪庭业委会法人工作室，完成丰产道二号街坊等6个小区业委会法人登记工作，平稳完成丰产道三号街坊邻圃小区准物业向市场化物业过渡。为赛音道3号街坊800户居民解决了困扰多年的直饮水、监控、路灯等问题。

【文化活动】

2019年，富强路街道以中华人民共和国成立70周年为契机，组织开展为期半年的以“我和我的祖国”为主题的百项文化庆祝活动，组织辖区商户、物业公司、居民悬挂国旗2000余面，激发了居民群众的爱国主义热情。工会、关心下一代等工作深入推进，开展讲座等活动20余场。以庆祝中华人民共和国成立70周年、五四运动100周年为主题，开展了好书分享会、少数民族手工艺品制作系列活动。组织街道社区女性职工、女性居民60余人次参加包头市妇女联合会讲座21期，打造儿童之家6个，开展儿童心理咨询、皮影戏表演等活动20余场。

【基层民主协商】

2019年，富强路街道不断推进基层民主协商，拓宽群众诉求表达渠道。在6个社区实行“居民议事厅”，做到社区民事民提、民事民议、民事民决、民事民筹、民事民办、民事民评“六步工作法”的同时，在街道范围内征集居民意见建议诉求。通过网格入户、网络平台发放居民需求调查问卷3115份，收回3060份，并召开民情恳谈会18场，参加人数286人，收集整理10个方面责任清单台账。依托居民议事厅，组织召开协商议事会、居民代表大会协商解决上下水和污水管网堵塞问题5件，房屋维修、矛盾纠纷2件，其他问题21件。搭建居民民主参与社区治理的平台，增强居民对社区的归属感、认同感。

【服务品牌打造】

2019年，富强路街道形成了“一核、二点、三网、四民”的“1234”工作法。“一核”即抓核心、促引领，通过党的领导实现了一核筑牢基层政权。“两点”即强基础、重导向，从征集居民需求点、职工“金点子”两点入手汇聚民意。“三网”即重体系、强服务，三网（“网格员＋公安楼栋长＋物业公司物管员＋小红帽社区志愿者”的安全服务网；“网格员手机e通终端＋区级效能平台＋部门亮灯限时办结＋网格员实地查验反馈”的居民事项解决闭环网；“网格员＋网格监管员＋街道股室业务指导员＋街道包片领导”的业务指导网）联动聚焦民生“末梢”。“四民”即补短板、促提升，宜民居、保民安、解民需、助民乐，“四民”服务提升居民满意度。

【安全生产】

2019年，富强路街道对“九小场所”“三供一业”施工工地等七大重点区域的安全生产排查百余次，对发现的1252处安全隐患全部整改，为隐患较多区域配备68套灭火器。邀请区人大代表集中视察了辖区内包头市中达机电设备有限责任公司和包头市妙龙工贸有限责任公司的生产车间；在锦林社区党群服务中心为全体网格员和安监员及“小红帽”义务巡逻队开展安全生产集中培训教育、应急演练和警示教育。全年发放用电、燃气等安全宣传资料 5700 余份，开展安全生产培训共计 10 余次。对辖区内 7 家烟花爆竹销售店进行用电、防火等相关方面的执法检查，确保安全形势持续稳定向好。针对液化气罐的违规使用和私自存储加大排查力度，排查液化气罐 184 处，联系富强路市场监督管理所将发现隐患的 3 瓶液化气罐全部清除。

【基层党建】

2019 年，富强路街道连续三年全覆盖征求居民意见，收集意见建议 5000 余条，对症组织实施党建民生“微实事”项目 28 个，包括锦林社区“初心亭”红色庭院、富源社区“巧手添绿意 悦造新家园”、丰产社区“1 平方米幸福”为老人安装卫生间扶手、社区食堂等广受群众欢迎的项目。组织各类健康宣传、讲座80余次，发放健康教育宣传品及资料 3000 余份。通过改建、新建、扩建、共建等方式，新增活动场地近 2000 平方米，建成党群服务中心 4 处、居民社区食堂 2 个、老少乐园 1 处、老年大学分校 1 处、“一米阳光”邻里屋 7 处，实现五分钟“组织生活圈”“便民服务圈”“文体活动圈”全覆盖。西部区域集团召开“三项清单”对接会 44 次，生成项目 60 个，赴西柏坡重走“赶考路”，“我和我的祖国”快闪活动等反响热烈。表彰优秀支部书记、党员 100 名。

【思想政治建设】

2019 年，富强路街道“不忘初心、牢记使命”主题教育深学笃行，为全体支部配备学习读本 12 类 1200 册，将所有工作人员纳入主题教育参学范围。开展集中学习 176 次、自学 48 次、集中研讨 23 次、辅导讲座 10 次、党组织书记讲党课 90 场次，手写研讨发言稿、调研报告 60 余份。召开组织生活会 79 场，参观市区党群服务中心 7 批次，集中理论测试 7 次。成立 4 个专项督查组定期指导评估主题教育效果，开展专题调研32次，召开居民恳谈会18场，收集整理问题 6 大类 228 条，完成锦林市场停车场改造等 33 条、后续整改 195 条。建立《富强路街道班子成员到社区固定指导日工作方案》等制度 5 项，初心使命进一步筑牢。

【制度化建设】

2019 年，富强路街道制作富强路街道集中整治形式主义、官僚主义及“四官”问题专项整治工作工程图，“持续净化良好政治生态年”活动记录册，出台《富强路街道“十有十无一创建”工作法》等管理制度 24 项。开展专项督查 15 次，作风纪律通报 7 批次 28 人。召开党风廉政工作会议、专题学习 29 次。全年走访群众 110 人次。开展廉政谈话 50 余次。梳理廉政风险防控目录 38 项，排查风险点 75 个。拍摄制作《社区工作者的廉洁》等 3 部廉政视频宣传片。打造社区廉政文化阵地 5 个。

【培训与信息宣传工作】

2019 年，富强路街道延续“优才计划”，实施“共享讲堂”，开展各类学习培训 60 余次，各类讲座 50 余次、受众千余人次，全年外派 70 余人赴深圳、上海、昆明等地学习先进经验和做法。通过“学习强国”“包头微学习”进行常态化学习，开展中心组学习 12 期。建成新时代文明实践所锦林站、富润站，推树韩素英等富强模范人物 50 名，开展志愿服务活动 50 余次。全年上报各类信息 1500 余篇，区级以上媒体发表信息 200 余篇，拍摄 3 部工作宣传片，“富强 e 家亲”发布信息 1300 余篇，关注量 4800 人。

（田媛 刘彩云 供稿）

幸福路街道

【概况】

青山区幸福路街道办事处（以下简称幸福路街道）成立于 1966 年，位于青山区中心地带。东起呼得木林大街、西至进步道、南至科学路、北抵文化路，辖区面积 2.14 平方千米。幸福路街道驻幸福路 5 号街坊，下辖阳光社区、繁荣社区、幸福社区、赛音社区 4 个社区，辖区居民 16280 户、32392 人。内设党政综合办公室、基层党的建设办公室、社会事务办公室、城市管理办公室、平安建设办公室 5 个科室和包头市青山区幸福路街道党群服务中心。有机关工作人员 39 人，社工 43 人，居委会干部 32 人。

【社会综合治理】

2019 年，幸福路街道健全和完善综治委各成员单位会议、工作情况通报等制度，促进形成工作合力。开展综治、崇尚科学拒绝毒品、安全知识、反邪教警示教育、国家宪法宣传日等宣传活动。展出展板 33 块、发放宣传单 3000 余份、播放 LED 屏标语 38 条。对信访重点人员实行“三级稳控”制度，重要敏感时段未发生越级上访事件。积极协调解决重点信访案件初见成效，截至 2019 年年底，赛音道 7 号街坊燃爆事件已进入协商理赔阶段。认真答复中央环保督察组、“开门纳谏”等各级信访渠道反映的8个问题。细化扫黑除恶工作整改方案，各社区联合派出所、司法所全面摸排黑恶势力线索，对辖区内 10 名社区矫正人员实行动态管控。

【民生服务】

2019 年，幸福路街道发放精准救助和各类津补贴 784.9 万元；依托包头市慈善总会公募平台，建立“幸福基金”，广泛动员社会力量开展扶贫济困、捐资助学等活动 21 场，筹集发放物资善款 5.6 万元，对政策性救助起到了有益的补充。其中，累计发放救助、津补贴、优抚资金 246.87 万元。发放救助和补贴资金 68.78 万元。春节救助和慰问 23 人、5.2 万元；低保救助 67 人、46.89 万元；高龄津贴 4775 人次、142.9 万元；“三民”补贴 8 人、11.3 万元；重度残疾人补贴 235 人、23.81 万元；廉租房补贴 14 人、2.99 万元，共救助和补贴 347 人。2019 年全年共开展退役军人政策宣传 8 次，接待咨询 560 人次，信息采集 1275 人，悬挂光荣牌 904 块，续保录入 19 人；为重点优抚对象 6 人、退役军人 7 人、伤残军人 17 人、现役军人 6 人发放退补金、优待金 132.5 万元。

【劳动保障】

2019 年，幸福路街道细化“就业失业登记证”、“4050”社保补贴、就业困难认定、1998 年到龄退休等 7 项工作。城镇累计新增就业人数 900 余人；城镇登记失业人数 200 余人；城镇失业再就业培训人数 60 余人；共办理 148 人新增就业困难人员认定，接续困难人员 486 人，办理发放“就业失业登记证”173 册；办理城乡居民基本医疗保险 2500 余人。办理城乡居民养老保险 19 人，丧葬费 14 人，灵活就业退休 26 人。举行政策宣传活动 4 次，张贴工作通知 10 余次，发放各类宣传材料 1200 余份，咨询办理丧葬费、退保、领取失业金期间报销医保等工作 1000 余人次，各项工作的办结率 100%，满意率 100%。

2019 年，幸福路街道劳动保障所获得示范性街道、乡镇（苏木）就业创业服务中心称号，幸福社区劳动保障所获得合格就业创业服务中心称号。

【社区基础管理】

2019 年，幸福路街道加强社区网格员一对一包网格的工作服务机制。落实居民、市容网格入户、巡查工作常态化，将网格员日常考核、绩效落实与入户服务、网格巡查、问题解决、隐患排除、网格治理等因素结合起来，扎实做好社区工作。各社区通过“一口式”信息化系统为居民办事 1375 项，通过便民服务系统上报解决问题 692 起。

【社区建设】

2019 年，幸福路街道在沃尔玛四楼新建繁荣社区党群服务中心，利用时代财富城四楼平台在原有空间环境和景观布局基础上拓建面积约 1200 平方米的繁荣社区文化广场。阳关社区按照“133 工作法”，精心打造占地 1500 平方米的党群服务中心，“一中心、三基地、三家园”

（党群服务中心，大学生创新创业基地、三工实践实训基地、志愿服务基地，老少乐园、温馨家园、健康家园），全面满足各阶层社区居民“足不出社区、居家养老”的需求。共解决噪音和油烟扰民5起，污水堵溢16起，私搭乱建56起，占道经营18处，修复路面1600平方米，清理小区和楼道乱堆放2724处，“僵尸车”8辆，布鼠药80处等，组织联合执法28次，破窗开店、私搭乱建23个问题100%解决。协调破难题。7月、8月，协调供电部门移除赛音道5号街道、幸福路7号街坊小区出入口占道多年电杆5根；打通困扰幸福路4号街坊建材院居民多年的消防通道，并协调包头二电厂免费硬化200平方米；协调区住建局对困扰南市场商户赛音道8号街坊脏乱坑洼区间道260平方米硬化改造。辖区形成“有保洁、有治安、有维修、有宣传、有关爱”和管理监控智能化“五有一化”幸福特色物业服务。辖区96%小区实现物业化管理，全面落实物业服务标准、信用评价、社区安全等目标，推进物业从“有人管”到“管得好”的转变，链接社会资源助推社会化服务能力。

【文化活动】

2019年，幸福路街道坚守意识形态文化宣传阵地，围绕意识形态建设开展“我们的节日”“中华人民共和国成立70周年”等主题活动。由街道、社区组织参与欢庆元宵节街头文化展示、包头首届国际马拉松比赛等活动，新培育文体专业队伍5支。全年共举办歌唱、书法、绘画等文体活动80余场，丰富了辖区居民文化生活。“八一”前夕，联合区人武部举办“守初心担使命军民鱼水情”消夏文艺晚会，为2000多居民献上了文化大餐。现场为12名荣立三等功的革命老兵和19名现退役军人共发放慰问金、优待金、退补金83.2万元，为全社会尊崇军人、尊敬革命功臣营造良好社会氛围。阳光社区举办10余场公益演出，幸福社区老年合唱团队为居民文艺会演近10场，进一步拉近与居民间的距离。

【基层民主协商】

2019年，幸福路街道建立“113N”共建共治共享服务模式，强化居民自治建设，建立“察民情、集民智、解民忧”社区恳谈会制度。强化网格员、物管员和公安楼栋长等联动机制建设，同时，以“三项工程”为载体，发动共建单位、职能部门、自治组织等多方社会力量参与治理，形成宣传共抓、信息共享、问题共管、纠纷共处、平安共建的基层社会治理新格局。幸福社区议事典型案例《“1＋3＋N”协商议事解民忧》入选内蒙古自治区优秀社区协商案例。

【服务品牌打造】

2019年，幸福路街道开展“不忘初心、牢记使命”主题教育。街道党工委开展专题学习、调查研究20余次，征集意见建议76条，解决群众反映强烈、多年悬而未决的问题33件。启动“幸福加油站”党建实务工作培训项目，每月一主题对党支部书记开展业务培训；制定“双月”工作督导制度，每两个月对基层党建工作进行督查指导，党建基层工作基础得到进一步夯实。依托街道、阳光社区、繁荣社区3个示范级党群服务中心，打造同利家电、永盛成、雷锋车队3个“两新”组织党建示范点，重点实施沃尔玛“悦享家”楼宇党建工程、雷锋车队“聚爱公益行”志愿服务项目、赛音社区党建微实事“533安全卫士”项目。充分挖掘城市基层党建资源需求，形成81项“三项清单”，带动辖区274家企事业单位和800余名在职党员、志愿者参与党建“微实事”为民服务项目、“党建·爱心公益汇”平台捐赠等活动100余次，受益群众7900余人，持续提升城市基层党建融合发展质量。

【安全生产】

2019年，幸福路街道与4个社区管理服务站和辖区26家企事业单位签订责任状，通过悬挂标语、LED屏、条幅和宣传板报，设立咨询台、发放宣传资料等形式，提高群众安全意识，使更多群众受到教育；组织召开安全生产工作会议6次，带队对辖区内重点区域的17家车棚、4家浴池、2家烟花爆竹经销店与22家油漆专卖店进行深入排查18次，对辖区内的113家小商户进行了燃气安全隐患排查，督促84家商铺安装了燃气报警器。印发宣传单及宣传海报2870份，整改安全生产和消防隐患88处，分批分类培训辖区内各部门、各单位8次，参培人员650余人次。对富园装饰城内违建彩钢房的40家商铺开展“风暴行动”，实现辖区共治共建共享。建立由学校、商户、辖区单位代表组成的30人志愿者队伍，开展应急救援培训2次，实现区域防范常态化。

【思想政治建设】

2019年，幸福路街道印发《意识形态工作责任清单》《2019年度宣传思想文化工作要点》《2019年度外宣工作安排》等文件，建立街道意识形态责任制网格化管理组织机构架构。严格落实意识形态、网络意识形态和工作责任制“181”工作法，开展中心组理论学习18次，书记带头，班子成员跟进，为机关干部及辖区党员讲党课18次。开通“幸福时光里”微信公众号，发布信息603条，内外宣新闻信息采用257篇次。带动28家区域单位共同策划实施“幸福路上跟党走”庆祝中华人民共和国成立70周年宣传思想文化项目，实现理论共宣、知识共享、活动共办、思想共鸣。

【党风廉政建设】

2019年，幸福路街道在街道领导班子中强化党工委党风廉政建设和反腐败的“主体责任”，主要领导的“第一责任”，班子成员对分管工作的“一岗双责”。以巡察整改工作为契机，推进党风廉政建设“三个常态化”。开展对形式主义、官僚主义及“四官”问题专项整治暨“持续净化良好政治生态年”工作。全年开展警示教育8次，廉政谈话37人次，对基层党组织负责人和机关干部开展提醒约谈3人次。街道微信公众号推送党纪条规3期、发布廉政提醒短信28条。选树“清风干部”26人，公开招募社区纪检监督员12名，推行漠视侵害群众利益专项督察“十项清单”工作法，有效将监督延伸到基层最末梢。

2019年，幸福路街道开展岗位廉政风险点专题培训，重新排查岗位廉政风险点138个，细化风险防控措施113条。强化日常监督检查，全年明察暗访11次，通报批评14人次。共处置问题线索10件，合并后9件。其中，退回案管室1件（不隶属青山区），初步核实9件（合并后8件）；立案审查调查1件1人（初核转立案1件1人），给予党纪处分1人，实现立案零的突破。

【制度化建设】

2019年，幸福路街道制定《纪检监督员监督检查十项工作清单》等4项配套制度，健全《幸福路街道月例会跟踪督办制度》《幸福路街道突发公共事件应急处理制度》等规章制度12个，召开党工委会议24次，集体讨论决策“三重一大”事项96件。主要领导亲自带队，班子成员到包片社区调研指导工作91次，为社区积极协调解急难险重问题60项。领导班子凝智聚力，深入群众，形成了想干事、能干事、干成事的良好氛围。

（马志宇　供稿）

自由路街道

【概况】

青山区自由路街道办事处（以下简称自由路街道）成立于1958年，位于青山区东北部。东起青东路、西至呼得木林大街、南起建设路、北至敖根道，辖区面积2.82平方千米。2019年，下辖光明社区、光辉社区、文昌社区、互助社区、民主社区、学院社区、欧鹿社区7个社区，辖区居民26181户、73307人。内设党政综合办公室、区域工作联络室、人大工委办公室、纪工委办公室、社区事务监管室、综治司法信访室、劳动保障事务所、统计工作站 8 个股室。有机关工作人员 46 人，社工 33 人，居委会干部 33 人。共有所属建制性党组织 44 个，其中，机关党支部 1 个、社区党委 7 个、社区党委下设党支部 34 个、社会组织党组织 1 个、非公企业党组织 1 个，共有党员 1273 名。辖区内有包头师范学院、包头市财政局、包头市供电局、青山区人民法院等驻区单位 41 家。

2019 年，自由路街道被包头市委组织部推荐为第六届内蒙古自治区“人民满意的公务员集体”拟表彰对象，被包头市精神文明建设委员会、包头市关工委评为包头市关心下一代工作先进集体。欧鹿社区被应急管理部风险监测和综合减灾司评为“全国综合防灾减灾示范社区”。文昌社区名师讲堂被包头市委宣传部评为示范“学习讲堂”。学院社区人大代表之家被包头市人大常委会授予五星级“人大代表之家”荣誉称号。文昌社区、学院社区、欧鹿社区、光辉社区被包头市健康城市工作领导小组评为包头市 2018 年健康细胞试点单位。

【班子队伍】

2019 年，自由路街道党工委严格贯彻执行民主集中制。全年召开党工委会议 28 次，对 65 项“三重一大”事项进行集体研究。围绕基层社会治理热点问题，组织深层次学习研讨 2 次。班子成员坚持学在先、走在前，带头参加党工委中心组学习、机关党支部学习，认真主动开展谈心谈话、真刀真枪开展批评与自我批评，沟通思想，增进团结，领导班子争先创优意识强，干部队伍凝心聚力风气好。全年接待市级以上调研检查 63 次，承担多项区级以上试点、示范任务。

【党风廉政】

2019 年，自由路街道落实党风廉政建设“两个责任”，开展对形式主义、官僚主义及“四官”问题专项整治、“持续净化良好政治生态年”工作。党工委定期专题研究和听取纪工委工作汇报，每季度公开一次党务、政务、财务有关事项；纪工委每月组织一次专项监督检查，实现常态化监督。在青山区率先建成街道廉政警示教育馆，常态化开展正反警示教育，形成风清气正、担当有作为的机关文化。

【深化改革】

2019 年，自由路街道领导班子注重在改革创新中提升工作水平，召开全面深化改革领导小组会 4 次，3 个自主实施的重点改革事项取得实质成果。文化体制改革方面，对 28 支基层文体队伍进行评星定级，自由路街道文联在内蒙古自治区会议上作典型发言；社会治理体制改革方面，区域应急响应能力提升项目成为区委书记领衔推进的重点改革项目。被评为中国红十字总会第九期红十字志愿服务一类项目（全国共 8 个），欧鹿社区被评为“全国综合减灾示范社区”。民主政治体制改革方面，5 个普惠型民生实事项目成果丰硕，完成自治区街道级民生实事项目人大代表会商制试点任务并在全区推行。

【基层党建】

2019 年，自由路街道制定《党工委履行党建工作责任制十项制度》，创新推行“主题党日五件事”，组织实施“曲艺社”“法在身边”“兵情苑”等 9 个党建“微实事”项目，创立“城市家园党建”工作品牌。在主题教育中，创新开展村社共建现场教学、红色经典诵读、“走访季”活动，走访居民 2.3 万多户、辖区单位 37 家，共检视出问题 301 条，已整改 238 条。依托北部区域党工委成员单位，合力破解呼得木林大街 10 号街坊 126 户居民天然气安装、自由路 7 号街坊老旧小区 160 户居民电路老化、敖根道底店活禽宰杀等多个老大难问题，区域共建合力显著增强。

【群团统战】

2019 年，自由路街道坚持“四带一创”，以党组织建设带动群团组织建设、阵地建设、队伍建设、思想建设。根据领导班子成员调整及时补选调整工会、青联、妇联组织机构，在党群服务中心建设中统筹推进青年爱里、职工之家、妇女之家、儿童之家建设，努力创建全区党群共建示范点。完成街道物业行业联合工会换届选举，召开年度职工代表会议。为青山民建 170 名会员建成活动阵地，发挥党派资源助力社区建设作用。对辖区范围内各党派人士、新社会阶层人士、非公经济代表人士等统战各界人士进行摸底排查，探索建立社区统战工作“四有”模式，并在包头市委信息专刊发表。

【意识形态工作责任制】

2019 年，自由路街道定期召开意识形态工作专题研究会、分析研判会，定期开展中心组学习、区域集中宣讲、基层党课，抓好意识形态工作队伍建设、阵地建设、载体建设，形成常态化、规范化落实机制。发挥街道文联在意识形态工作中的积极作用，牵头开展庆祝中华人民共和国成立 70 周年活动 30 余场次，包括“七一”主题展演、“我和我的祖国”视频快闪等。自由路街道和学院社区同时被青山区委宣传部确立为意识形态工作责任制三级网格化管理试点单位。

【公共服务】

2019 年，自由路街道细致梳理社区各类直办、代办事项清单，将卫生健康、就业再就业、红十字关爱、残疾人服务等惠民政策严格落实到位，完成第四次全国经济普查、退役军人信息采集和悬挂光荣牌、低保救助下放审批、社保参保扩面、民族团结进步“两周一月”、创城、创建健康社区等专项工作，为群众提供更贴心的服务。坚持党管武装，开展征兵入伍、民兵整组、器材配备、拥军优属活动等。学院社区代表包头市接待全国人大常委会副委员长一行对《中华人民共和国就业促进法》的执法检查。

【基层民主协商】

2019 年，自由路街道成立内蒙古自治区首家街道级“三社”协同创新中心，开展首届社区创享计划“金点子”大赛，营造人人有责、人尽其责的社会治理氛围。筹备成立 16 个业委会，挖掘培养“社区能人”参与自治。在全区率先建立政协委员活动室，组织 18 名政协委员参与社区民主协商治理。文昌社区“三社联动、协商共治”模式在《社区》杂志刊载。

【综合治理】

2019 年，自由路街道召开依法治区领导小组会 3 次，征求聘用律师出具意见建议 30 次，依法依规做好“三重一大”决策。依托综治中心和司法所，全面开展扫黑除恶、人民调解、安置帮教、法律援助、信访等综合治理工作。成立自由路街道物业管理服务中心，探索司法调解物业纠纷新途径。建成街道法治文化公园，每周四确定为固定活动日，常态化开展法制宣传活动和法律知识咨询讲座，推进法治政府建设。

自由路街道物业管理服务中心启动仪式现场（自由路街道　供图）

（贺静　供稿）

万青路街道

【概况】

青山区万青路街道办事处（以下简称万青路街道）成立于 1986 年。辖区东至赛汗塔拉生态园，南至友谊大街，西至民族东路，北邻钢铁大街，面积 11 平方千米。2019 年，下辖振华社区、青云社区、新型社区、春光社区、育才社区、五一社区、草原社区、富南社区 8 个社区。党工委下设社区党委7个、党支部59个，非公企业和社会组织党组织19个，区域党工委成员单位24家。内设党政综合办公室、区域工作联络科、社区事务监管科、综治司法信访科、统计工作站、劳动社会保障事务所6个股室。有“两委”班子成员93人，其中党委37人、居委56人、交叉任职14人。管辖58个居民小区，总户数30591户，居民60657人，在册党员1673名。

2019年6月，万青路街道春光四区的“五位一体”民主协商社区自管物业管理模式获“中国城市治理创新奖”入围奖，按照“精街道、强社区、促服务”总体思路，构建了社区党委领导、社区居民委员会自治社区管理服务站承载的“一委一居一站”组织框架，不断发挥党建引领作用，在提高公共服务水平、推进和谐街道建设等方面实现新突破。不断发挥党组织战斗堡垒作用，延伸“党情连万家”品牌内涵，创新“党建+、党员+”工作思路。同时，充分挖掘区域资源优势，探索建立了以街道党工委为核心，以“组织建设融合、党员管理融合、社区治理融合、民生服务融合”为抓手的“一核四融”工作模式，逐渐形成组织全覆盖、工作区域化、活动开放式的工作格局，补充辖区居民多样化、个性化需求的服务短板，让辖区居民真正体验到“幸福生活触手可及”。

【社会综合治理】

2019年，万青路街道落实法治职责，与辖区37家行政企事业单位及7个社区签订综治、维稳、防范工作目标责任书，督促辖区单位及社区全面落实综治、维稳和防范工作。深入推进扫黑除恶专项斗争工作，组织召开扫黑除恶专项斗争工作推进会，加大宣传力度，组织社区在永盛成超市门前广场开展扫黑除恶专项斗争集中宣传活动2场，发放扫黑除恶宣传单1000余份。同时，各社区在辖区主要路段、小区醒目位置悬挂条幅60条，制作宣传标语23块，张贴市、区两级通告25张，在微信、微博平台转发内容19次，为征集线索畅通渠道，激发居民群众参与扫黑除恶工作的积极性。信访工作取得实效，全年共接待、走访重点人员40余次，有效稳控涉军人员、大中专毕业生等4类近60名重点人员。在国家、内蒙古自治区、包头市重大会议和敏感节点期间未发生越级访和非法访事件。通过从源头、传导、转化等关键环节上进行卓有成效化解，变信访诉求为司法纠纷，使宝鑫广场项目信访案件进入司法程序。

【民生服务】

2019年，万青路街道共发放独生子女费36420元，享受政策总户数4351户。其中，全家户256户，半家户95户；发放独生子女家庭特别扶助金365220元、51人；发放失独家庭一次性扶助金607380元、4户7人；发放伤残家庭一次性扶助金75922.5元、2户3人；发放优抚对象抚恤金105623元、11人；发放伤残军人伤残金325170元、22人。截至2019年年底，为辖区特困人员办理低保40户54人，发放低保金426214元；“三无”人员2人，发放补贴38400元；发放廉租房货币补贴8640元、3户；上报乌审道3号街坊拆迁安置转公租房5户；发放重度残疾人护理补贴209300元、168人。为辖区内835名80周岁以上老年人发放高龄津贴959500元。

【劳动保障】

2019年，万青路街道新办理就失业登记证320人。新增“4050”就业困难人员认定214人，新认定公益岗位人员3名。审核新报、续报“4050”就业困难群体灵活就业人员748人，发放养老补贴、医疗保险补贴4324760元。为34名领取失业金人员审核报销医疗保险。参加包头市、青山区就业局组织的6次大型职业介绍专场招聘会，推荐300多名下岗失业人员参加应聘，组织164名就业困难人员参加青山区就业局举办的职业指导和就业技能培训。

为21名1998年参保的个体灵活就业人员

审核办理退休手续。为57人办理城乡居民养老新参保、续保缴费、待遇提交，停、退保及养老金发放。城乡居民养老保险信息变更2人、转入4人。为23人发放办理城乡居民养老丧葬费。为低保、重度残疾55人审核办理政府代缴居民养老保险。完成全民参保入户筛查登记2185人。办理城乡居民医疗新参保、续保4803人。完成辖区各类退休人员静脉指纹身份认证6436人。

【社区基础管理】

2019年，万青路街道加强网格化管理，注重社区网格员的业务指导与培训。要求网格员熟练掌握服务内容与流程，提高服务效率，建立长效服务机制。推行“一日双巡”制度，网格员每日上午、下午必须在网格内各巡查一次，每次巡查时间不得少于1.5个小时。实行“弹性工时”制度，按照每周不少于5小时的总体要求，由网格员利用中午、晚间或双休日等时段进行入户调查。

【社区建设】

2019年，万青路街道为夯实社区网格化管理和精细化治理基础，提高为民服务水平，进一步完善社工考评机制，重点对网格员入户核查居民信息、系统更新信息、户卡更新信息是否准确进行核查；对前台人员业务办理完结情况及服务态度进行考评。根据综合考评得分进行排名，做到奖惩分明，优化社工队伍。

以综合文化服务中心为载体，积极组织开展文化体育活动。组织优秀文体队伍参加包头市体育局举办的“鹿城休闲体育大会”、包头市爱国卫生运动委员会组织的工间操比赛、包头首届国际马拉松赛活动，以及青山区举办的街头文艺表演、社区合唱节、庆祝中华人民共和国成立70周年和全民健身系列活动。先后获得包头市体育局主办的“鹿城休闲体育大会”活动团体赛二等奖，青山区2019年度元宵节街头文艺会演三等奖，青山区社区合唱节比赛二等奖、三等奖各1个，青山区“全民健身日”活动二等奖。

【基层民主协商】

2019年，万青路街道组织辖区人大代表到包头市委教育基地参观学习，集中学习习近平关于坚持和完善人民代表大会制度的重要思想及人民代表大会制度，并深入新型社区“人大代表之家”对接选民，与7个社区选民召开座谈会，向选民征求意见建议7条。万青路街道人大工委针对意见建议及时向有关部门反馈落实，同时，为7户困难家庭赠送米、面、油等慰问品。

推行街道民生实事项目人大代表会商制，为万青路街道实施惠民实事项目提供决策依据。截至2019年年底，共征集到民生实事项目意见建议14项。

充分发挥居民代表大会、居民议事协商会议和社情民意建言会作用，解决民生问题350余件，切实提高居民群众的自治化水平。全年共上报问题331条，解决居民日常生活中的困难。为进一步巩固社区治理成果，推广社区民主协商工作中的好做法、好经验，在每个社区打造2个民主协商典型案例。

【服务品牌打造】

2019年，万青路街道指导实施10个“微实事”为民服务项目，包括南部区域集团“南风党建直播间”项目、社区联合“星光”宣讲项目、振华社区“我们都是追梦人”基层服务纪实项目、青云社区“我们是共产主义接班人”青少年素质提升项目、新型社区“延安精神在社区”党性教育项目、春光社区“石榴籽家园”民族特色文化传承项目、育才社区“特别的爱给特别的你”爱心公益项目、五一社区“流动的文化桌”党员学习教育项目、草原社区“我爱我家”家园自治项目、振华社区滚动项目“诗话党课”项目。其中，“南风党建直播间”、“我爱我家”家园自治、“诗化党课”、

"我们都是追梦人"纪实"星光"宣讲项目成绩突出、分获 A、B 类项目。

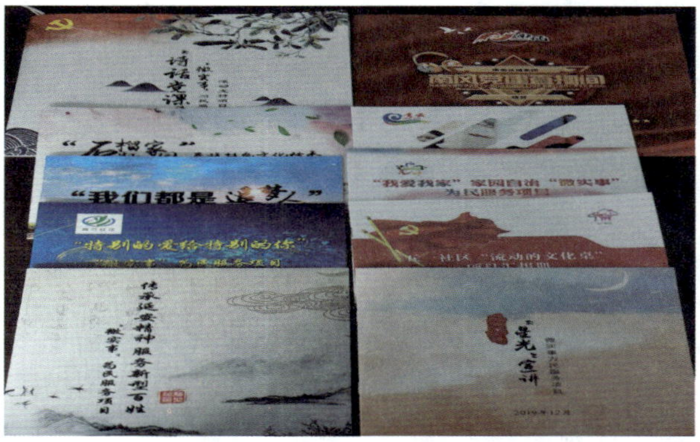

万青路街道全年实施10个"微实事"为民服务项目（万青路街道　供图）

【安全生产】

2019 年，万青路街道加强安全监管工作。召开安全生产工作会议，与辖区 67 家行政企事业单位及 7 个社区签订安全生产工作目标责任书，分解落实安全生产工作职责，监督辖区单位落实安全生产主体责任。扎实开展安全宣传工作。组织各社区开展安全生产集中宣传活动 4 场，向居民发放《致广大居民的一封信》等多种安全知识宣传资料 1 万份，增强居民群众的安全隐患防范意识。联合区应急管理局、辖区派出所和中燃百江燃气有限公司等对辖区 382 家重点企业、商户进行 4 次安全隐患排查，重点加强对宝鑫广场建筑工地安全隐患排查 5 次。因存在安全隐患，依法对宝鑫广场建设项目查封 2 次，勒令其停工 3 个月，挽回经济损失约 240 余万元。清理存在火灾隐患、无人管理的楼道乱堆乱放垃圾 56 车。通过隐患排查工作，有效防范安全生产事故的发生。

【党员教育管理】

2019 年，万青路街道强化党的建设，以"不忘初心、牢记使命"主题教育为中心，以党员教育管理为基础，以夯实城市基层党建为抓手，以服务群众为宗旨，不断增强群众的获得感和满意度。示范做好党员教育管理工作。对社区党支部"三会一课"、"主题党日"、组织生活会等制度的执行情况进行监督指导，开展党建综合检查 2 次。科学实施党员分类管理，指导各社区逐一摸排核实所辖党员有关信息，并指导成立7个流动党员党支部和6个"红色党支部"，设计填写《流动党员跟踪记录卡》《老弱病残党员信息详表》，精准管理服务好特殊党员。规范党组织设置，撤销 2 个非公企业党支部（威龙汽车、河套村镇银行），新组建中小微企业服务协会党支部，调整 1 个企业党组织（当代建设集团党总支）设置形式，指导街道机关支部按期换届。持续深化"全链条"党员教育管理模式，全年分两批次共接收预备党员 13 名，处置不合格党员 2 名。

高质量推进"不忘初心、牢记使命"主题教育。主题教育期间，先后印制 1000 册"应知应会知识卡"、配备 7 个"专题学习书架"、60 个电子学习U盘，确保学习教育形式丰富。用"三个表册"（调研计划表、调研记录表、党课记录表）贯穿始终，推动领导干部扎实开展调查研究。累计开展调研 50 余次，直接帮助解决问题 30 余项。指导召开 1 次征求意见会、7 场次民情恳谈会，检视梳理问题 120 余项，推动整改百余项。

【城市基层党建工作】

2019 年，万青路街道推动第二批城市基层党建示范街道工作任务落实，指导完成街道、新型社区和青云社区 3 个示范级，春光社区、草原社区和振华社区 3 个达标级党群服务中心建设任务，并推动建成春光社区、青云社区和五一社区 3 个"一米阳光"邻里屋。认真履行南部区域集团党工委轮值工作职责，全年牵头召开 4 次季度工作例会，举办"南风徐来 与党同行"主题活动，立项实施"南风直播间"区域项目，并获评区级 A 类项目。扎实推动互联互动各项工作任务落实，高质量对接"三项清单"，收集资源清单 74 条、需求清单 71 项，推动完成项目 33 项；统筹调动 8 个区直机关 858

名在职党员，开展图书捐赠、环保公益活动等30余次；争取27名交叉任职委员参与社区治理各项工作。

【“南风党建直播间”项目】

2019年，万青路街道推进实施“南风党建直播间”项目。该项目由2019年南部区域集团轮值单位万青路街道牵头组织实施，由南部区域轴心单位幸福路街道、科学路街道共同配合推进，由第三方传媒公司具体承接节目制作工作。“南风直播”主要规划确定四类节目内容，包括党建政策理论宣讲解读类，便民、利民微小实事服务类，公共信息宣传告知类和特色党建活动共享类，全年共播出节目18期。此外，以节目广告形式调动辖区单位回馈社区，针对辖区居民个体和社区整体需求两方面给予物质支持或服务，累计撬动社会资金2万余元，直接受益居民达到300余人次，调动30余个辖区单位参与节目录制或线下服务。该项目架起了党建与民生工作的桥梁，搭建了街道社区与驻区单位交流的平台、创新了党建工作新载体，在青山区级年终评审中被评为A类项目。

【“星光”宣讲项目】

2019年，万青路街道立项实施“微实事”为民服务项目“星光”宣讲，主要是用身边的“模范之星”引导人，用身边的好事温暖人，以“模范之星”的效应传递、辐射、放大正能量，在辖区党员群众中掀起“树立一颗星，照亮一大片”的舆论新高潮。选拔8名干部和8名辖区单位代表组建“星光”宣讲团，深入挖掘辖区先进人物典型事迹，并反复编纂推敲形成宣讲材料。全覆盖组织开展巡回宣讲，自主设计“星光”宣讲形象LOGO，制作宣讲旗帜、胸牌等，先后深入学校、社区、机关、企业开展先进事迹巡讲，共组织宣讲15次，受众人群2000余人。创新宣讲形式，编排群众喜闻乐见的文艺节目，如诗朗诵《入党是我一生的梦想》、小品《供热人的一天》、快板书《星光赞》等。该项目有效宣传了辖区内模范典型人物，促进了宣讲员队伍素质提升，丰富了党员教育管理内容，被评为青山区级B类项目。

【民族宗教工作】

2019年，万青路街道形成安排、落实、考核的长效制度，认真落实宗教工作“三级管理、两级责任制”；打造春光社区民族之家，在民族之家内设立“一室、一台、两廊、三区”，严格防范排查宗教工作安全隐患；健全完善“六表四册”“九表四册”工作台账；做好民族团结工作，万青路街道和青云社区、新型社区均获“青山区第十三次民族团结进步模范集体”称号。

（崔爱　供稿）

科学路街道

【概况】

青山区科学路街道办事处（以下简称科学路街道）成立于1966年，位于青山区西部中段。东起幸福路，西至民族东路，南至钢铁大街，北至莫尼路，辖区面积3.11平方千米。2019年，下辖康乐社区、望园社区、雅园社区、纺织社区、迎宾一社区、迎宾二社区、迎春社区、正翔社区8个社区。1—11月，内设党政综合办公室、区域工作联络科、纪工委、社区事务监管科、综治司法信访科、劳动社会保障事务所6个股室；12月机构改革后，内设党政综合办公室、基层党的建设办公室、社会事务办公室、城市管理办公室、平安建设办公室、青山区科学路街道党群服务中心6个股室。有干部25人，其中领导干部6人、机关干部15人。辖区内有机关、学校、企事业单位77家，商业网点2000多个，集贸市场7个，企业1845家。

2019年，科学路街道深入开展“不忘初心、牢记使命”主题教育，以习近平新时代中国特色社会主义思想为指引，以深化改革工作为重点，加大工作力度，稳步推进各项工作。先后获得2019年度青山区双创优工作先进单位、2019年度青山区先进基层党组织、2019年度青山区职工体操展示风采奖、2019年度青山区机关干部大合唱比赛最佳风采奖、2019年度青山区优秀五四团（工）委、2019年度全区开展“四学四进”暨创建“孔子学堂”活动先进单位、2019年度全市关心下一代工作先进集体等称号或奖项。

【民生服务】

计划生育工作。2019年，科学路街道切实加强全员和流动人口管理，及时更新数据确保家底清、基础信息准；积极开展幸福家庭创建工作，共上报创建幸福家庭示范户2户、慰问特扶家庭4户，对2019年特扶对象进行年审并对年审合格的87人进行清册录入。新增上报独生子女15户，各社区共有享受独生子女费514户。

残联补助工作。2019年新增残疾人办理残疾证51人；到期换证329人，为重度残疾人做无障碍改造11户；为79名残疾人发放意外保险补贴金额4740元，为333名重度残疾人发放护理补贴33300元。救助残疾人及残疾人子女大学生5人、10300元；为贫困白内障患者免费做手术2人。

构建社区养老服务平台。针对辖区老龄化的实际，社区创新服务载体，构建以“老少乐园”纺织站、迎宾二社区服务站为核心，以纺织养老服务中心、纺织社区卫生服务中心、迎宾二社区卫生服务中心为依托的养老服务平台，通过政府统筹＋市场运作，将医疗和养老资源有机结合起来，形成“1+1>2”的新型医养服务模式。截至2019年年底，“老少乐园”纺织站、迎宾二社区服务站已经开始运行。

征集民生实事项目。以广大群众的“衣食住行，安居乐业”为重点，做好辖区基础设施改造工作，如管网改造、路面硬化、修剪树木等，加大在实施过程中的执行力、落实力；在解决低保户、救助群体上探索解决民生的新措施、新思路。

【劳动保障】

2019年，科学路街道办理“就业失业登记证”300人；领失业金报销医保56人；居民养老保险投保48人；丧葬费报销35人；享受“4050”就业困难人员优惠政策共计1090人，补贴金额624.81万元；为80岁以上的老人办理高龄津贴2044人，金额232.94万元。

【社区基础管理】

2019年，科学路街道扎实做好网格及信息化平台工作。辖区总户数36112户，更新住户信息7470条，报送便民服务信息系统696条。聘请专业第三方机构对7个社区的87名网格员开展入户和居民信息情况督查，强化网格化管理责任制落实，进一步提高办公效率，充分发挥便民服务系统“大网格”的作用，及时上报辖区存在的问题。

【社区建设】

加强阵地建设。2019年，科学路街道结合党群服务中心建设，通过新建、改造、扩建等方式，新增加5处、共计2000平方米办公活动用房。截至2019年年底，投入使用望园社区、康乐社区2处，打造迎宾二社区、迎春社区2处，社区办公活动用房少的问题逐步解决。

加强老旧小区基础设施建设。完成富强路19号街坊自来水、直饮水改造，确保居民安全用水；完成辖区60余栋供热二次管网应急抢修工作，确保居民及时供暖；完成康乐社区、迎宾一社区、迎宾二社区、迎春社区等6个小区供热、供水管网改造；完成迎宾小区内共计14栋供电线路改造，保障居民安全用电。对大华小区、金泰丽苑小区物业办公用房进行改造，配套水、电、暖等设施，引进物业公司。

社区治理创新。在正翔小区开展社区治理试点项目，发挥居民领袖和物业物管员作用，积极探索“三位一体”（社区党委＋社会力量＋居民领袖）共建、“三级网络”（社区网格员＋物管员＋党员楼栋长）共治，“两个议事平台”（物业工作联席会、居民领袖议事会）共议，引入居民代表、物业公司等社会力量协助社区开展小区综合治理工作，打造“332”社会治理新模式。召开物业联席会、居民领袖议事会 6 次，解决问题 10 个。成立鹿景苑、幸八雅园等 5 个小区业主委员会，引进市场化物业公司。突出强化高端小区物业服务水平，全年召开物业联系会议 30 余次，化解物业纠纷矛盾 23 个。

严格落实党管武装工作。开展退伍军人信息采集登记，发放光荣牌。投入 5 万余元建设科学路街道民兵装备器材库及“青年民兵之家”。

科学路街道社会治理试点项目启动仪式现场（科学路街道　供图）

【基层民主协商】

2019 年，科学路街道对幸福路 9 号街坊科教院、鹿景苑小区、健康家园 3 个小区业委会进行换届，在嘉惠院新组建1个业委会。业委会换届保障了小区市场化物业的引入，激发了基层活力、不断提升群众的满意度和获得感，打造有温度的社区邻里关系。为积极推进业主委员会健康发展，对雅园社区和迎春社区业委会开展法人登记工作，推动业委会建设在规范化轨道上良性运作。

【综治中心】

2019 年，科学路街道夯实综治工作基础，巩固和完善综治中心“一中心四平台”工作体系，在正翔国际开展并探索建设包头市首家商圈、楼宇综治中心。

【扫黑除恶】

2019 年，科学路街道全方位开展扫黑除恶专项斗争攻坚工作，在万达广场、正翔商圈等人员密集场所和辖区内各小区、主要路口、重点位置悬挂标语 200 余条、展板 16 块，向居民发放扫黑除恶宣传册 3000 余份，发放折扇、手提袋 3000 余份，通过微信平台推送扫黑除恶相关知识 30 余次；线上线下一体发力，全力加大扫黑除恶排查力度，全面提升宣传教育的渗透力和群众的知晓率。

【维稳工作】

2019 年，科学路街道落实维稳责任，疏导矛盾纠纷化解。与 7 个社区、24 家辖区单位签订责任书，将综治维稳责任落到实处。全年排查矛盾纠纷 80 件，化解 78 件，化解率 97.5%。推动解决开关厂、四运公司等群体访问题，加强对特殊人群的走访和疏导，对易肇事肇祸精神病患者实行动态管控，在重要时间节点，对重点人员严格落实“一人一策”稳控措施，确保全国“两会”、70 周年大庆等重要时间段的安全稳定，按要求完成全年维稳任务。

【安全生产】

2019 年，科学路街道狠抓安全生产整治，保障辖区安全稳定。全年召开安全生产工作会议 20 次，开展安全生产宣传 16 次，发放宣传资料、宣传横幅 1100 份；排查企业商户 1000 余个，下达整改通知书 40 份；排查安全生产 114 处，排查出安全隐患 76 个；全部整改完毕。建立特种设备安全管理台账、危险化学品安全监管台账，对 2000 余家沿街底店进行分类管理。开展安全生产、消防、燃气专业知识等讲座 5 次，开展消防演练活动 2 次，发放燃气使用告知书 3000 余份。打造平安社区，在迎宾花园小区、纺织小区居民楼道安装居民公约和独立式烟感报警器共计 410 个，悬挂宣传展板 206 块。迎宾花园小区为包头市首个消防安全“平安社区”。

【联合执法】

2019 年，科学路街道严格落实各级任务，稳步推进各项工作。全年开展联合执法 31 次，拆除违建 16 处，拆除面积 900 余平方米。出动 200 余人次清理私搭乱建、乱堆乱放 432 余处。开展禁毒普法、民族宗教、安全生产等普法宣传活动 10 余次，设立法治宣传栏 28 个、法治讲堂 8 个、法治辅导站 4 个。接受法律援助咨询 33 人次，调解处理信访案件 5 件。做好 32 名社区矫正人员和 27 名刑释解教人员的管理帮教工作，对辖区涉毒人员进行重新摸排，登记造册。驱散疑似非法传销窝点 5 次，规范小区便民市场 2 处，为街道营造和谐稳定的社会环境。

【基层党建】

2019 年，科学路街道将其确定为“党建基础工作提升年”，严格规范党建基础工作，每月召开党建工作例会，对社区党员教育管理、党员积分制、发展党员、党费收缴等党建基础工作检查 4 次，党建业务培训 2 次，为非公企业和社会组织派驻党建指导员，全面夯实党建工作根基。推进党建“微实事”项目 9 个，荣获一等奖 1 个、二等奖 3 个、三等奖 3 个，获得党建项目奖补资金 50 万元。依托“三项清单”，生成四级项目 77 个，完成率 95%。

完成九星国际 E 世界楼宇党群驿站的升级以及九星东鸽商圈党建服务中心打造。全年共举办楼宇党建凝聚活动 20 余场，参与人数 800 余人次。科学路街道党群服务中心全年为辖区单位、楼宇商圈党员群众举办各类培训、活动共 80 余场。建成示范级望园社区党群服务中心和康乐、迎春两个达标级党群服务中心。深化区域合作，与内蒙古承达律师事务所合作的“123 互联互动服务体系项目”，作为青山区唯一推荐进入包头市城市基层党建优秀案例评选的街道案例。在“七一”期间，开展“区域党员的七个梦”主题活动，以聆听专题党课、重温入党誓词、廉政教育参观、为祖国送祝福、区域党建研讨会等形式，加强了区域各级党组织和广大党员的凝聚力和战斗力。提升楼宇党建品牌知名度，由社区党工原创的楼宇党建工作题材情景剧《都㐀好》入选内蒙古自治区“最美乡村和最美社区”主题达人秀总决赛。

科学路街道不断推动主题教育走深走实，组织开展集中学习、专题研讨、“书记讲党课”、“知识竞赛”等 53 次；开展“走访送学”，发放主题教育“随身学”资料包 1000 余份，确保辖区党员干部全员参与；成立街道“老干部宣讲团”，开展各类宣讲活动 15 次；以召开民情恳谈会、开通“开门纳谏”等多种方法，确保街道、社区领导干部认真开展调研；建立了“解决百姓身边问题台账”等 3 个特色台账，确保整改落实到位。

（宋可昕 供稿）

先锋道街道

【概况】

青山区先锋道街道办事处（以下简称先锋道街道）成立于 1974 年，位于青山区北部中段。东起呼得木林大街，西至赛音道，南邻文化路，北至 110 国道，辖区面积 5.95 平方千米。2019 年，下辖北嘉社区、哈达社区、青园社区、光荣社区 4 个社区；辖区居民 16807 户、40375 人。内设党政综合办公室、纪检监察室、区域工作联络股、社区事务监管股、综治维稳股 5 个股室。辖区内有非公企业 300 余家、个体工商户 1 万余个。

2019 年，先锋道街道获国家级“民族团结进步示范单位”、第七批“全国民族团结进步示范区（单位）”“青山区第十三次民族团结进步模范集体”等称号。

【社会综合治理】

2019 年，先锋道街道以抓法制建设促进法治先锋。推进法治街道、法治先锋一体化建设，实现法律顾问全覆盖，打造光荣社区、青园社区法治廉政文化长廊。全年组织开展法制类宣传17次，针对火灾防控、燃气防漏、防汛防涝、私搭乱建，实施联合执法16次、执法下沉43次，查处政治安全隐患287处，依法拆除违建23处。在哈达社区创建先锋实践中心，累计为1000多人次开展培训讲座15场。70名社区救护人员取得红十字救护员证。智慧综治中心全年联合应急、执法、市场等相关部门，针对违法建筑、占道经营、安全隐患等问题开展联合执法33次。

【民生服务】

2019年，先锋道街道惠民工作提质扩面。配合区住建局完成“三供一业”移交后的相关工作，完成幸福路1号街坊、幸福路2号街坊两个小区4万平方米路面硬化，污水管线安装900延长米；完成幸福路3号街坊500延长米的供热管网、供电线路4万平方米改造。制定出台《先锋道街道低保、临时九组工作实施方案》。全年为8598人次发放救助、补贴等款项340万余元，米、面、油153份，救助特殊困难人员3例。联合区红十字会开展“两代表一委员”捐资助学活动，募集善款4万元，资助困难大学生20人。全民参保共审核952人，就业困难人员认定141人，办理失业证200人次，发放社保补贴427人、近245万元，医保缴费2925人、近90万元。“老少乐园”哈达站、青园站全年服务辖区老、少、残等困难群体1万多人次，组织健康培训28次，制作宣传栏50余块。组织专项清理20多次，累计清理无主建筑垃圾和生活垃圾11000余车次，清理楼道、阳台乱堆乱放200余车次，北嘉社区代表青山区迎接创建全国文明城市检查。辖区成立10个业委会，成功为青山路4号街坊包头职业技术学院北院小区引进东港物业。截至2019年年底，阳光嘉院、幸福路1号街坊、幸福路2号街坊业委会已办理业委会法人登记相关手续。

【劳动保障】

2019年，先锋道街道劳动保障事务所以“服务居民、服务社会”为宗旨，开展“就业失业登记证”审验发放、困难人员认定、灵活就业社会保险补贴服务、促进就业券申领工作，以及职业介绍、职业技能培训、领失业金期间报销医保工作。全年共办理“就业失业登记证”200册，一～四季度新增困难人员认定共161人，并为其申请再就业技能培训。为贯彻落实对下岗失业人员的优惠政策，进一步做好辖区下岗失业人员再就业工作，按照有关审批程序享受一～三季度社保补贴总数为427人，一～三季度申请养老医疗总计2446287元；四季度社保补贴总数为37人，四季度申请养老医疗总计58637元。劳动保障所组织辖区居民145人参加了4次大型招聘会，为居民推荐合适的工作；另外为10位领失业金期间的居民申报职工医保报销。

城镇居民养老保险工作新政策得到全面落实。截至2019年年底，共办理新参保18人，待遇申请6人，丧葬费13人，特殊人群参保74人。其中，低保户36人，一、二级重度残疾人38人。本着“数据向上集中，服务向下延伸”的原则，对于城乡低保户、重度残疾人等缴费困难群体，按照100元为其代缴养老保险费。城乡居民养老资格认证46人，企业职工养老资格认证2972人。

【社区建设】

2019年，先锋道街道重点对青园社区1953平方米、哈达社区2172平方米新建用房进行综合服务功能升级，打造党群服务中心。哈达社区党群服务中心，包括4大功能区15处活动场所，突出党建引领，体现党群服务功能，共接待内蒙古自治区、包头市和青山区各级参观调研40余场次。截至2019年年底，青园社区接待各级各类参观230余人次，并且在北嘉社区打造“一中心、两基地、四展室”的爱国主义宣传教育基地。

【社区服务】

2019年，先锋道街道4个社区的“网格化管理、一站式服务”服务大厅为党员群众办理服务事项 20000 余件，极大方便了党员群众办事。

【文化活动】

2019 年，先锋道街道充分调动辖区资源，多样化开展“我和祖国七十年”系列主题活动。联合王府井百货（青山店）共同展播红色爱国主义电影。各社区结合辖区资源开展庆祝中华人民共和国成立 70 周年“我和我的祖国”读书分享会主题党日活动、“辉煌 70 年、我爱祖国”读书会，开展“防风险迎国庆”消防应急演练活动等学习体验活动、“不忘初心颂中秋，牢记使命迎国庆”主题活动、敬老爱老送温暖主题党日等节日主题活动、“追寻红色足迹，铭记初心使命”八一建军节主题活动、第十一个民族政策宣传月主题活动暨庆祝中华人民共和国成立 70 周年民族团结进步教育活动，共计 30 余场次，合计参与人数 7456 人。

【基层民主协商】

2019 年，先锋道街道充分发挥居民代表大会、居民议事协商会议和社情民意建言作用，给予辖区党员、群众参与权、知情权和表达权，全年解决各类民生问题 200 余件。搭建“社区联席会”“业委会”“非公企业联席会”“协商议事会”等区域性自治载体平台。根据社区实际情况和辖区居民群众的需求，以“民意随时表达，民情快速反映，民生需求及时解决”为出发点和落脚点，通过创新基层民主协商形式的“吐槽大会”进一步了解民情民意，掌握社区群众的需求与困难，加深群众对社区工作的了解。

【安全生产】

2019 年，先锋道街道按照“谁主管、谁负责”的原则，不断完善工作机制、健全工作制度。深入开展安全生产法律法规知识的宣传普及。为确保重点部位、重点企业和重要商圈的安全生产，对娜琳商圈、小尾羊大厦等人员密集场所、6 家危险化学品经营商户（烟花爆竹经营户）和辖区内车库场所和部位实施每周一次安全隐患排查，做到防微杜渐。开展“公共安全隐患和突出治安问题排查整治专项行动”，全面排查整治辖区内公共安全领域和治安方面的突出隐患问题。全年开展对“非法集资”“安全生产”“地条钢”“液化气”“易燃易爆化学品”“消防安全”等专项排查 18 次，日常随机检查商户企业共 460 户次，累计整改隐患 152 处。加大对校园周边、建筑施工地、城乡接合部等地方的集中排查整治，排查出安全隐患 29 件，督促整改 29 件，及时有效消除了各类公共安全隐患。

先锋道街道于 6 月、7 月底集中开展辖区液化气使用安全拉网式大排查工作。排查行动主要针对辖区内使用液化气的幸福路甲 3 号街坊、赛音道 4 号街坊等老旧小区的住户，以及幸福路 2 号街坊青山路、幸福路底店，幸福路 1 号街坊幸福路、先锋道底店，幸福路甲 3 号街坊哈达道底店，赛音道 2 号街坊赛音道底店，呼得木林新天地小区哈达道底店，对其进行“拉网式”“全覆盖”摸底排查，建立辖区液化气使用台账。排查过程中，工作人员向辖区居民和商户逐户进行安全宣传，普及正确使用液化气灌相关知识，共计发放《液化气罐安全使用告知书》3000 余份，监督液化气罐使用商户 283 家全部安装燃气报警器，与相关执法部门集中查处没收 53 个违法私灌气罐，同时将宣传单页张贴于小区、餐饮经营场所的醒目位置，提高居民安全意识。联合区执法局、市场监督管理所、派出所等多家部门，经过综合执法、沟通协调，对幸福路 3 号街坊临时小市场进行依法取缔，彻底解决该小区非法占用消防通道、乱堆乱放现象。在辖区人员密集场所开展消防演练 4 次，王府井百货（青山店）开展大型消防演练 3 次，通过政策宣讲、图片展览、安全常识教育、应急救援演练等活动，提高企业、职工和群众的安全意识，提升广大干部“管行业必须管安全、管业务必须管安全、管生产经营必须管安全”的责任担当，努力营造“人人关注安全，人人关爱生命”的良好氛围。

【思想政治建设】

2019 年，先锋道街道强化“不忘初心、牢记使命”主题教育。集中学习 85 次，制作口袋书 1500 本、应知应会视频 5 期。强化党的政治功能，严格履行“第一责任人”职责，全年召开党工委会 27 次。其中，党风廉政建设专题会议 2 次，意识形态会议 3 次。累计召开党工委中心组理论学习 12 次，集中学习中共十九大精神和习近平系列重要讲话。制作廉政短片《老党员话廉政》，加强廉政宣传。对“先锋 i 党建”微信平台改版升级，创建“党建 i 群”“先政 i 民”等新模块。

“不忘初心、牢记使命”爱国主义教育专题培训。组织辖区党组织负责人 40 余人赴西柏坡学习，联合辖区 34 家企业单位共同参与“重走长征路”活动。

2019 年，街道社区以中心组、讲堂、红色宣讲、读书分享会、主题教育方式开展学习教育 236 场。上报信息 947 篇，被电视台、新媒体、报纸采用 213 篇，在“学习强国”刊载“我和我的祖国七十年”访谈录、大国工匠、先锋人物、“爱我中华”视频和文章 16 篇。

【基层党建】

2019 年，先锋道街道致力于“四个结合”，推进城市基层党建工作深入发展。打造青山区“老少乐园”北嘉站和老年大学先锋道分校，建设“医养康学”养老服务综合体。为畅通居民沟通渠道需求，在光荣社区党群服务中心打造万家小院，形成万家小院工作法。建设猪八戒“创客一家”非公党建阵地，形成辖区“三项清单”对接新路径。全年开展群团活动 5 次。小尾羊公司党委被评为 2019 年度内蒙古自治区“双强六号”基层党建组织。

【先锋道街道党群服务中心】

2019 年，先锋道街道党群服务中心占地面积 1953 平方米。共 3 个楼层，4 大功能区，设 18 个功能室，包括党建资源展示区、党建项目成果展示区、党员政治生活馆、宣誓厅、书记党校、接待咨询室、学习讲堂、红氧吧、自助党徽（章）岛、社区兵工人微展厅、于正心说兵工、书记工作室、五彩益园、温馨家园、志愿者服务中心、红色影院 / 多媒体厅、居民议事厅 / 人大代表之家、党建服务中心办公室。党群服务中心本着“为民服务•先锋领航”的宗旨，立足服务区域内党组织和党员群众，为居民区党组织、驻街单位党组织及“两新”党组织、党员、入党积极分子、群众，提供咨询、指导、协调、培训等服务；对老党员、生活困难党员、群众提供关怀帮扶服务；为区域党组织开展组织生活提供协助服务等一站式、综合性、多功能的公共服务平台。加强阵地建设，突出“红色地标”引领作用。升级改造两个区级示范党群服务中心，共计 2700 平方米，两个书记工作室，建设一所老年大学。

【包头市基层政务服务试点单位】

2019 年，先锋道街道哈达社区被确定为包头市放管政务服务社区试点，累计接待国家级调研指导 5 次，“一口式”平台工作流程逐步规范。全年共向青山区便民服务效能平台上传辖区事项 550 件，各社区一站式服务大厅共受理便民服务事项 1 万多件。其中，“一口式”平台受理 1425 件。

（闫少雄　供稿）

青山路街道

【概况】

青山区青山路街道办事处（以下简称青山路街道）成立于 1986 年，位于青山区东北部。西起呼得木林大街，东至赛汗路，南接敖根道，北临北新街，辖区面积 6.26 平方千米。2019 年，下辖自一社区、民一社区、朝阳社区、北新社区、六合成社区、青五社区、都兰社区 7 个社区；

辖区居民26199户、56651人。2019年，根据机构改革的要求，内设党政综合办公室、基层党的建设办公室、社会事务办公室、城市管理办公室、平安建设办公室5个股室和青山路街道党群服务中心。有干部职工116名。其中，领导干部8名，社区干部9名，机关一般干部16名，社工33名，居委会干部50名。共有所属建制性党组织37个。其中，机关党支部1个，社区党委7个，社区党委下设党支部29个。共有党员836名。

2019年，青山路街道精心谋划全局、统筹调配力量，呈现出重点项目、基层党建、民生服务协调发展的良好态势。获得包头市巾帼建功先进集体、包头市关心下一代工作先进集体、青山区双创优工作先进单位、包头市健康细胞创建试点单位（青五社区）、包头市助残先进单位（民一社区）、青山区先进基层党组织（青五社区）、青山区模范职工之家（民一社区）、青山区三八红旗集体（都兰社区）等称号。

【社会综合治理】

2019年，青山路街道与各社区及辖区企业共签订社会治安综合治理、维护国家和社会稳定、防范和处理邪教问题责任状30余份，切实落实好综治维稳责任。开展扫黑除恶、禁毒、反传销、反邪教等各项工作的排查和宣传工作，对辖区重点人员进行认真排查，落实包片责任制。全年对辖区6名邪教人员做好教育转化及巩固工作，及时掌握其思想动态和生活现状，为下一步帮扶转化奠定基础，维护辖区社会稳定。

做好信访工作。截至2019年年底，共有各类上访人员25人，已化解4人，对已录入系统的信访人员，及时出具答复意见书。对上访人员案件信息进行综合分析，通过对信访信息的研判，对信访人员进行分类掌握。全年按照目标要求，完成“两会”、中华人民共和国成立70周年庆祝活动等重大节假日和敏感时期的稳定工作，做到无非法上访、无越级上访事件发生。

人民调解工作。作为化解矛盾纠纷的主要手段，建立健全街道各级人民调解委员会8个。其中，街道1个，社区调委会7个。坚持每月“两排查一分析”制度，共排查调处包含赡养、邻里纠纷、婚姻纠纷等各类矛盾纠纷78起，调解成功68起，调解成功率为87%。2019年全年定期对13名社区矫正、35名刑释解教人员进行谈心谈话；接待法律咨询20人次，转接法律援助中心2起，提高了辖区居民相关的法律意识和维权意识。

青山路街道结合社区网格化管理工作，配合相关部门继续深入动员各方力量参与排查工作，加强对居民的宣传教育，广泛宣传社会主义核心价值观，引导居民树立正气。2019年全年共制作展板26块，悬挂PVC宣传布12块，条幅80余条，张贴海报100余张，发放宣传单页千余份，组织问卷调查1次，形成“黑恶必除、除恶必尽”的整体格局，使得扫黑除恶的观念深入人心。

防洪防汛工作。在强降雨来临前，及时召开专题会议，制订防汛预案，对辖区内的危房进行排查，完善各社区防洪防汛装备，加强防汛相关知识的宣传。汛期内严格落实24小时值班制度，保证防汛期间信息畅通，在第一时间内将水情、雨情、灾情准确上报，保障辖区居民生命财产安全。

【民生服务】

2019年，青山路街道为2025名80周岁以上老年人发放高龄津贴2244200元，办理“老年人优待证”410个。开展2019年度“红十字博爱送万家”活动，对辖区110户困难居民发放米、面、油救助物资。春节期间慰问优抚对象、烈属、抗美援朝人员等8人，发放慰问金28000元。临时救助贫困家庭50户，发放救助金111000元，春节救助发放实物类米、面、油38户。

成立退役军人服务站，悬挂光荣牌。为重点

优抚对象发放抚恤金；为复员军人发放抚恤金；为城镇伤残军人发放生活保障补贴金；为优抚对象发放门诊补贴金。为2017—2018年度入伍义务兵家庭发放优待金；为2018年自主就业退役士兵发放补助金，全部足额按时发放到位；为2018年度获得军功奖的军人各发放5000元奖金。“八一”建军节期间，青山区退役军人事务局对朝阳社区困难退役军人王光荣、青五社区维和人员曲波家属进行慰问。

为辖区62户、91人发放低保金637704元，提标2520元，价格临时补贴1710元，电价补贴7741.8元，取暖补助74400元。为7名特困供养人员发放生活补贴114800元，提标19600元，护理补贴32364元，价格临时补贴1050元，取暖补贴8400元。为10人发放家庭医疗救助132730.22元。临时救助贫困家庭154人，发放救助金229095元。为276名重度残疾人发放护理补贴317200元，为51名困难残疾人发放生活补贴15300元，为5户家庭申请廉租房租金补贴13592元。

2019年，青山路街道有已婚育龄妇女8668人，出生404人。为171人发放独生子女费17460元，为计划生育特殊家庭81人发放特别扶助金578340元，为9人发放计划生育特殊家庭一次性扶助金657995元。

【劳动保障】

2019年，青山路街道办理“就业失业登记证”250人，领失业金期间报销医保21人，居民养老保险缴费16人，为低保、重残人员代缴城乡居民养老保险86人，丧葬费报销21人，办理医疗保险缴费4410人、1338480元。就业困难人员认定162人，一～四季度新增灵活就业人员162人。符合享受政府养老保险补贴540人、补贴2096455元，享受医疗保险补贴310人、补贴797920元，合计2894375元。完成包头市2019年人力资源和社会保障基本情况调查工作，共抽取32户112人参与调查。办理个体劳动者退休10人。做好全民参保工作，完成青山区社保下发1830人参保调查工作。

【社区基础管理】

2019年，青山路街道将现有7个社区划分65个网格，建立了“网格员+楼栋长+物管员+志愿者”的服务网络。按照“公共服务进社区，社区事务进网络”的原则，将党建、民政、计生服务、安全维稳、环境卫生等各项工作事项细化分解到每个网络区域内，明确个人工作职责，做到对号入座、各尽其职、各负其责。街道每周对网格员的“一口式”受理平台、手机E通、便民服务平台等社区治理信息化平台使用情况进行通报排名，督促网格员及时在网格中发现问题、上报问题、解决问题，要求做到责任到人、反应迅速、渠道畅通、解决到位、反馈到人。为加强社区网格员管理，根据《青山区关于加强工作人员管理的暂行办法》规定，制定《青山路办事处网格员入户考核办法》《青山路办事处网格员入户考核实施方案》。定期开展“社工业务岗位大练兵”工作，包括社区网格员业务培训、业务考试、网格入户考核，根据各项考核成绩综合为社区网格员工作打分、评定等级。全年通过“一口式”信息化系统为居民办事1500项，通过便民服务系统上报解决问题430条，切实解决居民群众的实际困难。

【社区建设】

2019年，青山路街道组织召开街道、社区物业联席会20余次，联合执法整治私搭乱建及市容环境问题20处，清理乱堆乱放1000余车，清理小广告10000余处，修复围墙、路面500平方米。完成4个小区业委会法人登记工作。细化上报14个老旧小区改造方案，完成5个老旧小区改造，硬化道路1.5万平方米，改造小区排水管网900米，维修更换300个单元门，更换1200扇楼道窗，安装300个监控摄像头等，小区基础设施得到极大改善。

【文化活动】

2019年，青山路街道开展不忘初心“青山人”、牢记使命“自由梦”——青山区北部区域集团党建系列活动“七一”展演、弘扬中华好家风系列活动、公益气排球赛等文体主题活动56场，千余人参与其中。都兰社区结合中华人民共和国成立70周年，依托市文明办社区网络电视项目的成果，开展“红色·光影博物馆”党建项目，结合辖区特点，以弘扬兵工文化为主，打造讲述兵工股室、展现兵工精神的红色阵地。全年拍摄人物特辑5期，组织党员群众集中观看累计达2000余人次，并通过发放光碟、大屏定时滚动播放等形式辐射更多居民，受益群众1万余人次。

【基层民主协商】

2019年，青山路街道以“协商于民，协商为民”为宗旨，组建7个协商议事委员会，由社区党委、居委会为主导，形成业委会、物业公司、共建企业、社会组织团体、职能部门等多方共同参与的协商治理机制。按照“选题定事、召开会议、形成决议、落实反馈”四步议事流程，开展各类民主协商70多次，收集筛选议题5类70个，解决小区路面凹陷、流浪狗收容、危旧凉房修缮等议题50个，实现民主协商制度化。

【服务品牌打造】

2019年，青山路街道都兰社区打造“老少乐园”项目，建设老年餐厅100平方米、“四点半课堂”500平方米、“医养康”居家养老助残综合服务中心800平方米，引入专业的凯普特健康生活服务中心和专业的儿童托养教育机构，开展康复治疗、日间照料、老少托养等工作。青五社区打造500平方米的健康社区，将原150平方米“两室用房”改造升级为“健康小屋”，营造以“星服务、星作为、星引擎、星健康、星作风”为主题的“五星氧吧”党建品牌特色。全年开展健康主题活动12次，形成以“健康通道、健康小屋、健康步道”为载体的健康社区特色品牌。实施废旧自行车“变身”，整治小区顽疾，通过“微实事”为民服务特色项目，回收废旧自行车81辆，将58辆废旧自行车改造成绿地护栏、休闲桌、公益爱心车等，实现废旧自行车减量率62.8%，利用率71.6%。项目共支出2.82万元，其中社区承担1.38万元、筹集资金1.44万元。北新社区打造400平方米的“老少乐园”，引入青山区弘仁社工服务中心社会组织，探索建立新型的日间照料体系，提高社区老年人的生活质量，提升青少年课外教育活动。民一社区打造200平方米的残疾辅助性就业基地，引入“蓝丝带”助残服务中心社会组织，为肢残和智残的残疾人提供辅助性就业培训和工作，开展的项目有烘焙车间、手工编织、中性笔加工等。在青山区“党建·爱心公益汇”的大力支持下，共发布微心愿1000余个，受益高达9万元。六合成社区开展“爱孕行动”项目，发动各类医院、早教中心及辖区单位开展各类有针对性的活动17次，获得社会资金24250元，社区400多名居民受益。

12月31日，青山路街道北新社区“老少乐园”启动仪式现场（青山路街道　供图）

【安全生产】

2019年，青山路街道与各社区及辖区企业签订责任状14份。要求各社区建立消防台账，坚持开展每周一次的消防隐患排查、每季度一次由主要领导带队进行的安全生产检查工作。全面做好元旦、春节、内蒙古自治区及全国“两会”期间、“五一”劳动节前后、中华人民共和国成立70周年、中秋节等重大节假日、敏感时期的安全生产排查整治工作，严格落实值班制度。组织开展安全生产月宣传活动，悬挂 3 块条幅，摆放 6 块展板，发放安全生产、燃气安全宣传单千余份，进一步提高居民的安全生产观念和安全意识。

2019 年，青山路街道为进一步加强管道天然气和液化气罐安全监管，切实保障辖区居民生命财产安全和社会和谐稳定。在辖区范围开展液化气罐大排查大整治工作，对未安装燃气报警器的商铺下发《商业燃气安全使用告知书》，并要求商铺限期整改。经复查，175 户商铺全部安装报警器，提高了商铺用气安全。截至 2019 年年底，辖区未发生重特大安全生产责任事故，保障了全年各项工作的顺利开展。

【基层党建】

2019 年，青山路街道严格履行党工委主体责任，落实党工委议事规则和“三重一大”制度，全年组织召开党工委会议 18 次、党建专题部署会议 13 次、中心组学习 20 次。在“不忘初心、牢记使命”主题教育中，通过“四个三”（三个覆盖、三个保障、三项融合、三项评比）工作法，开展谈心谈话 300 余次，召开民情恳谈会、社区实地调研、调研成果集中交流会 30 次，组织“微党课”“小巷讲堂”等 60 余场，征求意见问题 5 大类 459 条，解决群众关心关注的热点难点问题 68 个。通过实施“红领计划”，对 30 个党支部 825 名党员进行分类管理。调动近 400 余名党员利用“学习强国”进行自学，认领“微心愿”142 个，参加志愿活动 183 次。联络机关事业单位、群团组织等政府资源，企业、社会组织、人大代表、政协委员等社会资源，以及学校等院校资源共计 56 家，借助“三项清单”、26 个“微实事”项目、“党建·爱心公益汇”等平台，开展活动 130 余次，获得社会资金 32 万余元，受益人数 1 万余人。打出群团志愿者“热心”、市区直机关“暖心”和社会各界线上 + 线下“爱心”党建的组合拳，获得了包头市先进基层党组织荣誉。

（王媛媛 供稿）

乌素图街道

【概况】

青山区乌素图街道办事处（以下简称乌素图街道）成立于 1963 年，位于青山区东北部。东起三道沙河，西至四道沙河，南起建设路，北至包环铁路，辖区面积 16.04 平方千米。2019 年，下辖利民社区、长征社区、建华社区 3 个社区，辖区居民 1.06 万户、2.37 万人。内设党政综合办公室、基层党的建设办公室、社区事务办公室、城市管理办公室、平安建设办公室 5 个股室，有机关工作人员 44 人、实习大学生 11 人、社工 5 人、居委会干部 25 人。辖区内有国企、军警、高校、机关、中小学、银行、“两新”组织七大类 35 个共建单位和部门。

【社会综合治理】

2019 年，乌素图街道组织召开由辖区政法成员单位和生产经营单位共同参与的政法信访安全生产工作会议。完成街道综治中心建设，引进公证处、律师事务所、社会组织成立青山首家家门口法律服务工作室，搭建多元化矛盾化解和法律服务平台，全年开展矛盾纠纷化解 156 起，参与诉前调解 9 件。通过社区文化活动，发布扫黑除恶专题微信，与派出所、区市场监管局联合开展扫黑除恶宣讲进学校、进社区等多种形式宣传活动，向群众发放扫黑除恶宣传资料 6500 余份，悬挂条幅、投射电子屏、制作固定宣传标语和展板 120 余条。实行“路长制”社区综合治理工作模式，充分结合社区网格化治理和执法下沉工作优势，由乌素图街道牵头，召集区执法局乌素图中队、乌素图派出所共同开展针对私搭乱建问题的联合执法 12 次，清理辖区遗留的各类私搭乱建问题 85 处，成功率 100%。

家门口法律服务工作室（乌素图街道　供图）

【民生服务】

2019 年，乌素图街道为 45 户、68 名低保对象发放最低生活保障金 29.96 万元；为 35 户低保家庭发放春节提标金 4.25 万元；为 68 户困难家庭发放春节救助金 9.65 万元；为 5 户慰问家庭发放慰问金 2.1 万元；为 8 户困难家庭发放米、面、油物资救助；为 70 户困难家庭发放区红十字会物资救助；为 44 户、67 名低保对象发放低保金 36.89 万元；为辖区 862 名 80 岁以上高龄老人发放高龄津贴 74.24 万元；为 97 名重度残疾人发放重残补贴 5.79 万元；为 14 户存在住房困难的低保家庭发放租金补贴 9619 元；为 12 户在享过渡房家庭办理转公租房审批手续；为 97 人办理退休；为 61 位死亡退休人员办理停保业务；为 110 名退休人员办理医保报销 78 万元；为 29 位慢性病退休人员办理审核申报手续；为 19 位伤残退休人员报销住院门诊药费 15 万元；救助困难大学生 8 名，发放助学金 1.8 万元，将惠民政策落到实处。

【劳动保障】

2019 年，乌素图街道认定就业困难人员 56 人，社保补贴金额 126.76 万元；审核申领失业金报销医保 7 人；办理就业失业登记证 80 人；人力资源管理信息系统录入九项实名制人员信息 1026 人；申报慢性病 23 人；新参医疗保险 93 人；办理养老保险参保 8 人，退保（丧葬费）7 人；为商业公司在职、退休人员 105 人缴纳医疗保险 3.33 万元；为 3 名就业困难人员开具社保证明。

【基层民主协商】

2019 年，乌素图街道发挥社区监督委员会作用，健全自治组织体系。拓展民主自治渠道，建立多样化意识形态传播阵地，广泛听取社情民意，解决辖区居民反映强烈的民生问题 300 余件。组建社会组织参与自治，发挥社会组织参与社区管理与服务、监督社区事务中的积极作用。

【文化活动】

2019 年，乌素图街道以传统节日、教育活动为契机，开展各类文化活动，包括文艺表演、棋牌比赛、军民联欢、知识讲座、手工编织、书法绘画、剪纸手工、体育健身等活动 63 次，参与人数 2320 人。

【社区基础建设】

2019 年，乌素图街道改造升级利民社区管理服务站 1261 平方米和长征社区管理服务站 1150 平方米，成为集党建活动、教育培训、形象展示、资源整合、服务群众五大平台于一体的街道级党群服务中心和示范社区党群服务中心。通过金世纪商业街专项整治工作，拆除商业街及周边违建设施 85 处。配合中核北方元件有限公司、区住建局、供热公司等单位完成老旧小区基础设施改造、供热管网改造等“三供一业”移交工作。

【服务品牌打造】

2019 年，乌素图街道生成“衣食无忧进家门”“同塑党性”“党建生态农场”等 4 个“微实事”为民服务项目，获评社区党组织“微实事”项目 A 类 1 个、C 类 2 个。开展绿植环保、义诊、免费送餐等服务活动 250 余次，获得资金 12 万元，服务群众 4000 人次，帮扶救助困难家庭 600 户、1300 人。

【安全生产】

2019 年，乌素图街道对辖区内商业网点及重点单位开展安全生产检查及宣传教育等工作，排查生产经营单位600户，发现隐患100处，悬挂宣传条幅5条，摆放宣传展板10块，发放宣传资料100余份。开展燃气罐安全使用专项排查整治工作，下发燃气报警器告知书125份。

【思想政治建设】

2019年，乌素图街道党支部书记带头讲课120人次，参观二〇二核工业展厅、青山区党群服务中心等红色教育基地10次，开展专题讨论及特色党课150场，党员固定活动日252场，参与党员1万人次。以“不忘初心、牢记使命”为契机，组织开展红色观影、“初心、使命”读书分享会、“同塑党性”拓展训练等活动50次。印制发放“不忘初心、牢记使命”主题教育应知应会口袋书300本。

【编制体制改革】

2019年12月，乌素图街道根据《中共青山区委办公室、青山区人民政府办公室印发〈关于深化街道和镇改革推进基层整合审批服务执法力量的实施方案〉的通知》（青党办发〔2019〕50号）要求，对街道相关科室和人员进行调整，重新界定了科室的名称和职责。将原来街道内党政综合办公室、纪工委办公室、区域工作联络科、社区事务监管科、劳动保障事务所、退休人员管理服务中心、综合治理办公室、安全生产监察办公室、统计工作站9个股室，调整为党政综合办公室、基层党的建设办公室、社区事务办公室、城市管理办公室、平安建设办公室5个股室。同时，将原乌素图街道计划生育服务站15名事业编制人员和2名离退休人员，原乌素图街道劳动社会保障事务所5名事业编制人员和1名离退休人员；原乌素图街道退休管理服务中心3名事业编制人员，全部连人带编（离退休人员只调整人员）划转到新成立的乌素图街道党群服务中心。

（李萱　供稿）

镇

青福镇

【概况】

青福镇成立于1999年，位于青山区文化路与赛汗路交叉路口。东临奥林匹克公园，西至民族东路，南接友谊大街，北依大青山，辖区面积42.85平方千米。2019年，下辖保利社区、赛汗社区、万郡社区、青东社区、银海社区、青北社区、铭峰社区7个社区和昌福村、赵家营村、赵家店村、银匠窑村、二海壕村、色气湾村6个村。辖区户籍人口80445人，其中农业人口35269人、非农业人口45176人，流动人口35292人。内设党政综合办公室、财政所、人口和计划生育办公室、社会事务办公室、农牧办公室、人大办公室、综治信访办公室、综合执法中心、经济发展办公室、劳动保障所、纪检监察室11个股室，有干部职工166人（含社区）。

2019年，青福镇真抓实干、精准施策，坚持把发展作为第一要务，以产业结构调整为重点，以发展特色产业与集体经济为动力，努力克服各种困难，在经济工作、环境保护、城乡建设、社会民生、安全稳定等方面均取得一定成效。获得“守望相助好家园”包头市第二届农牧民文艺会演优秀奖；被评为“内蒙古三级综合文化服务中心”“自治区级文明村镇”。青福镇代表之家被包头市人大评为四星级，被评为“双创优工作先进单位”“青山区先进基层党组织”。青福镇万郡社区获“青山区第十三次民族团结进步和谐社区”称号。

【农村产业】

青山区色气湾农产品交易中心是以内蒙古春祥农副产品仓储物流有限公司为投资主体，采用村集体土地流转入股的形式，打造面向全市、辐射周边的标准化、规范化、现代化农副产品惠民工程。项目占地面积 9.8 公顷，计划投资约 2.6 亿元。截至 2019 年年底，该项目已开工建设，挖设地基。

色气湾风情街是按照产业兴旺、生态宜居、乡风文明、治理有效、生活富裕的总要求，利用其独特的地理位置、乡土风情和广阔的自然空间等优势，按照“以农为本，农旅结合”的产业发展理念，打造的青山区北部都市休闲新景点乡土风情式商业步行街。项目包括 48 间商铺和一条总长约 110 米的乡土风情式商业步行街。截至2019年年底，48间商铺租赁均已到期，由村委会收回统一管理，整体出租。

色气湾花卉超市由色气湾村和华亿农业合作社共同投资和运营，是集观光、销售、展览、休闲于一体的大型花卉超市。依托精品花卉、特色花卉的展销活动，按照“品质优良、价格实惠、服务出色”的经营理念，打造区域性综合花卉市场。该超市规划建筑面积约 2000 平方米。

色气湾特色窑洞风情区（青福镇　供图）

色气湾特色窑洞风情区项目暨乡村民俗文化体验基地项目，位于色气湾旧村红沙坝，占地面积约 0.73 公顷。建成窑洞共 11 间，包括 3 间村史展览馆，融入了村俗、农耕、农具等元素，还原了老一辈人的生活历程。基地提供住宿、餐饮等服务，极大丰富了游客体验。

银匠窑军事小镇项目位于青福镇银匠窑村，G6 高速以北、银海路以东旧村及周边区域，总占地面积约 26 公顷。该项目依托中华军事文化体验园项目，结合旧村改造，由村集体在征得村民同意后，利用北绕城集体土地拆迁款投资建设。项目主要建设包括民宿体验、餐饮“农家乐”等旅游服务性项目。截至 2019 年年底，154 栋主体建筑已建成，已进行外墙保暖和涂料工作。

二海壕仓储物流园项目位于 G6 高速路以北区域，占地 2.99 万平方米，规划建设储藏库总面积 2 万平方米，并配套相关设施。截至 2019 年年底，已建成标准钢结构库房 9 栋 2 万平方米。9 栋标准钢结构储藏库全部出租，当年为村集体增收约 150 万元。项目建成后，可为周边区域农副产品的收购、销售、流通、仓储提供一个大型的一体化商业平台。

【重点项目】

青福新城项目位于赵家店村 110 国道以南、环城铁路以北，由包头市恒润竞驰置业有限公司分三期开发建设。总占地面积约 7.73 公顷，建设内容包含住宅楼、商业建筑、配套公共设施以及小区道路硬化、绿化、亮化等公共配套基础设施。截至 2019 年年底，该项目二期已完工交房，三期在办理收储出让手续。

银匠窑棚户区改造项目位于防洪渠以北、老姑沟以东、规划金沙路以西、高压走廊以南，占地面积约 19.8 公顷。截至 2019 年年底，项目已进行组卷报批手续的办理。

赵家店村棚户区改造项目位于赵家店村北部、青福路以西、银海路以东，紧邻学校和客运站，占地面积 12.4 公顷。截至 2019 年年底，已办理收储出让相关手续。

青山客运站项目是公益性交通服务项目，位于青福镇赵家店村 110 国道和银海路交叉口西北角，总面积约 4.45 公顷，由包头市国烽置业有限公司投资建设。截至 2019 年年底，项目土地已完成出让，在进行二次结构建设及基础配套设施安装工作。

方兴·山屿湖项目位于银海路以西、北郊防洪沟以北，是青山区通过招商引资的形式实施的棚户区改造重点项目，由包头市中融置业有限公司投资，总占地面积约 6.53 万平方米。

截至2019年年底，项目主体建设均已完工，并进行内部装修及外墙保温建设。

富力·熙悦居项目（原泰盛缘项目）位于青福镇赵家店村，北临北郊防洪沟，南临110国道，东临银海路，西临规划青福路。计划建设8.1万平方米住宅、3.2万平方米商业用房。截至2019年年底，项目场地平整已完成，并开槽施工。

【城乡环境治理】

2019年，青福镇加强对辖区各社区、各村清扫保洁工作的监督以及城市公共空间管理，规范设置广告张贴栏。按照“疏堵结合，标本兼治”的要求，引导摊点入市，加强服务管理，科学合理设置临时摊市。全年开展集中执法30余次，出动执法车辆200余台次、执法人员1000余人次，规范摊位230个、商家（企业）30余家、灯箱广告109个、烧烤架40个，责令企业（商家）整改50余家，着力解决“摊位乱摆”问题。开展市场监管类执法行动40余次，发放宣传资料1000余份，维护良好的市容环境卫生秩序，保证辖区内食品药品安全，辖区市容秩序明显好转。严格落实中央环保督察组开展的大气污染防治专项重点工作，对辖区内不合格的地方及时开展整治，按规定实行降尘治理，在辖区施工现场、拆迁遗址等有大面积堆积物的地方进行绿网覆盖。

2019年，青福镇完成辖区内6条河流“村级河长”的公示工作，落实各河长对责任河道定期使用“河长通”App巡查制度。落实包头市、青山区关于划定禁养区工作的有关要求，严控辖区内3家已建成养鸡场的养殖数量，并配合区农牧局对养殖户下达禁养通知书，监督和督促对养殖垃圾的清理和无害化处理工作，避免疫情发生。

【安全维稳】

2019年，青福镇开展扫黑除恶、涉稳隐患排查、重点人员管控等专项活动。在辖区主次干道醒目位置及各小区出入口位置，制作并悬挂近百条扫黑除恶宣传展板、条幅。在调动群众参与积极性的同时，加强对各类黑恶犯罪线索的摸排，对所辖区域、行业、领域进行全面排查，做到全面掌握情况。完成各级“两会”期间的维稳任务，保障辖区稳定。进一步加强网上宣传，引导群众通过正常渠道，解决群众合理诉求，维护群众合法权益，杜绝积案，化解矛盾。在“包头市基层武装部全面建设规范”工作中，扎实整顿民兵队伍，落实规范化建设，严格按照规范要求进行完善，完成青福镇人武部的“软”件资料和“硬”件设施，打造应急物资器材库，并将民兵队伍分为应急分队、燃料保障小分队等。认真做好征兵宣传，兵役登记率100%，输送合格优秀新兵，完成本年度征兵工作。

2019年，青福镇进一步健全和完善安全生产责任制，根据辖区内实际情况，与各村、社区和16家重点企业单位签订安全生产责任状。3月初，对辖区内的微小企业和开工复工企业进行全面的安全生产大检查，共查处各类隐患208处。其中，人员密集场所53处，生产经营企业88处，个体商户67处。按照辖区内实际情况特制订森林草原防火工作实施方案，成立青福镇森林草原防火工作领导小组。

【民生保障工作】

2019年，青福镇统筹推进各项民生改善实事工程。城乡居民养老保险参保缴费人数共计48人，其中新参11人，缴费金额共计10800元，办理退休17人。指派工作人员为所辖参保居民代办退休事宜，2019年全年办理灵活就业人员退休103人。带动辖区失业人员参与市级、区级招聘会5场，并在赵家店村举办农民工专场招聘会，实现再就业。对辖区内失业、就业困难人员进行统计并办理就业失业证，共办理失业就业登记证114本。2019年灵活就业困难人员1～4批次申报70人，就业困难认定65人，参加就业培训70人，办理领取失业金期间医疗保险报销10人。

2019 年，青福镇坚持“以民为本、为民解困、为民服务”的根本宗旨，着力打造“爱心民政”，不断健全完善社会救助体系，切实提高社会保障工作水平。对辖区内的低保户、特困人员、困难群众、退职精简人员、申报医疗救助的村（居）民、重点优抚对象、伤残军人、义务兵家庭、自主就业退役士兵等各类人员，进行入户走访、核查、张榜公示、上报审批、建立档案。为 178 名对象发放各类救助金、精简金、优抚金、补贴共计 1327733.7 元。坚持执行每月召开一次会议研究扶贫的工作制度，落实每月一排查、季度一识别的工作要求。通过对辖区常住农户的排查摸底，符合国家级贫困标准0户，完成全面目标。相对困难家庭5户，比 2018 年同期减少 4 户。

2019 年，青福镇加强健康教育和生育政策宣传，提高居民健康意识，利用健康教育宣传专栏，开展禁烟控烟活动以及宣传艾滋病预防知识，并在辖区范围内举办健康巡讲活动。先后 3 次组织开展“爱国卫生月”“世界无烟日”等群众性创卫活动，推动创卫工作不断向纵深发展。全面推进“新家庭计划”工作，围绕“家庭文化”“家庭健康”“科学育儿”“养老照护”四个内容，结合村、社区实际，开展形式多样的服务活动和举办相关的知识讲座。

2019 年 5 月，青福镇开工赵家营村供热、给水及排水管网改造工程。按照施工方案，工程共划分为四个区域。截至 9 月底，一区主线完成，完成 7 条巷道，最后 5 条巷道已开挖施工；二区主线排水主管已敷设并回填完毕（主线供暖及给水主管一区、二区共用），巷道内排水、给水、供暖已全部敷设完毕；三区主线供热、排水、给水已完成，巷道内主管全部完成；四区主线排水已完成，主线供热完成，巷道内主管全部完工；入户支管一区完成 53 户，二区剩余 17 户未入，三区剩余 13 户未完成，四区剩余 2 户未完成。技术人员入户指导完成757户，剩余 16 户。

【基层党建】

2019 年，青福镇深入推进主题教育，开展“学原著、守初心、树榜样、担使命”系列活动；编印《红色故事口袋书》，制作《基层干部两三事》原创宣讲视频；开展调查研究，协调企业为 6 户困难家庭减免取暖费。认真查摆问题 15 个，解决群众关注的难点问题 27 个。组织机关、社区、村 180 名党员开展“不忘初心担使命、为民务实解难题”活动，共摸排梳理问题 334 个，召开党委（扩大）会议，逐一明确解决措施和责任部门。推出“老党员对你说”微党课；组织镇机关、社区、村干部开展为期一周的集中教育培训，组织党务工作者业务培训 2 次，卫生健康、财务等业务培训 12 次。对 10 名干部进行岗位交流，选派 35 名干部外出学习考察，借鉴先进地区的经验做法，拓宽工作思路。

按照青福镇城市基层党建“一核三治五联六提升”工作理念，整合辖区居民、单位的需求与资源，形成“环保妈妈进社区”志愿者服务、居民消防知识讲座等 25 个项目。组织驻区单位、在职党员参与辖区建设和治理，发挥各单位和在职党员职能、岗位优势，开展活动 35 次，参与党员数 400 余人。加强村级后备干部力量培养，全年各村共选拔 24 名青年进入后备干部库。召开新青年人才大会、农村产业项目发展交流会，组织农村青年人才实地参观产业项目 2 次。联系猪八戒网为第一批重点扶持青年人才创业项目赠予每人 1 万元的企业管家服务助创券；积极筹建 1500 平方米的青福镇创业园。

【意识形态与文化产业】

2019 年，青福镇严格按照“181”工作法，落实意识形态责任制；制定意识形态工作例会制度、意识形态全年工作计划，并对 2018 年信息上报发表情况及意识形态工作完成情况进行通报；每半年听取意识形态领域工作情况汇报，开展全镇意识形态工作督查自查工作，对意识形态工作进行分析研判，形成研判报告，召开意识形态专题工作会3次。

2019年，青福镇开展思想理论武装工作，组织全镇干部职工学习培训，开展意识形态宣讲下村活动；组织村民、居民统一学习意识形态相关理论学习3次；开展个人自学、集体观影、实践体验学习活动12次。在青福镇人民政府微信公众号设置新时代文明实践、青福讲堂、青福学习等固定板块，发布学习内容共60余期。利用平台大力宣传文明祭扫、扫黑除恶等知识33期。利用青福镇智慧党建平台组织了线上答题，发布动态消息、活动会议及日常工作等相关文章179篇。

2019年，青福镇完善文化阵地建设。购买服装、道具等文体用品363套，完成青福镇文化站的验收工作；举办“七一红歌献唱”“青山区；青福镇首届农民文艺会演”等大型活动13次；依托各村“阅读基地”，开展阅读分享、推广普通话活动；成立青福镇文学艺术界联合会，涌现出多个原创优秀作品。

（辛思思　供稿）

兴胜镇

【概况】

2008年，兴胜镇划归青山区。北依大青山，南接110国道，东临包白公路，西至青大线，辖区面积185.55平方千米，总耕地面积1426公顷。2019年，内设综合办公室、党建办公室、人大办公室、纪委办公室、财政所、经管站、民政办公室、综治中心、农业办公室、企业办公室、社保平台、新农办公室、卫计办公室，综合执法中心14个科室。2019年12月20日，按照上级改革要求，结合兴胜镇实际情况，对内设科室和事业单位进行改革调整，分为7个内设科室和3个事业单位，分别为党政综合办、基层党建办、乡村振兴办、社会事务办、城市管理办、平安建设办、监察办公室7个科室，党群服务中心、综合行政执法局、综合保障和技术推广中心3个事业单位。党政班子成员15人，在编职工73人。下辖松石社区、中城社区、当铺村、永和窑子村、四道沙河村、羊山窑村、宏庆德村、沙尔庆村（包括沙尔庆、花圪台2个自然村）、王应基村（包括王应基、东边墙、蛇令窑、福合当4个自然村）、后营子村、王老大村、顶独龙贵村、笸箩铺村、兴胜窑村、西边墙村、东达沟村（包括东达沟、城塔汗2个自然村）、二相公村15个行政村、8个自然村、2个社区。辖区总人口约6万人。

2019年，兴胜镇五星级人大代表之家被评为包头市级“五星级人大代表之家”，优秀职工之家被评为青山区优秀职工之家。兴胜镇被评为青山区双创优工作先进单位，获青山区安康杯组织优秀奖。

【经济普查】

2019年，兴胜镇成立第四次经济普查领导小组，全面统筹全镇经济普查工作。将全镇划分为19个普查小区，抽调配强普查指导员10名、普查员52名，共普查企业和产业活动单位518个、个体经营户1822个，提前完成登记、录入和上报。

【农牧业产业】

2019年，兴胜镇粮食作物播种面积196.2公顷，实现粮食产量1204.85吨，经济作物播种面积33.1公顷，实现产量1109.66吨。其中，蔬菜瓜果类累计播种面积29.72公顷，实现产量1068.95吨。2019年年末，全镇牲畜存栏头数11127头，鸡存栏数356710只。

【生态建设】

2019年，兴胜镇继续实施大青山二相公区域绿化生态旅游综合开发项目。该项目计划完成4533.33公顷的绿化任务，在荒山绿化完成后进行生态农业旅游项目建设。具体建设内容为：项目一期工程主要进行荒山绿化任务、生态修复工程。截至2019年年底，创意农业区域实现种植46.67公顷葡萄苗的既定目标，其他配套设施有序筹建。

【社会综合治理】

2019年，兴胜镇深入开展扫黑除恶工作。强化网格管理，确保宣传全覆盖。共计悬挂标语、条幅及喷绘340余条，悬挂问题线索举报箱17个，收集问题线索3条，设置LED宣传大屏10处。组织镇、村干部参加知识测试300余人次，联合镇司法所、派出所入村开展扫黑除恶宣讲2次。组织村工作人员入户排查发放宣传折页、宣传扇页20000余份，提高人民群众对扫黑除恶知晓率和参与度。利用各村广播、宣传栏、微信、短信、发放传单等形式，针对普法、打击传销、反邪教、禁毒等11项内容进行宣传。在宣传月期间，通过摆放展板、悬挂条幅进行集中宣传。

【民生服务】

2019年，兴胜镇低保对象共有35户、54人，发放低保金共计324761元。其中，农户30户、46人，发放279479元；非农户5户、8人，发放45282元。补发低保对象电价补贴5666.1元。发放2019年低保对象取暖补助35户、54人，42000元。其中，农户30户、46人，发放36000元，非农户5户、8人，发放6000元。政府代缴居民医保72人。特困供养人员共6人，供养金每人每月1600元，共发放129600元；补发特困供养人员电价补贴261.8元；发放取暖补助6人共7200元。低收入家庭医疗救助5户，救助金额35111元；为3名孤儿发放育养补助和临时价格补贴共计62190元。

【劳动保障】

2019年，兴胜镇居民新参养老保险157人，续保825人，失业、就业登记录入200人，就业、失业登记证办理68人。

【“三务”公开】

2019年，兴胜镇通过“135”方式推动“三务”公开工作，调动村民参与村内事务的积极性，增加村级事务透明度。从11月起，财务公开由“一季度一公开”提升为“一月一公开”，使公开更加及时，让群众更加放心。全年共购置16台“三务”查询机，在微信公众号开辟“三务”专栏，并在15个村设立公开栏31块，在全镇形成全覆盖、无死角的公开格局。“三务”公开信息共计1492条。其中，党务公开448条，涉及计划生育、社会保障、社会救助和惠农政策4个方面；村务公开924条，涉及向村民筹资筹劳情况、住房管理、集体土地、集体项目、征地拆迁和其他需要公开事项6个方面；财务公开120条，涉及收入的项目、金额和票据，支出的项目、金额和票据。

【深化改革】

2019年，兴胜镇作为农村集体产权改革试点单位，既担负内蒙古自治区和包头市的试点任务，也面临着农村产业改革和发展的内在需求。为探索好农村集体产权改革的新路径，形成农村集体运行新机制，兴胜镇动员全镇力量，推进农村集体产权改革。共召开镇、村两级研究推进会400余次，历时1年建立股份经济合作社6个、经济合作社11个，确定集体经济组织成员10358人，全面构建农业经营体系格局。在队伍建设方面，为强化领导，确保有人干事，在镇级成立以党委书记任组长、镇长任副组长的领导小组，下设办公室、督查组、宣传法规组和信访组，并抽调45名精干力量组成15个驻村工作组，驻村开展集体产权改革工作。在村级成立村支部书记任组长、村主任任副组长的村级工作组。镇、村两级共抽调195人投入到农村集体产权工作中来。同时，聘请专业会计事务所参与到集体产权改革工作中，从资产清查、资产审计方面给予专业指导。在学习形式方面，外参内学，消化吸收，激发工作动力。为顺利推进工作，镇工作领导小组采取外出参观学习，开拓思路，内部举行座谈会、培训会的方式来推进工作。在镇里开展培训会、座谈会和推进会共6次，使各村认识到集体产权改革的重要意义及好处，明确思路和目标，激发村干部的主观能动性。在政策制定方面，结合镇、村实际，在镇层面制定《兴胜镇农村集体产权制度改革工作方案》，对工作的目标、任务、程序作了明确的要求，制订工作日程表，对工作节点和时间节点明确到天，工作程序和工作进程一目了然。

【重点项目】

2019 年，兴胜镇共有亿元以上区级重点项目 1 个，为松石国际城项目。该项目位于四道沙河村，占地面积 112 公顷，总投资约 37 亿元，主要建设 20 万平方米的经适用房和 140 万平方米的商品房，项目分 3 期开发建设。截至 2019 年年底，项目二期（3 号地块）建设经济适用房和商品房共计 29 栋。其中，已交房 25 栋并陆续入住，建设中 4 栋已完工。项目三期开工建设 12 栋。其中，7 栋封顶，5 栋在建。三期（2 号地）“建设用地规划条件书”“建设用地规划许可证”“建设工程规划许可证”“建筑工程施工许可证”“商品房预售许可证”已办理。截至 2019 年年底，三期（2 号地）土地征拆工作在推进中，已征迁土地 10 万平方米。

【人口和计划生育】

2019 年，兴胜镇出生婴儿 443 人，比 2018 年增加 96 人。其中，常住人口出生 211 人，比 2018 年减少 11 人；流动人口出生 232 人，比 2018 年增加 107 人。已婚育龄妇女 1 万人。在“世界传统医药日”，针对全镇计生助理员开展健康知识讲座，并宣传中医药保健知识。

【综合执法】

2019 年，兴胜镇为营造整洁优美、安全文明、管理有序的生活环境，切实维护广大居民的合法权益，综合执法中心联合各执法单位及村内力量，在辖区各村主次干道及小街小巷对长期违法占道流动摊贩开展全面整治工作。全年共规范辖区各村门店 80 余家，配合区执法局整治清理流动摊贩 200 余起，清理处置占道堆物 150 余起，全面排查住户、商户、企业 3 万余户次，清理各类安全问题 3000 余处，整治“大棚房”问题 80 户、11.8 公顷，拆除私搭乱建 20 余处，全面稳固辖区安全生产生活环境。

2019 年，兴胜镇综合执法中心配合区市场监管局以社会宣传为重点，在“3·15”消费者权益日、“3·31”投诉举报日等日子共发放宣传资料 2000 余份，采用分层次、分业态、分级培训方式，重点突出食品安全法律法规、药械化经营使用单位管理规范等知识的培训，召开食品药品安全宣传周活动，使规范经营从过去的“嘴上说说，书本上看看”转变为实际的“做什么，怎么做”，切实提高从业人员整体素质。

【文化产业】

2019 年，为庆祝中国共产党成立 98 周年和庆祝中华人民共和国成立 70 周年，兴胜镇举办“初心奋进七十载，兴胜聚力创辉煌”首届全民健身趣味运动会。活动现场，汇聚辖区 2000 余名村（居）民观众。在开幕式上，表彰了 29 名优秀共产党员，以及 15 名勤劳致富模范、孝老敬亲模范、美丽庭院模范，向各村党支部书记颁授记录着各村概况、政治、经济、文化、教育及风俗等内容的村志。

通过此次运动会，全镇各村更加紧密地团结在镇党委周围，为镇域各项工作、为建设“产业兴旺、生态宜居、乡风文明、治理有效、生活富裕”的兴胜镇继续贡献力量。

2019 年，为庆祝中华人民共和国成立 70 周年，兴胜镇开展推进新时代文明实践及提升农牧民素质“千村示范，万村行动”建设工作，增强农民群众光荣感、获得感、幸福感。在第二个“中国农民丰收节”到来之际，举办“丰收兴胜，我的节”——2019 年青山区首届农民丰收节。现场汇聚 1000 余名村（居）民观众。此次农民丰收节以“庆祝丰收、弘扬文化、振兴乡村”为宗旨，充分发挥农民主体作用。结合乡村振兴实际情况，设置农产品展销区、艺术品展示区、灯谜区、赏味区、旺火区，组织一批农民群众喜闻乐见的节日活动，如舞狮子、唱山曲、扭秧歌，为广大农民搭建展示风采的舞台。通过拢旺火、切发糕、转九曲等活动，打造出一个既体现传承优秀农耕文化，又蕴含新时代精神的农耕文化民俗节日。活动中，对兴胜镇2019年“农村集体经济示范村”“移风易俗先进个人”“农民讲习团”等先进集体和先进个人进行表彰。此次农民丰收节，围绕绿色生态、农业种植和农村集体经济等方面，展示兴胜镇各村优势资源，以及在新时代乡村振兴战略实施过程中，农业农村经济活力增强、农民文化生活极大丰富的丰收景象，进一步汇聚起兴胜镇全面建成小康社会、加快推进农业农村现代化的信心和决心。

兴胜镇举办“丰收兴胜，我的节”——2019年青山区首届农民丰收节现场（兴胜镇　供图）

【基层民主协商】

2019年，兴胜镇打造标准镇党群服务中心，包括手工坊、青年驿站和社区党校，配套打造各村级群团工作室。不断健全工作机制，推动“三个规范”持续提升，开展智慧团建等各类培训10余次，全面畅通群团组织成员向农村后备干部队伍转化道路。组织学习、交流27次，规范团组织关系接转193人，围绕群众需求组织“主题活动”8次、90余场，进一步听取群众声音、吸纳群众参与。

【安全生产】

2019年，兴胜镇贯彻落实安全管理工作责任，全面排查整改辖区安全隐患问题，建设安全镇村环境。全年共召开综合工作部署会1次、安全生产专项工作推进会1次，开展实地检查6次，发检查情况通报3期。建立安全生产网格化管理体系，网格员共计39人，实现安全生产网格监管。共计排查走访平房住户8300余户、17000余户次，清理整改存在问题住户1100余户，排查走访楼房住户5800余户、16000余户次，清理整改存在问题住户1500余户。

2019年，兴胜镇针对城乡接合部废旧收购站多、经营不规范、安全隐患大等问题，联合区安委会、区市场监管局和消防部门开展为期1个月的专项治理整顿，共排查治理废品收购站66家，下达责令改正指令书14份，对无证经营户进行现场清理。对辖区小企业、小作坊、小工厂安全隐患及有毒有害废弃物进行全面排查，未发现重大安全隐患。

【村集体产业】

2019年，兴胜镇依托村情研判村集体产业项目，匹配“一村三联两到位”（包村领导、包村干部、驻村干部包联一个村，每周实地调研到位，每月台账到位），汇聚工作合力助推“一村一产”，西边墙“自助农场”、宏庆德商业底店、笸箩铺仓储项目、沙尔庆养殖升级目标全面实现。村集体经济收入10万元以上有11个村、50万元以上有2个村、100万元以上有2个村，完成递增任务。打造集社保、救助、优抚等10多项公共服务于一体的镇级党群服务中心，将服务群众的赤子之心贯彻到底。

【基层党建】

2019年，兴胜镇各党组织以党建推动各项工作深入开展，做实、做细“不忘初心、牢记使命”主题教育工作，制定“一方案一清单一流程”主题教育指导手册；组织集中学习70次，参与党员2500人次；镇党委书记带头讲党课2次，班子成员包村讲党课14次，参学人数1600人次，掀起主题教育学习热潮。立足“一村解决一难题”的工作思路，从信访积案、软弱涣散党组织、专项整治等多渠道检视问题，共查找梳理七大类问题91个，并以台账形式按周推进整改落实。充分发挥好镇党委协调各方、统揽全局的作用，全年开展中心组学习16次，集体研究出台涵盖三类53项农村工作规范化运行制度体系。

2019 年，兴胜镇以“一支部一特色”的建设思路，探索形成当铺村“红色细胞 +”、沙尔庆村“三化三提升”、永和窑村“两促三带助转化”、宏庆德村“一会三联”等 15 个党建运行模式。“四个一”（一个工作方法，一支转化队伍，一个家族图谱，一套整改台账）推进软弱涣散党组织转化。镇党委前进支部持续培养和发展永和窑村党员 6 名。跟紧城市基层党建步伐，发挥区域单位和在职党员优势，推动“三项清单”落地做实，加强区域共建共融。依托“东方蓝盾”应急救援项目，32 名应急救援队员集训 12 天，提升基层救援能力。动态建立村“两委”后备干部 60 名，组织堡垒作用得到有效发挥，党员干部队伍素质明显提高。

（张慧　供稿）

福合当村月亮湾新貌（区委宣传部　供图）

统计资料

国民经济主要指标

2019年青山区国民经济主要指标一览表

表35

指标名称	完成情况
年末总人口（万人）	52.35
其中城镇（万人）	51.71
年平均人口	52.26
农业总产值（亿元）	5.62
财政总收入（亿元）	43.09
财政总支出（亿元）	26.24
社会消费品零售总额（亿元）	275.88
城乡居民储蓄存款余额（亿元）	1169.02
在岗职工平均工资（元）	81145
城镇常住居民人均可支配收入（元）	53753
进出口总额（万美元）	19449
其中出口（万美元）	17883

社会经济主要指标人均水平

2019年青山区社会经济主要指标人均水平一览表

表36

指标名称	完成情况
农业总产值（元）	1026
财政总收入（元）	8199
其中一般公共预算收入（元）	4010
财政总支出（元）	4210
耕地面积（公顷）	0.006
粮食产量（千克）	2.6
蔬菜产量（千克）	2.22
猪牛羊肉产量（千克）	6.38
牛奶产量（千克）	7.86
发电量（千瓦时）	8909
工业用电量（千瓦时）	2675
粗钢（吨）	0.08
钢材（吨）	0.05
进出口总额（美元）	465
其中出口（美元）	444
千人拥有卫生技术人员（人）	12.12
千人拥有病床数（张）	9.52
在岗职工平均工资（元）	81145
城镇常住居民人均可支配收入（元）	53753
城镇常住居民人均消费性支出（元）	38931
城乡居民年末储蓄存款余额（元）	204765
城镇居民住宅建筑面积（平方米）	36.00

城镇单位从业人员和劳动报酬

2019 年青山区城镇单位从业人员和劳动报酬一览表

表37

项目分组	行业名称	单位从业人员年末人数（人）	女性（人）	在岗职工（人）	其他从业人员（人）	从业人员劳动报酬（万元）	在岗职工工资总额（万元）	其他从业人员劳动报酬（万元）
按企业、事业、机关分组	企业	80035	30137	68571	11464	622218	562398	59820
	事业	14693	9307	14515	178	145241	144653	589
	机关	7996	2971	7863	133	77925	77411	514
	民间非营利组织	1115	950	1074	41	3685	3586	98
	其他	2195	1536	2088	107	19784	19350	433
按国民经济行业分组	农林牧渔业	0	0	0	0	0	0	0
	制造业	30663	7663	30253	410	246467	244404	2063
	电力、燃气及水的生产和供应业	9578	2890	9550	28	105052	104991	61
	建筑业	6507	1076	4786	1721	38415	28475	9940
	批发和零售业	2388	1171	2359	29	13873	13771	102
	交通运输、仓储和邮政业	698	355	667	31	3469	3356	113
	住宿和餐饮业	3473	2202	3222	251	14788	14070	718
	信息传输、软件和信息技术服务业	347	91	332	15	3026	3011	15
	金融业	16468	10807	7839	8629	150510	105125	45385
	房地产业	2597	1182	2567	30	13990	13793	197
	租赁和商务服务业	5549	1627	5411	138	27444	26961	483
	科学研究、技术服务和地质勘查业	1566	561	1509	57	11414	11190	224
	水利、环境和公共设施管理业	238	92	238	0	1796	1796	0
	居民服务和其他服务业	107	79	42	65	294	116	178
	教育	9513	6692	9352	161	84080	83503	577
	卫生和社会工作	6112	4486	5954	158	57442	56757	685
	文化、体育和娱乐业	720	356	661	59	6173	5995	178
	公共管理和社会组织	9510	3571	9369	141	90620	90085	535
总计		106034	44901	94111	11923	868853	807398	61454

人民物质文化生活情况

2019年青山区人民物质文化生活情况一览表

表38

项目名称	指标内容	完成情况
就业	城镇登记失业率（%）	3.87
收入	城镇居民人均可支配收入（元）	53753
	职工年平均工资（元）	81145
支出	城镇居民人均消费性支出（元）	38931
恩格尔系数（%）	城镇居民（%）	32
储蓄	城乡居民年末储蓄存款余额（亿元）	1169.02
住房面积（平方米）	城镇居民人均住房建筑面积（平方米）	36
文化	城镇每百户拥有彩色电视机（台）	138
	广播综合覆盖率（%）	100
	电视综合覆盖率（%）	100
教育	学龄儿童入学率（%）	100
卫生	拥有医疗机构床位数（张）	5003
	拥有卫生技术人员（人）	6603

附　录

2019年青山区获评包头市级以上先进集体名录

【内蒙古自治区“十佳”民营企业模范职工之家】

内蒙古小尾羊牧业科技股份有限公司

【内蒙古自治区工人先锋号】

鄂尔多斯银行股份有限公司包头分行营业部

【内蒙古自治区十大“最具影响力政务新媒体品牌”】

微信平台“青山人青山事”

【2019年内蒙古自治区旗县级融媒体中心建设先进单位】

青山区融媒体中心

【包头市“学习强国”优秀组织单位】

青山区委宣传部

【包头市示范学习讲堂】

青山区驻楼单位共享学习讲堂

【包头市网评工作优秀集体】

青山区互联网舆情信息中心

2019年青山区获评包头市级以上先进个人名录

【内蒙古自治区五一劳动奖章】

白晓玲 内蒙古小尾羊牧业科技股份有限公司

【包头市级劳动模范】

祁 莹 包头市同利家电有限责任公司

张宝凤 内蒙古北方重工业集团有限公司第六小学

高 磊 包头市公安局青山区分局刑事侦查大队

刘 浩 青山路派出所

武 罡 内蒙古北方重工业集团有限公司第一中学

洪海彧 中国核工业集团公司二〇二厂中学

聂彩虹 包头市青山区住房和城乡建设局

云小燕 青山区委组织部

王建立 包头晶澳太阳能科技有限公司

郭玉福 内蒙古华新机械有限公司

【全国优秀教师】

张雪梅 内蒙古北方重工业集团有限公司第一中学

【包头市优秀教师】

杨丽丽 包头市第四十五中学

王冬梅 包头市第四十五中学

郝 君 包头市第四十五中学

李慧敏 包头市第五十二中学

秦 燕 包头市第五十二中学

李 燕 中国核工业集团公司二〇二厂中学

张治中 中国核工业集团公司二〇二厂中学

陈博文 包头市第五中学

周 彦 包头市第五中学

张丽华 内蒙古北方重工业集团有限公司第一小学

高海燕 内蒙古北方重工业集团有限公司第一小学

陈 波 内蒙古北方重工业集团有限公司第二中学

白巧珍 内蒙古北方重工业集团有限公司第二中学

周瑞霞 内蒙古北方重工业集团有限公司第二中学

边玉峰 内蒙古北方重工业集团有限公司第六小学

陈慧杰 内蒙古北方重工业集团有限公司第三中学

刘海莉 内蒙古北方重工业集团有限公司第三中学

王 芳 内蒙古北方重工业集团有限公司第三中学

钟燕燕 内蒙古北方重工业集团有限公司第三中学

银利荣　内蒙古北方重工业集团有限公司第四小学
刘　坤　内蒙古北方重工业集团有限公司第四小学
韩　秋　内蒙古北方重工业集团有限公司第四中学
赵艳波　内蒙古北方重工业集团有限公司第四中学
刘宇宁　内蒙古北方重工业集团有限公司第四中学
常翠萍　内蒙古北方重工业集团有限公司第五中学
石晓琴　内蒙古北方重工业集团有限公司第五中学
戢运娣　中国核工业集团公司二〇二厂中学
郑　苗　中国核工业集团公司二〇二厂小学
郭跃杰　包头市青山区民族幼儿园
王云霞　包头市青山区民族幼儿园
赵绥红　包头市青山区民族幼儿园
温　倩　包头市青山区民族幼儿园
杜慧娟　包头市科技少年宫
王建欣　包头市科技少年宫
石艳梅　包头市青山区幸福南路小学
范亚萍　包头市青山区幸福南路小学
李婉双　包头市青山区幸福南路小学
秦忠良　内蒙古第一机械制造（集团）有限公司第二中学
张美丽　内蒙古第一机械制造（集团）有限公司第二中学
任建英　内蒙古第一机械制造（集团）有限公司第二中学
季红英　内蒙古一机集团基础教育中心第七子弟小学
陈　玲　内蒙古一机集团基础教育中心第七子弟小学
李海霞　内蒙古一机集团基础教育中心第三子弟小学
刘艳莉　内蒙古一机集团基础教育中心第三子弟小学
乔韦兰　内蒙古一机集团基础教育中心第四子弟小学
贾　蕾　内蒙古一机集团基础教育中心第四子弟小学
宋　燕　内蒙古第一机械制造（集团）有限公司第四中学
翟志刚　内蒙古第一机械制造（集团）有限公司第四中学
曹　丽　内蒙古第一机械制造（集团）有限公司第四中学
孙　青　包头市青山区赵家营小学
董宇华　包头市青山区赵家营小学
杨瑞霞　包头市第四十八中学
李志刚　包头市第四十八中学
王丽丽　包头市第四十八中学
李　瑶　包头市第三十六中学
张丽音　包头市第三十六中学
郑　宇　包头市第三十六中学
潘文杰　内蒙古科技大学附属中学
申　炎　内蒙古科技大学附属中学
祁宇明　包头市青山区三星小学
马　霞　包头市青山区少先路小学
吕晓红　包头市青山区少先路小学
平海霞　包头市青山区文学道小学
王灵霞　包头市青山区文学道小学
秦　芸　内蒙古一机集团基础教育中心第二子弟小学
吴珍珍　内蒙古一机集团基础教育中心第二子弟小学
李志琴　内蒙古一机集团基础教育中心第五子弟小学
张慧兰　内蒙古一机集团基础教育中心第五子弟小学
黄文锐　内蒙古第一机械制造（集团）有限公司第一中学

祁　荣　内蒙古第一机械制造（集团）有限公司第一中学
魏晓明　内蒙古第一机械制造（集团）有限公司第一中学
陈　云　内蒙古第一机械制造（集团）有限公司第一中学
葛晓丹　内蒙古第一机械制造（集团）有限公司第一中学
贾旭阳　包头市青山区光荣道小学
林夕冉　包头市青山区光荣道小学
沈　丰　内蒙古北方重工业集团有限公司第一中学
张　建　内蒙古北方重工业集团有限公司第一中学
蒋春慧　内蒙古北方重工业集团有限公司第一中学
刘　楠　内蒙古北方重工业集团有限公司第一中学
李麒霄　包头市第四中学
吕文娟　包头市第四中学
张桐玮　包头市第四中学
孟庆伟　包头市第四中学
杨　波　包头市青山区富强路小学
闫秀娟　包头市青山区富强路小学
夏　蒙　包头市青山区特殊教育学校
赵　琼　内蒙古北方重工业集团有限公司实验小学
郝慧娟　内蒙古北方重工业集团有限公司实验小学
马翠玲　内蒙古一机集团基础教育中心第一子弟小学
袁　媛　内蒙古一机集团基础教育中心第一子弟小学
甄　臻　包头市青山区哈达道小学
魏　新　包头市青山区哈达道小学
李瑞珍　包头市青山区民族路小学
刘向红　包头市青山区民族路小学
王月霞　包头市青山区民族路小学
李　燕　包头市青山区北重阳光幼儿园
杨　婕　内蒙古第一机械集团有限公司第四幼儿园
杨玉晶　包头市青山区常青藤幼儿园

【优秀教育工作者】

张素锋　中国核工业集团公司二〇二厂中学
王丽萍　内蒙古北方重工业集团有限公司第二中学
张玉新　内蒙古北方重工业集团有限公司第三中学
田占银　内蒙古北方重工业集团有限公司第五中学
高　利　包头市科技少年宫
范振华　包头市青少年发展中心
邢　祚　内蒙古科技大学附属中学
吴志斌　包头市松石学校
孙　鑫　内蒙古第一机械制造（集团）有限公司第一中学
高　阳　包头市第四中学
岳　峰　青山区教育局机关
刘志忠　青山区教育局机关
曲伟东　青山区教育局机关
魏少荣　青山区教育局机关
田建忠　青山区教育局机关
于升祥　青山区智慧星幼儿园

【优秀班主任】

李庆章　包头市第四十五中学
周培芬　包头市第五十二中学
范丽芬　中国核工业集团公司二〇二厂中学
韩鹏翔　包头市第五中学
刘淑娟　内蒙古北方重工业集团有限公司第二中学
刘志军　内蒙古北方重工业集团有限公司第六小学
郑建平　内蒙古北方重工业集团有限公司第三中学
特日格乐　内蒙古北方重工业集团有限公司第四中学

杨子英　内蒙古北方重工业集团有限公司第五中学
李培霞　内蒙古第一机械制造（集团）有限公司第二中学
董世理　内蒙古第一机械制造（集团）有限公司第四中学
张　霞　包头市第四十八中学
王海文　包头市第三十六中学
陈海英　内蒙古科技大学附属中学
贾成文　内蒙古第一机械制造（集团）有限公司第一中学
王　娇　内蒙古北方重工业集团有限公司第一中学
王丽俊　包头市第四中学
王　雪　包头市青山区民族路小学
姚文平　青山区爱达幼儿园

【“德教双优”教师】

李云龙　内蒙古北方重工业集团有限公司第三中学

【优秀思政课教师】

聂德翠　包头市第四中学

2019 年青山区获评包头市级以上优秀企业名录

【中国驰名商标和企业】

北方重工及图　内蒙古北方重工业集团有限公司
北奔　北奔重型汽车集团有限公司
第 3774707 号图形　内蒙古第一机械集团有限公司
第 5473416 号图形及文字　内蒙古小尾羊餐饮连锁有限公司

【国家级“守合同重信用”企业】

内蒙古第三电力建设工程有限责任公司
内蒙古北方重工业集团有限公司
内蒙古第一电力建设工程有限责任公司
内蒙古第一机械集团有限公司
北方联合电力有限责任公司包头第二热电厂
包头市同利家电有限责任公司

【自治区级个私党建示范点】

包头市一宫居然之家家居建材市场有限公司党支部

【自治区级“守合同重信用”企业】

内蒙古广泰路桥环境实业有限公司
内蒙古金碧建筑工程有限公司
内蒙古一机集团大地工程机械有限公司
中核北方核燃料元件有限公司
内蒙古恒胜咨询策划有限公司
内蒙古一机集团大地石油机械有限责任公司
包头市浩业科技有限责任公司
包头北方安全防护装备制造有限公司
内蒙古铭德物业管理服务有限责任公司
内蒙古鑫达住宅建筑工程有限责任公司
内蒙古国信资产评估有限公司
内蒙古路易精普检测科技有限公司
包头市北方五环建筑安装集团有限责任公司
内蒙古飞鹿家具制造有限公司
内蒙古华新机械有限公司

【包头市级“守合同重信用”企业】

内蒙古巧工匠金属制品有限责任公司
内蒙古敏捷科技有限责任公司
包头北方安全防护装备制造有限公司
内蒙古华新机械有限公司
包头市铭哲商标代理有限责任公司
包头市明瑞园林市政工程有限责任公司
包头市鑫达住宅建筑工程有限责任公司
杭萧钢构（内蒙古）有限公司
包头市北方五环建筑安装集团有限责任公司
内蒙古一机集团大地工程机械有限公司
包头市飞鹿办公家具有限责任公司
内蒙古瑞洁物业服务有限公司
包头市斯润贸易有限公司
内蒙古中恒信工程造价咨询有限公司
内蒙古优悦技术服务有限公司

2019 年中共青山区委员会部分文件目录

2019年中共青山区委员会部分文件目录

表39

序 号	文 号	标 题	印发日期
1	青党发 1 号	中共青山区委员会 关于调整青山区第十六届人民代表大会代表 及常务委员会委员的通知	2019 年 1 月 3 日
2	青党发 2 号	中共青山区委员会 关于调整青山区第十六届人民代表大会代表的通知	2019 年 2 月 12 日
3	青党发 3 号	中共青山区委员会 关于调整政协青山区第九届委员会委员的通知	2019 年 2 月 12 日
4	青党发 4 号	中共青山区委员会 关于成立青山区第十六届人民代表大会第二次会议 临时党组和各代表团临时党支部的通知	2019 年 2 月 13 日
5	青党发 5 号	中共青山区委员会 关于成立政协青山区九届二次会议临时党组的通知	2019 年 2 月 14 日
7	青党发 7 号	中共青山区委员会 关于成立区发展和改革委员会等党组 撤销区发展和改革局等党组的通知	2019 年 3 月 14 日
8	青党发 8 号	中共青山区委员会关于 青山区集中开展形式主义、官僚主义 及“四官”问题专项整治工作方案的通知	2019 年 3 月 15 日
10	青党发 10 号	中共青山区委员会 青山区人民政府 关于表彰 2019 年青山区劳动模范的决定	2019 年 4 月 23 日
11	青党发 11 号	中共青山区委员会 关于表彰城市基层党建互联互动优秀单位的决定	2019 年 4 月 29 日
12	青党发 12 号	中共青山区委员会转发 中共包头市委员会《关于在全市开展“持续净化 良好政治生态年”活动实施方案》的通知	2019 年 5 月 9 日
13	青党发 13 号	中共青山区委员会 青山区人民政府 关于 2018 年全区科级领导班子和领导干部年度 综合考核评价结果的通报	2019 年 5 月 16 日
14	青党发 14 号	中共青山区委员会印发 《关于落实市委联动巡察组专项巡察 青山区落实中央脱贫攻坚专项巡视整改工作反馈 意见的整改方案》的通知	2019 年 5 月 29 日

续表39

序号	文号	标题	印发日期
15	青党发 15 号	中共青山区委员会关于转发市委巡察办《关于巡察青山区委对中央脱贫攻坚专项巡视有关整改工作情况的反馈意见》的通知	2019 年 5 月 29 日
18	青党发 18 号	中共青山区委员会关于成立青山区城市基层党建促进会的通知	2019 年 6 月 24 日
19	青党发 19 号	中共青山区委员会关于表彰优秀共产党员、优秀党务工作者、先进基层党组织的决定	2019 年 6 月 28 日
20	青党发 20 号	中共青山区委员会关于表彰全区教育系统先进集体和先进个人的决定	2019 年 9 月 10 日
21	青党发 21 号	中共青山区委员会关于开展“不忘初心、牢记使命”主题教育的实施方案	2019 年 9 月 24 日
22	青党发 22 号	中共青山区委员会关于表彰青山区民族团结进步模范集体和模范个人的决定	2019 年 9 月 27 日
23	青党发 23 号	中共青山区委员会批转区人大常委会《关于全面推行民生实事项目人大代表票决制（会商制）工作的实施方案》的通知	2019 年 11 月 4 日
24	青党发 24 号	中共青山区委员会关于调整区委农村牧区工作领导小组的通知	2019 年 9 月 29 日

2019 年青山区人民政府部分文件目录

2019年青山区人民政府部分文件目录

表40

	文 号	标 题	
1	青府发〔2019〕3 号	青山区人民政府关于印发《中共青山区人民政府党组 2019 年工作要点》的通知	2019 年 5 月 27 日
2	青府发〔2019〕4 号	青山区人民政府关于调整区长、副区长、党组成员工作分工的通知	2019 年 5 月 5 日
3	青府发〔2019〕6 号	青山区人民政府关于成立收购包头市鹿城路桥工程有限公司工作领导小组的通知	2019 年 5 月 24 日